科斯文集

Collected Works of Ronald H. Coase

科斯论法律经济学

| 中文版 |

[英] 罗纳德 · H.科斯 ________________ 著

王　宁 / 编

李井奎 陈春良 胡伟强 茹玉骢 罗君丽 / 译

北京大学出版社
PEKING UNIVERSITY PRESS

图书在版编目（CIP）数据

科斯论法律经济学 /（英）罗纳德 · H. 科斯著；王宁编；李井奎等译. —北京：北京大学出版社，2024.4

ISBN 978-7-301-31204-9

Ⅰ. ①科…　Ⅱ. ①罗… ②王… ③李…　Ⅲ. ①法律经济学　Ⅳ. ① D90-056

中国国家版本馆 CIP 数据核字（2023）第 203436 号

书　　名	科斯论法律经济学 KESI LUN FALÜ JINGJIXUE
著作责任者	〔英〕罗纳德 · H. 科斯（Ronald H. Coase）著　　王宁 编 李井奎　陈春良　胡伟强　茹玉骢　罗君丽 译
责任编辑	黄炜婷
标准书号	ISBN 978-7-301-31204-9
出版发行	北京大学出版社
地　　址	北京市海淀区成府路 205 号　100871
网　　址	http://www.pup.cn
微信公众号	北京大学经管书苑（pupembook）
电子邮箱	编辑部 em@pup.cn　　总编室 zpup@pup.cn
电　　话	邮购部 010-62752015　发行部 010-62750672　编辑部 010-62752926
印 刷 者	天津中印联印务有限公司
经 销 者	新华书店 730 毫米 ×1020 毫米　16 开本　24.75 印张　364 千字 2024 年 4 月第 1 版　2024 年 4 月第 1 次印刷
定　　价	88.00 元

目　录

纪念与哀思

科斯：斯人斯文

理查德·A. 爱泼斯坦*

李井奎　译**

王宁先生将已故的罗纳德·科斯教授在其漫长而杰出的学术生涯（先是在英国，后来移居美国）中著述的文章，进行了一次历史性的辑录成集。科斯在晚年与王宁一道，倾注了许多时间探究中国向市场经济的转型，其结晶就是2012年出版的《变革中国》（*How China Became Capitalist*）一书。除了著书立说，科斯还就这一主题数次组织国际研讨会并发表演讲。对于一位从英国出发，后移居美国，又以中国的伟大变革结束其学术生涯的学术巨匠之一生而言，这本身就标志着一场深远的转型。

王宁嘱我为本书作序。我的这篇序言其意有二：一是追忆我与科斯的个人关系；二是就科斯的学术影响放言一二。评价科斯对经济学的影响，非我所长，幸好法学界已经欣然地全面接受了科斯的思想。事实上，律师们持续地利

---

* 纽约大学法学院 Laurence A. Tisch 法学教授，胡佛研究所 Peter and Kirsten Bedford 高级研究员，芝加哥大学 James Parker Hall 杰出服务法学荣休教授。感谢纽约大学法学院 2019 级的 Nathaniel Tisa 日常所给予的无与伦比的研究帮助。

** 本文由李井奎翻译，王宁教授审校，特此致谢！——译者注

用科斯的研究成果来阐释法律的主要领域，这些领域只有在将困扰法律体系的相关摩擦纳入考虑之后才令人得以理解，而这些摩擦乃是科斯首次系统地以有趣而浅显的术语加以辨别并提出的。显然，这个术语就是你马上会想到的“交易费用”。我自己的许多智识发展与科斯有关联，要想在这里达成作序的两个意图，而又能够决然保持中立态度，殊非易事。

斯　人

一开始，我在 1968 年春末从耶鲁大学法学院毕业时，从未听说过罗纳德·科斯这个人。我于 1966 年春作为非英国人在牛津大学法学院研修我的首个法学学位，但无论是在牛津还是在耶鲁，我都没有听人提过科斯的名字。在我到南加州大学开始教学生涯之后不久，我初次听说科斯此人。就在同年的夏季，现在已故的迈克尔·利凡（Michael Levine）也来到南加州大学，他此前在芝加哥大学法学院担任了一年的研究员，在那里曾与罗纳德·科斯共事。我们第一次真正的交谈，讨论的是侵权法中不同的责任理论。讨论仅仅开始一会儿，迈克尔就不断地提到“科斯”，我当时不知道这是一个名词，还是一个动词，或者是一个姓名。但之后滔滔不息的讨论都是关于责任体系如何不得不考虑侵权行为各方当事人之间及其与他方的交易费用。与许多人一样，我最初的反应是，这所谓的洞见前后逻辑似乎颠倒。交易费用总是以额外因子的身份出现在一个大范畴的等式中，这个东西既不与对正义的传统法律考量有关，也不与长期占据人们视野的具体判例中的公平有关。在我的法学教育中，根本没有产生这样的思考。

我在南加州大学对此问题的无知，很快得到了解决，1972 年秋，我来到芝加哥大学，也就是在彼时，我遇到科斯。当时他已经 61 岁，比我如今还要年轻许多。现在回想起来，当时的他已经少了许多年轻时的执狂。然而，科斯总是坚持自己的观点，始终不懈地捍卫自己的立场。他对我非常和蔼，慈爱有加，作为《法律经济学期刊》（*Journal of Law and Economics*）的编辑，他在 1975 年推荐发表了我的文章《不合情理：一个批评性的再评价》(Unconscionability: A Critical Reappraisal)。这篇文章标志着我将科斯的交易费用方法加以发展演变的重要一步。我与科斯交往四十多年，他从未对自己首创的方法的独特本质表示过怀疑。

此时此刻，我脑海中浮现出几个小插曲。20世纪80年代的某个时间，科斯、詹姆斯·布坎南（James Buchanan）和我与自由基金会（Liberty Fund）的成员举行了一个小型见面会。那一次，科斯感到非常失望，他认为世人，尤其是理查德·波斯纳（Richard Posner），误解并且误用了他的观点。[1]科斯希望使用交易费用来厘定法律体系的运作。他没有看到，他的理论有着巨大的应用意义，通常是隐晦地影响着法官制定法律原则的方式。的确，科斯经常认为，不少律师把他的观点引用到自己并不认同的方向。他声称，他使用交易费用的语言，只是为了说明侵害法下邻居间的土地纠纷。

诡异的是，在这一点上，科斯全然错了。科斯研究成果的影响远远超过他原先的设想，而且既然如今名满天下的“科斯定理”应用到法律和社会行为的方方面面，无远弗届，那么把他的研究成果搬到不同领域和主题上的众多学者也同样有权这样做。事实上，真正有启发意义的问题是，为什么没有其他学者给出第二个定理像“科斯定理”那样有着广泛的接受度。我曾得出这样的结论：自科斯文章发表之后将近六十年中，尚且没有另外一个定理有此影响力，因为没有哪个定理真正这样为我们所需要。平心而论，这个定理假设“最大化社会福利的正确方法是最小化交易费用”，因为只有这样的策略才可以提高对整个社会而言最大的交易量。作为一名想听科斯亲自讲述这些主题的读者，我在2002年获得了一个机会，与科斯进行了一场长谈，这就有了那篇名为“与罗纳德·科斯对话”的记录留给后人。[2]

即便在人生的最后岁月，科斯仍然强烈地以自己的个性为傲。这里的两个小插曲可以说明这一事实。

2010年，托马斯·黑兹利特（Thomas Hazlett）教授和我张罗了一场向科斯工作致敬的研讨会。科斯未能到会，但他准备了一段简短的音频，预备在会议上播放——这样做显然已经不太容易。主要内容是对理查德·波斯纳的一篇颇具挑衅性的文章进行评论。波斯纳的文章指出，科斯和约翰·梅纳德·凯恩斯(John Maynard Keynes）之间存在所谓的相似之处。波斯纳强调，这两个人的宏大理论都回避了形式化的数学。科斯完全不认同波斯纳的观点，于是就自己和凯恩斯之间的联系给出了他的说法："凯恩斯先生和我只是在战争（指第二次世界大战）结束后不久见过一面。那是一个茶话会。凯恩斯先生坐在那里，我站在他身旁。他转过来问我能不能给他倒杯茶，我照办了。这就是凯恩斯对科斯的影响。"

的确，在这一点上，科斯是对的。他的直觉在于把复杂的聚合量（complex aggregates）分解成不同的组成部分，看看它们是如何一起运作的。凯恩斯恰恰相反，他总是忽略个体交易，而研究聚合量的宏观经济效应。在这方面，我认为科斯化宏观为微观的方式，比凯恩斯把微观积聚成宏观的方式更为可取。因为后者的方法倾向于忽略聚合体内各部分的冲突，这反过来会使我们忽略与政府管制相关的公共选择问题，而科斯正确地把这个动态过程看作市场更有效率运行的绊脚石。

我最后一次见到科斯，是在他的老年公寓与他共进午餐。当时他已经超过 101 岁，身体显然已不堪重负。在生命的最后岁月里，科斯总是小心翼翼地保护其经济学立场的声誉和纯粹性。但这一次，他有些闷闷不乐。科斯断言，他的人生是一场学术上的失败，因为世人基本上误解了他对经济系统内交易费用角色的理解，这与他多年前的感叹一致。众多学者在应用科斯的理论时，经常张冠李戴，甚至指鹿为马。对于他的这个悲观的评价，我并不认同，当我跟他说，他有着巨大的智力优势——他的姓只有一个音节——并且把它用到极致时，他仅报以莞尔一笑。而只要你的名字变成一个形容词就都会这样……譬如"科斯的"。

斯　文

科斯的名字被用作形容词，一个经济学的品牌由此诞生，可谓实至名归，因为仅凭他的洞见就使其他概念性框架相形见绌。在20世纪60年代中期的美国，我被作为典型的英国和美国律师而培养，沉浸在自己的第一个法律项目上。这个项目想要解释某种个人自治概念是如何提供智识上的黏着力，从而把财产、合同、侵权和补偿这些领域的普通法整合在一起。对于简单的两方交易来说，这些模型运行良好，或者至少我认为是这样。那些（相对）简单的案例牵涉的是一场汽车事故中的两个司机，或者租约中的地主与佃农，并没有把交易费用问题推到前台。而一旦种子播撒下去，就很难从我的脑海中把科斯式概念抹去。科斯在《社会成本问题》一文发展了这些思想，开篇引述的就是英国侵害法的案例。这些案例主要产生于19世纪末，我在牛津时对它们有所研究，因此非常熟悉。科斯对这些案例之所言与案例本身的判决有些龃龉。它们很少用到交易费用模型，而更多地利用侵害法中的因果关系角色。科斯对此的看法是把单向性的“因果关系”看成是相互的，所以很难说鱼死了是因为鱼吃了污染物，还是因为鱼肺某种形式上说太脆弱或有缺陷。

如何看待这类术语？把它作为判决具体案例的一种方式，基本上起不到作用。对科斯来说，这本应该是一个警告，它告诉科斯可能有哪里不对，因为他一般不会漠视长期存在的商业惯例。那么，为什么科斯还以这样的语言使用“因果关系”术语呢？日常语言与科斯的因果关系概念南辕北辙，侵权法中因果关系理论发挥着无所不在的作用，这就更加说明不能忽略这些主题，并不是说我可以把侵权法的不同思想整合进一套自洽的综合学说。

这一分析中的部分问题来自王宁在试图构思如何思考零交易费用的世界时提出的一个挑战。这些概念问题实际上要比科斯给出的术语更难以理解，原因很简单，因为没有人知道零交易费用的世界是什么样的，就像没有人能理解超越光速之后这个世界是什么样。说得更具体点，在一个零交易费用的世界，欺诈不可能发生，因为每个人都了解他人。不再有世俗的障碍，因为为了规避延迟的成本，所有信息都被同时纳入考虑范围。距离也不再是问题，因为无论采取什么行动都是瞬间发生。这标志着我们所知的这个世界的时空特征，都消失在零交易费用的世界里。那么，我们如何理解合同达成与合同执行情况之间的差距，或者说我们如何理解具体的行为与其结果之间的关系？我们如何使用这样的思维框架呢？

避开这一困扰的方法在于重新表述问题。我们知道，人们都生活在一个世俗的、具有空间维度的世界中。我们还知道，获取信息的成本是很高昂的，这必然意味着监督并不完美，给定自利的个体并不总具有良好的道德品质（科斯发现这在经济事务中非常重要），欺诈和机会主义总是严重的威胁。在这一点上，零交易费用模型问的是这样一个问题：我们在这个世界总有时间弄明白该如何设计和组织那些发生在正交易费用世界的交易。给我们无限的闲暇，我们会如何赋予那些交易从达成到执行的内在结构，使我们得以避免离开假想的天堂——哈罗德·德姆塞茨（Harold Demsetz）最喜欢的用语——进入交易费用出于各种原因而非常重要的真实世界所感受到的压力和紧张。[3]

关于这个问题的答案很容易处理，而且它们有助于解释为什么科斯认为随着交易费用趋于零，外部性问题将不复存在。在我关于科斯的作品中，我把它看作一种单一所有者方法（single-owner approach）来思考社会和法律关系问题。我们观察某一类集体努力——公寓业主协会的形成，或者公司或俱乐部的创建。一开始，所有人都充分意识到在个体层面值得肯定的优点和有危害的缺点，这样就形成单一所有者。[4]这个单一所有者知道，他会与其他各方共同享有自己的财产，这些人通常是他的邻居，彼此在一个肯定是正交易费用的环境中结成关系网。这个单一所有者也知道，彼此间所有的收益和成本都是相互关联的，如果他将一系列权利授予一个潜在的买家而不是这些邻居，他从中所获就会较少；甚至他从最初的买家那里得到的越多，他从后续的买家那里得到的就越少。因此，他不得不计算折算成现值后的后续损失是否超过初始的收益集。这些交易各方中的每一方都会进行一次计算，其结果是对交易达成的方式施以巨大的限制，因为相关的人或事会影响到销售的达成、各方合同应包含的条款，以及如何处理初始各方的租约和后续的出售，诸如此类，不一而足。

在科斯所假设的交易费用为零的世界，按照定义，是不存在外部性的。但是，看一看在不同各方身上施加的是哪些义务则是有启发意义的，这些义务在如何处理与不能从共同所有者那里得到权利的邻居的关系上，可以被当作样板。最简单的办法，莫过于将问询作为交易的一部分，考察单一所有者施以何种禁用令，然后运用从中获得的发现去发展科斯在《社会成本问题》中集中研究的侵害法。接下来的正好与科斯终身念兹在兹的一些问题相关，这些问题通常会被更理论化的经济学家和律师取笑。如果你想要理解人们会如何相互缔约——这是科斯坚持的进路，那么你一定要看看实际上他们彼此间是如何缔约的。正如科斯所说，要远离黑板经济学，深入查看协议的事实本相，用真实的交易作为基准，去发现诸如邻人是如何相处的。

一旦在这方面采用了科斯的方法论，我们就可以看到，科斯认为日常语言中的因果关系应该被理解为互为因果的关系。这一点并不正确。最简单的一种因果关系是一个人针对另一个人的人身或财产直接施以暴力。在所有的语言中，主格和宾格之间的差异都表明，这种差异深深植入人类心智的普遍结构之中。因果关系这一概念在科斯强力关注的侵害法案例中，是以相对较弱的形式在发挥作用。这些侵害法案例强调诸如噪声、气味和固体等所造成的物理侵害的不同形式。这些案例在所有单一所有者宣扬的初始协议中，被认为需要特殊对待。实际上在所有初始的公寓管理协议中，排放物很明显是受限制的。例如，协议是以这样的形式起草和记录的：确保禁令的利益和责任方面可以施及所有参与者，而无论他们参与的次序或支付的价格。这种结构具有持久性的特征，因为这是一个历时不变的问题。

固定的视角并不是在所有案例中都确然无误。因此，相同的协议中包含着有关的更加弱化的外部性之条款。这些外部性涉及样式、颜色、装饰等诸如此类的特征，与财富和品位多有关联，而呈现出更大程度的多样性。由此，关于侵害问题的普通法牢固地确立了第一类权利，非常谨慎地处理了第二类权利。的确，工厂和汽车带来的公共侵害让人们对污染产生关切，与私人环境中的情况并无二致，但是将交易费用概念再次纳入进来，用来解释对公共侵害的不同回应，而自1535年以来，公共侵害就已经被写入英国普通法。[5]所谓侵害之定义，并不随所损害之财产——现在可以使用这一词语，不再指私人池塘而变成一条公共河流——发生变化。但对于诸如河流这类公共资源，给定的初始规则是开放进入权利——所有人都可以进入而无人被排除在外——这样的通用规则，执行权利的成本的确有极大的不同。在这些情境下，相对于极低的个人相关利益而言，管理私人活动的权利的确要昂贵很多。因此，普通法一直延续至今的独特做法是：蒙受特别伤害（比如过大或独一无二）的个人可以保有为其财产损失上诉之传统权利；与之相对，与他们的同胞一样只蒙受一般伤害的个人就没有行动之私权。但现在，国家可以对施害人予以行政救济，允许施害人移除障碍或清除污染，同时为提高威慑效果，还要对之罚款。当然，在这两类范畴之间，确实存在不可忽视的模糊地带。基本之点仅表明科斯关心交易费用本身的威力所在，现在，这种方法在寻求补偿的当事方数目增加的案例中取得了更为核心的地位。简单之点有助于解释从基于校正正义原则的简单诉讼向更为复杂的群体诉讼（class actions）和行政校正之转变。因此，侵害法慢慢地演变成环境法，一旦伤害蔓延或多个原发地出现，禁令直接由公共部门实施就能起到更大的作用。许多人把这些看作不相关之事物，实际上并非如此。对保有源自早期对单一所有者的问题的权利之关切，现在已经让位于对问题范围扩大后所出现的艰难的补救选择之更深远的理解。

科斯极力强调交易费用，这一主旨也影响了他的首篇经典论文《企业的性质》（The Nature of the Firm）[6]，此文发表于1937年，是在他到美国研究产业组织后撰写的一篇文章。一如既往，科斯给出的基本观察结论显而易见——至少在他给出这个结论之后看是这样。它告诉我们，一个自愿交易体系是由一些零散交易或者现货交易混合而成，在每个交易中，一方提供商品或劳务，另一方支付价格。但在许多情形下，我们看到了非正式交换或一个企业取代了商品和劳务的销售。科斯提出一个非常简单的问题：为什么有现货交易与企业之分？他最终的答案也很简单，并且经受住了时间的检验。那就是，组织一个交换体系并不是没有成本的。在谈判、达成合约、履行合约以及诉讼等各个环节，交易费用无处不在。在有些情境中，这些费用值得承担；但在其他情境中，这类费用实在太高，以至于企业由此而产生。企业雇用员工，不再零散地购买他们的劳务，而是支付工资来购买一揽子劳务，至于劳务的具体内容和形式并不会在事先全部明确。这一新的策略也有协商和执行成本，在交易或者支付报酬或价格之前，监督劳动通常比勘验商品更难。但是，将事物推向一个方向或另外一个方向，并无定规；科斯是正确的，他坚持认为交易费用的概念是理解不同组织形式之差异的关键所在。

当然，这个世界远比简单的二分法来得复杂，通常的情况是，企业有着更为复杂的结构。[7] 工人拿底薪和佣金，或者年底拿奖金，对他们来说，与雇主共担风险或许更好；又或者，雇主可以合伙，而不是采用个人所有的形式。这种种方案组合，并不是经济学家的工作，而是律师的分内之事，律师要为资本和劳动者就这些议题起草协议。律师还必须要问一个更难的问题：把偏好和能力之差异考虑在内，企业内的不同成员如何才会齐心协力？要知道，偏好和能力之差异在一个简单的企业架构设计（在这种设计中，对于管理者来说，所有工人都是同质的）中会产生不一样的结果。这就是科斯的天才之处。他对日常事务所做的观察，很多伟大的头脑都忽略了。而且，科斯所有的贡献都可以有次序地拓展到他自己从未考虑的问题上。科斯的学术思想一直很重要，历久弥新，将永存世间。科斯穷其一生，执着地研究交易费用，为我们揭开了社会组织的诸多秘密，在法律和社会讨论中一再被提及的耳熟能详的概念，已成为现代社会科学的核心内容。

感谢你，罗纳德·科斯！

注释

[1] 有关这方面的内容，请参阅 Ronald H. Coase, Coase on Posner on Coase, 149 *Journal of Institutional and Theoretical Economics*. 96 (1993)。

[2] Ronald H. Coase, The intellectual portrait series: A conversation with Ronald H. Coase (2002), 可在以下网站获得：https://oll.libertyfund.org/titles/coase-the-intellectual-portrait-series-a-conversation-with-ronald-h-coase (2019 年 1 月 1 日访问)。

[3] Harold Demsetz, Information and efficiency: Another viewpoint, 12 *Journal of Law and Economics*. 1 (1969).

[4] Richard A. Epstein, Holdouts, externalities and the single owner: Another tribute to Ronald Coase, 36 *Journal of Law and Economics*. 553 (1993); 至于对不动产的应用，可以参阅 Richard A. Epstein, Positive and negative externalities in real estate development, 102 *Minn. L. Rev.* 1493 (2018)。

[5] Y.B. 27 Hen. 8, fo. 26, pl. 10 (1536).

[6] R.H. Coase, The nature of the firm, 4 *Economica* (N.S.) 386 (1937).

[7] Richard A. Epstein, Inside the Coasean firm: Why variations in competence and taste matter, 54 *Journal of Law and Economics*. S41 (2011).

导　言

经济中的法律：科斯主义法律经济学

王　宁*
李井奎　译**

我们大部分人据以谋生的现代市场经济充满着活力、创造性和不确定性，从新款手机、电动汽车到救人性命的药品，以及在线购物和在线支付，更新、更好的商品和服务层出不穷地摆在全世界消费者的面前。随着新的市场、技术、组织、产业和经济体的大量涌现，现有的人、组织、产业等不断地竞争、适应，或者被淘汰。市场经济潮起潮落、活力无限，尤其是那无与伦比的创造力，更令人叹为观止；与此同时，市场经济也带给我们许多令人费解的谜团和令人望而却步的挑战（例如，Schumpeter，1934；Coase and Wang，2011）。在这

---

* 感谢 Alexandre Benham, Lee Benham, Dean Lueck, Deidre McCloskey, Steven Medema 和 Henry Mohrman 给予本文的有益评论和建议，使之增色不少。当然，所有还存于文中的错误悉由我一人负责。本书收录的文章是在 2012 年，也就是在我们说服科斯教授将他对法律经济学而言非常有价值的论述结集出版之后，由他亲自遴选的。后来又在最初的清单里加上以下四篇文章：《联邦通讯委员会和广播业》《致联邦通讯委员会的证词》《社会成本问题的注释》和《法律经济学：个人历程》。对于 Stephen Littlechild 和 John L. Peterman 的建议，我深表谢忱。

** 本篇序言译成之后，曾由浙江财经大学经济学院的张利风教授、李钧博士校读，他们提出了若干修改意见。最后，译文又经王宁老师审阅，他也提出了许多修改意见。对于他们的辛勤工作，译者在此一并致以深深的谢意。——译者注

些现象的背后，矗立着两个根本性问题：市场经济究竟是如何运行的？我们能做些什么使市场经济系统运转得更好？正是对这两个问题的解答，既引发和塑造了我们的想象，也形塑了我们关于经济的理解，其中还包含着我们对身处其中的自身位置的认知。

对这两个问题的探究，激起了我们对所处的这个世界无尽的好奇心，我们渴望看透与自己的想法、言说和行为交织融合在一起的社会真相，同时不断地追求、丰富自己的人生。而这一切，正是文明成为可能和得以进步的根源所在。本书收录的这些文章，记录的是一位特立独行的经济学家以自身的方式——科斯主义的方式——对解答这两个问题付出的无畏而富有创造力的努力。

这些文章的时间跨度几乎长达半个世纪，第一篇文章是科斯于 1958 年的一篇演讲词，这次演讲是为了庆祝弗吉尼亚大学（University of Virginia）托马斯·杰斐逊（Thomas Jefferson）政治经济学研究中心的成立；最后一篇文章是科斯于 2003 年的演讲词，这次演讲是芝加哥大学法学院百年纪念活动的一部分。两篇文章都在科斯身后发表于《人与经济》（*Man and Economy*）——这是科斯在去世前不久发起创办的一份新杂志。在那段岁月里，法律经济学作为一门新的学科诞生了，而且在美国法学界逐渐成为最富影响力的思想学派之一，成为 20 世纪以降经济学最激动人心的发展之一。[1]

所有文章都曾见诸学术期刊，但是这些文章首次被结集成册，其中多数文章为广大读者所熟悉，有几篇深得几代学生的珍视——张五常曾告诉我，20 世纪 60 年代末他于加利福尼亚大学洛杉矶分校攻读博士学位时，曾有两年时间总是随身携带《联邦通讯委员会》的复印稿，竟能回忆得出 40 页长文的大部分内容。本书将这些文章辑录成册，以单篇文章所不具备的表现力和系统性，透过科斯作为“特立独行的经济学家”漫长的学术生涯，展现科斯从不在专业研究中跟风和追逐时尚，而是深入构思研究主题，真切走近研究问题，寻求对这些问题之解答的独特风格。这两个根本问题——市场经济如何运行以及我们如何对其做出改进——始终是科斯念兹在兹、一以贯之的，对于今天的我们也仍然如此；无论多长时间过去，这两个问题总是历久弥新，不会失去其重要意义。我们更要感谢科斯，感谢他的睿智和幽默，正是因为他，我们现在可以从不同的角度看待这两个问题，在更加宏广的方向上探索其答案。科斯文章中贯穿始终的简洁而有力的思想，永远地丰富了我们的工具箱，拓宽了我们的视域。如今，拜科斯所赐，我们配备上了更好的心智地图，内心更加谦恭，去开启属于我们自己的智识旅程。对于那些沿着科斯道路继续前行的人们，本书既是一个路标，也是一块踏脚石。

1

《科斯论法律经济学》囊括科斯就法律经济学这一主题所写的 13 篇文章。根据科斯的说法，这些文章涉及两条截然不同的发展轨迹，一条集中于法律的经济分析方面，另一条集中于法律的经济影响方面。本书按照每篇文章首次写就并发表的时间进行编排。根据其内容，可将这 13 篇文章分成四个系列：第一组围绕科斯最有影响力的文章《社会成本问题》展开，这是四组中篇幅最长的一组；第二组关注思想市场，包括《商品市场和思想市场》和《广告行为与言论自由》两篇文章；第三组由两篇经验研究论文构成，分别为《广播和电视行业中的商业贿赂》和《敲诈》；第四组也是最后一组文章，讨论的是法律经济学史。

2

罗纳德·科斯被公认为现代法律经济学的奠基人。他的论文《社会成本问题》是现代法律经济学学术领域被引用最多的文献之一，与吉多·卡拉布雷西（Guido Calabresi）（1961）关于侵权法的颇具影响力的论文一起，开创了一门新的学科（Posner，2003 [1973]）。[2] 1964—1982 年，科斯担任《法律经济学期刊》

编辑 18 年，这份杂志 1958 年由阿伦·迪雷克托（Aaron Director）创办于芝加哥大学法学院。科斯利用担任编辑之机，激发、引领并指导了一批学者，奖掖后进、不遗余力，鼓励他们探讨法律对经济的影响。

不过，这一至上的荣誉常常让这位荣誉获得者内心惴惴不安。在科斯看来，法律经济学包含两个不同且互补的学术进路，各自有着不同的主题和研究计划。第一个，也是占上风的那个，目前流行于学界并在教室里广为传播，一般可称之为“法律的经济分析”。这个术语由理查德·波斯纳（Posner, 2003[1973]）在《法律的经济分析》（*Economic Analysis of Law*）一书中首次提出并推广开。《法律的经济分析》是这个新兴学科领域的第一本教科书，如今早已被奉为经典之作，它用现代价格理论的基本概念和原理来分析法律，解读法律规则、制度和习俗。得益于波斯纳的渊博与高产，“法律的经济分析”取得了良好的发展，并实实在在地纳入了美国法学院的制度化的教学和研究计划之中；“法律的经济分析”不仅在课程体系中牢牢地占有了一席之地，而且在学术发展上也成了常规的路径。由此可见，法律经济学是法律教育和法理学上的一项创新。但是，科斯对此并不感兴趣，也没有觉得自己的学术背景可以为之做出贡献。作为一位老派的经济学家，科斯总是感到有些不安；他常年在法学院教书，驱不散心中隐隐的一种被放逐的感觉。

还有一个因素在进一步拉开科斯的研究方法与“法律的经济分析”之间的距离方面可能也起到了重要作用。就学术渊源而论，“法律的经济分析”是“经济学帝国主义”的一个分支。受“经济学帝国主义”的影响，现代经济学远离了亚当·斯密(1976 [1776])、阿尔弗雷德·马歇尔(Alfred Marshall)(1920 [1890])以及弗兰克·奈特（Frank Knight）（1951[1933]）的研究传统中对人、财富和社会组织的研究范式。在莱昂内尔·罗宾斯（Lionel Robbins）（1932）和加里·贝克尔（Gary Becker）（1976）的带领下，现代经济学完全变成了一门研究选择（即对稀缺资源进行分配）的科学。现代经济学的这一转型引人注目而又影响深远，它的一个结果就是切断了现代经济学自身与真实世界经济的联系。这一点令科斯深感不安。放弃了传统的研究主题之后，当代经济学丧失了其立足的经验根基和判断其实用性的参照标准，从而身处险境。在科斯早期的职业生涯里，他曾长期任职于伦敦经济学院，是罗宾斯的年轻同事；后来，他在芝加哥大学成为贝克尔的同事；科斯与他们两人意气相投。但作为一名学者，科斯坚持传统经济学的路数，从没有加入罗宾斯和贝克尔的研究道路。在斯密、马歇尔和奈特所代表的经济学传统鼓舞之下，科斯研究经济学，把经济学视为研究人通过专业化、组织和交换在社会中创造财富的大学问。科斯对这一学术传统深信不疑，这解释了他何以对“经济学帝国主义”缺乏兴趣，对法律的经济分析意兴索然。

因为对经济学的期望如此之高以及对更新研究方法的强烈需求，科斯时常感到自斯密的时代以来，研究成果堪忧，而要使经济学变得有价值和富有生机，任重而道远。有了这种紧迫感，科斯肩负非同寻常的使命感，积极开拓法律经济学。他不是从经济学的视角分析法律，而是研究法律对经济运行的影响。法律在市场经济的起源和发展中起到什么作用？它又是怎样影响经济结构、经济绩效和历时演化的？如何改变法律方能令经济运行得更好？

与加里·贝克尔（1976）引领的“经济学帝国主义”——把经济学扩展到甚至超越社会科学的整个领域——相比，这种由斯密、马歇尔和奈特奠定的前贝克尔时代的经济学观点，集中关注经济的运行，看起来似乎视域狭窄。对于视经济学为社会科学的通用分析语言的人士来说，科斯对经济学的看法可能显得不识时务，他们认为把经济学和经济捆绑在一起限制了经济学的研究范畴。现代经济学的核心为价格理论（例如，Friedman，1976；McCloskey，1985；Stigler，1987；Cheung，2017）。“经济学帝国主义”利用价格理论解释传统经济学疆界之外的人类行为，譬如家庭、学校、法院和政府。与此相反，科斯将基本的经济分析用于理解企业和市场的运行，以及政府政策法规的经济影响。感谢科斯的坚持，现在我们的经济学更加丰富，不止于资源的配置和定价，而是更好地理解经济如何运行。当然，我们经济学知识的增长，就像在其他基础领域的探索一样，可以让我们对未知的世界看得更远、更清晰。科斯相信，法律经济学可以帮助经济学家处理经济中一些最为错综复杂和扑朔迷离的问题。除非经济学在解释经济方面取得长足进步，否则“经济学帝国主义”当时会在其“殖民”领域遭遇合理的抵制，乃至普遍的反抗。

在这一点上，比较科斯的法律经济学研究方法与另一位现代法律经济学奠基者——吉多·卡拉布雷西，会别有一番趣味。卡拉布雷西在其著作《法律经济学的未来》（*The Future of Law and Economics*）（Calabresi，2016）中，断然将法律经济学与“法律的经济分析”相区分。卡拉布雷西认同科斯的观点，认为法律经济学不等于且不止于“法律的经济分析”。让卡拉布雷西深感困扰的尚且不是“法律的经济分析”从经济理论的立场出发对法律世界的研究，而是把现行的经济理论——不管它是市场经济学还是马克思主义经济学——作为毫无问题的阿基米德的支点，“拿这种检视的结果，去证实、质疑或寻求法律现实的改革”（Calabresi，2016）。

卡拉布雷西的解释为：“法律经济学始于不可知论对这个世界本来面目的接受，就像接受律师对这个世界的描述一样。然后，我们就要思考经济理论是否能够解释这个世界。”（Calabresi，2016）进而言之，即使现有的经济理论不能解释它，也不能认为法律世界非理性。卡拉布雷西（Calabresi，2016）进一步提出两个问题：第一，我们认清法律世界实际的情况了吗？第二，经济理论能否予以修正和提炼，从而解释法律世界本来的情况？

“法律的经济分析”是运用现有经济理论分析法律；与之相对，科斯和卡拉布雷西都从真实世界出发，去寻找理论，以解释真实世界是什么样的以及为什么它是这样的。作为一名法学家，可以理解，卡拉布雷西更感兴趣的是经济学能为法律做些什么；作为一名经济学家，科斯更感兴趣的是法律对经济有何影响。只有当波斯纳和卡拉布雷西所代表的法学相遇科斯所代表的经济学，激荡相成的法律经济学才能在法学和经济学之间建立起牢固的双边互惠关系，相互增进认知，相互激发，彼此丰富。[3]

3

在科斯首部文集《企业、市场与法律》中的一篇介绍性短文（文章标题与文集同名）中，科斯（Coase，1988a）把法律明确看作经济系统不可分割的一部分。对于经济学家来说，把企业与市场视为构成经济制度结构的基本部分，当然没有任何异议。科斯强调，法律与企业和市场以复杂的方式彼此互动，也是经济的一个组成部分；而对于这些复杂的互动，我们的理解非常贫乏。

首先，法律为经济活动提供了基础。经济学从研究交换开始，也围绕交换展开。但所交换的是权利而非物质实体，权利的界定和执行主要——虽然不完全——是由法律来完成的。从另一个角度看，经济学本质上关注的是竞争；这不是“完全竞争理论”所构想的竞争，而是日常所理解的经济中竞争对手间的竞争行为和竞争过程，而竞争规则主要由产权界定。这两种思路把我们带到相同的结论，这也是《联邦通讯委员会》和《社会成本问题》两篇文章得出的观点，即权利界定是市场运行的前提——张五常（Cheung，1992）把这一洞见称为“科斯定理”。阿门·阿尔钦（Armen Alchian）也得出同样的结论，他说：“本质上而言，经济学是对产权的研究。”（Alchian，1967）当产权没有被清晰界定，譬如在中国社会主义制度下集体产权的情况（Coase and Wang，2012），或者产权被废止时，比如《广播和电视行业中的商业贿赂》中的情况，潜在的产权需求者相信自己可以更好地利用这些资源，但被剥夺了通过竞价解决冲突、获取资源的机会。结果就是，市场无法发挥作用，产生资源错配和租金耗费。当这类对市场的压制不是一时一地而是遍布整个经济且延续不断时，其可怕的后果就不只是低效率经济这么简单；生活其中的经济人因此而无时无地不感到挫折，从而变得灰心丧气，甚至感到彻底无助。如果处处是士气低落的人们，没有哪个经济和社会有丝毫的机会在长期竞争中脱颖而出。

从一种视角看，经济学家倾向于把经济想象成商品和服务流；通过市场，商品和服务流把家庭与企业联系起来；这个过程当然离不开货币流的参与和帮助。想一想弗兰克·奈特（Knight，1933）著名的“财富之轮”（也可参阅 Patinkin，1973）。经济的这个公众形象因为被保罗·萨缪尔森（Paul Samuelson）（Samuelson，1948）影响广泛的教科书采用而流行。[4] 不过，这不是法律学者被训练的处理问题的方式。他们一直强调，市场中交换的乃是权利，而非物质资料，这种观点也为当代社会学家所共享（例如，Coleman，1990）。19 世纪德国著名法理学家鲁道夫·冯·耶林（Rudolph von Jhering）一语中的：“从法律的视角观之，商业交换并不是物体的流通，而是权利的转移。脱离与之相关的法律，物体就丧失了全部价值。决定事物价值的，既不是效用，也不是经济用途；对该物体的使用，受到法律的保障，并取决于法律保护它的方式，这基本上是环境的产物。法律是价值观念中的基本因素；革命使所有权价值遭到一定程度的毁坏；当人们对法律确定性的信心重新回归时，它们才会恢复。从法律上讲，物体的转手标志着该物体之上权利的转手；从法律上讲，商业不过是产权的建立、转移和灭失。”（转引自 Noyes，1936）

从另一种视角看，经济学的基础是固定在法律之上的。在亚当·斯密和阿尔弗雷德·马歇尔的传统下，经济学本质上是一门关于财富创造的社会科学。商业社会建立在专业化、组织和交换之上，财富基本上是以直接或间接的可交换性为基础的。例如，由于今天自愿为奴被法律禁止，一个人不能直接售卖自己，但他可以将自己所能生产的东西带到市场上，或者出售生产性服务而间接地在市场上售卖自己。没有交换，就不会有专业化的发展空间和动力；没有专业化，生产力就很难增长。由于交换的对象是权利，因此财富创造的关键取决于权利以及权利的界定、实施和保护。在市场经济中，只有当合同法、财产法和侵权法降低了交易成本并便利了权利转移时，财富才可以得到有效利用，才能为其所有者提供最高的收益，同时也令整个社会变得更加富裕。

此外，财富或其产生的服务流，若非由法律和规范予以保障，即便已经被创造出来，也一定会被浪费。财产法是文明社会的基石，因为财产法确定私有产权，激发企业家精神。有关私有产权这一传统观点，可以溯源到洛克

(Locke)、休谟（Hume）和斯密，并在20世纪得到进一步强化。20世纪的那些激进的国有化方案，践踏私有财产，虽然陈义甚高、持论甚正，但最终均使经济陷入贫困状态，毁坏人类生活的尊严。

其次，法律在创造和塑造科斯（Coase，1991）所提倡的“生产的制度结构”上发挥着关键作用。企业——将投入转换为产出的社会组织——得以形成，是因为使用市场机制有成本。市场是一种制度，它的存在可以降低执行交易的成本。由于法律与交换紧密关联，因此它在企业和市场的创设中显然发挥着无处不在的作用。此外，在企业和市场运行其中的制度环境里，法律也是一个关键组成部分。现代市场的运行，尤其是劳动力市场和金融市场的运行，受到一整套法律和管制规则的极大影响。企业也在法律的荫庇下运行，包括各种公司法和竞争法。由于法律占据着核心的位置，在现代市场经济中发挥着越来越重要的作用。科斯认为，除非对之加以充分考虑，否则经济学对于理解市场经济的运行将大有问题存焉，更不用说开具药方来提高市场经济的表现了。正是这样的信念，将科斯引向法律。

最后，通过改变个人和公司的权利与职责，就商业事务在何为合法、何为非法之间划出一条边界，法律可以直接而深刻地改变经济人的行为，并通过他们改变经济运行的方式。法律以这种方式成为一种可资利用的有价值的政策工具，改善经济的运行。与惯常的诸如货币政策和财政政策这样的工具相比，法律更直接，也更聚焦。在按照人们的喜好塑造经济体系的运行上，法律是一种强有力的潜在工具。

但是，实际情况并非如此。这是科斯批评现代经济学的一个持久的原因。经济学家强烈支持、政策决策者也普遍接受的两项政策选择，分别为征税（例如在处理外部性问题时收取庇古税）和直接的政府管制（例如设立某些特设机构，比如委托联邦通讯委员会管理广播业、电话和电报行业等）（Coase，1959，1960）。科斯对这两项政策都进行了细致入微的审视和系统性的批评。科斯支持运用法律来修正经济行为人在征税和政府管制下的权利与职责，并不因为私人议价总能取得配置效率，这是流行的“科斯定理”所蕴含的命题（例如，Farrell，2016），而是因为良好界定的产权能够使拥有财产（或资源）和权利的经济行为人有动力以最有利可图的方式使用资源和权利，并激发他们的企业家精神。除非经济人日复一日、年复一年地拼搏，否则市场经济很快就会丧失活力，走向萎缩。

对于科斯来说，研究法律在经济中的作用还有方法论上的好处：它有助于把经济学与真实世界联系起来。经济学文献中不缺乏案例，但可惜它们都是经济学家匠心独运、凭空想象出来的，用来阐述经济理论；这些例子为抽象的理论提供了方便的经验注脚。经济学中的灯塔长期以来就是这样一个权威的案例（Coase，1974）；费雪车身和通用汽车的故事是新近的例子，科斯（Coase，2006）曾以批判性的眼光详细调查过这一案例。张五常（Cheung，1973）基于调查而撰写的《蜜蜂的寓言》一文，就是科斯特别喜爱的经验研究，在他的督促之下，张五常完成了这篇佳作。[5]

法律学者的训练与之截然不同，他们依靠生活中的真实案例进行推理和写作。普通法推理的基本模式就是通过判例进行推理，也就是通过一个一个的案件进行推理。普通法中的先例原则建立在对法律案例的熟视和精心对比之上。对于美国法学院的学生而言，其训练的一个重要部分就是熟记经典案例，学习如何像律师那样思考，也就是学会类比推理。与经济学截然不同，法学所使用的案例是真实的、切实发生的，不是编造或刻意伪造出来的。这是法律推理一项重要且显然是独一无二的特征。[6]以科斯的方式促成法律和经济学的联姻，有助于把现实主义带回到经济学中。

4

讨论经济中的法律，除非把伦理规则考虑进来，否则对于我们理解科斯主义的法律经济学会带来很大的困扰。这是因为，伦理规则在裁定实证法、调节对错以及激发和评判人类行为方面，发挥着根本性作用。

自亚当·斯密以降，伦理学与经济学一直有着长期而紧密的联系。亚当·斯密就是作为伦理哲学教授而开始其学术生涯的，在《国富论》（*An Inquiry into the Nature and Cause of the Wealth of Nations*）之前，他还出版了《道德情操论》（*The Theory of Moral Sentiments*）一书，在去世前几个月，他还在对这部书进行意味深长的修改，以记下生前最后的思考。对于斯密而言，伦理学和经济学是他所谓的“人性科学”（science of human nature）或“人学”的不可或缺的组成部分（Smith，1982）。人类的自然社会性，人类对秩序的好奇心，人类对富裕和尊敬的渴望，通过自身的想象力、同情共感的愉悦以及对合宜性和道德性的渴求，而得到调节和提高，把人类本能模铸进社会生活之中。经过文明熏陶、改造和升华后的人类本性，经由把不断增长的财富扩及商业社会所有成员身上，从而为发展社会制度开辟了新的道路。在追求“人学”的发展上，有关人性的抽象理论被用来理解道德、法律以及政治和商业进程的演化。更好地理解社会制度，可以进一步阐明人类本性，为成熟的“人学”奠定坚实的经验基础。如此层层累进地构建“人学”，在批判和消极的意义上指出什么是错的、宣布什么不能做，或许可以昭示乃至指导社会制度的发展。从这个意义上说，经济学必然是一门应用性的经验道德科学。关于这一点，斯密和科斯完全志同道合。

弗兰克·奈特对伦理学和经济学采取了同样的方法，他对科斯的思想发展产生了持久而重大的影响。奈特提醒我们：“生活根本不是为目的和满意而打拼，正好相反，生活是为进一步打拼而提供基础……人生真正的成就是对欲求的不断净化和升华，是对品位的培养。”（Knight，1935）人不是一个效用最大化者，这并不是因为他受到赫伯特·西蒙（Herbert Simon，1955）所强调的有限理性的局限，也不是因为缺乏乔治·斯蒂格勒（George Stigler，1961）所称的信息，而是因为人总是在不断探索、不断创造，只要活着，他就会如此。作为“一个永不满足的生物，一个充满着罗曼蒂克、好辩而又满怀抱负的生物”，人对“改变自己，甚至包括改变其所以为人的最终内核充满兴味”（Knight，1947）。因此，人从不把自己预先交给一套固定的目标。如果他失败了，这样严格的生活是充满着挫折感的；如果他成功了，这样严格的生活又实在乏味。他不是在努力寻求达到既定的目的，“目的对他来说在其行动的过程中总是多少会被重新定义，这种对重新定义过程的兴趣与对行动的兴趣是内在一致的。目的或理想先于行动发挥作用，与其说具有引导意义，不如说是具体意义下的目的。”（Knight，1947）在重新定义自身的目的上，人可能会被“炫耀性消费”恶习或其他陷阱俘获，但他从不会放弃对一个更好的自我的努力追求。正如亚当·斯密（1976）所指出的，这种努力不是由“对邻人的爱”或“对人类的爱”所驱使，而是由“更强烈的爱、更有力的感情”——“对荣光与崇高、壮丽、尊严以及我们自我本性中的优越感之爱”所驱使（Smith，1976）。

与斯密和奈特不同，科斯极少在其著作中明确论及伦理学。虽然如此，但他同样视经济学为一门伦理科学。在《社会成本问题》一文的末尾，科斯指出其分析的局限性。“本文的分析，和经济学这个分支的做法类似，都只局限于比较产出的市场价值。但是，在选择不同社会安排应对不同经济问题时，当然应在更广的标准上进行比较，同时还应综合考虑各种安排对生活各方面影响的总效应。”（Coase，1960）在结束这一段落时，科斯还指出，弗兰克·奈特常常强调的观点为，经济学的问题“最终必然归结为美学和道德问题”（Coase，1960）。

在今天的中国，《道德情操论》赢得了广大的读者群。在对此进行评论时，科斯和王宁这样写道：“市场转型三十年后，中国不仅在便利了财富创造的经济体制上认同资本主义，而且也认同了资本主义的道德特性和伦理基础，没有这些，资本主义本身是难以为继的。”（Coase and Wang，2012）为了解释中国情境下资本主义的道德特性和伦理基础，他们继续写道：“传统的中国道德观念‘勿以恶小而为之，勿以善小而不为’，表面上看是与现代经济学基本信条相矛盾的……这一中国古人对人类本性的教诲，在现代经济学中基本上被忽略了；我们性格的逐步形成，是受我们之所为潜移默化所致……弗兰克·奈特曾给出富有价值的意见，他强调一个社会应该更多地通过‘它所产生的新需要，它在其人民身上形成的性格类型，而不应由人们在所生活的时代需要被满足的效率’来判断。现代经济学把资源配置选择所意欲满足的需要视为既定，忽视这种选择势必会受到在塑造人们需要方面所产生的长期累积性的影响，这种影响是一个连续过程的剪影。但经济体既满足了我们的需要，同时也为新需要播撒下了种子，这转过来推动了新一轮的经济生产和消费。任何有希望带来短期收益但对人民的道德特性有腐化效果的行动，都会使市场经济长远的将来一片黯淡。”（Coase and Wang，2012）[7]

在科斯对思想市场的研究中，在他致力于寻求真理的学术生涯中，科斯主义法律经济学的伦理特征得到了最典型的证明。他坚持走自己道路的勇气，他对真理终将取得胜利的信念，展现出他坚持这种信念的勇气，也为我们展示了捍卫思想市场自由的最佳途径。科斯的诺贝尔经济学奖演说以这样一段话作结：“一名学者必定认同这样的看法：他之所言若有误，就会很快为人所指出；而他之所言若正确，他就可以期待看到它最终被人们接受，只要他活得足够长。”（Coase，1991）这种对真理的坚信，正如弗兰克·奈特告诉我们的，是“所有道德的基础”（Knight，1947）。自由市场经济建立在个人自治和个体责任的伦理原则之上。每个人选择和追求其目标的权利，以及每个人尊重其他人相同权利的义务，是市场经济的道德基础；这个道理长久以来已经为人们所广泛认同。同样重要却很少被认识到的是，追求真理的智识上的责任是一个自由社会的道德基础中关键的支柱（可以参阅，Popper，1946；Polanyi，1950）；这意味着每个人都要勇于表达思想以及追求他所认为的真理，尤其是在千夫所指之时，每个人都有义务对他人身上表现出的这种同样的“一士之谔谔”的勇气予以鼓励，对于我们的无知与失误，要谦恭地承认、优雅地容忍。

5

法律和经济都是人类社会的规制，是人类心智与行动有意或无意的产物和副产品，受人类意志的支配，也就避不开人为错误的侵扰。只要我们足够聪明，能够意识到所知和所能为的边界，制度的可塑性就会为我们提供驰骋想象和实践创造的沃野。良法有利于经济的运行，而经济的演化也会带来法律的变革。法律和经济共生演化；它们手牵手，共同撑起人类进步的阶梯。

法律在市场经济中扮演着重要角色，市场经济建立在劳动与交换的广泛分工和复杂组织之上。一个开放的市场经济体，有着平和且丰盈的公共生活，蕴含法律和最高等级的治理。作为普遍规则的法律，是与习俗和指令相对的，法治而非任意裁夺的政府，对于在各类人群当中建立秩序是必不可少的，其中也包括在利益竞争中建立经济秩序。法律在市场经济的运行中发挥的根本性作用，以及法律、伦理规则和经济在共生演化中彼此互动、相互拮抗的复杂方式，早已为现代经济学的奠基者——亚当·斯密所认识。[8]

亚当·斯密看到，他参与开拓的这一领域，乃是他所谓“立法者的科学”之一个分支（Smith，1976，也可参阅 Haakonssen，1981），而与伦理学（Smith，1978）和法理学并列。虽然斯密长期计划的论自然法理学的著作最终并未完成，但他在这方面的讲义以学生笔记的形式留存下来（Smith，1982）。在这些讲义里，斯密致力于“追踪法理学的渐进发展过程，既关注公法，也关注私法，从最原始的时代一直到最精纯的时代，并指出对财产的存续和积累与有功焉的技艺，在给法律和治理带来相应的改进与改变的过程中所产生的影响”（Smith，1982）。法理学提供了“关于规则的理论，政府依据这些规则进行管理”，而且表明了“不同国家中政府的不同体系的基础”（Smith，1982），指导立法者按照自然而然的自由去治理，让看不见的手逞神奇之力。正如斯密（1976）所强调的那样，自然而然的自由只能在“善治社会”中藏身；只有在这样的社会里，正义才能有条不紊、恢恢有余地行走人间，从而可以把共同富裕“扩及最下等的人民”(Smith，1976)。自然而然的自由将难以为继，除非人口中的大多数积极参与其中，而且分享自由所创造的财富，因为“没有哪个社会在大多数成员处于贫困和悲惨之境时能确然实现繁荣、富足”(Smith，1976)。

科斯的同时代人，若他们读过《国富论》，则大多把它当作价格理论的一个粗陋、简单和含糊的表述；他们的关注点很直接，基本上只关心斯密所谓的“看不见的手”。科斯在斯密的巨著中看到了作者苦心孤诣阐述的重点，而这正是斯密一贯而系统地强调的“定价体系运行所需要的合适的制度（及伦理）框架”(Coase，1977b)。这样一个框架，既不来自永恒的形而上学基础，也不由放之四海而皆准的抽象理论演绎得到，而是从历史经验中得来，充满着不确定性和偶然性。毋庸置疑，这个框架不会完美无瑕，总会给不断的创新和改进留出空间。正如科斯所展望的，现代制度经济学“应该研究人之所以为人，研究他们在真实制度约束下的行为”，他希望“经济学应该成其所是”(Coase，1984)，沿着斯密开创的古典经济学进路持续前进。对于斯密和科斯而言，市场经济不是而且也不可能是原子化的经济人——经济学家想象出来的物种——所形成的，这样的物种不过是经济学家为解决其理论模型而创造出来的。如果市场经济真是这样的一幅原子化的图景，谈论生产的制度结构就毫无意义，更不用提法律体系或伦理规则了。法律体系和伦理规则对于经济秩序的形成与维护至关重要，正是因为市场经济不是逻辑和计算的机械体系，而是建立在不可驾驭的人类激情和无边无际的人类想象之上的。[9]

6

科斯《社会成本问题》这篇文章被广泛认为是关于财产权利和财产法的开山之作（例如，Demsetz，1967；Cheung，1978；Barzel，1997；Lueck and Miceli，2007；Allen，1998)。对于科斯而言，法律不是一套具有绝对权威的程序，可以一劳永逸地限制或确定权利，而是一个社会共用的参考框架，在此基础上，市场秩序得以演化以协调利益冲突。科斯并不认为权利是绝对的或不可侵犯的。科斯在《社会成本问题》的结尾强调："个人权利没有限制的体制，实际上也就等同于没有权利的体制。"（Coase，1960）科斯也不认为，我们就该在一个先验的基础上对政府侵犯权利加以谴责。在多元化的现代社会，权利总会受到政府的干预。事实上，即便我们能够把政府排除出去，权利最终也还是会彼此制约。在市场经济中，权利的"平衡"或权衡不是一个选择，而是社会现实的基本特征。

出于这一原因，科斯（Coase，1960）被批评绕开了物权（Merrill and Smith，2001），忽略了财产是法律的产物（Smith，2012）、是系列交换的产物（Arrunada，2017），甚至还被批评损害了私有产权制度（Block，2003）。正面回应这些批评会让我们离题太远，一个简短的辩护是，科斯是一名经济学家，他遵循的是一种他认为有助于而且也足够澄清庇古谬误的习惯做法。对于财产这样一个演化而来的制度，对于权利这样一个复杂的概念，期望一篇来自经济学家的文章提供全面而综合的处理是不合理的，要求科斯"对其引发的论述产权的文献发展中产生的局限负责"（Lueck，2017）也肯定是不公平的。物权和人格权，虽然在分析上不一样，但在实践中则很难分离。物权确保的是占有；契约化的人格权追求占有物的市场价值最大化。人格权要想有任何价值，物权就必须予以充分尊重。没有"排他权"，" 使用权"就毫无保障，无法对抗侵占；没有"使用权"，"排他权"的价值也就大打折扣。

系列交换的问题在任何市场经济中都很普遍。在不同的时期，经济资源的价值评判自然不同，不同的经济人也会做出不同的评价，由此资源会不断地被交换、被转手。在撰写《变革中国：市场经济的中国之路》一书时，科斯和王宁提出："中国一开始并没有界定产权，明确相关的制度规则，然后允许市场把权利配置给出价最高者。相反，配置给经济行为人的是他们拥有的权利……在实行其权利时他们遇到了制度约束，政府就放开控制权给经济行为人。"（Coase and Wang，2012）这一反常态的做法大大加速了中国引入市场竞争机制，避免了界定权利的成本——在那个时代，这是被禁止的。正如一位评论者所指出的，以这种方式，“国家刺激了私人企业的发展，而没有在其经济价值于竞争中得到揭示之前使他们取得权利”（Schwartz，2014）。此外，正如科斯和王宁所观察到的，当经济条件随时间变化时，权利的价值也在变化，有些权利更重要，有些权利则不再那么重要。在这个过程中，国家“因此就不断地要求修正和重新界定权利结构”（ Coase and Wang，2012）。结果，在市场改革的前二十年，虽然中国并没有正式认可物权，但通过自由签约和分包，人格权也运行起来，触发并利用了市场竞争。

正如中国的情况所证明的，科斯的市场定律展示了神奇的魔力。科斯那种对契约权或人格权的强调，没有在一开始当面挑战集体所有权，在 20 世纪 80 年代初中国经济引入产权和市场力量时，它展示了出人意表的有效性，彼时中国刚开始从社会主义的极“左”思潮中解放出来（例如，Coase and Wang，2012；Cheung，2014）。直到中国市场转型进行了四分之一个世纪之后，人格权才被广泛认识到，形式化的物权也才得到确认，体现在 2007 年《中华人民共和国物权法》的通过上，这是中华人民共和国历史上首次正式承认私有财产权利。

7

科斯主义的法律经济学，集中关注法律对经济运行的直接或间接、有意或无意的影响，让我们开启了对适当的制度框架和伦理基础的姗姗来迟的研究，而这样的制度框架和伦理基础不仅使自由市场经济成为可能，还使其切实可行、富有活力。在快速全球化的经济中，这项任务变得越发紧迫，也更富有挑战性。随着市场经济在亚洲、非洲、东欧和拉丁美洲等国家过去几十年的扩展，世界人口依赖于劳动的分工与组织以及全球贸易以取得繁荣的规模空前之大，市场经济正在不同文化、历史、宗教和政治体制的社会中扎根。人类的普遍命运从未如此至关重要地依赖于我们对市场的理解，既包括对它变化无穷的创造性的理解，也包括对它无可回避的局限性的理解。法律经济学在新兴市场及发达经济体中沿着科斯主义进路的不断演化和发展，都要求学者们能够脚踏实地，远离“黑板经济学”，致力于探索真实世界的问题，发现和开发有助于他们理解其选择用于处理问题的各种理论。行进在这场漫长而富有挑战性的智识旅途中的人们，将视《科斯论法律经济学》为灵感、思想和勇气之源，对之倍加珍视。

注释

[1] 与现代经济学和一般社会科学的其他发展一样，法律经济学可以将其智识源头追溯至亚当·斯密（Adam Smith）和其他启蒙时代的主要思想家那里。Kitch（1983）探究了芝加哥现代法律经济学兴起的智识背景。

[2] 1991 年，在美国法律经济学会第一届年会上，吉多·卡拉布雷西、罗纳德·科斯、亨利·梅因（Henry Maine）和理查德·波斯纳被誉为这一新兴学科的奠基人。2010 年，该学会董事会设立科斯奖章，每两年颁发一次，奖励在法律经济学领域做出重要贡献的人。理查德·波斯纳成为首届科斯奖章获得者，2012 年吉多·卡拉布雷西荣膺科斯奖章。

[3] 有关波斯纳对待科斯经济学的态度，可参阅 Posner (2011)。在认识到“凯恩斯对宏观经济所采取的那种非正式的、不那么严格的、非数学性的分析比 75 年之后不断增强的形式化的、严格的、数学性的分析，就我们当前的经济形势给出了更加强大的分析”之后，波斯纳才算理解了科斯为何要“固执地秉持所谓的‘常识经济学’的光辉传统”（Posner，2011）。

[4] 奈特后来放弃了这一机械的观点。在自己那本《风险、不确定性与利润》（*Risk, Uncertainty, and Profit*）一书的前言里，奈特提出：“正确的生产图景不是‘环流图’，而是那些行为人（既包括人也包括机构）作用其中的复杂有机体，这个有机体不断地自我维系，还额外带来用于消费和进一步投资的收入。”（Knight，1964）

[5] 这里提到的还有若干经济学寓言，可以很方便地从 Spulber（2001）这本文集中找到。

[6] 例如，作为另外一种推理方式的道德推理，与法律推理非常类似，并且经常深度相关，它并不回避人为制造出来的道德困境，从而捕捉伦理决策制定所涉及的复杂性和难以理解性。实际上，最为人所知的道德困境都是想象虚构出来的，比如囚徒困境（the prisoner's dilemma）、电车问题（the trolley problem）和苏菲的选择（Sophie's choice）。

[7] 个人或制度性信任之缺乏，会使经济和社会饱受困扰（例如，Li，1995；He，2015）。

[8] 亚当·斯密有关法律经济学发展的遗产吸引了相当多的关注（例如，MacCormick，1981；Malloy

and Evensky，1994；Simon，2013；Mahoney，2017）。遗憾的是，这些讨论常常把法律的经济分析当作实践法律经济学的唯一途径，没有注意到科斯主义法律经济学和法律的经济分析之间的区别（只有少数几篇例外，如 McCloskey，1998；Medema，2016）。

[9] 否则的话，斯密构想的“立法者的科学”就完全无法理解。正如斯密所强调的，“正义的法律”使“善治政府”有了可能，它们共同帮助并保护了商业社会。在当代经济学家中，哈耶克（Hayek，1973, 1976, 1979）可能是在这方面付出最具雄心的努力之人，他重新阐述了“正义和政治经济学的基本原理”，复兴了斯密“立法者的科学”。相同精神指引下的努力，还应包括与沃尔特·欧肯（Walter Eucken）相联系的法律经济学的弗莱堡学派（例如，Vanberg，2001）以及宪政政治经济学的研究纲领（例如，Brennan and Buchanan，1985）。

参考文献

Alchian, Armen. 1967. *Pricing and Society.* Originally published by Institute of Economic Affairs (London), it can be found in *The Collected Works of Armen Alchian* (2000), Volume 2: Property rights and economic behavior. Indianapolis: Liberty Fund.

Allen, Douglass. 1998. Property rights, transaction costs, and Coase, in *Coasean Economics: Law and Economics and the New Institutional Economics,* edited by Steven G. Medema, pp. 105-118. New York: Kluwer Academic Publishers.

Angrist, Joshua and Jorn-Steffen Pischke. 2010. The credibility revolution in empirical economics: How better research design is taking the con out of econometrics. *Journal of Economic Perspective,* 24(2): 3-30.

Arrunada, Benito. 2017. Property as sequential exchange. *Journal of Institutional Economics,* 13(4): 753-783.

Barzel, Yoram. 1997. *Economic Analysis of Property Rights*. New York: Cambridge University Press.

Becker, Gary. 1976. *The Economic Approach to Human Behavior*. Chicago: University of Chicago Press.

Block, Walter. 2003. Private property rights, economic freedom and Professor Coase. *Harvard Journal of Law & Public Policy,* 26(3): 923-951.

Brennan, Geoffrey and James Buchanan. 1985. *The Reason of Rules*. New York: Cambridge University Press.

Calabresi, Guido. 1961. Some thoughts on risk distribution and the law of torts. *Yale Law Review,* 70 (4): 499-553.

Calabresi, Guido. 2016. *The Future of Law and Economics: Essays in Reform and Recollection.* New Haven: Yale University Press.

Cheung, Steven N S. 1973. The fable of the bees: an economic investigation. *Journal of Law and Economics,* 16(1): 11-33.

Cheung, Steven N S. 1978. *The Myth of Social Cost*. London: Institute of Economic Affairs.

Cheung, Steven N S. 1992. On the new institutional economics. In *Contract Economics,* edited by L.Werin and H. Wijkander, Basil Blackwell, pp. 48-65.

Cheung, Steven N S. 2014. The economic system of China. *Man and the Economy,* 1(1): 65-113.

Cheung, Steven N S. 2017. *Economic Explanation*. Hong Kong: Arcadia Press.

Coase, Ronald H. 1950. *British Broadcasting: A Study in Monopoly.* London: Longmans, Green and Co.

Coase, Ronald H. 1959. The Federal Communications Commission. *Journal of Law & Economics,* 2(1): 1-40.

Coase, Ronald H. 1960. The problem of social cost. *Journal of Law & Economics,* 3(1): 1-44.

Coase, Ronald H. 1974. The market for goods and the market for ideas. *American Economic Review,* 64(2): 384-391.

Coase, Ronald H. 1974. The Lighthouse in economics. *Journal of Law and Economics,* 17(2): 357-376.

Coase, Ronald H. 1977a. Advertising and free speech. *Journal of Legal Studies,* 6(1): 1-34.

Coase, Ronald H. 1977b. The wealth of nations. *Economic Inquiry* 15(3): 309-325.

Coase, Ronald H. 1979. Payola in radio and television broadcasting. *Journal of Law & Economics,* 22(2): 269-328.

Coase, Ronald H. 1984. The new institutional economics. *Journal of Institutional and Theoretical Economics,* 140: 229-231.

Coase, Ronald H. 1988a. *The Firm, the Market, and the Law.* Chicago: University of Chicago Press.

Coase, Ronald H. 1988b. Blackmail. *Virginia Law Review,* 74(4): 655-676.

Coase, Ronald H. 1988c. The nature of the firm: Meaning. *Journal of Law, Economics and Organization,* 4: 19-32.

Coase, Ronald H. 1991. The Institutional structure of production. The Nobel Lecture. Reprinted in *Essays on Economics and Economists* (1994), Chicago: University of Chicago Press.

Coase, Ronald H. 1993. Law and economics at Chicago. *Journal of Law and Economics,* 36(1): 239-254.

Coase, Ronald H. 1996. Law and economics and A. W. Brian Simpson. *Journal of Legal Studies,* 25(1): 103-119.

Coase, Ronald H. 1998. Comment on Thomas W. Hazlett, assigning property rights to radio spectrum users: Why did FCC license auctions take 67 years? *Journal of Law and Economics,* 41(S2): 577-580.

Coase, Ronald H. 2006. The conduct of economics. *Journal of Economics & Management Strategy,* 15(2): 255-278.

Coase, Ronald H. 2014. Law and economics: A personal journey. *Man and the Economy,* 1(1): 23-32.

Coase, Ronald H. 2015. Testimony to the FCC. *Man and the Economy,* 2(1): 1-6.

Coase, Ronald H. 2017. The Federal Communications Commission and Broadcasting Industry. *Man and the Economy,* 4(1):1-21.

Coase, Ronald and Ning Wang. 2011. The industrial structure of production: A research agenda for innovation in an entrepreneurial economy. *Entrepreneurship Research Journal,* 1(2): 1-13.

Coase, Ronald and Ning Wang. 2012. *How China Became Capitalist.* London: Palgrave Macmillan.

Coleman, James. 1990. *Foundations of Social Theory.* Cambridge: Harvard University Press.

Deaton, Angus and Nancy Cartwright. 2017. Understanding and misunderstanding randomized controlled trials. *Social Science & Medicine,* https://doi.org/10.1016/j.socscimed.2017.12.005.

Demsetz, Harold. 1967. Toward a theory of property rights. *American Economic Review,* 57(2): 347-359.

Farrell, Joseph. 2016. Some failures of the popular Coase Theorem, in *The Elgar Companion to Ronald H. Coase,* edited by Claude Menard and Elodie Bertrand. Edward Elgar, pp. 333-345.

Friedman, Milton. 1976. *Price Theory.* Chicago: Aldine.

Hayek, Friedrich A. 1937. Economics and knowledge. *Economica,* 4: 33-54.

Hayek, Friedrich A. 1973. *Law, Legislation and Liberty.* Volume 1: Rules and Order. Chicago: University of Chicago Press.

Hayek, Friedrich A. 1976. *Law, Legislation and Liberty.* Volume 2: The Mirage of Social Justice. Chicago: University of Chicago Press.

Hayek, Friedrich A. 1979. *Law, Legislation and Liberty.* Volume 3: The Political Order of a Free People. Chicago: University of Chicago Press.

Haakonssen, Knud. 1981. *The Science of a Legislator: The Natural Jurisprudence of David Hume and Adam Smith.* New York: Cambridge University Press.

He, Huaihong. 2015. *Social Ethics in a Changing China: Moral Decay or Ethical Awakening?* Washington, DC: Brookings Institution Press.

Kitch, Edmund. 1983. The fire of truth: a remembrance of law and economics at Chicago, 1932-1970. *Journal of Law and Economics,* 26(1): 163-234.

Knight, Frank. 1933. *The Economic Organization*. New York: Augustus M. Kelley.

Knight, Frank. 1935. *The Ethics of Competition and Other Essays.* London: G. Allen & Unwin.

Knight, Frank. 1947. *Freedom and Reform.* New York: Harper & Brothers.

Knight, Frank. 1964[1921]. *Risk, Uncertainty, and Profit.* New York: Augustus M. Kelley.

Leamer, Edward. 1983. Let's take the con out of econometrics. *American Economic Review,* 73(1): 31-43.

Li, Yining. 2015. *Beyond Market and Government: Influence of Ethical Factors on Economy.* Beijing: Springer and Foreign Language Teaching and Research Publishing Co.

Lueck, Dean. 2017. Property rights and the limits of Coase. *Journal of Institutional Economics,* 13(4): 793-800.

Lueck, Dean and Thomas Miceli. 2007. Property law, in *Handbook of Law and Economics,* edited by A. Mitchell Polinsky and Steven Shavell, New York: North-Holland. Pp. 186-257.

MacCormick, Neil. 1981. Adam Smith on law. *Valparaiso University Law Review,* 15(2): 243-263.

Mahoney, Paul G. 2017. Adam Smith, prophet of law and economics. *Journal of Legal Studies,* 46(1): 207-236.

Malloy, Robin Paul and Jerry Evensky (eds.). 1994. *Adam Smith and the Philosophy of Law and Economics.* Kluwer Academic Publishers.

Marshall, Alfred. 1920 [1890]. *Principles of Political Economy.* London: Macmillan.

McCloskey, Deirdre. 1985. *The Applied Theory of Price*. New York: Macmillan.

McCloskey, Deirdre. 1998. The good old Coase Theorem and the good old Chicago School, in *Coasean Economics: Law and Economics and the New Institutional Economics*, edited by Steven G. Medema, pp. 239-248. New York: Kluwer Academic Publishers.

Medema, Steven. 2016. Ronald Coase and the legal-economic nexus, in *The Elgar Companion to Ronald H. Coase,* edited by Claude Menard and Elodie Bertrand. Cheltenham, UK: Edward Elgar, pp. 291-304.

Medema, Steven. 2017. The Coase Theorem at Sixty. Working Paper.

Merrill, Thomas and Henry Smith. 2001. What happened to property in law and economics? *Yale Law Journal*, 111(2): 357-398.

Noyes, C. Reinold. 1936. *The Institution of Property: A Study of the Development, Substance and Arrangement of the System of Property in Modern Anglo-American Law*. New York: Longmans, Green and Co.

Patinkin, Don. 1973. In search of the "wheel of wealth": On the origins of Frank Knight's circular-flow diagram. *American Economic Review*, 63(5): 1037-1046.

Polanyi, Michael. 1950. *The Logic of Liberty.* Chicago: University of Chicago Press.

Popper, Karl. 1946. *Open Society and Its Enemy*. London: Routledge.

Posner, Richard. 2003. *Economic Analysis of Law*, 6th edition. Aspen Publishers. The first edition was published in 1973, by Little, Brown and Company (Boston).

Posner, Richard. 2011. Keynes and Coase. *Journal of Law and Economics*, 54(4): 831-840.

Posner, Richard and Francesco Parisi (eds.). 2013. *The Coase Theorem.* Cheltenham, UK: Edward Elgar.

Robbins, Lionel. 1932. *An Essay on the Nature and Significance of Economic Science.* London: Macmillan.

Samuelson, Paul. 1948. *Economics.* New York: McGraw-Hill. Its 19th edition was released in 2009, co-authored with William Nordhaus.

Schwartz, Pedro. 2014. Coase looks at China. *Policy*, 30(3): 8-12.

Schumpeter, Joseph. 1934. *The Theory of Economic Development.* Cambridge, MA: Harvard University Press.

Simon, Fabrizio. 2013. Adam Smith and the law, in *The Oxford Handbook of Adam Smith*, edited by Christopher Berry, Maria Pia Paganelli and Graig Smith. New York: Oxford University Press, pp. 393-416.

Smith, Adam. 1976. *The Wealth of Nations*. Chicago: University of Chicago Press.

Smith, Adam. 1978. *Lectures on Jurisprudence.* Indianapolis: Liberty Fund.

Smith, Adam. 1982. *The Theory of Moral Sentiments.* Indianapolis: Liberty Fund.

Smith, Henry. 2012. Property as the law of things. *Harvard Law Review*, 125(7): 1691-1726.

Spulber, Daniel. (ed.). 2001. *Famous Fables of Economics: Myths of Market Failures.* New York: Wiley.

Stigler, George. 1961. The economics of information. *Journal of Political Economy*, 69(3): 213-225.

Stigler, George. 1987. *The Theory of Price*, 4th edition. New York: Macmillan.

Vanberg, Viktor. 2001. *The Constitution of Markets.* New York: Routledge.

系列 I

社会成本问题

王　宁

本系列围绕科斯最有影响力的文章《社会成本问题》展开，这是四个系列之中篇幅最长的一组。《社会成本问题》一文在现代法律经济学运动兴起的进程中起到了关键作用，也帮助科斯赢得了 1991 年诺贝尔经济学奖。与之紧密关联的是以下五篇文章：《联邦通讯委员会和广播业》《联邦通讯委员会》《致联邦通讯委员会的证词》《社会成本问题的注释》和《对托马斯·黑兹利特的评论：将产权分配给电台频段使用者　FCC 执照拍卖何以要花上 67 年之久》。

第一篇文章《联邦通讯委员会和广播业》是科斯在 1958 年接受弗吉尼亚大学邀请所做的一次讲座的演讲词，当时他还在布法罗大学（University of Buffalo）任教。细心的读者会发现，这篇文章已经埋下了日后在《联邦通讯委员会》中很多主要观点的种子——这些观点在《联邦通讯委员会》中得到了更加全面而有力的发展。《致联邦通讯委员会的证词》是科斯在 1959 年为一个政府陪审团提供的专家证词，在这篇证词中，他建议美国政府利用定价机制来分配电台频段。《社会成本问题的注释》是科斯在 1988 年特别为《企业、市场与法律》（*The Firm, the Market and the Law*）一书撰写的说明性文章，《企业、市场与法律》是科斯出版的首部个人作品选集。《社会成本问题的注释》对《社会成本问题》这篇文章所招致的一些最重要的批评做出了回应，并且解释了所谓的“科斯定理”

的渊源和争论。“科斯定理”在法律经济学这门学科的诞生和发展中发挥了根本性的作用［例如，可以参阅 Posner and Parisi（2013）编辑的两卷本文集，厚达 1 200 余页；也可以参阅 Medema（2017）］。第一组最后一篇文章是一篇评论。在这篇评论中，科斯不仅提出了与联邦通讯委员会有关的一些具体问题，还就人类事务中理性的局限性给出了深入独到的见解——这可能更加有趣，也更加重要。现代经济学正是由于对这些局限性置之不顾而令自己步入危境。

科斯并没有提出所谓的“科斯定理”，这是乔治·斯蒂格勒（George Stigler）（1987 [1961]）提出并推广的。斯蒂格勒说：“在完全竞争条件下，私人成本将与社会成本相等”（Stigler，1961）。人们把这个表述当成科斯《社会成本问题》这篇文章的主旨。科斯对斯蒂格勒是非常尊敬的，并不愿意去责难斯蒂格勒，批评他误解了自己的思想。不过，科斯还是清楚地表达了自己的立场。“我的目的……不是描述在这样的世界（零交易成本的世界）生活会是什么样，而是力图提供一个简单的场景，在其中发展我的分析。更重要的是，力图以此搞清楚交易成本所起到的根本性作用及其在构成经济体系的制度构建中所发挥的根本性作用”（Coase，1988a）。科斯（1991）颇费苦心于他的诺贝尔经济学奖演说，阐述他关于“科斯定理”的观点。“我更倾向于把‘科斯定理’看作在分析正交易成本的经济体系之路上的一块踏脚石。于我而言，‘科斯定理’的意义在于，它动摇了庇古的理论体系。标准的经济理论假设交易成本为零，而‘科斯定理’证明，即使在这样的假设下，庇古的解决方案也不是必需的。当然，当交易成本为正时，‘科斯定理’并不表明政府行为（如政府干预、管制或征税，包括补贴）就不能带来比市场中个人间谈判更好的结果。能不能带来更好的结果，不能通过研究假想的政府而得到，而要通过研究真实的政府实际上在做什么来发现。”（Coase，1991）

一旦我们不再为“科斯定理”所束缚，科斯原本的意旨就变得非常简单和直接。“如果某些行动的权利可以买卖，它们就会被对其估价最高的人取得。”（Coase，1988a）这可以被称为科斯市场定律，这是科斯通过《联邦通讯委员会》

中案例得出的结论。“新发现的山洞是属于山洞的发现者，还是属于山洞入口处土地的所有者，抑或属于山洞顶土地的所有者，这无疑取决于财产法。但是法律只确定想获得山洞使用权的人必须与谁签约，至于山洞是用于贮藏银行账簿，还是作为天然气贮存库，抑或种植蘑菇等，这些都与财产法无关，而与银行、天然气公司、蘑菇企业为使用山洞而付费多寡有关。”（Coase，1959）回想当年科斯落笔之时，经济集体主义正以各种形式甚嚣尘上，科斯的这段话重新点燃了我们对市场的信心。科斯市场定律为亚当·斯密“看不见的手”奠定了简单而又坚实的法律根基。

自《社会成本问题》发表和斯蒂格勒提出“科斯定理”概念以来，《联邦通讯委员会》一文即便没有被遗忘，也大大地被遮蔽了光彩。但是，《联邦通讯委员会》堪称现代社会科学文献中经验研究之绝响，给出关于科斯主义的经济研究方式最好的阐释。该文挑选了一个绝佳的真实生活中的问题并予以解答。[1]在这个过程中，它遨游于细节的汪洋大海，发出了力透纸背的洞见，不仅解决了当时的问题，还对貌似无关的一系列主题给出了更为清晰的认知。其叙事也，一波三折，宛如夏洛克·福尔摩斯的侦探故事；其结论也，出人意表，乍看颇反直觉，而一旦深入领会，又觉推理严密而系统，不证自明。所揭示之真理，仿佛是它自己呈现于读者面前。《企业、市场与法律》只收录了一篇经验研究文章——《经济学中的灯塔》（The Lighthouse in Economics），其他文章本质上都属于理论性质，这给了读者一种错觉，以为科斯是一位理论经济学家，而掩盖了科斯曾全情投入经验研究的那一面，看不到他作为一位经验经济学家所具备的独特风格和深厚功力。科斯绝不是一位我们所熟知的、专注于内生性或工具变量这类技术问题的经验研究者。他是这样一类学者：他们的经验研究总是能够

[1] 科斯独特的案例研究方法最初是从其对英国公用事业的研究中发展起来的，这是他 1935 年在伦敦经济学院作为经济学助理讲师被要求讲授的主题。科斯对英国广播公司所做的调查 (Coase，1950) 有一本书那么厚，正是这项调查激起了他对广播业政治经济学的研究兴趣，在移民到美国之后，这一兴趣促使他对联邦通讯委员会的工作展开研究。

刺激、丰富和启发基础经济理论研究。《科斯论法律经济学》收录了科斯的《联邦通讯委员会》和其他经验研究论文，为读者展现了科斯学术研究中经验性质的一面。

联邦通讯委员会和广播业*

◎ 李井奎　译

相信不必提醒在座诸位，对于一位英国人而言，弗吉尼亚（Virginia）这个称谓是有魔力的。在弗吉尼亚大学托马斯·杰斐逊（Thomas Jefferson）政治经济学研究中心成立之际，我非常荣幸能在此演讲。但是，我油然而生的情感并不是仅仅缘于此种亲缘关系，而是随着中心的成立，我们的确可以参与政治经济学的重生。政治经济学在弗吉尼亚重生是历史的召唤，因为弗吉尼亚在政治经济学的问世过程中发挥了一定的作用。英语世界的第一个政治经济学俱乐部是由安德鲁·科克伦（Andrew Cochrane）于18世纪40年代在格拉斯哥（Glasgow）创建，俱乐部的大部分成员是弗吉尼亚州的商人，他们从事烟草贸易，拥有种植园，热衷于弗吉尼亚州的批发和零售贸易。亚当·斯密（Adam Smith）后来也加入其中，从俱乐部的各种协商中获得许多信息，并可能由此形成他的一些信条。

只要看一眼弗吉尼亚大学的校园就能证实，政治经济学确实应该在弗吉尼亚获得重生的机会，因为18世纪该学说在此地驻留很久，比世界其他地方都

---

* *Man and the Economy*, 2017, 4(1). 这是科斯教授1958年春天在弗吉尼亚大学（University of Virginia）托马斯·杰弗逊政治经济学研究中心的一次受邀演讲，当时他仍在布法罗大学（University of Buffalo）任教。科斯在其著名的有关联邦通讯委员会和社会成本的文章中展现出来的强大思想，在本文初露端倪，犹如一颗未经雕琢的宝石。感谢科斯学会允许我们首次发表本篇演讲词。所有的脚注均由编者添加。

要久。但是，还有其他一些特点让我们确信这起历史事件在此地发生是非常适宜的。我认为，格拉斯哥在这起事件中扮演着重要的角色，因为 18 世纪中叶，格拉斯哥与现在的夏洛茨维尔（Charlottesville）拥有几乎相同的人口数。其中一个弗吉尼亚州的商人，你能想到的，名为布坎南（Buchanan）。他是烟草种植园主，他将位于格拉斯哥的庭院专门开辟出来，开通一条大街以方便乡绅们出入。他将这条大街命名为弗吉尼亚街，将计划兴建的市政厅命名为弗吉尼亚大厦。他与兄弟们一起创立了布坎南学会（Buchanan Society），这是 18 世纪的一项帮助学徒的助学金项目。布坎南学会还资助那些姓布坎南的寡妇，虽然项目只持续很短时间，但这肯定会让那些姓布坎南的男士大受青睐。

不应该把这位布坎南与詹姆斯·布坎南（James Buchanan）教授相混淆，后者是亚当·斯密在格拉斯哥大学的同事。1783 年发表的一首诗高度赞扬了布坎南学会及其带给格拉斯哥的荣誉，我给诸位引述其中几行：

> 在此，伟大的布坎南推敲诗句
> 英才超群！
> 卡伦[1]和亨特[2]也于此地
> 启程探寻；
> 那格拉斯哥人啊，
> 亚当·斯密正酝酿着
> 国富宏论。

当李嘉图（Ricardo）开始研究亚当·斯密的时候，你不会惊讶他使用的是布坎南的版本。这是另一个布坎南，公共财政领域的专家大卫·布坎南（David Buchanan）。此后，布坎南似乎采纳了一个乐观但错误的观点，即这项研究已启动，而且没有他们也未尝不可。我们都知道结果是多么可怕！因此，当了解到布坎南是托马斯·杰斐逊政治经济学研究中心的首任主任时，我如释重负。

总而言之，我相信不会有任何其他机构在政治经济学起步之时比这个中心更有优势。

众所周知，我正在研究由福特基金会资助的电台和电视行业的政治经济学。基金会在向我提供资助的同时也向我表明，基金会不一定认同我发表的任何观点。出于完整性的考虑，我想补充的是，我也不一定认同福特基金会的观点。顺便说一下，如果你阅读福特基金会年度报告中提及我研究的部分，你会发现政治经济学这一卓越的（旧）术语被加以引号，似乎表示文明社会再也不会使用这个术语。我认为，否定这个术语本身就是这一研究主题所呈现的病灶；也由此表明，在谈及研究中心会带来政治经济学的重生之机时，我并非过分夸大其词。

我原本不想现在谈论联邦通讯委员会（the Federal Communications Commission, FCC），只想在后续调查中才详细研究 FCC。但最近发生在华盛顿的一些事件让我们关注 FCC 的运作（如果可以这样称呼的话），虽然进一步的研究无疑会修正我的一些观点，但我想你们可能会对我初步形成的一些观点感兴趣。

我们首先要认识到，联邦通讯委员会是一个非常特殊的机构，这是因为它成立于美国并由联邦政府设立和运营，旨在管理传播新闻和观点的行业。所以，这一机构的存在与新闻自由的信条背道而驰。这的确是一个矛盾的局面，因为美国学习公共事务的学生普遍支持 FCC 的工作，而 FCC 却得不到在捍卫个人自由和公民自由方面最为警惕的民众的支持。事实上我认为，支持言论自由和新闻自由的活跃人士特别容易对 FCC 能否更一致和更有力地执行电台管制权表示怀疑。我们经常听说罪恶的政府审查制度以及抵制侵犯公民自由的必要性。我引述最近这方面的观点：

> 在《1984》这部作品中，奥威尔式超级政府是审查员真正的天堂。然而，奥威尔噩梦讽喻的不仅仅是极端的极权主义。《1984》是极端的情况，而今天的世界肯定存在不同程度的类似趋势。我们这个时代的审查可能永

> 远达不到奥威尔预见的严苛程度。然而，确保这一点的方法是：当能有效地与审查员的审查领域扩大化做不懈斗争时，我们应该这样做；否则，到了《1984》的地步再开始抗争恐怕为时已晚。[3]

这是纽约大学法学院的伯纳德·斯瓦茨（Bernard Schwartz）教授在1953年所写的，这些言论无疑是正确的，他最近在自身职责之外，还致力于提高FCC对广播电台与电视行业的管制效率。

一旦我们认为适用于电台和电视行业的政策也适用于书籍、报纸和期刊，支持FCC政策人士所持立场的特殊性自然就不言自喻。政府对电台和电视的管制是为了确保公平地表达各种观点。毫无疑问，大家都能接受这一点。然而，若建议政府管制报纸以促进各种观点得以更加客观、公正地呈现，则必然会遭到激烈的反对，阻止报纸发表社论的任何企图都将不受待见。一直以来，电台和电视都规定只能在各种约束条件下发表社论。假设有人提出，如果一份报纸就某一话题发表了某些观点（不论是以报纸观点还是以报告的形式出现），那么应该给反对观点留出相同的空间。这样的提案是否会被接受？电台和电视管制规则中的确有类似的要求。或者假设有人提议，向一些政府机构授权，由它们决定美国每个群体中哪些人士适合出版报纸。我们可以肯定这样的建议必然会即刻遭到拒绝，电台和电视的情况就是如此。很明显，与书籍、报纸和期刊的情况相比，电台和电视运作的自由度受到更大的削减。

也许这种政策差异是出于技术上的考虑，但我认为它涉及更多方面的东西。查菲（Chafee）教授指出，新传播媒体比旧媒体受到更严格的管制。他的陈述如下："很多世纪以来，报纸、书籍、小册子和大型会议是进行公开讨论的唯一途径，长期以来人们普遍认为需要对此加以保护。当现代发明使得传播事实和思想的手段得以出现或大幅改善时，作家和法官却还未养成捍卫自身自由的习惯，所以我们可以容忍对邮件、进口书籍、剧本、电影和电台的审查。"[4]英国近年来对电台和电视强加的组织形式就是高程度的集中管制，这不是基于技术上的考虑，而是由于接受了专制政治哲学的观念。我毫不怀疑，如果人们在15世纪发明了通讯系统、20世纪发明了印刷机，那么在英国我们现在应该拥有私人广播系统以及垄断书籍、报纸和期刊的出版的英国新闻公司，而在美国我们应该拥有免费的电台和电视系统以及受联邦新闻委员会管制的新闻业。也许我说得夸张了些，但事实的确如此。

现在让我们思考技术层面的问题。正是出于这方面的考虑，许多人认为应对电台和电视予以特殊对待。在传输电台和电视信号时，要使用波长或频率（其实毫不夸张地说我并不明白其中的科学）。没有频率，电台便无法发送信号，而电台占用频率又会导致其他电台无法使用这一频率。基于这一事实，人们通常认为有必要对电台和电视行业施加政府管制。为了证明这个观点（这是一个有代表性的观点），我引述法兰克福大法官（Justice Frankfurter）在一起关于电台法规的诉讼案中代表最高法院大多数人意见的发言：

> 1927年之前电台陷入困境，主要是由于作为一种通讯手段，电台的设施有限，而且并非所有想使用者皆可获取；电台的频段不够多，不能容纳每个人同时使用，只有固定的少量电台可以在不受干扰的情况下运行。因此，电台管制对广播业的发展至关重要，犹如交通管制之于汽车发展的重要性。《1927年电台法案》是首个电台通讯管制综合方案，在其实施的过程中，国会知道为了不浪费电台潜力，监管是至关重要的。[5]

查尔斯·A. 西普曼（Charles A. Siepmann）教授也许是从社会角度研究美国电台和电视行业的权威，他极为生动地描述了政府管制之前的情形：

> 随着越来越多热情的先驱者进入，广播电台行业的混乱局面实在难以形容。业余爱好者与专业播音员的信号相互干扰。许多专业人士用同一波长播放，有的根据君子协定分配播放时间，有的干脆同时播放，互掐三

寸。听众也由此在收听一档节目的同时常常会听到另一档节目杂乱的背景音——船到岸的摩尔斯代码通讯使交响乐充斥着嘈杂的脉冲信号以及各种中断声。

西普曼教授对上述情形做出如下总结：“七年多以来，私人企业无法处理好一切事务，激烈的竞争拖累了广播电台行业的有序发展，听众不得不忍受各种压力与不便。”[6]

尽管大家普遍接受这些观点，而且阐述观点的当事人名声显赫，但我认为这些观点表现出某种思想的混乱。如果这些先生对经济学更为熟知，他们便会意识到不仅仅是电台和电视频率，对于任何数量有限而稀缺的资源，人们希望使用的数量总会比实际存在的数量要多，而实际上几乎所有经济体系的资源（包括土地、劳动力和资本）都是稀缺的，但这些本身并不需要政府管制。事实上，必须采用特定机制来决定在众多诉求者中应该让谁使用稀缺资源。通常采用的就是价格机制——它把资源分配给使用者而不需要政府管制。需要证明的是：在电台和电视频率分配方面，价格机制的表现不尽如人意，政府管制更为合适。但是，政府管制不被社会接受的情况不言而喻，似乎没有必要认真检验这种可能性。

西普曼教授似乎将政府管制之前存在的混乱归因于私人企业和竞争制度的失败。然而，麻烦的真正原因在于稀缺的频率没有被创建产权。我们从通常的经验可以看出，借助价格机制，土地不需要政府管制便可以分配给使用者。但是假如没有产权，人人皆可使用同一块土地，土地也就没有专用权。显然，这会造成相当大的混乱，因为没有产权，价格机制就无法运行。如果一个人可以在土地上种植农作物，另一个人就可以在种植农作物的土地上搭建房屋，而再来一个人也可以拆掉房屋以重建自己的房屋——用混乱一词描述可能出现的结果未免显得过于温和。解决这种混乱局面的常用方法是为资源创建产权，然后愿意使用资源的人必须向所有者付费方能获取资源。如此一来混乱顿消，也不需要政府的介入。当然，一个能够界定产权、解释合同以及把分歧交付仲裁的法律制度也是必要的。但法兰克福大法官和西普曼教授描述的那种类型的政府管制没有必要，而我们发现美国的电台和电视行业正在受管制。

让我们考虑如何利用价格机制分配电台和电视频率。一种显而易见的做法是，联邦通讯委员会或者其他任何政府任命的机构作为频率管理者，把频率出售或出租给出价最高者。实际上，根据法律，租赁似乎是唯一可行的操作方式，因为1934年的《通讯法案》(Communication Act) 专门规定，频率（或者《通讯法案》所描述的频道）不得为私人所有，频率的所有权归属于美国政府。即使仍然保留这一规定，频率似乎也可以租给出价最高者，频率的使用将由价格机制决定。

但事实并非如此，频率分配不是通过价格机制进行的，FCC 必须设计其他标准，我向诸位宣读过的法兰克福大法官的观点摘录已经表明了这个立场：

> ……要求我们将委员会视为交通管理员，对波长进行治安管理以防止电台发送的信号相互干扰。但《通讯法案》并不仅仅像监管交通一样来限制委员会（指 FCC），它还赋予委员会一项职责，由它决定交通的构成。电台设施无法容纳所有使用者，必须设计一些方案以筛选众多申请者；而且由于国会本身无法做到这一点，这项任务就交给了委员会。然而，委员会在履行这项职责时并不可以任意为之。国会提供的试金石是“公众利益、便捷性或者必要性”……电台设施因为有限，所以显得宝贵；不能任意挥霍使用而损害公众利益……只要发现颁发执照没有技术障碍，委员会就不会解除自身颁发执照的职能。如果“公众利益”的标准只限于这些事项，那么当两名申请使用同一设施的申请者在财务和技术上都有资格经营电台时，委员会该如何选择呢？自联邦电台管制诞生以来，对（电台）提供服务的相对考量就是要符合“公众利益、便捷性或者必要性”的标准。[7]

如前所述，美国已经建立起一种制度，即电台和电视台所提供服务的管制权归联邦政府所有。一位评论员描述了1946年之前达成的观点："联邦通讯委员会已经大大偏离原来的电波交通警察角色，其对电台的管制已经超越基于技术所要求的程度；它已经发展为对行为的管制，而且该事实的依据已经显现。"[8]我认为这一点是明确的，即政府根据实际或拟录制节目来选择谁能使用广播和电视频道，针对言论自由以及电台和电视台的新闻自由的条款，构成了一种潜在威胁。

正如我刚才引述的，法兰克福大法官将"公众利益、便捷性或者必要性"作为提供给FCC的"试金石"。但这些词语的含义非常模糊，无论这些词语在电台和电视行业中表示何义，恐怕只有通过对FCC行为本身的研究才能发现。FCC时任主席解释了哪些因素会影响委员们在频道申请者中做出选择。"拟录制节目和政策、本地的所有权、所有权和管理权的一体化、居民活动的参与度、播放业绩记录、广播经验，以及与当地团体接触所展示提案的相对可能性和类似努力、电视业务谨慎规划、人员配置、管制人员的多元化背景、大众传播媒介的多元化管制"[9]，这些不是影响委员们的决定的完整清单。当然，这些标准之间肯定会有冲突，委员们在做决定时，我们要指出什么因素至关重要并不容易（从最近迈阿密第10频道案件的程序审查中便可以看出）。但如果整个程序基于申请者设计节目的承诺和记录以及其他因素加以选择，那么这无疑是危险的。因为一旦FCC对电台和电视行业的管控可以延伸到新闻行业本身，这就显得尤其危险。例如，当电台和电视牌照的申请者同时是报纸所有者时，报纸的社论政策就会成为委员考虑的一个因素。如果申请者非常渴望获得执照授权（通常是这样），他就会去迎合FCC的愿望。这很可能从本质上破坏新闻自由的本意。

一旦决定把频率（或频段、频道）认定为公共财产，这种后果或多或少是不可避免的。最不可能发生的情况是，一个必须进行资源分配的政府只受市场力量的引导，而不努力服务于一些为政治组织所钟爱的社会目的。但是，政府一旦决定不对频率收费，它就必须基于其他理由选择频率申请者。维持政府对频率所有权的欲望，加之不愿意针对频率使用收费，所带来的后果很可能会让赞成对电台和电视行业进行公共管制的人士很恼火。电台运营商一旦获得在特定地区使用特定频率的执照授权，他实际上也就获得了极具价值的权利。为了获得这种权利，他愿意支付一大笔钱，政府却分文未收。作为避免“无偿赠送”公共财产计划的一部分，公共财产使用权的“无偿赠送”是可以接受的。至于私人广播电台和电视台在多大程度上受惠于这一政策，必须做一番非常详细的调查方能确认。但是，一些广播电台和电视台的部分超常投资回报的确源于这个因素。偶尔人们可能会对出售电台所涉及的问题有一个概念。当然从严格意义上讲，所有可以拿来出售的仅仅是电台及其组织。正如诸位所知，频率是公共财产，执照的授予并不涉及频率所有权。此外，虽然广播电台和电视台的所有权转让必须经得 FCC 批准，而 FCC 通常会批准这种协议转让。毫无疑问，在签订转让协议时，通常电台购买价格中的大部分实际上是用于支付频率使用权的。因此几周前，当新泽西州 WATV 电台的售价超过 300 万美元时，我确信重置 WATV 的发射机、录音室设备和家具远远不到 300 万美元，两者的差价便是频率使用费。这种情况众所周知，文献中也经常提到，但令我费解的是，为何今天这种分配方案的弊端并没有受到激烈的批评。难道是因为很多不喜欢这一弊端的人意识到，一旦政府开始对使用频率收费，现有对电台和电视行业的公共控制力度就会大大削弱吗？

至于频道用户对付费提案有多敏感，可以从他们对待电台和电视执照持有者应该支付费用以弥补执照办理费用（即 FCC 费用）这一提案的态度看出来。参议院州际和对外贸易委员会（Senate Committee on Interstate and Foreign Commerce）很快就通过了一项决议，建议 FCC 暂停审议上述付费提案，因为收取广播电台执照费用这项提案对《通讯法案》的根本管理原则提出了挑战。此后，该项提案被束之高阁。参议院委员会提出的决议于 1954 年 3 月获得通过。当然，最近对联邦通讯委员会及电视付费提案的调查，使一些人士赞同对频道收费的可能性有所提高。当年早些时候的国会调查中，哥伦比亚广播公司总裁弗兰克·斯坦顿（Frank Stanton）先生被问及他对此提案的看法。斯坦顿先生是业界见多识广的人士之一，他的回答非常巧妙："这个想法很新奇，我在职业生涯中从未如此操作过。"[10] 后来，国会工作人员只能顾左右而言他，对此无可奈何。广播业的报纸《广播报》对此观点没有表现出同样的睿智，两个多月前的一期《广播报》报道："在电视领域，对于可能有资格的人士来说，口头上把电视'专营权'授予出价最高竞标者这一举动似乎很可笑，因为这意味着主要市场上可供选择的经营机构将流向最富裕的群体。"[11] 这种陈述是对市场经济的误解和否定，要弄清楚包括《广播报》在内的各类报刊是否基于美国的经济系统才得以出版并非易事。但我必须说的是，在我们的经济系统中，资源不会流向最有钱的人，而是流向愿意为它们付出最多钱的人。结果是，在争取特定资源的竞争中，每年赚取 5 000 美元的人出价高于每年赚取 50 000 美元的人的情况每天都在发生。能让拥有 100 万美元的人获得 100 万美元资源的制度，同样能够让拥有 1 000 美元的人获得 1 000 美元的资源。许多公司不愿意将资金投入电台和电视行业的原因是，资金在其他地方能得到更有效的使用。但如同个人业务那样，经费支出分配不是任意为之，而是基于不同支出类型的盈利能力，因此企业在业务之间的资金分配不是固定的，而是由企业的资金使用效率决定的。那些有效利用资金的人容易获得更多，而不能有效利用资金的人则很难获得更多。私人企业的市场经济并不荒谬，而社会主义也不像《广播报》评论所表明的如此强大。此外，我提醒诸位不要被浪漫的概念误导，尽管在主要市场的许多可供选择的经营机构中，美国联邦通讯委员会已经向美国广播公司或哥伦比亚广播公司等小型机构颁发了执照，更不用说国家航空公司了。

也许应该补充一点，我并不是说政府为了防范垄断而采取一些行动没有必要。我认为在某些情况下，政府应该采取行动来遏制广播电台和电视台拥有报刊的所有权。也许应该适当控制相关公司的网络关系，我没有对这个问题展开过任何调查，但在我看来，此处我们所面对的只是一般性反垄断问题的一个特例。然而，电台和电视行业出现的情况是，所使用的反垄断法不仅仅是一部法典上的法律，更重要的是它是一部由 FCC 开发的法律。FCC 在 1941 年解释了这一观点：“根据反垄断法，许多网络活动引发了严重的问题，但我们的管辖权并非揭示其行为是否真的违反反垄断法，我们的职责也非使用反垄断法。然而，对于任何从业人员或者任何打算从业的人员而言，妨碍本人或者其他执照持有者或者两者充分利用电台设施的做法，我们有责任拒绝颁发或更新执照。”[12] 我并不想对此妄加评论，但我认为可以提出以下问题，是否有必要为电台和电视行业制定特别的反垄断法，尤其是独立管理机构费尽心思出台的一部法律?

截至目前，FCC 对电台和电视服务的管制相当谨慎。肯定有一些电台的执照续期会遭到拒绝，但相对较少。当然，更多的情况是因为执照被授予他人，所以申请者无法领到新执照。我并不了解 FCC 所提供服务的整体效果。我印象中 FCC 不会拒绝续期执照，因此执照一旦获得就会固化为一种现状并得以维持。我认为如果 FCC 采用由出价最高者获得频率租用权的方案，那么频率的使用情况将与现状截然不同。当然，如果允许竞标频率，那么电视节目的订阅历史必定截然不同。我们早应该试用这种制度，但是讨论 FCC 政策的整体效果并不容易，要想做到这一点，有必要掌握管制者声称的需具备的知识。

我应该提一下 FCC 曾经两次试图影响节目内容。第一次是 1941 年的“五月花”决议，该决议禁止广播电台运营商公开发表社论。[13] 后来“1949 年关于社论的报告”修订了“五月花”决议，允许发表社论，但要符合“总体公正”的标准。[14] 我想诸位会对 FCC 中大多数委员关于当时广播业实施管制的性质的陈述感兴趣。“任何针对电台的管制，特别是对执照的限制性管制，实际上剥夺了人们通过广播电台表达自己观点的固有自由权。然而，这是一个必要的、合宪的剥夺，以防止产生频道干扰的混乱局面……使这种媒介免遭摧毁……广播电台自由最为重要的含义是保证美国人民听的权利，免于政府在人民听什么或不能听什么上的独裁，也免于私人执照持有者对此做出类似的限制。”[15] 这段文字的字面解释可能会使我们给出这样的结论：对美国播放节目的管制已经被赋予无上的权力，因为显然某些人士可以决定传播的内容。但 FCC 仍然认为：“通过政府的有效控制，广播电台的言论自由可以得到最佳保护，而这些控制只是确保实现更有效的言论自由的手段。”这种解释可能并不正确。

FCC 第二次试图影响节目内容的事件，是 1946 年所谓的《广播执照持有者的公共服务责任》(*Public Service Responsibilities of Broadcast Licensees*)“蓝皮书”。“蓝皮书”阐述了广播电台运营商应遵循的节目制作原则：

> 在发放和审查广播电台的执照时，FCC 将特别考虑与公众利益有关的四个方面的节目服务因素，它们是：(1) 有持续稳定的节目可供播放（包括网络节目），特别是要保持审慎的态度，并且要维护均衡的节目结构；(2) 播放本地的现场直播节目；(3) 播放专门讨论公共事务的节目；(4) 消除过度广告。

在谈到持续稳定的节目时，有人建议这些节目应该能够 (a) 维持一个全面的节目平衡；(b) 为不适合赞助的节目提供时间；(c) 为适合少数裔人群的品位和兴趣的节目提供时间；(d) 为非营利组织——宗教、公民、农业、劳工、教育等提供时间；(e) 为试验性和自创性艺术的自我表达提供时间。

这样的政策将如何影响电台运营商的行为？对此问题众说纷纭。就个人而言，我认为效果并不会太大，但是业内人士认为这充分尊重了 FCC 的意愿。我可能错了。当然，行业完全遵守“五月花”决议可能被视作 FCC 决议有效性的证据。

我想提醒大家的是，《芝加哥大学法律评论》几年前就讨论过这个问题。1951 年，一名学生作者——列奥 · 赫泽尔 (Leo Herzel) 在评论中提出改变 FCC 频率分配方式的建议。[16] 简而言之，赫泽尔先生提出要把频率租给出价最高者，从而允许私人企业参与电台和电视行业的经营，而不受现行政府法规的制约。这个观点很有意义，不过也许更重要的事实是，它引发了伊利诺伊大学经济学教授达拉斯 · 斯迈思 (Dallas Smythe) 和联邦通讯委员会前首席经济学家的回应。

达拉斯·斯迈思教授对赫泽尔先生总体上予以了批判。[17]斯迈思教授认为，赫尔泽尔先生的评论“详尽地诠释了对于这样一个基本事实不符合理论前提的产业，运用流行的一般经济理论体系进行适用性分析何其危险”。他补充说：“这个问题对公众来讲太重要了，不能对此掉以轻心，对事实进行深思熟虑的审视和评论的逻辑似乎是有用的。”斯迈思教授的文章大概提供了所谓的“深思熟虑的审视”。

斯迈思教授指出，商业广播不是“频谱空间的主要用户”，而只是“少数申请者”。他指出军方、执法机构、消防局、气象局、林业局和“无线电通讯的业余爱好者”等（不管怎样）都在使用频谱空间，而且“最后一类人从定义看就很难指望他们会支付频率使用费”。我想斯迈思教授认为所谓的业余爱好者就是使用某种资源但并不为之付费的人。但也许这是一个时髦的定义。

斯迈思教授接着指出，广播从业者以外还有很多商业用户，如普通运营商、无线电报和无线电话、交通部门、公海上的船只、铁路、市内电车、公共汽车、卡车、船舶和出租车；还包括各类专业用户，如电力、天然气和供水行业以及石油工业（使用无线电波进行通讯和地球物理勘探）、电影业（现场工作）等。斯迈思教授评论道：“非商业广播用户（如警察）、非广播公共通讯企业（如无线电报）和非广播商业用户（如石油工业）应该与广播用户通过价格竞标方式竞争频道分配，这当然不是我们应该认真考虑的问题。”

虽然无线电波的用途五花八门，但对我的影响恐怕与斯迈思教授所考虑的相当不同。我得知FCC已经担此重任，决定何人在特定频率使用上更为重要，是应该由警察、无线电话或出租车使用，还是由石油公司用于地球物理勘探，或者由电影公司用于与电影明星保持联系？我无法确定，但我明确地感觉到如果运用价格机制来分配频率会更佳。我找不出比这更有说服力的例子了。FCC为分配频率所做的工作，与政府不使用价格机制而在各种用户中分配钢铁产量如出一辙。在这种情况下，我发现赫泽尔先生对此的回应非常温和。[18]他指出，这些无线电用户“为了所有其他设备而展开竞争，否则他们无法获得这些设备”。

目前的频率（或频道）分配系统显然受制于种种低效率的手段，这些低效率在政府分配方案中到处可见。常常听说 FCC 工作人员备受压力，而且一项政策的出台一定会有长时间的延误。例如从上年某位绅士的演讲中便可见端倪，哪怕大家已经遗忘 FCC 问题，这位仁兄的大名仍将荣耀长存。我当然是指罗伯特 · E. 李委员。李委员表示正在考虑 890 兆周期以下频道的分配问题，但究竟如何分配仍有待确定。“FCC 内外有相当多的讨论。检测表明 890 兆周期以下频道更为拥挤，其分配对管理者来讲是一个很大的挑战。我希望所有人都意识到工作人员正在超负荷工作，人手捉襟见肘。虽然这不应该是借口，但我们应重视此问题。”[19] 而谈到分配方案可能的变化，他补充说：“我发现越来越难解释，为何一个社区中的大型钢铁公司，虽然迫切需要额外的频谱空间却不能使用，比如说分配给不毛之地的森林的频道。”

就我提到的问题，赫泽尔先生还提供了另一种处理思路，它似乎和斯迈思教授的论点有关。也就是说，我们不会让警察、消防机构或者军方与其他用户竞争，以获得这些稀缺的频道。赫泽尔先生评论道：“即便是将为政府提供免费服务的这种虚幻舒适性视为必不可少，仍然有可能区别对待广播和电台频道的其他使用部门。结果就是政府无须知道服务成本是多少，与其他消费者不同的是，政府也无须决定其相对于替代品的价值究竟几何。”

斯迈思教授还阐述了一个不同论点，他认为在电台和电视行业中，使用价格分配机制并不恰当。“第二个宽泛的假设似乎是在强调，例如评论中提出的建议属于政治经济性质，如果广播业也能够像杂货店一样利用传统的商业组织，那么其牟利活动仅仅受到一般性法律的约束。这符合公众利益。这一假设通常伴随一个平行假设：广播电台运营商所承担的教育和文化责任，应等同于报纸和杂志运营商所承担的教育与文化责任。评论者确实接受前者的假设，但他既不接受也不拒绝后者的假设。一个人接受还是拒绝上述双重假设最终可归结为品位问题……尽管商业组织出于宣传的目的而广泛利用这两个假设，但在美国有一个强大的传统，即广播业的经济、教育和文化的权利与责任是独一无二的。”[20]

从这个摘录可以看出，斯迈思教授本人反对采用价格机制分配电台和电视频道，部分是因为这会使电台和电视台运营商更难承担教育和文化责任。简而言之，政府将更难管控广播电台和电视台的运作。这是自新闻自由原则迈出的一大步。斯迈思教授表示，对广播电台和电视台的管制应该比对新闻业的管制更进一步。按照斯迈思教授的说法，电台运营商的职责是独特的。广播业和新闻业究竟有何区别呢？它们唯一的区别就是，正如我前面提到的，早在我们所处的民主社会形成之前，新闻就已存在，电台却一直受到管制，我们对此习以为常。我认为由此可以看出业界人士对频率收费观念不熟悉的程度。《联邦通讯律师协会杂志》（*Journal of the Federal Communications Bar Association*）评论了赫泽尔先生和斯迈思教授之间的交流，认为他们的讨论“超越了大多数读者的想法”。[21]

但是，我不想给诸位留下一种印象，即我主张立刻用价格机制分配频率替代现有的分配制度。我的主张是不需要政府的特别管制。在得出这个结论之前，我需要掌握更多的信息，或者进行更多的思考。

首先，需要考虑国际方面的因素。频率的使用不是局限在一国境内，在一个国家内使用某个频率不仅会将国内其他使用者拒之门外，还会拒绝境外的其他使用者。频率分配必须在国际范围内进行，在欧洲是这样，自然也适用于美洲。可以想象在各国国民之间（或代表国民投标的国家之间）竞标频率国际使用权，以设定的方式在各国之间分配收益。但是假设目前可能存在针对这种程序的国际协议是非常不切实际的。当你听到在美国成功阻止价格机制的应用的言论更为美国以外的国家所信服时，一点也不用惊讶。我认为，我们必须接受这样的事实，即国际分配不会采用价格机制。

其次，需要考虑到国际分配机构对某种用途的频率会采用特定的分配机制。虽然不需要完全回避价格机制，但这在一定程度上会限制价格机制的应用范围。另外一个因素是，采用价格机制可能会降低一国在国际谈判中的议价能力。下面哪一个论点最有可能说服国际会议的参与者？例如，“由于频率缺乏，我们国家发展受阻。我们这个局促的山区国家，人们讲三种不同的语言，对贫穷的、没有文化的人们而言，唯一的娱乐方式就是收听电台节目；通过收听电台节目，他们能够了解政府的种种惠民政策。”或者，“我们不太清楚这个频率有何用处，但它肯定可以卖个高价。”我知道如果考虑到欧洲的立场，这些因素将是非常重要的；至于美国的地理位置和实力是否同样重要，我不得而知。唯一能够制止国际复杂性的可行方法就是采用价格机制。但是，在决定具体要提倡什么政策之前，我必须得弄明白。

再次，需要考虑的另一个因素是用频率进行生产的服务市场。频率的使用方法各不相同，没有理由认为服务市场比一般市场更糟糕。然而，由于现在商业广播电台和电视台采用非常特殊的融资方式（以广告收入进行融资），我认为广播服务的供给可能会偏离最佳状况。频率（交易）市场是反映广播服务的基础市场；而且，我认为这种做法在商业广播电台和电视台方面绝对是不完美的。不过，由于政府分配机制的运作方式还不完善，这个问题尚未得到解决。此外，通过引入订阅电台和电视频道这种方式，我认为出售频道可能会改善广播服务市场。但现在，我对此暂时持保留意见。

最后，还需要考虑一些技术问题。单个频道可以同时被多个用户使用，只需要适当地管理电力、位置以及其他技术因素以防止频道相互干扰（或更准确地说是考虑干扰）。许多替代方式是可取的。正如赫泽尔先生直截了当地指出的，如果一个频道只租给一个人，他们就会考虑收入最大化而把权利转租给另一个人以实现自身收入最大化。但是，斯迈思教授似乎暗示单个频道的使用方式会影响其他频道的使用。在这种情况下，我们认为所有频道的主要业主都应该是同一组织，譬如 FCC，由它决定任何指定频道的使用条件。这个结论差强人意，但我并不欣赏。当然，这并不妨碍 FCC 从现有频道中分出一些设施给出价最高者。不过实践中创造的设施可能会受到社会和政治目的的影响。

赫泽尔先生建议，FCC 应该按收入最大化原则来细分频道。对个人土地所有者来讲，这个建议不错；但是，对于国家这一土地垄断者而言，这不能算是很好的建议，对FCC的频道分配而言也不是好建议。无疑，通过操纵频道的宽度、租赁条款以及其他我暂时还未想到的方式，频道垄断部门可以限制用于特定目的的频道的数量。这就意味着，在特定情形下，相关部门可以提高从中获得的收入。我并不想说FCC的收入确实会因这种操纵而增加，但是如果FCC明确其目标是实现收入最大化，我认为它将难以抵抗诱惑。如果可以安排的话，许多不同的国家机构当然会比一个机构更好，可以更大程度地容忍由个人频道的私人管制造成的一定程度的干扰（甚至很多干扰）。当然经过检验，有可能证明这些技术问题并不重要，有时市场反对者会夸大付诸实践的困难。

我并不知道这些问题的解决方案，甚至也不知道问题有多严重，这就是我的调研中需要仔细探究的部分。但我确信，正确的解决措施应该是适当考虑市场效率和政府干预的固有风险。我们必须接受市场顺畅运行存在技术障碍这一事实，但这不应该成为采取某些解决措施的借口，即那些不仅有损于经济制度的有效运作，从长远看也有损个人自由的措施。技术问题应该是自由经济学家制定制度安排所面临的挑战，这些安排有助于克服技术问题而不以牺牲效率或自由为代价。

最近在华盛顿的调查有可能改善FCC的运作吗？总的来说，我认为答案是否定的。正所谓“病急乱投医”，思想单纯的人不免疑惑，为何我们不能依靠市场？一般来说，人们已经从他处入手寻求FCC问题的解决方案了。有人呼吁，FCC应该遵循更多的司法程序，比如在宣判绞刑之前要进行公平审判；但如果基本法律是错误的，那么司法程序也无济于事。有人建议FCC应该制定道德准则来约束自身的行为。这在五六十年前的上一代可能比较有用，但目前我对此毫不以为然。在这方面，我并不完全同意麦克（Mack）委员的辞呈，虽然听起来可能有些奇怪，但在许多方面他表现出色，完全就是老板想得到的最好员工类型。试想一下为何这个可能无比恶劣的机构实际上是相对无害的，当然这一部分缘于被任命的委员的特征。现在通常是建议任命不同类型的委员——那些诚实的、渴望为公众利益服务的人，那些懂得并关心社会问题的人，那些制定频道申请者的评估标准并能无畏地将标准一以贯之的人，那些能在更新执照之前审查申请者在广播业中的表现（检查所有其他活动以确保他们值得公众信任）的人。想象一下，如果联邦通讯委员会完全由像伯纳德·施瓦茨教授这样的人组成，那么会发生什么？这个想法令我不寒而栗——电台和电视行业的新闻自由将会死亡。就政府而言，私人的美德将成为公众的罪恶。就现行制度而言，能否维持电台和电视领域的自由，取决于我们雇用与现有委员类似的人员。这个事实令人沮丧。也许他们应该更加关注金钱问题，而不必过度精力充沛和充满社会意识。

有人试图想办法摆脱当前的困境，然而这无法给现行制度带来任何根本性改变。一个建议是将许多频道分配给广播业，由此频道资源就不再稀缺，不会出现分配问题。一些人主张将所有电视频道调到超高频，这当然要取决于这种方案在技术上是否可行。不得不承认我对此表示怀疑。因为这不仅仅是让广播业得到更多频道的问题，还要保证更多的新频道必须与现有频道一样有价值；否则，分配问题依然存在。此外，如果这样的计划是可能的，那么通过政府干预，在其他地方收紧频道供给并低效率地使用频道，从中获得一些自由。对广播业而言频道是一种免费品，但对其他用户而言频道事实上是稀缺品。结果是，尽管频道在其他地方的使用价值更大，却被用于广播。

我坚信，解决 FCC 问题的唯一方法是依赖市场和私有财产制度。虽然我已经向诸位表明这样一种方法必须克服的一些困难，但我相信这些问题并不是不可逾越的。随着新技术的发展，我认为广播业面临的问题在今后可能会经常遇到。思考一下太空的开发利用以及天气的监测和类似领域的发展，谁拥有太空轨道？谁拥有云？看来有必要制定国际协议以确定新资源的使用权。但如果出现一种国际社会主义，最后导致美国实行社会主义制度，这将是一个悲剧。为了使社会免于这种命运，我们乐见未来能够依靠托马斯·杰斐逊政治经济学研究中心的研究人员对此时时警觉。

注释

[1] 威廉·卡伦（William Cullen）（1710—1790），苏格兰医生、化学家和农业学家，也是爱丁堡医学院（医学院在全盛时期处于英语世界医学教育的领先位置）最重要的教授之一。卡伦也是苏格兰启蒙运动的中心人物，是大卫·休谟（Dawid Hume）的医生和朋友，并与亚当·斯密、凯尔斯爵士（曾与他讨论畜牧业的理论和实践）、约瑟夫·布莱克（John Black）、约翰·米拉尔（John Millar）和亚当·弗格森（Adam Ferguson）过往甚密。参见维基百科：https://en.wikipedia.org/wiki/William_Cullen。——译者注

[2] 威廉·亨特（William Hunter，1718—1783），苏格兰解剖学家和内科医生、解剖学教师，也是当时杰出的产科医生。他的弟弟约翰·亨特（John Hunter）更负盛名，威廉对其弟弟的指导和培训功不可没。参见维基百科：https://en.wikipedia.org/wiki/William_Hunter_(anatomist)。——译者注

[3] 尽管编辑没有找到这个引述的具体出处，但找到以下包含类似观点的段落："在一个不断扩大的国家权威时代，法律的基础不仅仅是政府的法令。毕竟，政府是半个世纪前众多相互竞争的权力机构之一，与日常打交道的私人机构受到的影响相比，个人受政府的影响更小。另外，在不断成长的国家中，政府倾向于接管或严格管理下级机构所执行的职能。乔治·奥威尔（George Orwell）在他的小说《1984》中，对未来国家状态的描述可能过于悲观。明天的国家不一定是奥威尔式的超级国家，所有的权力都属于全能政府。但是，只有在当前的过渡时期，健全的行政法律制度的基础得以建立，奥威尔式的噩梦才能避免。如果这种制度忽略了公法在这方面所遵循的正确和正义原则，这种制度就不可能健全。现在无疑是确保这些原则在立法中牢固确立的时候，到《1984》所描绘的那个时候再去做就为时晚矣。" Schwartz, B.，Administrative procedure and natural law, *Notre Dame Law Review*, 1953, 2（2）, 197-198.

[4] Z. Chafee, *Free Speech in the United States,* 381 (1942).

[5] *National Broadcasting Co. v. United States,* 319 U.S. 190, 213 (1943).

[6] *National Broadcasting Co. v. United States,* 319 U.S. 190, 213 (1943).

[7] *National Broadcasting Co. v. United States,* 319 U.S. 190, 215-217 (1943).

[8] Old Standards in New context: A comparative analysis of FCC regulations, 18 *University of Chicago Law Review,* 78, 83 (1950).

[9] Network Broadcasting, H.R. Rep. No. 1297, 85th Cong., 2nd Sess., at 62 n. 44 (1958). Citing letter of Aug. 30, 1956 from George C. McConnaughy, the FCC Chairman, to Chairman Warren G. Magnuson of the Interstate and Foreign Commerce Committee.

[10] Hearing on subscription television before the House Committee on interstate and foreign commerce, 85th Cong., 2nd Sess. 434 (1958).

[11] *Broadcasting*, February 24, 1958, p. 200.

[12] Report on Chain Broadcasting, U.S. Federal Communications Commissions, May 1941, pp. 80-87.

[13] Mayflower Broadcasting Corp., 8 F.C.C. 333 (1941).

[14] FCC, Report on Editorializing by Licensees (1949).

[15] Editorializing by Broadcast Licensees, 13 F.C.C. 1246, 1257 (1949). Cf. Mayflower Broadcasting Corp., 8 F.C.C. 333 (1941).

[16] "Public interest" and the market in color television regulation, 18 *University of Chicago Law Review* (1951).

[17] Smythe（1952）.

[18] Facing facts about the broadcast business, 20 *University of Chicago Law Review,* 96 (1952).

[19] R. E. Lee, *Broadcasting*, February 4, 1957, p. 96.

[20] 同上。

[21] Recent articles, 13 *Journal of the Federal Communication Bar Association,* 89 (1953).

联邦通讯委员会*

◎ 茹玉骢　译

一、政府管制的发展

在美国，若要经营广播电台，则必须获得联邦通讯委员会颁发的执照方可为之。这些执照并非自动发放，其发放与收回全凭联邦通讯委员会裁决，由此委员会有权选择由谁来经营广播电台和电视台。那么，联邦通讯委员会又是如何获得此项权力的呢？

大约在20世纪初，无线电开始了商业化应用，主要用于船对岸、船对船的通讯[1]，由此产生了不同的立法提案。其中，有些是有关海上安全的，如要求在船上安装无线电设备、雇用熟练操作员等；有些是我们感兴趣的，即有关政府从整体上对无线电行业的经营进行管制的问题。

这些提案背后的理由，可从落款日期为1910年3月30日美国海军部（the

---

* *Journal of Law and Economics*, 1959, 2(2), 1-40.(Also appeared in *The Firm. the Market, and the Law*) 本文涉及对广播的政治经济学研究，相关的研究支出已经超出福特基金会资助的额度。我在承认受到福特基金会资助的同时，郑重声明本文仅代表本人而非福特基金会的观点。本文大部分内容是在行为科学高级研究中心（the Center for Advanced Study in the Behavioral Sciences）工作期间完成的，对于芭芭拉·安德森（Barbara Anderson）女士的研究助理工作深表感谢。本文原版发表在美国《法律经济学期刊》（*Journal of Law and Economics*）1959年第2卷，第1—40页。

Department of the Navy）致参议院商务委员会（the Senate Committee of Commerce）的一封信中知其端倪。按照商务委员会的说法，此信言辞“简明扼要”，提案的目的在于对当时正在热议的无线电通讯予以管制。美国海军部的解释是，每家无线电台

> 各自为政，都主张有权在任意需要之时能通过以太网发射电波，结果导致许多地方乱作一团。公共事务由此备受干扰，这令美国海军部困窘不已。海上船只的遇险求救信号，要么未引起注意，要么被无数试图同时通讯的电台产生的以太噪声淹没。那些喜欢恶作剧和不负责任的操作员，好像特意以假冒其他电台和发送错误信号为乐。可以毫不过分地说，情况已坏到令人难以忍受的地步，而且正变得越来越糟。

这封信进一步指出，在其他政府部门的合作下，美国海军部

> 多年来一直在寻求立法，以便让无线电通讯混乱不堪的局面变得有序一些，借助一部法律，使得所有的无线电台均受制于政府管制。但同时他们也认识到，现在通过这样一部法律可能不会为本国民众所接受。[2]

参议院通过了此信提及的议案，但遭到了众议院的反对。1911 年年底参议院再次提出相同的议案，一个二级委员会总结：该议案“赋予政府部门的权力过大，给予陆军电台和海军电台的特权过多，却未能准确界定商业企业使用电台的范围和条件”。[3] 于是一个替代性议案被重新起草，以确保获得参众两院的批准，并于 1912 年 8 月 13 日生效为法规。这部法案规定，任何人设立无线电台都必须持有商务部长签发的执照，执照内容包括电台所有权、电台位置、波长或准用波长以及准用时间等。这些管制要求电台指定一个正常的波长（必须小于 600 米或大于 1 600 米），但也可以使用除明确禁用波长以外的其他波

长——商务部长原本可以不施加这些管制。业余爱好者不准使用超过200米的波长。这部法案还罗列了其他各种技术性要求。在1910年提审的议案与此后获得通过的法案的主要区别在于，法案设定了一些特定的管制条款。原来只是商务部长有权施加管制，以防止“私人和商业电台对遇险船只或者海军电台和陆军电台所发信号产生干扰”，且总统也有权施加管制。[4]

不久就有人试图对这部法案进行修订。关于商务部应该有权实施管制的提案又旧调重弹被提出，甚至有人提出议案设立邮政局来垄断无线电通讯。在1917年和1918年，又有人提出议案，要求由海军部掌管无线电行业。实际上，海军部长约瑟夫·丹尼尔斯（Josephus Daniels）十分准确地把1918年议案描述为一部“将使得海军部拥有可用于商业目的的无线电通讯所有权，即一种排他性所有权”的法案。丹尼尔斯解释说，无线电是“唯一必须由一家权力机构主管以防止干扰的通讯方式……电缆或电报通讯根本不存在干扰问题，这个问题仅限于无线电通讯”。一些众议院委员会成员听取了丹尼尔斯的证词后质疑，当电台由私人操控时，仅仅规定无线电台的工作时段和波长是不是还不够充分。但丹尼尔斯的立场毫不动摇：

> 我的判断是，政府应该垄断这种特殊的通讯方式，就像邮政专营那样——甚至可以有过之而无不及，因为人们可以毫无干扰地利用火车捎带信件，却无法毫无干扰地利用空气。

随后，丹尼尔斯解释说：“应用无线电通讯的方法只有两种，要么由政府来做，要么由政府向公司颁发执照来做，除此之外再无其他安全的或可行的无线电通讯运作方法。”一个委员询问：“这是因为以太电波的相互干扰，是这样的吗？”丹尼尔斯先生的回答是：“以太电波数量是既定的，当人们在选择使用以太电波时，你无法对之进行分割，只能加以控制。”后来，丹尼尔斯先生的一名顾问胡帕司令官（Commander Hooper）告知委员会：

> ……由于无线电具有干扰性，是一种自然垄断；要么政府通过拥有电台来行使这一垄断权，要么将电台所有权置于利益攸关人手中，政府不插手。[5]

与1912年法案颁布前的时期相比，在1918年海军部具备更为强势的地位来表达其主张。战争期间海军控制了无线电行业，通过设立电台和购买某些私人电台的方式已拥有127家美国商业海岸电台中的111家。然而，海军部的申辩看来并没有使众议院委员会信服，该委员会对议案没有采取进一步的行动，也始终没有再提起这项议案。广播业的出现使人们不再把电台仅仅视为点对点的通讯渠道，也不再认为无线电通讯主要是关乎海军部的事务。

20世纪20年代初，广播业逐渐兴起。1920年和1921年，已经有一些广播电台开始运营，但其数量骤增则是在1922年。1922年3月1日，美国有60家广播电台，而到了同年11月1日已猛增至564家。[6]商务部长赫伯特·胡佛（Herbert Hoover）负责1912年法案的施行，他所面临的任务就是防止新建电台之间以及新旧电台之间的信号干扰。1922年2月，胡佛先生邀请各政府部门和无线电业界的代表参加第一届无线电会议。会议建议要加强商务部长对新建无线电台的控制，并建议对各种类型的服务实行波段分配。1923年、1924年和1925年，无线电会议相继召开。[7]议会的提案反映了这些会议所提的建议，但没有一项议案获得通过而最终成为法规。商务部长本想在经营执照中写入详细条款来实现无线电会议的建议，然而法院对1912年法案的裁决解释，令商务部丧失了以这种方式管理无线电台的权力。

1921年胡佛先生拒绝为一家名为城际无线电公司（the Intercity Radio Company）的电报公司换发执照，理由是其所用波长对其他电台的信号产生干扰。为此，该公司提起上诉。1923年2月，法院判决商务部长没有拒发执照的自由裁量权。[8]这意味着部长不能对可建电台数量加以控制。然而，法院判决的措辞又似乎暗示着部长有权决定执照持有者所用的波长。不过之后的一项判决甚至将部长的这项权力也剥夺了。1925 年，泽尼斯无线电公司（Zenith Radio Corporation）按规定所使用的波长为 332.4 米，有效时段是每周四晚上 10—12 点，而且只有在通用电气公司的丹佛台（Denver station）不占用这个时段下才能使用。这些条款表明胡佛先生当时不得不强行实施的苛刻条件。泽尼斯公司对此当然愤愤不平，于是实际上使用未经许可的时段和波长进行广播，这才引发了针对泽尼斯公司违反 1912 年法案的刑事诉讼。但是 1926 年 4 月法院做出的一项决议认为，这部法案并没有赋予商务部长采取管制的权力，他只能根据这部法案本身的规定签发执照。[9] 正如我们所知，这些规定仅仅要求波长应小于 600 米或大于 1 600 米。对泽尼斯公司案的判决在某些方面好像与对城际公司案的判决相互矛盾。于是商务部长征询司法部长（the Attorney General）的意见，司法部长表示赞同对泽尼斯公司案的裁决。[10] 这就意味着商务部长必须向申请者签发执照，然而执照中对电台的功率、工作时段及所用波长并不作规定（法案限定者除外）。随后的一段时间常常被称为“广播大混乱”时期。此后 9 个月内设立的电台达 200 多家，这些电台随心所欲地使用所需的功率和波长，而许多原有电台也对商务部在执照中规定的条件置若罔闻。

多年来美国国会一直在研究有关无线电通讯管制的各种议案，泽尼斯公司案的判决大大增加了对制定新法规的压力。为防止执照持有者拥有频率产权，1926 年 7 月参众两院通过了一项联合决议作为临时措施，规定广播电台的执照期限不得超过 90 天，其他任何类型的电台执照期限不得超过 2 年。进而若要获得执照就必须“放弃任何有违美国利益的、对任何波长或无线电发射中以太网所使用的任何权利或权利要求……”，这体现了参议院早期决议（1925 年通过）的精神，即把以太及其使用视为“美国人民不可分割的财产……”。当国会于 1926 年 12 月再次议事时，参众两院很快就通过一项针对无线电行业的综合管制措施，并于 1927 年 2 月生效为法案。

这部法案引致联邦无线电委员会（the Federal Radio Commission）的诞生。除其他事务以外，该委员会的主要职责是对无线电台进行分类、描述其服务性质、指定所使用波长、确定发射机的功率和位置、规定所用设备种类和制定防止干扰的规定，并要求那些想要申请无线电台执照者必须提交书面申请。按照该委员会的要求，申请内容包括：

> 申请者的国籍、身份、资金、技术及其设立电台的资格条件；如需要联系相关事宜，申请电台和电台的所有人和地址；拟用功率和频率或波长；电台运营拟占用的时段；电台用途及其他要求的信息。

如此这般之后，在“符合公众利益、必要性和便捷性”的情况下，委员会有权颁发执照。执照发放后，未经委员会许可不得向他人转让。同时，根据1926年联合决议精神，要求执照持有者签署权利放弃声明——放弃对波长或以太使用的任何权利要求。

这样，联邦无线电委员会就获得了控制无线电行业的权力，但法律禁止委员会对节目进行审查：

> 这部法案中并无内容可以被理解或解释为，执照签发当局有权对无线电通讯或无线电台所发射之信号进行审查。发证当局不能颁布或设立任何规定或条件，以无线电通讯管制之名，行妨碍言论自由之实。

然而这部法案对电台节目的限制是确实存在的。例如，禁止使用淫秽、下流或者亵渎性语言；未经首播台同意不得重播其节目；必须公布节目提供者与节目经费资助者的姓名。法案还规定，执照持有者如果允许谋求公职的有合法资格的一名候选人进行广播，那么其应给予其他候选人同等的机会。

除发送的信号（即节目内容）与政府事务无关的例外情况，联邦无线电委员会的控制权并没有延伸至联邦政府运营的无线电台。这些政府电台在总统管辖之下。事实上，政府所用频率是在部门间无线电咨询委员会（Interdepartment Radio

Advisory Committee）的主持下进行分配的。这个委员会成立于1922年，它在联邦无线电委员会成立后仍然继续存在。

1934年，联邦无线电委员会的权力移交给联邦通讯委员会（FCC），该委员会也负责对电话和电报业施加管制。行政管理机构的这种变更并未影响管理当局和无线电行业间的关系。事实上，1934年法案中关于无线电行业的内容很大部分是1927年法案的翻版。[11]虽然1934年颁布的法案不时地有所修订，但主要是关于程序事项的修改，其主体结构未受影响。[12]就所有要件而言，当今的法规体系就是建立在1927年法案基础之上的。

二、与新闻自由原则的碰撞

如果联邦政府授权一个委员会负责在美国各城、镇、乡村选择哪些人可被允许出版报纸和期刊，那么当前美国广播业面临的情况与之并无本质区别。由于与新闻自由原则相左，这样的提案理所当然会立即遭到否决。然而，广播业是一个与报刊或书籍同等重要的新闻和舆论来源。事实上，就新闻自由原则而言，今天的广播业通常还是被归类为新闻业。罗伯特·M.哈钦斯（Robert M. Hutchins），时任新闻自由委员会主席（the Commission on Freedom of the Press），用“Press”一词囊括“所有与公共新闻和舆论、情感和信仰相关的交流手段，无论是报纸、杂志、书籍、无线电广播、电视还是电影”。[13]广播业理应受到美国宪法第一修正案（the First Amendment）的保护，对此泽卡赖亚·查菲（Zechariah Chafee）教授毫不置疑。[14]最高法院的声明也表达了类似的看法：“电影像报纸和无线电一样属于新闻业，其自由受（宪法）第一修正案的保护，对此我们毋庸置疑。”[15]路易斯·G.考德威尔先生（Louis G. Caldwell）还指出：

> 一家广播电台会因语言的口头宣传而被取缔，业主会被剥夺财产而失

> 去生活的倚仗。这些语言若印在报纸上，则会受宪法第一修正案的保护，免受类似性质的压制。[16]

在联邦无线电委员会成立之前的相关讨论中，胡佛先生区分了防止干扰和选择电台经营人员这两个问题：

> ……就我看来，理想的状况犹如联邦政府进行交通管制，一定程度地对波长进行分配、对功率予以管制和对干扰加以监控，而在分配给这个社区的波长由谁占用问题的决策上，要让每个社区有更大的话语权。[17]

但是正如我们所见，这两项任务被交给了联邦无线电委员会。对于剥夺该委员会审查权这一事实，一些人的解释为：委员会并不在乎节目内容本身，而仅仅简单地充当“以太交警”。但是联邦无线电委员会坚持认为，将根据是否符合“公众利益、必要性和便捷性”原则（这一点也得到法院的支持）来决定执照的发放或更换，这就必须考虑计划录制或已经录制好的节目。一位评论家认为，截至1949年，“委员会已经远远超越当初‘以太交警’的职能，对无线电通讯的控制也超过基于技术必要性的管制；它已转变为对行为的管制，本质上如此，只是表现形式有差别罢了。”[18]

按规定，若（申请者）能服务于“公众利益、必要性和便捷性”，委员会理当为其签发或换发执照。这一措辞引自公用事业法规，它缺乏任何确切的含义，“仅仅表示法律起草者是多么的吝于言辞，且依然必须符合宪法要求，其中的一些标准可以用来指导发证机构明智地进行行政管理。”[19] 进而，委员会决议中的前后矛盾之处甚多，使得这一措辞不可能在管制中有确切含义。申请者为申请频率或频道而提交的节目的性质，当然是委员会考虑的因素之一。任何配备经验丰富的律师的申请者都会发现，其提交的申请应包括由当地演员表演的现场节目以及一些讨论社会问题的节目（这类节目很合委员会的口味）。待到执照换发的时候（目前是每三年一次），电台过去制作的节目也要接受审查。[20]

贝克先生案（case of Mr. Baker）是一个很好的例子，可以说明广播电台所有者与报纸出版商的地位不同。贝克先生在爱荷华州设有无线电台，因为他利用广播对自己不喜欢的人和机构进行猛烈的人身攻击，1931 年申请换发执照被拒。委员会说：

> 本委员会无意为贝克先生所厌恶的医药协会（Medical Associations）和其他团体辩护，尽管这些机构所受指责的过失有可能事关公众利益，（当事人）可以采用正确的方法通过广播呼吁公众注意。但案宗表明，贝克先生并没有以光明磊落的方式行事，他随心所欲地通过广播反复宣讲个人的嗜好、个人对癌症治疗的看法以及个人对某人某事的好恶。显然，贝克先生将这些强加于听众是对广播执照的不当使用，他的许多言辞即使不算有失体统至少也是粗俗的，收听这种言论绝无心情舒畅或娱乐可言。
>
> 我们虽然不能进行审查，但有责任不使广播仅仅成为个人的喉舌，也有责任维护和优化当今社会文明的净化标准。[21]

难怪这个判决被称为“精神净化检查”。[22]

除有两次遭到广播业界的强烈抗议外，委员会试图对节目制作施加影响的做法几乎无人反对。第一次争论起因于 1940 年所谓的“五月花”(Mayflower) 决议。波士顿电台的一则广播社论鼓吹选举竞选公职的特定候选人，并针对有争议的问题表达观点。委员会批评了波士顿电台的做法，并在收到该电台不再广播社论的保证后才换发了执照。1948 年委员会再次审议了这个问题并发布了一份报告，虽然没有明确否定“五月花”决议原则，但表示赞同公开发表的社论必须以“一视同仁”为准则。委员会承认其管理行为隐含对言论自由的剥夺，但认为这是必要的：

任何无线电管制，特别是限发执照制度，实质上是对人们通过无线电通讯表达其思想的固有自由权的剥夺。然而，为了防止使社会混乱不堪的干扰和损害媒介在大众启蒙和娱乐方面的巨大潜力，这种剥夺是必要的、符合宪法要求的。

联邦无线电委员会继续陈述：

无线电广播自由最重要的意义在于，美国人民有权收听这一重要通讯媒介播报的内容，而不应受政府关于哪些可听、哪些不可听的任何命令的限制，同样也不应对私人执照持有者有任何类似的限制。

我并不清楚委员会这样说是什么意思，但委员会肯定没有为“看不见的手”唱赞歌的意思。[23]

第二次争论起因于1946年联邦通讯委员会出版的一本蓝皮书，题为《广播业执照持有者的公共服务责任》(*Public Service Responsibility of Broadcast Licensees*)。委员会在这本蓝皮书中指出要密切关注节目制作问题，那些有固定节目、本地现场节目、讨论社会问题的节目和避免节目“过度广告”的电台更可能换发新执照。对于固定节目，委员会建议应该采纳以下观点：

(a)维持节目的总体平衡;(b)为不宜以赞助形式举办的节目提供时段;(c)为服务于特定少数裔的品位和兴趣的节目提供时段;(d)为宗教、市政、农业、劳动和教育等非营利组织提供时段;(e)为试验性和自创性艺术的自我表达提供时段。[24]

有人如国家广播协会的贾斯廷·米勒(Justin Miller)等人认为，蓝皮书的出版不符合宪法，违背第一修正案的规定，但法院对此未发表意见。

委员会对申请者以往活动的审查，有时构成了对其他自由的威胁，《每日新闻》（*Daily News*）案的诉讼便是其中一例。纽约的《每日新闻》出版商要求允许建立一个调频广播电台，美国的犹太人协会（the American Jewish Congress）出面干涉，认为应该拒绝其申请，因为《每日新闻》：

> 对少数裔群体特别是犹太人和黑人有偏见，发表过有损这些少数裔名声的不负责任的诽谤性新闻和社论……《每日新闻》的所作所为表明其作为无线电台执照持有者是不合格的，因为不能指望该电台对社会上所有群体和各种观点都一视同仁。

虽然委员会质疑这种证据的可采信度，却认为可以接受其（设立电台的）申请，尽管委员会声称该事项尚未有定论。《每日新闻》的申请最终因其他理由而遭拒绝，人们一度认为事实上美国犹太人协会的证据对这一裁决起了作用。显然，如果一家报纸的社论方针能得到委员会的认可，那么相比那些社论方针未获得认可的报纸，它更容易获得电台或电视执照。从最严格的意义上看，新闻自由显然受到了威胁。[25]另一宗案例是有关电台所有者爱德华·拉姆（Edward Lamb）的政治活动。在早期的听证会上，拉姆不承认自己参与共产主义者联盟，在1954年他的电台需要更换执照时，委员会指控他早先的论调是错误的。按照拉尔夫·S. 布朗（Ralph S. Brown）教授的说法，联邦通讯委员会广播局“为了证明其指责而提供了在近期政治事件中常见的捕风捉影的证据”。经过各种曲折的程序，执照最终是换发了，但委员会在裁决中断然否决“对其无权调查申请者以往的联系、活动和信仰……”[26]的观点。

如果我们问，为何几乎无人反对委员会的政策？答案毫无疑问就是，委员会对于将观点强加于广播业界一事战战兢兢、如履薄冰。有时只要答应以后不再播放委员会反对的节目，申请者便可重新获得执照。有些电台没有重新获得执照，主要或完全是因为所播放的节目遭到反对。但是，这种案例为数不多，被否决的都是诸如算命、赛马结果、医疗建议或者攻击政府官员、医药协会和宗教组织等节目。[27]

关于委员会的观点和行为对节目制作的影响程度，广播业界以外的人是很难评估的。表面上看，委员会小心谨慎，貌似不太可能威胁到许多电台运营者；然而从全行业对“五月花”裁决的噤若寒蝉可以窥见委员会权力之影响，更何况委员会还能授人以许多特权。因此，对广播业有浓厚兴趣的人几乎都不敢明目张胆地藐视委员会的要求。

三、现行制度的合理性

查菲（Chafee）教授指出，与旧的通讯媒介相比，新的通讯媒介受到更为严格的控制：

> 数个世纪以来，报刊、书籍、小册子和大型会议一直是进行公共讨论仅有之手段，人们早就普遍认识到应对其加以保护。此外，即使传播事实和思想的方法因现代发明而大为改善或出现新方法，作家和法官却尚未形成热心捍卫言论自由的习惯。因此，我们一直容忍[相关部门]对信件、进口外国书籍、戏剧、电影和电台的审查。[28]

毫无疑问，新闻业和广播业所处地位不同，部分原因是报纸印刷始于15世纪而广播始于20世纪。但情况并非仅此而已，广播业界中许多人默许新闻自由被剥夺实属无奈。这种状况尽管不尽如人意，但是必须接受，此乃该行业特有技术之必然结果。

法兰克福特大法官（Justice Frankfurter）在陈述最高法院有关无线电法律的一宗著名案例的意见时，对现行制度的合理性做了一番说明：

1927年之前无线电的不景气可归因于一个基本事实，无线电是一种通讯工具——它的设施是有限的，并不是所有希望使用它的人都能得到满足。无线电频谱也并没有达到可以容纳所有人使用的地步。于是，对于能够互不干扰地使用电台的数量，存在自然的固定上限，因此无线电管制对其自身发展的重要性犹如交通监管之于汽车发展。《1927年电台法案》(the Radio Act of 1927)是无线电通讯领域的第一项综合性控制方案。在这部法规的实施中，管制是必须的，而无线电潜能是否没有被浪费是美国国会采取行动时要考虑的因素。

对于那些认为应当“把委员会视为交通警察来管理波长以防止电台相互干扰”的人，法兰克福特大法官回答道：

但是《1927年电台法案》没有限定委员会只对交通进行监管。它对委员会委以重任，以决定信息流量构成。由于无线电设施并不足以满足所有希望使用它的人的需求，因此必须制定方法，从众多申请者中挑选一部分使用者。既然国会自己做不了，那么这项任务就交给了委员会 。

然而，委员会在履行这一职责时并非毫无束缚，国会提供的检验标准是“公众利益、必要性和便捷性”。

……无线电设施是有限的，因而也是宝贵的，对其挥霍浪费不可能不损害公众利益…… 因此，委员会不会仅仅凭借有无技术障碍为准则来颁发执照，而是将执照授予职能束之高阁。如果“公众利益”标准仅限于此，那么在设施相同、资金和技术上均具备电台使用资格的两个申请者中，委员会又如何做选择呢？联邦无线电管制初期，对于无线电服务的比较考量支配着“公众利益、必要性和便捷性”标准的应用。[29]

查尔斯·A. 西普曼（Charles A. Siepmann）教授生动地描述了政府实行管制以前的情景：

> 当越来越多的满怀热情的开创者进入无线电领域，这种混乱局面是无法形容的。业余爱好者发送的信号与专业广播信号鱼龙混杂；许多专业电台使用同一波长广播，他们或者基于君子协定分割广播时段，或者在别人广播时贸然用自己的播音切断别人的喉舌，听众苦不堪言，只能无可奈何地努力从另一家电台喧闹的背景声中收听某档节目；用莫尔斯电码加密的船对岸通讯也将其“嘀嘀的”脉冲声混杂到来路不明的交响乐中。

西普曼教授用几句话总结了这种状况：“私人企业在长达 7 年的时间中没有进行过内部整顿，你死我活的竞争迅速阻碍了无线电通讯的有序发展，并迫使听众备感劳顿与不便，让人难以忍受。”[30]

尽管人们普遍接受这些论点，而且为其辩护的权威者声名显赫，但刚刚所引用的观点却是源于对该问题性质的误解。法兰克福特大法官似乎相信联邦管制是必需的，因为无线电频率数量有限，人们的需求量超过它的供给量。但是经济学常识告诉人们，在经济系统中使用的几乎所有资源（不单单是电台和电视频率）的数量都是有限的，因而都是稀缺的，人之所需常远甚于所供。土地、劳动力和资金都是稀缺性资源，但这些资源本身并不要求政府管制。当然，为了在众多需求者中决定由谁使用稀缺性资源，的确需要开发一些机制以做出决定。美国经济制度中最常用的方法是价格机制，它无须政府管制便可将资源分配给使用者。

对于政府执行管制之前存在的混乱局面，西普曼教授似乎将之归因于私人企业和竞争制度的失败。然而，问题真正的成因是，没有确立这些稀缺性频率的产权。我们从日常经验中可知，土地可以通过价格机制分配给土地使用者，不需要政府管制。但如果没有建立土地产权，任何人都可以占用一块土地，那么显然社会将发生很大的混乱。由于没有可供购买的产权，价格机制将不起作用。如果一个人用一块土地种庄稼，另一个人可以接着在种庄稼的土地上盖房子，随后又来一人拆了房子并将土地用作停车场，那么毫无疑问，这种状况被称作混乱不堪是恰如其分的。但将此归咎于私人企业和竞争制度则是错误的。除非建立资源产权制，否则私人企业制度将无法正常运行。产权一旦建立，任何欲使用资源者都必须向资源所有者付费以获取之。如此，社会混乱便会销声匿迹。除了法律系统有必要确定产权和调解争端，政府也得这样做。但我们现在看到的美国电台和电视行业这类管制却实在是毫无必要的。

列奥·赫泽尔（Leo Herzel）1951 年在述及关于彩色电视标准的问题时，曾建议运用价格机制分配频道。他说道：

> 无线电管制最重要的作用是对一种稀缺的生产要素——频道进行分配。联邦通讯委员会必须决定在特定时段由谁使用供给量有限的频道。这实质上是一种经济性裁决，而不是政策性裁决。

赫泽尔先生后来又建议，将频道发放给出价最高的投标人。[31] 对此，伊利诺伊大学通讯研究所教授、联邦通讯委员会前首席经济学家达拉斯·W. 斯迈思（Dallas. W. Smythe）做出了回应，他在文章中对在广播业中运用价格机制表示了异议。[32]

斯迈思教授指出，商业广播不是“频谱空间的主要使用者”，而是“一个小小的需求者”。他解释说：“技术上至少有 1 000 兆赫的无线电频谱可用于商业，因此广播电台单独使用的频率和共用频率分别占总数的 2.3% 和 7.2%。”但根据斯迈思教授的说法，甚至这样的百分比也可能夸大了广播业的重要性。“联邦通讯委员会分配给各种使用者的频道至少已有 30 000 兆赫，因此商业广播用户单独使用的频率还不到 1‰，共用频率还不到 2‰。”[33]

斯迈思教授继续解释是谁使用了大部分无线电频道。首先是军队、执法机构、消防部门、气象局、林业部门和业余无线电爱好者，“对最后一类用户，显然不能指望其支付频率使用费”（当然，这是与现代观念一致的，即业余爱好者不必为其所用的东西付费）。然后是广播用户以外的许多商业用户、公共运营商，如无线电报和无线电话部门；运输商，如远洋船只、铁路、有轨电车、公共汽车、卡车、港务和出租车；还有各种专业用户，如电力、煤气和自来水企业，石油工业（无线电波用于通讯和地理勘探），电影业（拍外景）；等等 。斯迈思教授认为：

> 显然，让非商业无线电用户（如警察）、非广播公共运营商（如无线电报）和非广播性质的商业用户（如石油工业）都花钱参与投标竞争频率分配，这是一种不太严肃的设想。

对此，赫泽尔先生答道：

> 这当然是很严肃地提出来的。对于所有其他各种设备或尚未获得的设备，相关用户都要靠竞争获得。我倒觉得更有趣的一个问题是，为何要严肃地提出他们不应参与无线电频率的竞争?

我们的确不清楚，为何我们必须依靠联邦通讯委员会而非通常的价格机制来决定哪个频率应该用于警务、无线电话、出租汽车业务、石油勘探，或者被电影公司用来与电影明星保持联系，抑或用于电台广播。事实上，用途的复杂性意味着，在这种状况下依靠价格机制的优势尤为明显。

斯迈思教授还申辩说，市场机制(即价格机制——译者注)的应用取决于“电子领域存在完全竞争这样的经济假定”。这个观点有点极端。对管理者而言，一项频率分配计划要花费成本，在市场机制取代分配计划之前，计划本身会导致资源错配，并且会鼓励某些垄断倾向，所有这些都使我们愿意容忍不完全竞争。显然，我们必须认真对待垄断问题。但这并不意味着不应该依靠市场机制来分配频率，或者是我们不应该通过正常程序，而通过联邦通讯委员会之类的特殊组织对广播业实行垄断控制。事实上，反托拉斯法适用于广播业，最近我们看到，在联邦通讯委员会认为没有必要采取行动的案件中，司法部却采取了行动。[34]情况并非简单的有两个组织执行同一部法律，实际上是存在两部法律。联邦通讯委员会不受反托拉斯法的约束，它可能因申请者的垄断行为而拒绝其执照申请，尽管按照反托拉斯法，这种行为可能不构成违法。这样，广播业在遵从反托拉斯法的同时，还得遵从另一部由联邦通讯委员会颁布的法规——这在法律全书中无迹可查。[35]

人们可能想要知道这种复杂制度是否为广播业所必需的，但这不是我所关心的主要问题。为提高系统的竞争性，可能不应该让某些公司经营广播电台或者不允许超过一定数量的公司经营广播电台，并禁止某些行为；但这并不意味着，那些被认为有资格运营的广播电台就不必对所使用之频率付费。人们当然希望对石油工业中的垄断行为进行管制，却不必因此而向石油公司无偿提供油田。垄断的控制问题又另当别论了。

四、价格机制与频率分配

毫无疑问，对于大部分关心广播业政策的人们而言，利用私有产权和价格机制来分配频率的想法是陌生的。我们看一下对赫泽尔和斯迈思教授的文章（上一节已经讨论过）的评论。该评论发表在《联邦通讯律师协会杂志》上，面向熟悉美国广播业管制问题的人士宣传其观点。评论认为："整个讨论过于深奥，使大部分读者无法理解。"[36]或者看一下在议会质询中，当罗杰斯议员提出按投标价格分配电视频道的可能性时，广播业界元老、哥伦比亚广播公司董事长弗兰克·斯坦顿（Frank Stanton）的回答为：

罗杰斯：博士，你对要求政府掌管所有电视频道并公开竞争招标，然后由出价最高者以纳税人能够接受的最优价中标的建议有何看法？

斯坦顿：这是一个新理论，在我的职业生涯中尚未考虑过这类问题。该建议与1927年的《通讯法案》（Communication Act）及后来的修正案背道而驰。

罗杰斯：我知道。不过，如果你在政府拥有的一块草原上养牛，政府就可以向你收取土地使用费。那么，政府为何就不能像收取草原使用费那样，理所当然地收取空中通道使用费呢？为何对于可以比较的东西，一部分人可以免费使用，另一部分人却得付费呢？

斯坦顿：这是一个新概念，我想如果您愿意的话，应当将其广泛地应用于所有频道的使用，而不是仅限于电视行业。

罗杰斯：我明白。难道您不认为这实际上就是让纳税人受益的自由经营吗？

斯坦顿：你显然对此深入地思考过，而我是第一次受到这种想法的冲击。[37]

这个（由亚当·斯密提出的）“新理论”认为，理所应当由市场力量而非政府决策来决定资源配置。除了政治压力所导致的资源错误配置，行政机构若试图取代价格机制的功能，将会存在两大缺陷：其一，它缺乏本应由市场所提供的成本与收益的精确货币量化标准；其二，就事物本质而言，行政机构不可能掌握每一家使用或可能使用无线电频率企业经营者的所有信息，也不可能了解消费者对使用无线电频率所生产的各类产品与服务的偏好。事实上，想要揭露部分内幕信息需要冗长的调查，而联邦通讯委员会的裁决则需要更长的时间方能做出，通常一拖便是数载。[38] 为了简化业务，联邦通讯委员会采取主观独断的原则。例如，委员会对一定范围的频率（仅限于此）规定了某些特定用途。委员会委员罗伯特·E. 李（Robert E. Lee）对委员会的这种状况做了描述。他解释道，正在考虑890兆赫以下的频率分配问题，但能否解决尚且未知。

> 在委员会内外，类似这种问题引发了大量的讨论……对890兆赫以下更为拥挤不堪的无线电频道的检查，已成为一件颇为棘手的管理问题。虽然不应以此为借口，但我还是希望大家能意识到负担过重的（委员会）雇员所受到的限制。作为一个实践问题，（委员会）对此应高度重视。

在谈到议事程序有可能改变时，他补充道：

> 我发现越来越难解释的是，为何一家地处大型社区的钢铁公司，它虽亟须增加频谱空间，却无法使用（比如说）在没有树林的空旷地区为林业提供服务的频率？[39]

这种争论并不意味着资源的行政分配就必然劣于价格机制分配方式。市场运行本身并非毫无成本，如果市场运行成本大大超过行政机构运行成本，我们就可能会默许行政机构因无知、缺乏弹性以及迫于政治压力而产生的资源错配。但是在美国，恐怕没有人认为大多数行业应当采用行政方式分配资源，广播业也不存在什么理由可以使人们相信频率分配可以是一个例外。

当前关于美国广播业政策的讨论中，有一个例子可以说明人们是如何误解价格机制的本质的。以下是一则在行业刊物——《广播》（*Broadcasting*）上的评论：

> 在电视领域，人们口头上支持把电视“特许权”授予那些出价最高的合格投标者的提议。这看起来很荒谬，因为这意味着主要市场的选择结果将倾向于富人阶层。[40]

首先，必须看到在美国的经济体系中，资源并非流向最富有的群体，而是流向愿意出资最多的群体。其结果是，在争夺特殊资源时，年薪 5 000 美元的人出价常常高于年薪 50 000 美元的人。为了证明这一观点，我们设想这样一种情形：一天早晨所有年薪 50 000 美元及以上的人来到商店，按标价买下商店里所有的商品，不留一点商品给那些低收入者。可以肯定，第二天商品标价必然上涨，那些高收入者会被迫减少购买量——只要低收入者买不到所需的商品。这一过程会一直持续下去。能使拥有 100 万美元的人获得价值 100 万美元的资源的这种制度，同样能使拥有 1 000 美元的人获得价值 1 000 美元的资源。当然，一种定价系统的存在，并不能保证货币在每个人（或家庭）之间的分配令人皆大欢喜，但在考量广播业政策时，我们并不需要考虑这个问题。对频率或频道的支付能力取决于资金分配——这是指相关企业之间的资金分配，而不是个体之间的资金分配。这里不会产生伦理问题，所有的问题在于资金分配是否对效率有贡献。一般而言，我们有理由假定这一点千真万确。那些能利用资金实现盈利的企业能毫不困难地获得更多的资金，那些无法实现盈利的企业则正好相反。资本市场的运行虽然并不完美，但总趋势是明朗的。无论如何，联邦通讯委员会总体上是否会把频率发放给那些在筹集资金方面处于不利地位的企业还很难说。事实上，委员会对申请者的财务资格调查必然会南辕北辙。[41]

如果我们把以人口数为基础划分的美国六大城市（纽约、芝加哥、洛杉矶、费城、底特律、旧金山）中网络关联的电视台作为“主要市场选择”的例子，就会发现其中五家电视台隶属于美国广播－派拉蒙剧院有限公司（American Broadcasting-Paramount Theatres），四家隶属于国家广播公司（National Broadcasting Company, 美国无线电公司的下属机构），四家隶属于哥伦比亚广播公司（Columbia Broadcasting System Inc.），西屋广播公司 [Westinghouse Broadcasting Company，附属于西屋电气公司（Westinghouse Electric Corporation）]、斯托勒广播公司（Storer Broadcasting Company）及三大报业出版财团各有一家。[42] 很难说这些企业的发展会因无力筹集资金而受到过多影响。

最高法院似乎认为，若资源供给有限则不可能运用价格机制。实际情况并非如此。尽管艺术商费尽心机，但特定时期内伦勃朗（Rembrandts）的绘画作品数量是固定的，这些绘画作品照样可以通过拍卖来处理。已故画家作品的供给量是固定不变的，这并非孤案。如果我们拓展一下思路，所有生产要素的供给量（土地数量、人口规模等）皆可被视为固定。当然，这并不是我们思考土地或劳动力供给的方法，我们关心的通常是某个特定问题，所以一般不考量总供给量，而是考量特定用途的供给量。这种思考过程不仅在实践中广泛应用，而且能使我们对市场机制作用的调整过程有更多的了解。尽管资源总量是有限的，但用于特定目的的资源数量是可变的。特定产业的生产者可以从市场上购买到更多的资源，他们只有出更高的价格才能使得其他企业减少资源使用量，从而获得数量可观的资源。几乎所有产业的生产要素的配置都是通过这种机制加以调节的。尽管存在几乎一致的反对意见，但广播业在技术上并不存在会妨碍市场机制发挥作用的问题。实际上，斯迈思教授的论述引起了我们的关注，也就是在广播业只使用很小比例“频谱空间”的情况下，价格机制的作用显得游刃有余。广播业必须对频率进行竞价，这就需要通过抬高竞标者愿意支付的价格来击败其他产业而获得频率。至于广播业引入价格机制能否获得比联邦通讯委员会分配下更多的频率就不好说了。过去没有频率使用权市场，我们不知道各行业会为此支付多高的价格；同样，我们也不晓得对于什么样的频率，广播业的意愿价格会高于其他行业。我们只能说，只要广播业的意愿价格相当于频率在其他地方所做的生产贡献，就能获得当前正在使用的所有（或更多）频率。这一说法只不过表明，广播业能够像获取劳动力、建筑物、土地和设备那样，基于相同的机制获得频率。

在无线电频率配置上完全采用价格机制，当然也意味着目前频率使用率较高的各级政府机构，也要为使用频率而付钱。这样做看来似乎并无必要，因为钱只是付给某个被指定扮演频率管理员角色的政府部门，即从一个政府部门流出，又流入另一个政府部门。此外，用于国防或人类生命保护的资源配置如果也用货币来衡量，那就显得不太合宜了。尽管我们完全有可能把政府部门需要的所有频率排除在价格体系之外，让价格机制只限于使用频率的私人部门，但也有充分理由不必这样做。政府部门在考虑是否采取一项特定行动时，应当权衡这项活动所获的收益和所费的成本——成本是指政府部门能够享有的在其他地方的生产价值。对于一项政府活动，即使完全有理由认为所造成的任何损失皆是合理的，也仍然要求其尽量降低每个具体项目的成本。如果政府建造一个价值 10 万美元的电缆系统或购买价值 10 万美元的专线交通工具占用了某个频率，而将该频率用于工业能生产价值 100 万美元的产品，那么不论这项政府工程多么重要，最好也不要占用这个频率。价格机制的优点在于，这种情况（管理不善的情况除外）如果需要付费，政府部门就会放弃使用这一频率。一些人对此持暧昧态度可能是出于下述想法：尽管应该提供足够的资金让政府部门能够购买所需的资源，但国会不一定会同意这样做。结果便是，我们可能只好接受当前体系固有的浪费，而不是去忍受由于政府部门没有足够经费购买频率所带来的不利。不过这里假定国会不同意给予政府足够的经费——这种假定是否真实尚不清楚，对于使用很多频率的国防部来说尤其如此。我们必须记住，频率的定价计划并不涉及任何政府预算负担问题，因为政府使用频率的所有支出不仅正好等于负责管理频率的机构的收入，还能从私人企业那里获得净收益。无论如何，尤其是对于广播业而言，这种想法不适用于把价格机制引入私人部门的情况。

政府保留无线电频率所有权的期望与政府不愿意为频率使用付费的想法结合在一起，结果让人担忧。一个电台经营者获得执照，被允许在某地使用特定频率。这意味着他实际上获得一项很有价值的权利，他愿意为此支付一大笔钱——这笔钱可能是在与别人投标竞争频率时被迫支付的。免费获得一种有价值的资源自然会增加电台经营者的收入，使之超过在竞争条件下的收入水平。也许应该进行一次细致的调查，以查明私人电台与电视台利用这种政策致富的程度。不过，部分电台和电视台的投资获得极高收入，无疑与免收频率使用费有关。偶尔，当电台被拍卖时，我们有可能了解其内情。当然，严格而言，能卖的只是电台和电视台组织本身，频率是公共财产，执照的授予并不表明电台对频率拥有任何的权利。此外，电台与电视台所有权的转让必须得到联邦通讯委员会的批准。当然，对于这种协商式的转让，委员会往往会批准。事实上，这种转让价的大部分无疑是用于购买频率使用权。这样，当纽约城的WNEW在1957年以500万美元被出售，或匹兹堡的WDTV在1955年以1 000万美元被出售，或费城的WCAV（包括调幅、调频和电视）在1958年以2 000万美元被出售时，我们可能会怀疑，再重新买入一套发射设备、音响设备、器具和组织机构，其名义价值会等同于500万美元或者1 000万美元抑或2 000万美元吗？[43]按此价格出售必然会使新所有者的收入减少至（或接近至）竞争条件下的水平，正如无线电早期管制所发生的情况。但自委员会对以远高于实物资产价值的价格转让不予制裁后，其效果便只是把免费使用公共财产所得的收益在商业圈内进行广泛瓜分：新旧所有者利益共享。我不想讨论这种利益再分配是否为社会合意的。我的观点有所不同：为何会存在任何可供再分配的收益？这简直是岂有此理。

目前的频率分配制度，使得电台与电视台经营者获得的额外收入在电台转让之时表现得尤为明显。[44]在1927年的《通讯法案》通过以前，人们认为电台在所有者之间的转让价格隐含了许可证出售权。[45]从文献中偶尔可以发现有关这一问题的参考文献，但它们并没有对此展开广泛讨论。我觉得这部分缘于这样一个事实，即通常认为解决超额利润的唯一办法是利润率管制或利润控制。[46]出于很多方面的原因，这种做法不太可能获得支持。尽管在广播业发展之初，人们通常认为可以把它视为另一类公用事业，但不久这种观点基本上被否定了，而且把广播电台所有者视为公共运营商的设想也行不通。只有当人们认识到其商业性质以后，才开始把广播业视为非管制产业。正如最高法院所说的那样：“……广播业是一个自由竞争的领域。”[47]尽管有人声称“让资源与税收经济学家设计特许经营税收规则是可行的”。[48]但无论怎样，确定收费标准或允许的利润水平看来并非易事，而且利润率管制或利润控制和节目质量控制相纠缠，其前景堪忧。

解决这些困难的一个明摆着的方法，便是让有意向的频率使用者通过投标来竞争（即获取的利润不是由管制委员会所决定，而是由竞争力所决定）。迄今为止，除了近期的少量文献，多数文献对此问题未予重视。据我所知，赫泽尔的文章所包含的内容是我看到的第一份参考资料，这不免让人觉得奇怪。近年来，在一些场合常常可以听到这种建议。1958 年亨利 · S. 罗伊斯（Henry S. Reuss）议员提交的议案提出了竞标建议，这项议案针对各类电台与电视台执照申请者确定了优先权排序，但包含了这样的条款：当列入出价最高类别的申请者不止一个时，联邦通讯委员会应将执照颁发给这个类别中出价最高的，申请者的钱则“存入美国财政部的其他收入账户”。执照转让会重复同一程序。罗伊斯议员解释道：“电波属于公共领域，在此情形下的决策应当有利于纳税人，就像政府在公共林区对伐木特许权进行招标一样。”[49]

可以预料，即使像罗伊斯议员竞标议案这样温和的建议也不会受欢迎。自早期无线电管制以来，一直有建议要求无线电执照持有者向管理当局付费，但均未写入法律。几年前，当联邦通讯委员会宣布正在考虑一项提案——申请电台与电视执照必须付费以弥补执照手续处理费用（即联邦通讯委员会的开支）时，参议院州际和对外贸易委员会（Senate Committee on Interstate and Foreign Commerce）立即作出决议，建议通讯委员会暂缓考虑这一提案，因为“让广播电台支付执照费用的提案，引发的基本问题触及《通讯法案》的基本哲学……”[50]

人们对使用设施付费的想法怀有敌意——这让人难以理解。这种态度确实受到频率收费在技术上不可行的观点的影响。这显然是错误的。我们不难得出以下结论：反对运用价格机制分配频率的观点之所以普遍存在，只是因为我们从未严肃地讨论使用价格机制分配频率的可行性这一事实。

五、私人财产与频率分配

如果频率使用权可以出售，这种权利的性质就应当已经得到精确的界定。摆脱现状的一个简单答案是：广播电台运营者购买一定期限的使用权，按规定的功率和时段从坐落在特定地点的发射设备发射规定频率的信号。这只不过是在现行制度上添加了付费要求，从而使得由市场决定使用频率的个人或企业成为可能。但是，若实施联邦通讯委员会当前推行的电台经营规定，则意味着由市场力量决定频率使用方式的程度将受到严重限制。

有人或许会质疑说“这绝非特例”。譬如，人们购买一块土地所获得的权利并不是由供求力量所决定，而是由土地财产法所决定。但此观点绝对不是全部的真相。新发现的山洞是属于山洞发现者，还是属于山洞入口处土地的所有者，抑或属于山洞顶土地的所有者？这无疑取决于财产法。但是，法律只确定想要获得山洞使用权的人必须与谁签约。至于山洞是用于贮藏银行账簿，还是作为天然气贮存库，抑或种植蘑菇等，这些都与财产法无关，而与银行、天然气公司、蘑菇企业为使用山洞而付费多寡有关。法律体系的目标之一就是对权利进行清晰界定，并在此基础上，通过市场来转移与重新组合权利。就无线电而言，某人在获准使用某频率后，他应当可以安排是否与他人合用，并可以调整运营时段、功率、地点和发射机种类等；即使最初获得的权利是频率共用权（在某些情况下联邦通讯委员会只准许共用），也应该允许其中一位使用者买断其他使用者的权利而作排他性使用。

政府对无线电行业进行管制的主要理由是防止干扰。很明显，如果几个人同时用给定的频率发射信号，信号就会互相干扰，导致任何传送的信号都会发生接收困难或者根本无法接收的状况。在一块土地上同时种植小麦和用作停车场也会产生相同的结果。正如我们在前文所述，避免这类情况的方法是确立产权——排他使用权。对频率使用创造类似的权利，就能使无线电行业以同样的方法解决这一问题。

若排他性使用权的应用不损及他人的利益（排除无权使用的情况），那么确立资源的排他使用权的优势就容易为人所理解。然而，当这种行为直接侵害他人的利益时，情况就会有所不同。例如无线电运营者使用的频率干扰了邻近的频率就属于此类情况。

让我们以“斯特吉斯诉布里奇曼案”（Sturges v. Bridgman）开始我们对这种情景的分析。[51] 该案揭示了基本问题。一位糖果制造商已经在一座房屋营业多年，一位医生搬来住在其隔壁。在前 8 年间，糖果制造商的糖果制造工作并没有给医生造成损害，但后来医生在花园尽头建起一个诊所，正好紧靠糖厂，机器的噪声与震动干扰了医生的工作。因此医生采取行动，向法院提出申诉并成功迫使糖果制造商停用机器。而事实上，法院需要裁决的是，医生是否有权迫使糖果制造商安装新机器或让机器挪个地方，从而增加糖果制造商的额外成本；还是说糖果制造商有权迫使医生妥协，在此处诊所的其他地方或迁往别处开展诊疗业务，从而增加医生的额外成本。[52] 本案例说明，以不直接损害别人的方式行使资源使用权，与以直接损害别人的方式行使资源经营权，两者在分析上并无差异。在每一种情形中，都是否定他人的某种权利：一种情形是不允许使用某种资源，另一种情形是不允许采用某种经营方式。[53] 本案例也说明了这种关系的相互性，追随庇古的经济学家往往忽略了这一点，他们习惯于利用私人产品与社会产品的差异来分析问题，而没有澄清制止 A 对 B 的损害也会不可避免地损害 A 本身。重点之处在于避免更为严重的损害，这一点在“斯特吉斯诉布里奇曼案”中体现得很清楚：如果医生抱怨的是烟尘污染而不是噪声与震动干扰的话，情况并没有本质的区别。

一旦确立了当事人的法律权利，只要有迹象表明谈判所耗费的成本是值得的，我们就有可能通过谈判修改法律规定的安排。如果糖果制造商愿意支付给医生的金额大于诊所迁址所增加的额外成本（我们假定是 200 美元），医生就会放弃自身的权利。糖果制造商愿意支付的金额会略少于导致医生放弃权利的法院判决而使得糖果制造商额外增加的成本（我们假定是 100 美元）。根据上述数值，少于200美元医生不接受，多于100美元糖果制造商不愿给付，这样医生就不会放弃自身的权利。但是，如果在这一案件中糖果制造商赢了官司（这也是有可能的），只要糖果制造商所得多于100美元，他就会愿意放弃权利，而医生可能愿意支付略少于200美元的补偿以换取糖果制造商的妥协。在这种情形下，就有可能通过讨价还价使糖果制造商放弃权利。从这一假设的例子中可以看出，权利的界定是市场交易的基本前提，但是（使产出价值最大化的）最终结果与法律判决无关。[54]

就无线电行业而言，上述分析表明，同一频率间干扰问题与相邻频率间干扰问题，两者从分析上看并无本质区别。与前一个问题一样，若信号会干扰或有可能干扰其他信号，可通过限定信号发射经营者的权利解决后一个问题。一旦权利得以界定，随后便可交由市场交易对权利加以最优使用。有人会认为无线电行业管制应当旨在把干扰减至最小。这是错误的，管制的目标应该是使产出最大。所有的产权都会干扰人们利用资源的能力，管制必须保证从干扰中所获得的收益大于所产生的损害。没有理由表明无干扰就是最佳状态。一般而言，离电台的距离越远，其信号就越难被接收。在某一位置，人们会觉得不值得为接收其他地区电台的信号而破费，而接收使用同一频率的本地电台可能更容易。但是如果本地电台与其他地区电台同时工作，那么居住在两个电台之间某些中间地带的人可能两个信号都接收不到。如果终止其中一个电台的频率使用权，干扰就会消失，处于中间地带的人的感觉也会好得多，但此时居住在被终止经营电台附近地区的人又会遭殃。所以，我们并不能确定没有干扰的解决办法就一定更好。

在某些情形下，有人认为成本约束可能会使干扰最小。移动电台就是这种情形：

金钱处罚是防止陆上移动通讯系统无保障超容设计的有效措施。车载

> 通讯是一种商业工具，像其他工具一样，生产过剩会使投资收益受损。经验告诉我们，陆上移动电台执照持有者并不愿意购买覆盖率明显超过其所需的设备。这种态度有助于有效减弱相邻波段和同一波段的干扰。[55]

但是只依靠成本约束并不总能带来这种皆大欢喜的结果。需要耗资改善设备方能减少相邻波段之间的干扰，如果相邻波段的经营权尚未界定，那么很难指望同一波段的用户会为他人的利益而花费这类成本。私有财产制加上价格机制能够解决这些冲突。如果信号受到干扰的经营者有权制止干扰，那么只要他得到的补偿大于信号干扰令其服务减少的价值，或者大于他为抵销干扰所付出的费用，他会愿意放弃这种权利。另一个经营者为了获得[会引发干扰的频率使用]许可权，愿意支付不高于停止干扰所需的成本，或者不高于因不能以干扰他人的方式使用发射机所造成的服务价值损失的成本。另一种情况是，如果经营者有权制造干扰，只要其所得大于放弃干扰的成本或因干扰被禁止而蒙受的服务价值损失，他就会愿意放弃这一权利。信号受到干扰的经营者为了终止被干扰，所愿意支付的价格将不高于干扰所造成的服务价值损失或为消除干扰所花费的成本支出。无论用何种方法，结果相同，这是糖果制造商的噪声与震动问题的翻版。

事实表明，对他人可能产生损害效应的行为并不妨碍产权的引入。但正是由于利益冲突发生在个人之间，才有可能得出一个清晰的结论。当涉及的当事人众多时，建立产权的主张会变弱，实行一般化管制的呼声会变强。经济学家，当然依然是那些庇古的追随者，常常以吸烟造成污染为例说明这类管制。当然，如果只有一个烟源并且只有一个受害人，那么不会产生新的复杂情况，而是与我们前面讨论的震动案例别无二致。但如果有很多污染源并且有很多受害人，那么很难通过市场机制达成满意的结果。如果在为数众多的个体之间或联合行动的组织之间通过市场交易进行产权转让，谈判过程就可能会非常艰辛且耗时，实际上使得这种权利转让变得不可行。即使通过法院来行使权利也非易事，为了弄清谁制造了麻烦可能会耗费巨资；而且，当起诉并不符合任何一个人或一个组织的利益时，联合行动所涉及的问题就更是后续的一大障碍。作为一个实践问题，市场体系会因成本太高而无法运行 。

在这些情形中，强制推行特定管制可能会好一些——无论是体现在法规中，还是体现在行政部门所裁定的结果中。这种管制规定了人们应该做什么和不应该做什么。管制实施以后，法律直接决定经济活动的区位、生产方式等。这样，烟尘污染问题就可以由管制来解决。它规定住房和工厂中可用的制热设备与动力设备的类型，或者通过分区制，把工业企业限定在规定区域之内。当然，这种管制的目标并不是消灭烟尘污染，而是把烟尘污染程度限制在适当的范围内。减少烟尘污染所获得的收益，必须与由于生产方式选择受限制所造成的生产损失相匹配，但使得这类管制令人满意的条件并不会改变问题的本质。原则上，我们所要找的解决办法，就是那些如果私有制与价格机制运行良好就能实现的方法。当然，因为实施特定管制取决于政治组织，于是管制过程会产生前文所说的弊端。不过，这只意味着在转向特定管制之前人们要忍受一个比其他运行机制更为糟糕的市场。这并不意味着不应该有这类管制，也不应该认为由于部分权利受制于管制，其他权利就不可以通过订立合约的方式进行修改。房屋分区制与其他管制并不表明房屋不应该存在私有产权。商人们往往发现他们既受制于管制也能拥有权利，而这些权利是可以通过和他人签订合约进行转让或修改的。

没有理由认为，无线电频率使用者不应与其他商人被同等对待。例如，对同一频率使用者之间的关系进行管制看起来并没必要。一旦从最初就明确了潜在使用者的权利，权利重新安排就可以由市场来完成。最简单易行的方法无疑是把频率使用权卖给出价最高者，这样便把频率使用权的再次分配留给后续的市场交易。两个相邻波段使用者之间的关系是否有必要诉诸特定的管制？这一点尚不清楚。如果相邻波段使用者的利益冲突通过市场得以解决，那么通常会有数人卷入其中。尽管交易成本随所涉及人数的增多而提高，但经验告诉我们，大量群体参与的市场交易也是行得通的。关于相邻波段使用权交易的群体数量是否过多且需要进行特定管制，只有根据经验才能判断，但某些特定管制肯定是需要的。例如，某些型号的医疗设备工作时会对许多频率产生明显干扰，而且干扰范围很大。这样就可能很有必要采取管制以限制这种设备的功率并建立相应的屏蔽系统。对出于某种目的的宽频带需求采取专控权也是事实，但所产生的问题与在其他领域所遭遇的问题并无二致。人们容易接受这样一个观念：频率使用方式的互联性所产生的特定问题并非随处可见，至少程度不同。我们若对民事诉讼法或财产法的书籍加以研究，便会发现这个观点不成立。在这类书中可以看到，一个人的行为可以经由许多方式（且通常是特殊的方式）影响他人的财产使用方式。

如果广播业面临的问题并无特别之处，人们不禁要问，为何这一行业不采用通常的解决方法——权利转让与管制相结合？毋庸置疑，若由法院自行处置，则早已用解决其他行业相似问题的相同方法破解电台行业的问题。早期关于电台法规的讨论，试图将这些问题纳入现行法律的主体。我们可以套用电波干扰、水权、商标权、噪声干扰和从公共资源中获取特定资源所有权等问题来审视无线电干扰问题。例如有人说，“接收机只是一种帮助人耳捕获平时接收不到信号的装置”。也可用一个案例作为类比：个人安放了一个诱捕野鸭子的装置，但附近的另一个人用枪声把野鸭子吓跑了，于是鸭子未入圈套。虽然有些类比例子无疑很离奇，但大多数还是与无线电干扰问题有类似之处。这些问题如果交予法院，[56]法院就会毫无困难地做出决定。[57]我们无疑也需要有法律针对一些特定管制及时地做出规定。但是，这种发展被1927年的《通讯法案》中断了，此部法规建立了一个完整的管制体系。[58]

对1927年的《通讯法案》的支持，部分是基于这样一种信念：没有其他可能的解决方案。正如我们所见，已有的大部分理论的确反映了这种观点。为了阻止频率产权的设立，20世纪20年代初一些赞成政府管制的人也开始支持1927年的《通讯法案》。沃尔特·S. 罗杰斯先生（Walter S. Rogers）生动地阐述了要求政府管制的理由：

> 很明显，一些私人电台公司相信，通过类似那些被我们称为“占屋者权利”[59]（squatters' rights）的方法，能够完全地占有频段使用权，这些公司不希望从任何政府手中获得执照或通过任何国际协议获得频段使用权，而是想完全拥有其业务所用频段的使用权。从某种意义上说，电台行业发展所开启的新领域不亚于发现新大陆。没有人能确切地预测通过太空进行能量传输的发展可能性，人们也确实为此投下大赌注。从私人利益出发试图获得频段的控制权并建立私有产权，犹如一个新大陆向社会开放而人们期望马上获得大片土地的所有权一样。

议会也持有类似的观点。哈里·P. 沃纳（Harry P. Warner）阐述道，在1927年的《通讯法案》颁布之前：

> 立法者和那些通常负责通讯管理的人员所表露的最大担忧是……通过执照或者行业准入手段获得的产权收益能永久性地规避有效的政府管制，从而一劳永逸地形成价值数百万美元的特权。[60]

在某些情形下，这些观点就本身而论，可能反映了人们对这种私有产权制度的反感。但人们担忧的主要是，私人和组织会建立频率产权，从而无偿占有这块所谓的“最后一块公共领地”。认为频率产权应通过有序方式获得且产权所有者应当为此付费的观点固然是一个令人肃然起敬的想法，却并没有作为1927年的《通讯法案》的决议而出现。事实上，政府管制带来的结果正是某些支持管制的人所要极力避免的。由于尚未对频率使用收费，由此创造了价值数百万美元的特许权，而对特许权的买卖使得那些最初获准使用频率的人大发横财。与对优先使用权的反感纠缠在一起的是对由此带来的垄断的担忧。但正如我们所见（虽然在有关广播政策的讨论中常被忽略），为了控制垄断发展而取消私有产权制度是没有必要的。

当我们思考有关政府电台行业政策的讨论普遍存在的天真误解时，很难拒绝以下的结论，即导致这种误解的一个因素是术语的合宜性。[61] 根据常规用法，我们已言及频率配置（allocation of frequencies）（或称频率使用，use of frequencies）和确立频率产权（establishment of property rights in frequencies），但这种表达方式很容易被误解。每种规律性波动都可以用一种频率来描述。各种乐符对应声波的频率，种种色彩对应光波的频率，但是没有人认为有必要把音阶乐符或彩虹色彩配置给不同的人或者确立相应的产权。为了处理个人使用声波或光波会影响他人的问题，我们所确立的权利应能够所言令闻、所做令见。

当我们讲的不是频率的所有权而是电波传递媒介（以太）的所有权时，思想就更难以清晰表达了。詹姆斯·G. 麦凯恩（James G. McCain）认为“无线电波（应当）与其传播所经之媒介做明确区分，就像区分火车与隧道一样”。他做此区分的理由是，为了将无线电通讯纳入州际贸易提供一个“最令人满意”的基础前提。他的观点简而言之就是，由于以太无所不在及其特定用途，可将其视为一种进行州际贸易的天然渠道，从而应该使联邦无线电通讯管制符合贸易条款的法律规定。[62] 参议院曾宣称以太及其使用权是国家“不可转让的所有权”，直至今日，所有被核准发放电台或电视许可证的人，都必须对频率使用权和以太使用权签署弃权（指所有权）声明。这种把以太国有化的意图并非未受非议，因为对以太是否存在尚有异议。当然，以太产权对应的实际上是子虚乌有的东西，就像无尽头的隧道那样。斯蒂芬·戴维斯先生（Stephen Davis）对此评论道：“无论是谁宣称拥有某物的所有权，在讨论之前就理所应当要求证明其存在。”[63]

由联邦通讯委员会所分配的——或者若存在市场则在市场上出售的——是一种利用设备以特定方式发送信号的权利。这一点大家好像不理解。一旦用这种方式考察本问题，就没有必要按照频率所有权或以太所有权来考虑问题。我们在前文讨论过一个案例，即必须确定糖果制造商是否有权使用会给邻居带来噪声和震动的机器。而如果我们从谁拥有传导声波和震动的介质（无论是何种介质）的角度来讨论，那将无助于我们对该案例的分析。然而，对于电台行业的分析，我们正是这样做的。在关于电台法规的讨论中，这种思维方式占主导地位的原因似乎是与空域法规类比而发展出来的思维方式有关。实际上，关于电台和电视的法规通常是作为空域法规的一部分来处理的。[64]这种方法虽不一定会得出错误的答案，但确实会使得要解决的问题变得模糊不清。我们认为，是否有权向他人土地上空射击就要看谁拥有该土地的领空权。[65]而如果我们讨论的是允许枪支可以做什么时，问题就会简单得多。正如我们前面所知道的，如果射击的结果会惊飞邻居设法诱捕的野鸭子，那么即便是在自己的土地上也不被允许射击。我们都知道枪支使用还有许多其他限制。电台行业面临的问题是，一个人发送的信号会干扰另一个人发送的信号。解决办法就是限定各人所拥有的权利，至于这种限定在多大程度上是通过严格管制来实现，在多大程度上是由市场交易来实现，这个问题只能基于实践经验来回答。但是，我们有充分的理由相信，在现行体系下仅仅依赖于管制而私有产权和价格机制不起任何作用，这恐怕不是最佳的解决方案。

我们在定义产权时还要考虑无线电频率使用方面的现行国际协定。[66]这些协定当然不会妨碍个人或企业对已经分配给美国的设施进行投标竞争，但规定了频率使用的程度，对于市场上的权利转让和重新组合也进行了限制。然而，现有协定中的保留规定，可以在不影响使用同一波段的国外电台的情况下按照频率减损表来分配频率，这一保留规定给频率的使用方式带来很大的灵活性（对军用电台频率的使用没有法律限制）。[67]美国政府的目标应当是保证各国拥有按本国意愿使用电台频率的最大自由。从国际会议记录中了解一国政府的意图显然失之偏颇，但至少从表面上可以清楚地看到，美国政府希望能最大限度地保证这种自由。在1947年的国际会议上，以美国为首的国家集团“希望了解全世界所有国家的频率要求，并按‘工程原则’为其分配适当的频段”。而以苏联为首的国家集团则“希望以原有国际频谱表为起点，根据通报日期指定频率”。[68]实际上，苏联是想建立以优先权为基础的国际产权。由于苏联已登记通报的电台频谱范围很广，接受它们的提案也许会使苏联得益。但会议记录清楚地显示，苏联并不愿意提供评估所需的细节，也不希望国家内部事务受制于国际会议决定。[69]在1959年5月在华盛顿召开的全球导弹会议上，两名科学家（分别来自英国和美国）呼吁“创立一个国际通讯委员会，对将来外层空域通讯、国际性的外层空域电视、气象报告和其他活动中电子频谱的使用进行管理和监督”。[70]该国际组织如果效仿联邦通讯委员会的模式，那么该提案会危机四伏。美国迫切要求建立一种国际计划体制（可能与苏联的立场相反）的想法或许并不明智，该体制将使得美国难以或不可能实行自由企业体系。

六、当前的立场

联邦通讯委员会近来一夜成名，因为政界和商界人士（他们经常采用饱受质疑的优先权方法）在一定程度上对联邦通讯委员会的决策施加了影响。这种情况在众议院立法监督委员会上被揭露出来。[71]出现这种情况不足为奇。当价值数百万美元的权利被授予一位企业家，而不被授予另一位企业家时，无疑有些申请者会因过度焦虑而设法动用其拥有的政治或其他的影响力量，尤其是他们无法知道其他申请者究竟会施加何种压力。有些建议，例如制定法律道德规范，可能有自身的优点，能够改善这种状况。其他，诸如建立行政法庭之类的建议，可能是以损失效率为代价来赢得较高的信誉。但需要强调的是，到目前为止，联邦通讯委员会遇到的问题主要是未对所授予的权利收费。如果将这些权利转让给出价最高的投标人，那么这些不当行为的主要借口便荡然无存。在立法监督委员会召开的关于行政程序和伦理审查小组的讨论中，哈佛大学法学院的克拉克·拜斯（Clark Byse）教授表达了类似的观点：

在某些领域，一个电视执照往往价值数百万美元。一个行政机构负责对这种财源进行分配，国会对该机构的指导非常宽泛。只要是符合公众利益、必要性和便捷性的申请，国会就会要求该机构予以批准。确实，（立法监督）委员会制定了大量的管理规则，以驾驭其广泛的审批权。但是，这些标准数量众多且过于一般化，以至于常常难以确定委员会的行动究竟是深思熟虑的结果还是心血来潮的产物。由国会事先确定有关能力、大众通讯传媒多样化和垄断的基本标准，然后再将执照发给出价最高者，这样不是更好吗？在电视行业，该建议可能有缺陷，自动标准的方法（指将执照发给出价最高者——译者注）也许不能被广泛采用。但是，立法的目标应当是把自由裁量权限定在最小的合法范围内，尤其是当法律对财源进行授权分配或以行政决策取代由竞争力量决定的其他决策时更是如此。[72]

到目前为止，公众对于在电台行业应用价格机制的设想的反应很冷淡，难怪拜斯教授的建议未被立法监督委员会采纳。这种敌视态度部分是误解的反映，这在上一节已有所讨论[73]；但原因远不止这些。当斯迈思教授完成其旨在反对使用价格机制（前文已述及）的经济案例分析时，他提出一种性质截然不同的论点。他说：

第二种宽泛的假设条件具有政治经济本质，它是由赫泽尔先生提出的那类提案的基础：像杂货店那样，只要广播采用常见的商业组织形式，只受到与营利活动有关的一般性法律的约束，它就能服务于社会福利。这个假设条件通常还伴随一个并列的假定：广播电台经营者所承担的教育和文化责任，最多不应超过报刊经营者……

……尽管商业组织出于宣传的需要而广泛地应用这两个假设，但在美国仍有这样的强大传统：广播对于经济、教育、文化的权利和责任方面具有一定的独特性。[74]

斯迈思教授主张，与报刊（我认为他还应该加上书籍）相比，广播在教育和文化方面起到（或应该起到）更为重要的作用，因此政府对广播的管制应严于对印刷品。这一论断的两个部分都可能存有争议。但斯迈思教授认为，在美国，与广播政策有关的多数做法，长期以来坚定奉行的就是这种观点——此看法还是正确的。因此，胡佛先生在1924年曾说：

> 不能将无线电通讯仅仅看作是为私人利益、私人广告或猎奇娱乐而经营的商业。它承载着公众的信任，是公众关注的领域。与其他公用事业一样，无线电通讯事业主要是从公众利益的立场出发，而且是基于相同的标准和原则。[75]

时任联邦通讯委员会主席约翰·C. 道尔法先生（John C. Doerfer）在1959年说，

> 对节目制作的管制源自广播事业固有的对人们思想的潜在影响力，以及相伴随的可用频率的稀缺性……巨大的潜在影响力与预期频谱空间的不足，两者并存的局面已成为所有行动（包括立法的、行政的、司法的行动）的主要动力；它们又保障了新闻界人士、文艺界人士和政府机构部长们所享有的那些自由。[76]

如果政府对广播业进行管制的目的是对节目制作施加影响，这就与从产业技术角度讨论是否需要管制的问题无关了。当然，管制是否符合言论和新闻自由原则的问题就值得探讨了。一般而言，乐见联邦通讯委员会对节目制作进行管制的人士，并不会因这个问题而心烦意乱，他们认为可以在广播和报纸、期刊、书籍出版物（对于这些出版物就没有人倡导要实施类似的管制）之间划分出清晰的界限。[77]因此，在关于“五月花”原则的评论中，我们看到：

……无线电通讯是独一无二的。它涉及一种媒介，而这种媒介虽然数量有限，但作为思想交流的工具，其容量却几乎是无限的。在这一领域，将无线电通讯视为公共所有以外的任何其他人或组织的所有物简直是不可思议的，与个人自由或新闻自由相类比是徒劳无益的。[78]

广播业所能使用的资源数量有限且稀缺，最高法院依据此情况，对广播和报纸出版做了区别对待。但正如我们所见，这种论调是站不住脚的。另一种流行的论调为，由于广播使用的是公共财产（public property），因此政府有权要求这种公共资源服务于“公众利益”。“无线电通讯是一个公共领域，执照持有者对频率的使用权只能是有条件的、暂时的。它的‘地主’是大众，持照者只是‘佃农’，大众的‘管家’是联邦通讯委员会。”[79]这就好像赋予政府一种权力，只要报纸、书籍所用资源之一属于公共财产或是由政府配置的财产，政府就有权干涉其刊载的内容。美国广播协会主席贾斯廷·米勒（Justin Miller）先生在 1947 年参议院委员会会议上所作的证词指出，政府对报纸刊登内容的控制应被视为违宪。广播也处于美国宪法第一修正案的保护范围内，因此意在干涉广播电台节目制作也是违宪的。参议员们好像对米勒先生的论述持完全怀疑的态度，麦克法兰（McFarland）参议员说：

……新闻与无线电通讯是有区别的，可将两者进行比较，但不能假定它们是相似的。在无线电通讯领域使用频率须经批准，执照一旦获得便价值连城，而在新闻界则截然不同。我认为，这就是你们忽略的地方。

怀特参议员说：

广播执照来自政府并受制于政府权力，而任何办报人的报纸经营权既可以未经政府许可或者同意，也可以不受制于政府。对于将两者相提并

> 论，我尚不能完全明了所有观点……我很难明白，一个管理机构如果没有对执照持有者播放节目的特点加以细究，那么它何以断言执照持有者是否为公众服务。[80]
>
> 这些评论清晰地指向为捍卫现行体制而产生的误解。争论从是否存在公共频率产权，转向对节目制作的干涉权。但正如我们所见，没有理由认为频率不应存在私有产权。[81]如果对节目制作的管制是合宜的，那么它必然会因自身优点而得到提倡，而不能仅仅把它视为特定经济安排的副产品。应当把资源用于公众利益的这种说法无助于解决问题。既然公众普遍认为在其他领域私有产权和使用价格机制皆符合公众利益，为何广播业偏偏就不是这样呢？

据说，在广播业形成的关键时期，时任最高法院首席法官的威廉·霍华德·塔夫特（William Howard Taft）曾经说："我一直在回避无线电通讯问题。我已拒绝签署相关的令状，并已告诉其他法官我希望尽可能避免接手此类问题。"在被迫说明缘由时，他答道：

> ……就这一主题的司法解释犹如天书，就好像是在对待超自然事物。我想尽可能久地将之存而不论，并希望在法院接手此类问题前，法理能变得比较易于理解。[82]

在一种神秘的技术阴影的笼罩下，我们形成了关于广播政策的看法。本文旨在表明，由广播业所引发的问题，并不需要对适用于其他行业的法律和经济规范做任何根本性的调整。但关于广播业具有独特性，有必要对其采取对其他通讯媒介而言无法想象的管制手段这一信念现已如此根深蒂固，我们很难对此进行批判性的质疑。广播业的管制历史证明，政府在制定长期政策的过程中，早期事件非常重要；同时也说明，律师和经济学家不应在尚未确定是否有必要的情况下，就被新技术搞得不知所措，甚至去改变现行的法律和经济体制。

注释

[1] 此处对有关无线电管制所做的简要叙述并不需要罗列大量文献资料，但对所有引文以及其他可能难以识别之处均注明文献出处。以下文献尤其有价值：H. P. Warner, Radio and Television Law（1948）; L. F. Schmeckebier, The Federal Radio Commission（1932）。

[2] S. Rep. No.659. 61st Cong. , 2d Sess. 4（1910）.

[3] S. Rep. No. 698. 62d Cong. , 2d Sess. 3（1912）.

[4] 也可参阅将无线电通讯管制任务赋予州际和对外贸易委员会的一份议案（S. 5630, 62d Cong. [1912]），以及规定无线电报归政府所有的另一份议案（H. R. 23716, 62d Cong. [1912]）。

[5] 在 H.R. 13159 听证会上，进一步管制无线电通讯的议案涉及渔业和航运商业，被置于委员会的面前。

[6] Schmeckebier, op. cit. supra note 1, at 4.

[7] 有关这些会议的详情，可参阅：Schmeckebier, op. cit. 同注 [6]，第 6—12 页。

[8] Hoover v. Intercity Radio Co., 286 Fed. 1003（App. D. C. ,1923）.

[9] United States v. Zenith Radio Corp. ,12 F. 2d 614（N. D. Ill. ,1926）.

[10] 35 Ops. Att'y Gen. 126（1926）。征询于 1926 年 6 月 4 日呈交，1926 年 7 月 8 日做出决议。

[11] 这两部法案之间的主要区别是，在 1934 年法案中增添了两项条款，一个是禁止做广告和搞抽奖活动（Section 316，presently Title18，U. S. C.§ 1304）；另一个是任何向在美国可以收听到的外国电台提供节目的播音室所有者（无论是用无线电方式还是用其他方式）必须征得联邦通讯委员会的许可（Section 325[b]）。

[12] 1934 年法案已吸收《1928 年戴维斯修正案》（Davis Amendment of 1928）的相关条款，而联邦通讯委员会正是根据这部修正案将广播设施平均分配给美国五大区，并且每一大区按各州人口平均分配。但是，1936 年又恢复了当初 1927 年法案的措辞，只要求委员会进行“公正、有效和公平的分配”。

[13] The Commission on Freedom of the Press, A Free and Responsible Press109（1947）.

[14] Z. Chafee, Government and Mass Communications 235-241（1947）.

[15] United States v. Paramount Pictures, Inc. , 334 U.S. 131, 166（1948）.

[16] Caldwell, Freedom of Speech and Radio Broadcasting, 177 . Annals 179, 203（1935）.

[17] Opening Address of Herbert Hoover before the Fourth Annual Radio Conference（1925）. Reproduced in Hearings on S. 1and S.1754, Radio Control, before the Senate Committee on Interstate Commerce, 69th Cong., 1st Sess. 50, 57-58（1926）.

[18] Old Standards in New Context: A Comparative Analysis of FCC Regulation, 18U.of Chi.L.Rev. 78, 83(1950).

[19] Caldwell, The Standard or Public Interest, Convenience or Necessity as Used in the Radio Act of 1927, 1 Air L. Rev. 295, 296（1930）.

[20] 就本文而言，不必对联邦无线电委员会和联邦通讯委员会遴选执照申请者与更换执照的政策进行

回顾。有关这些问题的讨论请参阅：Warner, op. cit. supra note1; J. M. Edelman, The Licensing of Radio Services in the United States, 1927 to1947（1950）; Federal Communications Commission, Report of the Network Study Staff on Network Broadcasting（1957）, particularly Chapter3, Performance in the Public Interest。

[21] Decisions of the FCC, Docket No. 967, June 5, 1931. Quoted from Caldwell, Censorship of Radio Programs, 1 J. Radio Law 441, 473（1931）.

[22] 同上。

[23] Editorializing by Broadcast Licensees, 13 F.C.C. 1246, 1257（1949）. Cf. May Flower Broadcasting Corp., 8 F.C.C. 333（1940）.

[24] Federal Communications Commission, Public Service Responsibility of Broadcast Licensees 55（1946）.

[25] WBNX Broadcasting Co., 12 F.C.C. 805（1948）。有关该证据可能对委员会的裁决起某种作用的观点可参阅：Radio Program Controls; A Network of Inadequacy, 57 Yale L. J. 275（1947）。

[26] R. S. Brown, Jr., Loyalty and Security: Employment Tests in the United States, 371-372（1958）. 有关该案例的详情及其产生的问题可参阅 R. S. Brown 的文章 : Character and Candor Requirements for FCC Licensees, 22 Law & Contemp. Prob. 644（1957）。

[27] Report of the Network Study Staff on Network Broadcasting, op. cit. supra note 20, at 150-151. 由于以往的节目制作而未获准更换执照（如果播放的不是这些节目，执照就可能已获换发）案例的确切数目尚不清楚。参阅：E. E. Smead, Freedom of Speech by Radio and Television 123 n. 7（1959）。

[28] Z. Chafee, Free Speech in the United States 381（1942）.

[29] “国家广播公司诉美利坚合众国政府案”（National Broadcasting Co. v. United States）, 319 U.S. 190, 213, 215-17（1943）。

[30] C. A. Siepmann, Radio, Television and Society 5-6（1950）.

[31] “Public Interest” and the Market in Color Television Regulation, 18 U.of Chi, L. Rev. 802, 809（1951）.

[32] Smythe, Facing Facts about the Broadcast Business 20 U. of Chi. L. Rev. 96（1952）, and a Rejoinder by the student author, Mr. Leo Herzel, which appeared in 20 U. of Chi. L. Rev. 106（1952）.

[33] 这些频率当然并非都能均等地用于广播业 。

[34] “美国政府诉美国无线电公司案”（United States v. Radio Corp. of America）, 358 U. S. 334（1959）。

[35] 可以比较“曼斯菲尔德杂志社诉联邦通讯委员会案”[Mansfield Journal Co. v. FCC, 180 F. 2d 28, 33 (App. D. C., 1950] 的法庭陈述：“曼斯菲尔德的活动是否确实违反了法律，本法庭和联邦通讯委员会都不能对此给出肯定的回答。尽管如此，这仍然可能会损害该杂志为公众服务的能力。因此，严格地说，曼斯菲尔德的竞争活动是否非法仍难以在此给出定论。即便不从反垄断法（即反托拉斯法）的角度衡量，垄断有广泛影响力的新闻和广告媒体也是有悖公众利益的。”

[36] Recent Articles, 13 Fed.Com. B. J. 89（1953）.

[37] Hearings on Subscription Television before the House Committee on Interstate and Foreign Commerce, 85th Cong. , 2ds. 434（1958）.

[38] 联邦通讯委员会的一位前主席认为，“如果……（委员会的）信息落后于广播业的最新发展和最新政策，即行业比政府了解更多的情况”，那么对广播业实施管制就是不明智的（Edelman, op. cit. supra note 20, at 20）。然而，行业比委员会了解更多的情况是必然的。

[39] Broadcasting, February 4, 1957, p.96.

[40] Broadcasting, February 24, 1958, p.200.

[41] 有关联邦通讯委员会的申请者财务资格政策，可参阅：Edelman, op. cit, supra note 20, at 62-64, and Warner, op. cit. supra note 1, § 22a。

[42] 前四家企业的名声很大，不必赘述。斯托勒广播公司在托莱多、克利夫兰、底特律、亚特兰大和惠明顿设有电视台，在托莱多、克利夫兰、底特律、费城、维林、亚特兰大和迈阿密设有电台。在报业出版财团的三家电台中，费城的一家属于 Triangle 出版公司（出版 *Philadelphia Inquirer* 和其他报纸，拥有四家电视台和几家电台），底特律的一家属于 Detroit News 出版公司，旧金山的一家属于 San Francisco Chronicle 出版公司。

[43] The Annual Report of the Federal Communications Commission for 1957 at p.123, and for 1958, at p. 121.

[44] Radio and Television Station Transfers: Adequacy of Supervision under the Federal Communications Act, 30 Ind. L. J. 351（1955）, and Warner, op. cit. supra note 1, Chapter V, The Transfer and Assignment of Broadcasting Licenses. Compare C. C. Dill, Radio Law 208-209（1938）.

[45] Hearings on S. 1and S. 1754, Radio Control, before the Senate Committee on Interstate Commerce, 69 th Cong, lst ss.38-47（1926）.

[46] Consult Stewart, The Public Control of Radio, 8 Air L. Rev. 131（1937）. Hettinger, The Economic Factor, in Radio Regulation, 9Air L. Rev. 115（1939）; Salsbury, The Transfer of Broadcast Rights, 11 Air L. Rev. 113（1940）. Lissner, public Control of Radio, 5Am. J. Econ. &Soc. 552（1946）.

[47] FCC v. Sanders Bros. Radio Station, 309 U.S. 470, 474（1940）.

[48] Lissner, op. cit. 同注 [46]。

[49] 新闻公告日期为 1958 年 4 月 14 日，来自亨利 · S. 罗伊斯（Henry S. Reuss）议员办公室。参阅：H. R. 11893, 85th Cong, 2d Sess.（1958）。

[50] 100 Cong. Rec. 3783（1954）.

[51] 11 Ch. D. 852（1879）.

[52] 另一种可能是医生和糖果制造商都放弃自己的事业。

[53] 在“斯特吉斯诉布里奇曼案”中，即使争端在于两处房屋之间一块土地的所有权——究竟是医生有权在此建诊所还是糖果制造商有权在此安装机器，这种情况在问题分析上并无不同之处。

[54] 显然，医生与糖果制造商之间的财富分配受判决的影响，这就是该案例中产权问题显得如此重要的原因。如果经济体系的运行效率完全独立于法律体系，那么这的确是一切的关键，但事实并非如此。首先，法律可以使某些合宜的市场交易无法达成，这就是我对美国现行《通讯法案》的主要批评。其次，法律程序可能烦琐、费时费钱。再次，法律对权利的界定为权利通过市场交易重新组合提供了起点。这种交易并非毫无成本，从而导致即便某些权利（组合）更有效，但最初的

权利界定仍会被保留；或者即使最初的权利界定有所修正，却不能达到最有效的状态。最后，当法庭所采用的权利界定标准只是为了确定赔偿金额时，就会出现资源浪费的状况。

[55] Testimony of Motorola Inc., Statutory Inquiry into the Allocation of Frequencies to the Various Non-Government Services in the Radio Spectrum between 25 mc and 890 mc, FCC Docket No. 11997, March 30, 1959, at p. 29.

[56] 参阅：S. Davis, The Law of Radio Communication（1927），尤其是其中第 VII 章，“Conflicting Rights in Reception and Transmission”。有关该问题的论文包括：Rowley, Problems in the Law of Radio Communication, 1 U, of Cinc. L. Rev. 1（1927）; Taugher, The Law of Radio Communication with Particular Reference to a Property Right in a Radio Wave Length, 12 Marq. L. Rev. 179, 299（1928）; Dyer, Radio Interference as a Tort, 17 St. Louis L. Rev. 125（1932）。在“论坛报公司诉橡树叶广播电台案”[Tribune Co. v. Oak Leaves Broadcasting Station Cir. Ct. Cook County, Illinois, 1926，68 Cong. Rec. 216（1926）] 中，有人认为现有电台所有者已优先获得充分的产权，从而可以禁止新所有者使用可能产生实质性干扰的频率。

[57] 联邦无线电委员会成立后，虽曾试图维护频率产权，但是这种要求并没有坚持下去，参阅：Warner, op. cit. 同注 [1]，第 543 页。

[58] 占屋者权利或称“时效占有法”，是指有人非法占有一处房屋达 10 年以上，法律就承认此人对此房屋的所有权。——译者注

[59] Rogers, Air as a Raw Material, 112 Annals 251, 254（1924）。罗杰斯先生是出席 1919 年在巴黎举行的和平大会的美国代表团顾问。参阅：Childs, Problems in the Radio Industry, 14 *The American Economics Review*. 520（1924）。

[60] Warner, op. cit. 同注 [1]，第 540 页。

[61] 我对该问题的看法的形成得益于 Segal 和 Warner 的文章，“Ownership” of Broadcasting “Frequencies”: A Review, 19 Rocky Mt. L. Rev. 111（1947）。

[62] McCain, The Medium through which the Radio Wave Is Transmitted as a Natural Channel of Interstate Commerce, 11 *Air Law Review*. 144（1940）。将无线电通讯纳入州际贸易的基础前提并不是由麦凯恩（McCain）先生提出的。按他的解释，法庭主张将无线电通讯纳入州际贸易的理由是，即使是州内通讯，其电波也跨越州界，也存在对州际通讯的潜在干扰。麦凯恩先生的主张的优点在于：允许对州内通讯进行联邦管制，这对他人是无干扰的。有关该主题的其他论文有：Fletcher, The Interstate Character of Radio Broadcasting: An Opinion, 11 *Air Law Review*. 345（1940）；Kennedy, Radio and the Commerce Clause, 3 *Air Law Review*. 16（1932）。

[63] Davis, op. cit. 同注 [56]，第 15 页。也可参阅：Segal and Warner，op. cit. 同注 [60]，第 112—114 页。

[64] 参阅：Jome, Property in the Air as Affected by the Airplane and the Radio, 4 *Journal of Land and Public Utility Economics*. 257（1928）。《空域法评论》(*Air Law Review*）专门讨论无线电和航空相关法规。一些法律书籍如 Manion, *Law of the Air*（1950）的内容也大体相同。

[65] 参阅：Ball, The Vertical Extent of Ownership in Land, 76 *University of Pennsylvania Law Review and American Law Register*. 631（1928）; Niles, The Present Status of the Ownership of Airspace, 5 *Air Law Review*.

132（1934）；W. L. Prosser，*Law of Torts* 85（1941）。

[66] 有关无线电频率使用的国际协定的详情，可参阅：G. A. Codding Jr., The International Telecommunication Union（1952）和 The lnternational Law of Radio, l4 Fed. Com. B. J. 85（1955）。

[67] Codding, The lnternational Law of Radio, 14 Fed. Com. B. J. 85, 91-92, 97-98（1955）.

[68] Codding, The lnternational Law of Radio, 14 Fed. Com. B. J. 85, 94 n.40（1955）.

[69] Codding, The International Telecommunication Union 380（1952）.

[70] *Broadcasting*, June 1, 1959, p.79.

[71] 参阅：Hearings on Investigation of Regulatory Commissions and Agencies before the Special Subcommittee and Agencies before the Special Subcommittee on Legislative Oversight of the House Committee on Interstate and Foreign Commerce, 85th Cong, 2d Sess.（1958）。立法监督委员会不仅与联邦通讯委员会有联系，还与其他独立的管制委员会有业务联系。在听证会上，立法监督委员会总顾问伯纳德·施瓦茨（Bernard Schwartz）博士的行为不当，引起了公众的关注。他表现出来的热情超出其职权范围，最终被立法监督委员会解聘。参阅：B. Schwartz, The Professor and the Commissions（1959）。

[72] 参阅法学院、政府和律师界代表的专题讨论：Hearings, op. cit. supra note 70, at 166-67。埃默里大学法学院的阿瑟·S. 米勒（Arthur S. Miller）教授也提出类似观点。

[73] 莫尔德代表在听证会上询问拜斯教授，他的提案是否不至于将委员会引向“根据谁最富有而非谁最有竞争力来发放执照”。

[74] Smythe, Facing Facts about the Broadcast Business, 20 *University of Chicago Law Review*. 96, 104（1952）.

[75] Hearings on H. R. 7357, To Regulate Radio Communication, before the House Committe on the Merchant Marine and Fisheries, 68th Cong. , 1st Sess. 10（1924）.

[76] 1959 年 3 月 17 日，约翰·C. 道尔法在全美广播协会芝加哥会议上的发言。

[77] 也有些人不是把言论和新闻自由原则解释为政府对某些行为予以绝对禁止，而是解释为言论与新闻自由“对公众利益的某些方面造成严重损害”，那么应当“允许并……根据现行法律程序处以罚金”（Siepmann, op, cit. supra note30 at 231 ）。建立一个与联邦通讯委员会有类似权力的联邦新闻委员会，可能与这种对言论和新闻自由含义的解释是一致的。

[78] Radio Editorials and the Mayflower Doctrine, 48 *Columbia Law Review*. 785, 788（1948）.

[79] Siepmann, op.cit. 同注 [30]，第 222 页。

[80] Hearings on S. 1333, to Amend the Communications Act of 1934, before the Senate Committee on Interstate and Foreign Commerce, 80th Cong, lst Sess.120, 123（1947）。米勒先生的陈述也收录于 National Association of Broadcasters, Broadcasting and the Bill of Rights 1-35（1947）。米勒先生与议员的讨论收录于 Regulation of Broadcasting: Half a Century of Government Regulation of Broadcasting and the Need for Further Legislative Action, a study by Mr. Robert S. McMahon, for the House Subcommittee on Legislative Oversight, 85th Cong. , 2d Sess.（1958）。

[81] 米勒先生陈述中的一个缺陷是，他承认需要政府进行频率分配。他显然未意识到使用价格机制分配频率的可能性。米勒先生企图引用一个假设的例子使议员们相信，他对于与宪法第一修正案有

关的广播与报纸出版之间的类比是正确的。他说，报纸供不应求，“我们不久会有一个政府机构来主管报纸的分配……在这种情况下，由这样的一个政府机构像现在对待无线电通讯一样限制新闻自由是否合理？问题不辩自明。”但是如果政府给用户免费分配报纸经营权，那么毫无疑问，政府必定会顾及报纸所要印制的内容。避免政府这样做的显而易见的方法就是将报纸经营权以供求均衡的价格出售。

[82] C. C. Dill, Radio Law1-2（1938），塔夫特先生是1921—1930年最高法院的首席法官。就我所知，在塔夫特任职期间，未有发现最高法院审理过任何有关无线电通讯的案件。

致联邦通讯委员会的证词 *

◎ 李井奎　译

我在此把自己坚定的信念和大胆的建议呈于诸位。我的信念是，使美国的经济体制得以运行所奉行的一般性原则从根本上说是正确无误的。我的建议是，美国的广播业应采纳这些原则。

在给出证词之时，我从一开始就要面对一大不利条件，即我必须抨击那些虽然已经被我证明是错误的，但迄今依然为众多对广播业甚为了解的人士所持有的立场。大多数权威人士认为，由委员会对广播电台和电视频段进行行政性分配是这个行业的技术特征所决定的。他们告诉我们，频段数量是有限的。请允许我引用一段大家都非常熟悉的话，那是法兰克福特（Frankfurter）法官在 1943 年的 NBC 案件 [1] 中写下的一段话："无线电设备不足以容纳所有想使用

---

* *Man and the Economy*, 2015, 2(1),1-6. 这份证词是由罗纳德·科斯教授于 1959 年 12 月 11 日向联邦通讯委员会（FCC）做出的。在这份证词中，他建议美国政府运用价格机制来分配电台频段。其言辞之恳切和中肯，并没有使科斯免于听证会上的奚落。在科斯做出证词之后，他收到的来自陪审团的第一个质疑是："你这是在愚弄我们吗？你说的这一切不会是开了个大大的玩笑吧？"然而，尽管对于这种公然的敌意毫无准备，科斯还是成功地给予了回应："难道信任美国的经济制度也是一个玩笑吗？"最终，经过三十多年的时间，FCC 才采纳拍卖电台频段的做法。1993 年，美国国会授权 FCC 采取竞争性招标的方法解决频段许可证申请者之间的排他性问题。在接下来的一年，FCC 依据最初的规定来管理一般性的拍卖体系。2003 年，科斯因提议运用价格机制来分配频段而获得"无边界"（no boundaries）类经济学家创新奖。科斯教授在其文章中多次引用这份证词，但始终没有公开发表。得到科斯学会的惠允，我们现在很高兴将这份证词公之于众，以飨读者。

它的人，应设计出一种方法来甄选申请者；并且，由于国会自身无法做到这一点，应当把任务委托给联邦通讯委员会。”总而言之，这里的观点是，联邦通讯委员会对于广播电台运营商进行甄选是必要的，因为无线电波段（即电台频段——译者注）的数量有限，而且人们想要使用的频段数量远超过现有的供给量。但是，法兰克福特法官描述的情形对广播业而言是毫无意义的，因为经济体制用到的所有资源都是数量有限的，而且相对于人们想使用的数量也都是稀缺的。无论是从劳动力、土地还是从资本上看，概莫能外。然而，我们通常不认为这种情况需要政府的管制。利用某种甄选机制，从众多的申请者中选出由谁使用这一稀缺资源——这是对的。但是，在美国经济体制中，处理这个问题的通常的方法是运用价格机制。不需要政府的管制，运用价格机制把资源分配给使用者。在这样的机制下，广播业关心的是取得所需的劳动力、土地、资本和设备。同样的机制没有理由不可以应用于广播电台和电视频段。如果把这些频段出售或者出租给出价最高者，那就不需要把提议中的标准或者过去的标准作为甄选广播电台运营商的基础。这样的机制要求对所需的产权进行界定。此外，几乎可以肯定的是，还是必然存在某种适用于其技术特征的一般性管制措施。但是，这类管制不会排除依据频段确定私有产权，这与分区制[2]和其他的管制措施并不会排除住宅私有产权的存在一样，两者是毫无区别的。

使用价格机制与把它应用在美国经济其他部门中的情况一样，将给广播电台和电视产业带来相同的好处。这就不需要联邦通讯委员会为频段分配设计那些成本高昂、耗时费力的程序了。采纳让频段使用接受市场检验以及（货币）成本与收益的准确度量的建议，将避免频段使用上的无效率。这将会使新闻自由在当前体制下免受威胁，尽管这种危险看来暂时还不是那么强烈；而且，它还将会避免广播电台和电视台的私人运营商在现行体制下不可避免的中饱私囊行为。一个被授予在特定地区特定频段使用权执照的电台运营商，可能是被赋予了非常宝贵的权利——这项权利是他愿意花费数以百万计的美元取得的。如果其他人也可以通过竞价取得频段使用权，他就不得不把这些钱拿出来支付。

我们有时会听到对馈赠及其带来的腐蚀影响所做的公开谴责。各位先生们，你们正管理着所有馈赠中当之无愧的最大馈赠之一，你们一定对于所从事的工作感到非常不安。我没有做过详细的计算，但如果私人由此牟取的财富不以亿（美元）计，我反倒感到惊讶，会认为这个数字太低了。然而，所有这一切原本是不必要的，通过对频段的使用收费，这些都能得以避免。

根据我的经验，这样的建议会吓坏听众。有人告诉我，甄选那些运营广播电台和电视台的人以确保公众利益能够得到保障，让好的节目得到传播，这是尤为必要的。但是可以这么说，这种为采用行政手段选择广播电台运营商所做的说辞，表明人们的立场已经从基于技术合理性上发生了重大的偏移。当然，这个立场也站得住脚。如果被选择的对象会部分地直接或间接影响节目的制作和传播，我们就必须直面就广播业而言关乎新闻自由的问题了。所制定出来的影响节目制作与传播的管制措施是否违宪？措施的制定是否仅仅为了对节目的制作和传播产生影响？这些都是值得怀疑的。不过，在这方面，律师们的意见比我的看法更有价值。

但是不管怎样，通过对广播电台运营商的甄选来间接影响节目的尝试总是非常有效的。这一点可能很值得怀疑。三十多年来，美国联邦通讯委员会及其前身——联邦无线电委员会根据运营商的良好品质及其对公众利益的贡献等标准来甄选广播电台的运营商。现在，人们期望广播业是美德的灯塔，可以涤荡邪恶的世界。我恐怕得说，实际情况并不是这样的。我不想说广播业的道德标准低于美国的其他行业。除了甄选的过程，广播业的标准也不比其他行业明显高到哪里去，但就我的目的而言，这已经足够了。这没什么好意外的。据推测，大部分人之所以投资广播业，是因为他们认为这比向他们开放的其他投资项目更加有利可图；而联邦通讯委员会公布的广播电台所有者名单显示，这些人来自美国的各行各业。当然，联邦通讯委员会或许应当在未来展现出更多的热情，但我并不鼓励这种行为。我认为，正是委员会当前以及过去的那种谨慎的方法，使现行体制还算过得去。试想，如果联邦通讯委员会真的决定要调查申请者的道德、信仰、社会关系、公正感、对真理和公众利益的贡献，那将会发生什么？如果真是那样，将会出现令人难以容忍的情况，而且你也许会肯定地认为这种局面是不可能长久持续下去的。

我这样说，并不表示维持较高的道德标准就不重要。显然，这是非常重要的，只是我怀疑政府管制对提高道德标准能有多大的帮助。最近，对广播业当中广泛存在的欺诈甚至可能是诈骗事件的披露，令人触目惊心。最让人感到震惊的是，竟然没有相关的法律来约束这样的行为，而公众根本看不出这有什么问题。对于这种认为道德约束不存在的态度，无论法律怎样修订都不可能触及其本质。而且，没有道德标准，法律本身在很大程度上也是无效的。如果管理者能够被收买，那么法律怎么规定都是无用的。除非大多数人认为法律在道德上是正当的，否则其不可能被强制执行。最近发生的事件对联邦通讯委员会来说不算是问题，但对父母、教育机构和宗教团体来说的确是不可忽视的问题。有关欺诈方面的法律可能存在一些漏洞，但这是整个问题中很小的一个方面。我认为，我们必须从符合宪法和实际的角度，排除政府对节目的管制。并且，因为政府管制不可能触碰到道德的基本问题，我们只能希望广播业目前正在付诸实施的变革，不仅仅是作为平息公众批评的一个尝试，而且也代表了对于什么才是正确做法的一种全新认识。

作为一名经济学家，我不能不意识到问题的本质，正是它促使我探究这个我几乎不具备专业能力的问题。但是，我对广播业表现的部分不满，源于那些完全隶属于经济学领域的东西。美国广播业的主要收入来源是广告。广播业的商业本质，是广播电台或电视台运营者支付费用以制作节目，或者使得节目被准许制作。但是，运营者并没有从收听或收看节目的人们那里获得支付，而是从希望听众收到特别信息——广告或商业广告——的人们那里获得支付。然而，单纯地播送商业广告通常不会使人们收听或收看节目，因此播出的节目必须吸引人们来收听或收看。对于商业广播电台来说，节目制作的目的就是要吸引商业广告的受众。在这样的体制下，什么样的节目将被播放？它们一定是能够最大化播放广告所带来的收益和节目制作成本之间差额的节目。如果节目以美国经济体制中的常规方式提供，那么播放出来的节目将会是能够最大化收听或收看节目的人所支出的数额和节目制作成本之间差额的节目。不难看出，这些是决定什么样的节目被播放的两种截然不同的方式，如果像其他行业那样（收入的增加直接来自消费者的购买）构建广播业的体制，那么这样的体制将会导致节目结构大不相同。但是如何不同以及在哪些方面不同，这是非常困难的问题（这是我在接下来的几个月里要解决的问题）——恰恰是由于两套体制如此不同，它才会这样困难。我现在所能做的最好的事情，就是表明这两套体制的运行方式将会产生不同的结果。显然，人们愿意为有些节目支付金钱，但是其成本高于在这些节目中播放商业广告所带来的收入，因此在这样的商业体制中，它们是不会被制作出来的。随着商业广告的播放，那些能够吸引更多听众或观众的节目会再一次被选中，即便总体而言听众或观众会为更小众的节目支付更多的金钱。所有这一切带来的结果就是，商业广告的播放让一部分公众感觉到自己是被忽略的。这也是事实，而且这一结果尤其不好。那些受过教育的阶层常常觉得自身的需要无法得到满足，因此他们很容易就得出结论——这是私人企业市场经济体制运行的必然结果。

当然，实际情况并非如此。我不需要在这里探讨竞争性体制的基本原理——这一基本原理同等对待所有的货币需求，并且以这样的方式运作使产出价值最大化。你们对这个观点可能并不奇怪，基于这一观点我极力规劝诸位能够尽自己之所能引入付费电视节目——如果可能也引入付费广播节目。坚持电视节目付费，在推行中也许会遭遇一些现实的困难，但我相信，对于电视节目付费，社会上大体不会出现太多的反对意见。大部分商业电视服务是免费的，这是事实。社会主义国家与福利型国家在这方面的看法基本相同。正在遭受攻击的是价格机制。用于生产电视节目的要素并不是免费提供的，总有人要为此进行支付：政府的税收收入来自广告商或消费者。重要的是，这些生产要素应当用在最有价值的产出上。如果对生产要素的使用取决于消费者的支付意愿，那么它们最有可能用在最有价值的产出上。之所以反对“免费”体制，是因为它并不是真正的“免费”，而且这样做效率也的确不高。曾有人指出，如果推行付费电视节目，那么将只有那些有钱付费的人才会收看节目。如果将付费机制应用到电视节目上，对支付能力的依赖会导致如此不幸的后果，那么将付费机制应用于食品或衣物，又或者房屋、电视机及唱片上岂不是会更加糟糕。反对电视节目付费的意见，并不会使任何支持资本主义制度的人信服。

最后还有一点，很明显，只有当政府采取行动来遏制垄断倾向并阻止限制贸易的协议达成时，我们才可以依靠竞争机制来维持竞争力。这对于广播业和其他行业的竞争机制来说，概莫能外。在这方面，我想提请委员会注意一个领域——我认为到目前为止，这一领域尚缺乏足够的调研，其中很有可能存在制约交易、阻碍广播业有效运行的商业惯例——我指的是节目的结构。有关商业网络及其与附属机构关系的商业惯例，我们已经了解很多，但也许是因为它延伸到娱乐行业，关于节目如何被组织生产和播放的信息，我们所知甚少。我一直希望，在巴罗报告（Barrow Reports）[3] 中有关节目制作的增补内容，目前已经完成，并且可以供公众进行研讨。但是，出于一些我不知道的原因，一切还是原来的样子。在我看来，商业网络、电台、独立的节目制作商、制作人、代理制作人之间的关系，可能会显著影响广播业的绩效，而美国联邦通讯委员会将其内部在该领域的工作成果公之于众，这将大大有助于公众舆论共识的达成。

注释

[1] “国家广播公司诉美利坚合众国政府案”（National Broadcasting Co. v. United States），319 U.S. 190（1943）。最高法院的意见是由菲利克斯 · 法兰克福特法官给出的。

[2] 分区制是指在城市规划中分成工厂区、住宅区等。——译者注

[3] Barrow, Roscoe L., Network Broadcasting, Report of the Network Study Staff to the Network Study Committee（1957）.

社会成本问题*

◎ 陈春良　译

一、有待分析的问题[1]

本文关注商业企业的那些给他人带来不良影响的行动。典型的例子是，工厂的烟尘给毗邻的业主带来不良影响。对于此类情况，经济学分析通常沿袭庇古在《福利经济学》中的处理思路，即工厂的私人产品与社会产品并不一致。这类分析让大多数经济学家似乎得出三个结论：应该让工厂主对烟尘的损害负责；根据工厂排放烟尘的具体量及致害的相应金额标准对工厂主征税；责令工厂迁出居民区以及烟尘排放可能会影响他人的区域。在我看来，这些建议提出的行动并不合适，因为它们引致的结果既非人们所需，也非人们所欲。

二、问题的相互性本质

传统方法倾向于模糊必须做出选择的本质。以下两个问题通常被视为同一个问题，即 A 给 B 造成的损害以及决定应如何限制 A。但这是错误的。我们分析的问题本质上具有相互性——避免对 B 的损害将使 A 蒙受损失。真正必须

---

* *Journal of Law and Economics*, 1960, 3(2), 1-44.

决策的问题是：是允许 A 损害 B，还是允许 B 损害 A？问题在于两害相权取其轻。我在之前的文章[2]中列举了糖果制造商的机器噪声和震动干扰了某医生工作的事例。要避免医生受损，就会使糖果制造商蒙受损失。此案例提出的问题实质上是，以产品供给减少为代价，限制糖果制造商采用某种生产方式，以保证医生正常工作是否值得？另一个例子是走失的牛损坏毗邻土地里的谷物问题。倘若有些牛无论如何都会走失，那么肉类供给的增加也只有以谷物供给减少为代价了。选择的本质一目了然：选择肉类抑或谷物？当然，除非知晓所得以及牺牲的代价各几何，否则这个问题的答案并不清楚。再如乔治·J. 斯蒂格勒（George J. Stigler）教授举的河流污染的例子。[3]我们假定污染的不良影响是鱼类死亡，需要抉择的问题不外乎是：鱼类损失的价值与以河流污染为代价的产品价值孰高孰低？不言而喻，我们必须从总体和边际两个层面探讨此类问题。

三、损害责任的定价体系

我想以一个案例的剖析作为分析的起点。对此案例，大多数经济学家可能会同意以下观点：当造成损害的一方赔偿所有损失且定价体系平滑运行（严格地说，这意味着定价体系的运行不需要成本）时，此问题能够按照完全令人满意的方式加以解决。

离群的牛损坏毗邻土地上生长的谷物一案，是当下所讨论问题的一个绝佳案例。假定农夫和养牛者在相邻的土地上各自经营。再进一步假定，在不同所有者的土地之间没有任何栅栏的情形下，牛群规模的扩大会增加农夫谷物的总损失。牛群规模扩大带来的边际损失则是另一个问题。这取决于牛是习惯于相互尾随还是各自四处游走，或者随着牛群规模的扩大牛是否变得更加烦躁不安，或者其他类似的影响因素。就当下的分析目的而言，假定随着牛群规模的扩大造成的边际损失具体为多少是无关紧要的。

为简化论述，我提议使用一个算术例子。假定农夫土地上栅栏的年成本为 9 美元，谷物价格为每吨 1 美元，并假定牛群的牛数目与谷物年损失的关系如下：

牛群的牛数目（头）	谷物年损失（吨）	每增加一头牛所造成的谷物损失（吨）
1	1	1
2	3	2
3	6	3
4	10	4

如果养牛者必须对造成的谷物损失负责，当牛的数目从 2 头增加到 3 头时，年成本要追加 3 美元，那么在确定牛群规模时，养牛者应当将此成本与其他成本一起纳入核算加以考虑。也就是说，除非追加的牛肉产出（假定养牛者宰牛）价值大于相应的成本以及附加谷物的损失价值，否则他不会扩大牛群规模。当然，如果利用狗、放牧人、飞机、步话机和其他方法可减少损失，也只有在其成本低于免受损失的谷物价值时，这些方法才会被采用。假定栅栏的年成本为 9 美元，养牛者希望养 4 头或更多的牛，当没有其他成本更低的方法可达到同样目的时，他愿意支付建造和维护栅栏的费用。当栅栏围起来后，损害责任的边际成本为 0，除非牛群规模扩大到不得不加固或建造费用更高的栅栏，因为同一时间内可能会有更多的牛倚靠在栅栏上。当然，对养牛者而言，正如我算术例子所列举的，当牛群只有 3 头或更少的牛时，不设栅栏而支付谷物的损失费可能更划算。

人们可能会想，养牛者支付所有谷物损失这一事实，将导致假如有养牛者占用了毗邻土地，农夫将增加种植量。但情况并非如此。假定先前谷物是在完全竞争条件下出售，边际成本等于已种植谷物数量的价格，那么生产的任何扩张都会减少农夫的利润。在新的条件下，谷物的损毁意味着农夫在公开市场上出售的谷物量将减少，但既然养牛者将为损毁的谷物支付市场价，农夫从既定产量中得到的收入也就不变。当然，如果养牛会普遍地牵涉谷物损毁，养牛业的发展将抬高谷物价格，那时农夫就会扩大种植规模。不过，我只想将注意力限于农夫个体的情况。

我已经说了，养牛者占用毗邻土地不会促使农夫增加产量，或者更确切地说是种植量。实际上，若要说养牛会有什么影响的话，那它只会减少种植量。理由是，就既定的某块土地而言，如果遭损坏的谷物价值是如此之大，以至于剩下未被损坏谷物的销售所得不足以弥补耕种土地的总成本，那么对于农夫和养牛者来说，达成一笔交易（即不在此块土地上耕种）将是有利可图的。一个算术例子就可以清楚地说明这个问题。假定起初耕种某块土地收获谷物的价值为 12 美元，耕种成本为 10 美元，净收益为 2 美元。简单起见，假设土地为农夫所有。现在假定养牛者开始在毗邻土地上经营，谷物损失的价值为 1 美元。在此情形下，农夫在市场上销售谷物获得 11 美元，因蒙受损失得到养牛者赔偿 1 美元，净收益仍为 2 美元。现在假定养牛者发现扩大牛群规模有利可图，即使损害赔偿费增加到 3 美元，也意味着追加牛肉产量的价值将大于包括 2 美元额外损失赔偿在内的追加成本。现在总损失赔偿支出为 3 美元，农夫耕种土地的净收益仍为 2 美元。如果农夫同意不耕种的损失赔偿不超过 3 美元，养牛者的境况就会得到改善；而农夫只要赔偿超过 2 美元就可能会同意不耕种。显然，农夫放弃耕种且双方都满意的讨价还价余地还是有的。[4] 然而，同样的观点不仅适用于农夫耕种的整块土地，也适用于任何分成小块土地的情况。举例来说，假定牛有固定的行走路线，比如通向小溪或树荫地带。在此情形下，沿路两旁的谷物损失量也许较大。若是如此，农夫与养牛者将发现，农夫放弃耕种这一狭长地带的交易将使双方均能获利。

然而，这也指出另一种可能的情形。假定牛有一条固定的行走路线，再进一步假定耕种这一狭长地带所获谷物的价值为 10 美元，但耕种成本为 11 美元。当没有养牛者时，这块土地被撂荒在那儿。然而，当养牛者来以后，假如耕种这块土地，所种谷物很可能被牛破坏。在此情形下，养牛者将被迫支付给农夫10美元。诚然，此时农夫会损失1美元，但养牛者会损失10美元。很明显，这种情形不会无限期地持续下去，因为任何一方都不愿意看到这种结果。农夫的目的是要养牛者赔付到其同意不耕种，其获得的赔偿金不可能高于在土地上建造栅栏的成本，也不可能使赔偿金高到迫使养牛者放弃使用毗邻的土地。实际赔付额取决于农夫和养牛者讨价还价的方法与能力。但是，由于赔付额既不会高到使养牛者放弃这块土地，也不会随牛群规模变化而改变，因而如此协议并不影响资源配置，改变的仅是养牛者和农夫之间的收入与财富分配。

有一点很清楚，那就是如果养牛者必须对损失负责且定价体系平滑运行，在计算牛群规模扩大所增加的成本时，就要考虑别处产出价值的减少。该成本将与牛肉生产的增加价值相权衡，给定养牛业完全竞争的条件，养牛业的资源配置将是最优的。需要强调的是，通常情况下养牛者纳入成本核算的别处产出价值下降，很可能显著低于牛对谷物的损坏价值。这是因为市场交易的结果可能就是土地被撂荒。无论如何，如果牛对谷物造成损坏且养牛者也愿意支付赔偿金，且赔偿额超过农夫使用土地的费用支出，那么土地被撂荒不耕种就是大家希望的结果。在完全竞争条件下，农夫使用特定土地的费用支出，应等于该土地上生产要素的总产出价值与其在次优使用条件下附加产出价值之间的差额，即农夫必须支付的要素费用。若损失超过农夫使用土地的费用支出，则要素在别处使用带来的产出价值增加，将超过纳入损失考虑后该土地的总产出价值。这样一来，人们将会放弃耕种这块地，而释放要素用于别处的生产。仅要求养牛者赔偿谷物损失但不涉及可能的停止耕种土地的做法，终将导致养牛业中生产要素投入过少，而谷物种植业中生产要素却投入过多。若存在市场交易，则谷物损失超过土地租金的情形不会长久存在。不论是养牛者支付给农夫一笔钱让他放弃耕种，还是养牛者支付给土地所有者一笔稍高于农夫交付的租金（若农夫自己也正租用土地的话）租赁土地，最终结果都一样，都将实现产出价值最大化。即使农夫受到某种刺激去种植谷物，但在市场上销售却无利可图，这也将是纯粹的短期现象，而且可以预期农夫与养牛者将达成一项终止种植的约定。养牛者仍将留在原地，肉类生产的边际成本依然如故，即上述行为对资源配置并无任何长期影响。

四、对损害无须负责的定价体系

现在，我转向分析这样一种情形：虽然定价体系平滑运行（无成本），但企业对造成的任何损害都无须负责。这些企业不必对其行为造成的损失负责。我旨在说明，这种情形下的资源配置结果与企业必须承担损失责任时并无二致。前例已经证明资源配置的最优条件，因而不需要重复这部分的论述。

回到农夫与养牛者的例子。随着牛群规模的扩大，农夫的谷物损失亦将增加。假设牛群内有 3 头牛（不考虑谷物损失的牛群规模）。若养牛者将牛数减为 2 头，则农夫最多可支付 3 美元；若养牛者将牛数减为 1 头，则农夫最多可支付 5 美元；若养牛者放弃养牛，则农夫赔付 6 美元。所以，如果养牛者将牛群规模定为 2 头而非 3 头，他就可以从农夫处得到 3 美元。这个 3 美元也是增加第 3 头牛的成本的一部分。不论是养牛者为增加第 3 头牛而付出 3 美元（养牛者必须负责农夫的谷物损失），还是他选择不多养第 3 头牛而得到 3 美元（养牛者无须负责农夫的谷物损失），都不会影响最终结果。在这两种情形下，3 美元都是增加第 3 头牛的成本的一部分，将与其他成本一并被纳入考虑。假如牛群规模从 2 头增至 3 头，养牛产出价值的增加超过其引致的成本增加（包括支付 3 美元谷物损失费），那么牛群规模将扩大；反之亦反。无论养牛者是否对谷物损失负责，牛群规模都将不变。

有人可能会辩称，假定起始点为 3 头牛未免有点武断。确实如此，但若牛没有损坏谷物，农夫也不愿花钱避损。举例来说。农夫的最高年支付不能超过每年 9 美元的栅栏建造成本，而且也只有当农夫收入不至于降到不得不放弃耕种土地的水平时，他才愿意支付这笔费用。进而，也只有当农夫相信，若不进行支付则牛群规模将维持在 4 头或更高的水平时，他才愿意支付这笔费用。假定情形确实如此。若养牛者将牛数减至 3 头，则农夫最多愿意支付 3 美元；若养牛者将牛数减至 2 头，则农夫最多愿意支付 6 美元；若养牛者将牛数减至 1 头，则农夫愿意支付 8 美元；若养牛者完全放弃养牛，则农夫愿意支付 9 美元。我们将会发现，起始点的变化并不会改变养牛者将牛群减至任何既定规模而增加的金额支付。若养牛者同意将牛数从 3 头减至 2 头，他仍旧将从农夫处获得额外的 3 美元，这 3 美元也仍旧表示增加第 3 头牛将造成谷物损坏的价值。虽然农夫对于在没有向养牛者付费的情形下，养牛者愿意维持的牛群数量的认识不同（不论是否正确），也许会影响他愿意支付的总费用，但实际上，这种偏差并不会对养牛者实际将维持的牛群规模有任何影响。如果养牛者必须赔付牛造成的谷物损失，结果并无二致，因为从既定数目（养牛数——译者注）中所得的收入等于（维持——译者注）同一数目所需的费用支付。

人们可能会认为，一旦交易达成，为使农夫增加总支付，养牛者将会增大原维持的牛群规模。可能确有其事。这与（当养牛者必须负责赔偿谷物损失时）农夫行为的本质完全一样。由于已与养牛者达成赔付约定，农夫还是会在此后商议放弃耕种土地（无养牛影响下本身完全未耕种的土地亦是如此）。但这种策略调整也只是双方约定的附带条件，并不影响长期均衡结果，即不论养牛者是否对牛损坏谷物负责，均衡结果均是一致的。

我们有必要知道施害方是否应对损失负责，因为若没有权利的初始界定，就不存在权利转让和重新组合的市场交易。但是，假定定价体系的运行不需要成本，最终的结果（产出价值最大化）将不受法律地位（legal position）的影响。

五、问题的重新说明

工商业活动的有害影响可谓形形色色。英国早期的一起案例讲述的是一幢建筑物阻碍空气流通，从而影响一座风车的运转。[5]在佛罗里达州发生的一起案例涉及一幢房子的投影，其会影响到毗邻旅店的小屋、游泳池和日光浴场等区域。[6]虽然前两节详细分析的牛群游走与谷物损失的例子似乎有些特殊性，但实际上其不失为形式多样的此类问题的一个例证。为了澄清本文观点的本质并证明其普遍适用性，我将着手分析四个现实的案例，并对此做出新的说明。

先看“斯特奇斯诉布里奇曼案”(Sturges v. Bridgman)[7]，我曾在《联邦通讯委员会》一文中用该案例说明此类一般性问题。此案中，一个糖果制造商（位于威格莫尔街）生产中要用到研钵和杵（一个在本地已使用六十多年，另一个已使用近三十年）。接着某医生迁入其邻屋（位于威姆波尔街）。在医生搬入隔壁住宅的头 8 年，糖果制造商的机器使用对医生一直无甚妨害，直到医生在花园尽头紧挨糖果制造商的厨房修建了一间诊所，情况便不复如此了。医生发现糖果制造商的机器产生的噪声和震动让他无法使用新诊所。“特别是……噪声妨碍他用听诊器[8]检查病人的肺部疾病。他还发现，在新诊所无法开展任何需要思考和集中精力的工作。”医生于是提出诉讼，要求糖果制造商停止使用机器。法院立即发出医生所要求的禁令。“严格贯彻本判决所依据的原则会给一些个体带来痛苦，但是，否定该原则将导致更多的个体痛苦，同时还会对将土地开发为住宅产生不利影响。”

法院的决定确立了医生拥有不让糖果制造商使用其机器设备的权利。当然，可以设想通过双方当事人的讨价还价，也可以实现对法院安排的调整。倘若糖果制造商愿意支付给医生一笔钱，且其数额大于医生将诊所迁至成本较高且较不方便的地段所带来的损失，或者超过医生仍在原地址开诊所但收入减少的损失，或者高于建造一堵墙以阻断噪声与震动所花费的成本，那么医生会愿意放弃自己的权利而让糖果制造商继续生产。如果费用少于糖果制造商仍在原地址生产但必须改变生产方式或放弃生产，或者搬迁他处所需的费用，那么糖果制造商也会愿意支付此项费用。解决该问题的关键是，继续使用机器给糖果制造商带来的收入增加是否会超过给医生造成的收入减少？[9]但现在考虑糖果制造商胜诉的情况。他将有权继续使用有噪声和震动的机器却不必支付给医生任何赔偿费。于是，情况就和原来的正好相反：医生将不得不付钱给糖果制造商让他停止使用机器。倘若由于继续使用机器所带来的医生收入的减少多于糖果制造商收入的增加，显然双方之间还是有讨价还价的余地，即由医生向糖果制造商付费换取其不再使用机器。也就是说，原来医史无须对糖果制造商继续使用机器付费，并且还得赔偿医生由此而蒙受损失的情形（医生有权不让糖果制造商使用机器），转变为医生从自身利益出发付钱给糖果制造商以促使其不再使用机器（制造商有权继续使用机器）。此案的基本情况与牛损坏谷物的例子完全相同。若市场交易不需要成本，则法院有关损害责任的判定对资源配置无影响。诚然，在法官们看来，他们正在影响经济系统的运行——朝更可取的方向发展。任何其他判决“都将对土地的住宅开发产生不利影响”，该论点已在荒芜土地上的冶炼厂例子中详细阐述，后来该块土地被开发为住宅用地。法官们认为自身正在解决如何利用土地问题的观点，也只有在实施必要的市场交易成本超过权利的任何重新安排所能得到的收益的情形下才是正确的；而且，也只有当额外的居住便利的价值超过损失的砖瓦、钢铁等的价值时，保有某区域［威姆波尔街或荒地］作为住宅或其他专门用途（通过禁令赋予非工业用地使用者以消除噪声、震动和烟尘污染等方面的权利）才是可取的。但法官们对此似乎并不清楚。

“库克诉福布斯案”（Cooke v. Forbes）[10]针对同一问题提供了另一个例证。在编织可可果纤维草席时，有一道工序是将草席浸在漂白剂里，然后取出晾干。来自某工厂的硫酸氨气体会使光洁的草席变暗变黑，原因是漂白剂含有氯化锡，当它与硫化氢接触后会变成黑色。原告诉求发布禁令让工厂停止排放硫酸铵气体。被告律师抗辩说：“如果原告不使用……某种特定的漂白剂，他们的草席纤维就不会受到影响；原告的生产工序是不正常的，与商业惯例不相符，甚至会对他们自己生产的纤维造成损害。”法官评论道：“……一个人有权在自己的工厂安排某一种生产工序，不论是使用氯化锡还是其他金属染料，这在我看来是再清楚不过了。但其邻人无权随意排放气体而干扰其生产。如果可以溯源到邻人，那么我的理解是，他显然有权要求消除此种损害。”但从事实来看，此案所造成的损害纯属意外或是偶发，若已采取谨慎的防范措施则无特殊风险，禁令就不再需要了，最终原告可以针对损失采取应对措施——如果他愿意的话。我不知道此案后续发展如何，但很清楚，其本质与“斯特奇斯诉布里奇曼案”的情形相似，只不过可可果纤维草席制造商不一定能得到禁令，不得不忍受硫酸铵制造商带来的损害。关于这种情况的经济分析与牛损坏谷物的情况全然无异。为了避免损害他人，硫酸铵制造商可以加强预防或搬至他处，但不论哪种方法都会增加成本。如果赔偿金少于为避免损害他人而导致的成本增加，那么他也可以选择支付赔偿金。于是，他支付的赔偿金就成了硫酸铵生产成本的一部分。当然，也正如法律诉讼所提出的，倘若更换漂白剂（假定这将增加草席制造商的生产成本）可以消除不良影响，并且成本的增加少于其他方面的损失，那么两家厂商可能会达成双方都满意的交易方案（即便用新的漂白剂）。倘若法院判决草席制造商败诉，即便意味着他不得不蒙受损失却又得不到赔偿，但最终的资源配置还是不会受到影响。倘若更换漂白剂所增加的成本少于其受损害所带来的收入减少，草席制造商将会更换漂白剂。如果硫酸铵制造商愿意停止生产硫酸铵，那么草席制造商将愿意支付给硫酸铵制造商一笔费用，其数额应该等于硫酸铵制造商的收入减少（成本或损失的增加），收入损失仍然计入硫酸铵制造商的生产成本。此案例就分析意义而言确实完全等同于牛群与谷物的例子。

“布赖恩特诉勒菲弗案”（Bryant v. Lefever）[11]提出的烟尘致害问题，形式上则略有不同。在此案例中，原告和被告的房屋相邻且层高大体相同。

1876年之前，原告可以在住房内任何一间屋子生火而室内都不会产生烟囱倒灌烟；两幢房子维持老样子大概有三四十年的时间。1876年，被告拆掉旧房重盖新屋，在原告旧房的烟囱旁修筑一堵剁墙且大大超过原先的高度，并且在房顶堆放木材。由此，每当原告生火，烟囱里的烟尘就会倒灌入室内。

当然，烟囱倒灌烟是新修的剁墙和房顶堆放木材影响空气流通所致。陪审团初步裁定原告获得40英镑的损害赔偿费。此案接着转到地区法院，原判决被推翻。L. J. 布拉姆韦尔（L. J. Bramwell）法官争辩说：

……据说，陪审团已发现被告的所作所为对原告房屋产生了损害。我们认为，并没有任何证据支持这种说法。毫无疑问，损害是存在的，但不是由被告引起的。他们没有做出任何造成侵害的事情，他们的房子和木材也没有什么危害。恰恰是原告自己的行为招致了损害，因为他在屋内生火，而烟囱又置于距离被告房屋墙壁过近的地方，以至于烟无法排出，只能倒灌入室内。倘若原告不生火，倘若他将烟囱挪个地方，倘若他将烟囱修得再高些，讨厌的烟就不会倒灌入室内。那么，是谁招来讨厌的烟呢？显然是原告。如果原告在被告堆放木材后再建房，毫无疑问这一后果是原告引起的；即使原告在被告堆放木材之前建房，结果也依然如此。但是（同样的回答实际上意味着），即使是被告造成了不良影响，他们也有权如此行事。如果原告除在毗邻被告的房屋建房和在房顶堆放木材的权利之外，不负有任何通风透气的责任，那么他的权利就从属于被告。虽然被告在行使自己的权利时对原告造成了侵害，但他们无须对此负责。

L. J. 科顿（L. J. Cotton）法官的观点是：

> 此处，我们发现，确实不论是感觉上还是现实中，被告修建的房屋和刹墙都干扰了原告屋内居住者的舒适度，而且据说是被告必须对这项侵害负责。通常情况下确实如此，但被告的所作所为并不是将任何烟尘和有害气体送进原告屋内，而是以某种方式阻断原告房内烟尘的排放，对此……原告并无法律权利阻止被告修建房屋。烟尘是原告自己制造的，也由此使得自己不舒服。除非原告有权……用特定的方式处置这些烟而被告干涉原告的处置行为，否则他不能起诉被告，因为烟是他自己制造的，而对此他又没有任何有效的应对措施，这才使得自己处于不利境况。这好比某人试图通过地下排水道将自己土地上的污水排放到邻居的土地上一样，在使用者得到这项权利之前，邻居可以堵塞排水道而无须对所造成的损害承担责任。无疑，这给制造污水的土地所有者造成了很大的不便。但是，他的邻居的行为是合法的，而且他对可能引起的结果不负任何责任，因为制造污水的人没有采取任何有效措施清除污水。

我不愿再次论证不论法院如何判决，双方当事人讨价还价对当前境况的调整修缮（取决于将木材放置他处的成本，或者加高烟囱的成本，等等），最终的结果将完全相同，这一点在有关牛群和谷物的例子和前两个案例中已经做了充分而详尽的讨论。我所要探讨的是上述法院法官的论点，即恼人的烟不是由修墙者引起的，而是由生火者招致的。这一情况的奇特之处在于，蒙受倒灌烟之苦的正是生火者而非第三者。因为所讨论问题的核心正在于此，所以不能说此事无关痛痒。究竟谁造成如此令人不快的倒灌烟后果？答案似乎不言而喻，烟害正是由修墙者和生火者共同引起的。给定生火行为这一前提，若无墙就不会有烟害，而若有墙则不生火也不会有烟害。如果拆除墙或不生火，烟害也就不存在。按照边际原理，显然双方都有责任，而且两者在决定是否持续招致倒灌烟的后果时，都应该将烟害引致的不适纳入成本核算。如有可能产生市场交易，实际发生的情况也正是如此。尽管从法律上看修墙者对损害无须负责，但因为烟囱倒灌烟住户可能愿意支付给修墙的邻居一笔钱，其金额大体等于消除倒灌烟损害的价值，这笔钱也就成了修建高墙和在房顶堆放木材的成本。

法官们的论点——生火者自己引起烟害，也只有在假定墙壁是前置要素时才是正确的。法官们的判决仅仅是确立了修建高墙者的修墙权。倘若烟囱倒灌的烟还对木材有损害，此案就更有趣了。那时，修墙者将蒙受损失，此案就与“斯特奇斯诉布里奇曼案”很相似了；而且几乎毫无疑问的是，尽管事实上损失直到木材所有者建起高墙后才发生，但生火者仍应负责赔付后续的木材损失。

法官们必须判定法律责任，但这不应使经济学家混淆其中经济问题的本质。在牛群与谷物的例子中，的确没有牛群随意活动就不会有谷物损失；但同样，没有谷物也就无所谓谷物损失了。倘若糖果制造商不开动机器生产，医生的工作就不会受到影响；但倘若医生不在此特定地点开设诊所，机器的噪声和震动也就不会扰及任何人。硫酸铵制造商排放的烟熏黑了草席，但倘若草席制造商不在此地晾晒草席又恰好使用特定的漂白剂，也就不会产生任何损害。如果我们非得用因果论来讨论这个问题，那么双方当事人均是损害的始作俑者。如果我们的目标是资源的最优配置，那么双方当事人行动时应当将可能造成的不良影响（损害）纳入核算。如前所述，平滑运行的定价体系的美妙之处正是在于，不良影响导致的产出价值降低都将自动转化为双方的成本。

“巴斯诉格雷戈里案”（Bass v. Gregory）[12]也是阐释此问题的绝佳例子。原告是乔利·安格勒斯（Jolly Anglers）酒吧的所有者和承租人。被告拥有一幢小别墅附带一个庭院毗邻乔利·安格勒斯酒吧。酒吧下开辟了一座石筑的储酒地窖，酒窖经由地洞或斜井样的渠道连通至一个位于被告庭院的旧井。因而，旧井就成了酒窖的通风管道。酒窖“在酿酒过程中有着特殊要求，若不通风则无法酿酒”。诉讼的起因是被告将移走旧井口的栅栏，“以阻隔酒窖的空气从井口散发……”从案例报告上看，是什么致使被告如此行事无从确知。也许，“酿酒过程中会挥发某种气味，沿井通道扩散至空气中”，而原告对这种气味又是极其反感。不管怎样，他就喜欢把庭院里的井口堵上。法院首先必须确定酒吧老板是否拥有空气流通权。若他们享有此项权利，则本案将明显有别于“布赖恩特诉勒非弗案”。然而，这并未给分析本案带来多大困扰。在本案中，空气流通仅限于“极为特定的通道”，而“布赖恩特诉勒非弗案”涉及的却是“所有人必需的正常空气流通”。法官由此认为酒吧所有者享有空气流通权，而“布赖恩特诉勒非弗案”中的私人住房所有者不拥有此项权利。经济学家可能倾向于添加“空气流通还不都是一样的”说法。然而，此阶段争论需要确定是否存在合法权利，而非明确酒吧所有者是否拥有此项权利。有证据表明，酒窖连通旧井的通风管道已有四十余年，旧井作为通风管道必然为庭院主人所熟识，因为一旦空气排出就能闻到酿酒的气味。根据“过往授权（doctrine lost grant）法则”[13]，法官判定酒吧主人拥有此项空气流通权。“过往授权法则”认为，若可以证明某项权利已经存在并持续多年得到行使，则法律应认定此项权利的来源合法。[14]为此，别墅和庭院的主人不得停止旧井的使用，只能忍受异味。

对经济学家来说，法院判定法律权利所给出的理由常常是奇特且怪异的。在他们看来，法院判决援引的诸多因素与主题无多大关系。也正因为如此，许多被经济学家视为完全相同的情形，法院对此的处置方式却截然不同。在所有涉及不良影响的案例中，经济问题都只是如何使产出价值最大化。在“巴斯诉格雷戈里案”中，经由旧井输送新鲜空气方便了啤酒的酿造，但排出的污浊空气却让邻居觉得不快。经济问题是在以下二者中择其一：一是低成本的啤酒匹配毗邻房屋主人的不适，二是高成本的啤酒和邻人舒适感增加。在回答此问题时，若说“过往授权法则”切中主题，毋宁说法官眼睛的颜色（即偏好——译者注）也至为重要。应该记住的是，法院面临的首要问题不是由谁做什么，而是确定谁有权做什么。当然，市场交易能够调整权利的初始边界。倘若市场交易没有成本，那么只要能够使产出价值增加，这种权利的重新安排总会发生。

六、考虑市场交易成本的情形

迄今为止所有的论证都假定（第三、四节明确给出，第五节也暗含），市场交易无成本耗费。当然，这一假定很不现实。为了达成市场交易，需要寻找交易对象，告知交易对象交易条款，通过谈判达成交易，起草交易合同并督促保证契约条款的履行……诸如此类。通常，这些操作耗费颇巨，足以使得许多原本在定价体系运行不需要成本的情形下可能发生的交易无法达成。

前几节在考察通过市场重新安排法律权利时，我们论证并认为，只要能够实现产出价值提升，通过市场就能实现这种安排。但这是假定市场交易无成本，一旦将市场交易成本纳入核算加以考量，显然只有当权利重新安排导致后续产出价值的增长（即收益）大于所需的成本时，重新安排才得以进行；若收益小于成本，则令行禁止（或有关禁令将颁布）或损害赔付责任只能导致许多原本在无交易成本条件下可达成的交易无法再继续进行下去（或从一开始就无从施展）。在这种情形下，初始法律权利界定确实会影响到经济体系的运行效率。某种权利安排可能可以实现产出价值最大化，比如其恰好就是法律体系确立的权利安排，而且市场通过更改或重新组合权利得到类似结果所需的成本大到让最优权利安排及相应的最大产出价值均无法实现。法律权利界定过程的若干经济问题将在下一节讨论，本节将权利的初始界定和市场交易成本视为既定。

相较于市场交易，如果一种新的经济组织形式能实现相同结果但耗费更少，那么其将使产出价值增加。正如我多年前所解释的，企业就是对通过市场交易组织生产活动的一种替代。[15] 在企业内部，个人与种种协同生产要素之间的谈判不再需要，市场交易被管理决策取而代之，进而生产的重新安排也不需要通过生产要素所有者之间的讨价还价完成。拥有大片土地的所有者在将土地投入各种用途时，已经综合考虑了不同行为与用途之间的相互作用对土地整体净产出价值的影响，由此省去了不同行为与活动之间不必要的讨价还价。一幢大宅子或同一地区内几栋毗邻房产所有者的行为方式也大体如此。事实上，按照我们前面的概念界定就是，企业兼含各方的法律权利，其行为与活动的重新安排并不是依照权利的契约形式重新组合，而是依照管理决策的结果规定权利应当如何使用。

当然，这并非意味着企业组织交易的管理成本总是低于被取代的市场交易成本。但是，当某项契约特别难以缔结，并且试图描述当事人同意做或同意不做的具体事项（比如，双方当事人可以制造或不可以制造的气味或噪声的种类和数量）将不可避免地涉及长篇累牍的细节，此时长期契约可能较为适宜[16]；在许多涉及不良影响的情形中，企业的出现或者既存企业活动的扩展并非解决方案也就不足为奇了。只有当企业的管理成本低于其替代的市场交易成本，重新安排活动的收益超过企业的组织成本时，解决方案才会被企业采纳。此处我不再长篇累牍地描述解决方案的具体特征，因为我的早期文章对其中涉及的问题已做了说明。

但是，企业并非此问题的唯一答案。企业内部组织交易的管理成本也可能很高，当单一组织控制并安排众多活动时，情况尤为如此。在传统的烟尘致害例子中，影响将涉及从事各种各样活动的人，管理成本高至使得任何企图在单一企业内解决此问题的努力都将化为泡影。一个备择方法是直接的政府管制。政府无须创设一系列在市场交易中可调整的法律权利，而是强制性地规定人们必须做什么或不准做什么，并要求人们必须服从。因此，政府（依靠成文法或更可能通过行政机关）在解决烟尘致害时，可以规定某种生产方式能否使用（例如，必须安置防烟尘设备或不得燃烧煤或油），也可以将某类企业限定在特定区域（区域规划）。

一定意义上看，政府是一个超级企业——非常特殊的一类企业，因为它能通过行政决策影响生产要素的使用和配置。但是一般企业的经营活动必须接受检验，因为在市场竞争的环境下，其他企业可以用更低的成本组织类似的活动；同时也因为如果行政成本过高，市场交易就会取代企业内部组织交易。政府有可能完全避开市场，而企业却不可能，企业得与不同生产要素的所有者签订市场化协议。正如征兵或财产征用，政府同样可以强制规定各种生产要素的用途。这种威权方式可省去许多麻烦（对组织行动的人而言），政府亦可随心所欲地利用警察和其他法律执行机构来确保其管制的实施。

显然，相比于私人组织（至少是无特殊政府权力的组织），政府拥有的权力能够让其以较低的成本做一些事情，但政府管理机构本身并非无成本耗费。实际上，有时政府的行政成本大得惊人。进而我们也没有理由认为，由一个饱受政治压力影响而又不受任何竞争检验且同样容易犯错的政府所制定的区域规划能够改善经济体系的运行效率。再者，此种一般规制被强制应用于众多差异甚大的情形，而其中有些情形明显不适用这些措施。综上考虑，直接的政府管制并不必然优于市场和企业的自行解决方案，但同样也没有理由否定有时直接的政府管制可以提高经济效率。像烟尘致害这类案例尤为可能，由于涉及的当事人过多，通过市场和企业解决问题的成本可能很高。

当然，还有一种选择是，对问题置之不理。由于解决实际问题时政府行政管理机构主导的管制所产生的成本通常相当惊人（若加上政府此类干预行为产生的所有可能影响，成本就更为可观了），毫无疑问，通常出现的后果是政府针对一些不良影响进行规制得不偿失。

本节对不良影响问题的讨论（考虑市场交易成本）还极其不足，但它至少清楚地表明问题在于选择合适的社会安排以处置不良影响。所有的解决办法都要耗费成本，没有理由简单地认为由于市场和企业不能很好地解决问题，引入政府规制就是必要的。唯有耐心研究现实中市场、企业和政府如何处置不良影响，才可能得出令人满意的政策或观点。经济学家应当探讨交易中介在联络各方中的作用，限制性契约的效力如何，大规模房地产开发公司存在的问题，政府的区域规划及其他规制行为的运行效果，等等。我确信，经济学家和决策者一般倾向于高估政府规制的好处。但即使以上认识是正确的，也仅仅意味着应削减政府管制，它并没有告诉我们应在何处划分权利界限。在我看来，这似乎得通过详细考察不同处置方式的实际结果来判断。然而，倘若这种考察是经由错误的经济学分析得到的，结果就相当不幸了。本文旨在说明应当采用何种经济学方法处理此类问题。

七、权利的法律界定与经济问题

“问题的重新说明”一节的讨论不但阐释了本文的论点，而且概要提及了处置不良影响问题的法律方法。所举的案例虽然都发生在英国，但要选择美国的类似案例也是随手可得，而且论证得出的特征也完全相同。当然，如果市场交易无成本，所有问题（公平问题除外）的关键就是，各方当事人的权利界定清晰，以及法律行为本身易于预测。但是，正如我们已经看到的，当市场交易成本如此之高，以至于对法律确立的权利安排进行调整较为困难时，情形就全然不同了。在这些情形中，法院将直接影响经济活动。因此，只要不会给法律立场本身带来过多的不确定性，法院了解判决的经济后果似乎是有必要的，并在做出判决时将这些后果纳入考虑。即使有可能通过市场交易改变权利的法律界定，显然也会减轻这种交易的必要性，从而减少进行此类交易的资源耗费。

尽管全面考察法院审理此类案件的前置假定非常有意义，但我无法就此尝试一二。然而，粗略考察一番即可发现，法院通常也意识到判决的经济含义，并且明晰问题的相互性（许多经济学家却没有意识到）。进而，法官在实践判决中不断将经济影响与其他因素一并纳入考虑。美国学者对此类问题的阐述相比其英国同行更加直白、明确。在此，只需援引普罗瑟关于侵权的论述：[17]

> 一个人可以以对邻人的某种侵害为代价使用自己的财产，或者……做自己的事情。他经营的工厂产生的噪声和烟尘，可能造成他人的某些不适，但只要在合理的限度内就是可容许的。只有当从效用及其导致的不良

结果来看个人的行为是不合理时，它才构成侵害……正如小镇上生产蜡烛的古老案例所说的，“事情的效用决定了争端的解决”。

世界上总得有工厂、冶炼厂、炼油厂以及会产生噪声甚至爆破声的机器，它们确实会给毗邻的人们带来不便，但为了公众利益，原告只能忍受并非不合理的不适。[18]

经典的英国著述均未明确指出效用及其导致的侵害之间的权衡，是判断不良影响是否被判定为侵害的基本因素。但类似地，表述不那么坚定的观点还是可以找到的。[19] 只有当不良影响相当明显时法院才行事的原则，无疑部分地反映了人们总是要进行成本和收益权衡这一事实。从个案中亦可看出，在决定是否颁布禁令或给予损害赔偿时，法官们其实也在盘算各自不同的得失。于是，关于拒绝制止新建筑遮挡视线的行为，法官说道：

据我所知，没有一项普通法的一般规则……认为，建筑挡住他人视线是一种侵害。果真如此，那就不可能有大城镇了；进一步地，我还必须禁止在城镇里再建造任何新建筑物……[20]

在“韦布诉伯德案”（Webb v. Bird）[21] 中，法官认定，校舍建在紧靠风车的地方会阻挡空气流通，从而使得磨坊没法运转。这并不构成侵害。而一个早期案例的判决似乎反其道而行。盖尔（Gale）评论道：

伦敦的旧地图显示，伦敦北部高地有一排风车。大概在詹姆斯国王时代，人们认为建房过于靠近风车会使其失去风力推动。情况相当不利，因为这将影响到城市的食物供应。[22]

“问题的重新说明”一节讨论的案例之一——“斯特奇斯诉布里奇曼案”中，

显然法官考虑了不同判决的经济后果。法官裁决依据的原则，似乎是基于如下论证：

> 严格按照逻辑结果推演，实践中将产生诸多不便。倘若某人到诸如伯曼德赛（Bermondsey）的制革厂或者其他原本有特定用途的有噪声和难闻气味的厂区，在其空地上修建住房，那不就得让原来的贸易和制造业被废止。

法官回答说：

> 判定任何事项是否构成侵害，并不仅仅依靠对事项本身的抽象考察，还要考虑其所处的具体环境，在贝尔格雷夫广场（Belgrave Square）是侵害事项，在伯曼德赛不一定是侵害事项（指在空地上建房——译者注）。具体区域被商人或工厂主按照已有方式专门从事贸易或生产并不构成公害。法官和陪审团将会发现，也相信会发现，在该地区从事商业和制造业并非一种私人的、可引起诉讼的错误。[23]

能够确定的是，在判断某件事项是否构成侵害时，毗邻环境的特征肯定是有关联的。

> 那些讨厌车辆噪声的人，就不要将住房安置在大城市中心。喜欢平和、宁静的人，就不要待在制造锅炉或蒸汽船舶的工厂区。[24]

呈现出的图景可被形容为“法官的区域规划”(planing and zoning by judiciary)。[25]当然，应用这一标准有时难免困难重重。[26]

“亚当斯诉厄赛尔案”（Adams v. Ursell）[27]提供了一个饶有趣味的例子。此案涉及一家炸鱼店，店铺位于一个工人阶级占绝大多数的社区，却又毗邻一片高档住宅区。没有炸鱼加土豆条（fish-and-chips）[28]的英格兰就不再是英格兰了，因此这个案子显得极为重要。法官评论道：

> 禁令将给被告以及在他店铺购买食品的穷人带来不少困难。但这绝非意味着被告无法在附近找到一个更合适的地点做生意，同样也绝非意味着炸鱼店在某个地方是侵害而在另一个地方也必然是侵害。

事实上，禁止厄赛尔先生经营炸鱼店的禁令并没有延伸到整条街。因此，他完全可以将店铺迁移到低档住宅区。毋庸置疑，那里的居民会觉得可以方便地买到炸鱼加土豆条，显然要比原告如此生动描绘的到处弥漫着油煎气味、油污兮兮重要得多。倘若“附近没有其他更合适的地方”，此案就更难以判断了，判决也可能不同。让那些“穷人”吃什么呢？没有英国法官会说：“就让他们吃蛋糕吧。”

在许多案件中，法院并非总是很清楚地提到所涉及的经济学问题，但在解释诸如“合乎情理的”或“通常或平常用途”此类词语时，他们似乎已经意识到——多半可能是无意识或相当不明确的——要考察问题的经济方面。地区法院对“安德烈亚诉塞尔弗里奇有限公司案”（Andreae v. Selfridge Company Ltd.）[29]的判决，可能是这方面最恰如其分的例子。此案中，某旅馆（位于威格莫尔街）坐落在岛屿（island site）上，塞尔弗里奇有限公司拥有此岛屿其余部分的土地，公司将原有建筑物拆除，就地再修建一座旅馆。拆房的噪声和灰尘使旅馆住客锐减，旅馆主人于是提起诉讼，要求塞尔弗里奇公司赔偿损失。初审法院判定旅馆获得 4 500 英镑的损害赔偿。接着，此案被提起上诉。初审法院为旅馆主人讨回公道的法官说：

> 我并不认为，被告的所作所为属于通常或正常使用自有土地或房屋。在我国，挖地 60 英尺深，然后在地上建造用铆钉固定的钢结构建筑物，这

一定是非比寻常的事情……我想，在我国像被告那样在一块地上进行二次经营作业——拆除所有想要拆除的房屋，也并非使用土地的惯常或惯例做法。依我看来，其中仅五六所房屋可拆除。

威尔弗雷德·格林爵士（Sir Wilfred Greene）在为地区法院辩护时指出：

当进行诸如拆除、重建此类暂时性作业时，不可能没有一丁点噪声和灰尘，所以任何人都不得不忍受不同程度的不适。因而，奉行于预规则时必须考虑此限制条件……

接着，针对先前的判决，他说道：

我很尊重这位学识渊博的法官，但我的看法是，他处理此类问题的角度欠妥。在我看来，似乎不可能说……被告公司在作业中使用的拆除、挖掘、重建方式本质上是不正常或罕见的，致使工程作业没法达到施工作业的要求。我似乎觉得，规则中提到的使用土地的惯常做法，并不意味着土地的使用或在地上建房的具体方式在某种程度上应一劳永逸地固定下来。随着时光的流逝，新发明和新方法通过深入地底或高耸入云使得土地使用效益变得更高。按照其他观点，是否事关人性要求并无多大干系；但要紧的是处于正常使用土地的范围之内，在自有土地上建房时，应建成什么样子、地基多深、高度如何才是合理的，应就当时的情况和时代的发展而定……旅馆住客的要求很高，来此旅馆的人们已经习惯其宁静的后院，再来后发现正在施工中的拆房建房，很可能就会认定这所旅馆的某些神韵已不复存在。这对原告来说是天大的不幸；但倘若被告作业并无过失，虽然拆建过程不可避免会产生噪声，但他们已经尽力使用合理技术、采取合理的防范措施以避免对邻居有所侵害。这样，由于缺少了安静开阔的后院，

> 即使原告失去了所有的客人，也没有理由抱怨……但他们影响了邻居的舒适感这种行为也可以说是合理的，因为作业合乎常规，同时也依照具体的责任要求采取适当的、合乎情理的技术和防范措施……但是，按以下说法那态度就不对了，即“只要没人抱怨，我们想怎么做就怎么做!”……他们的责任是采取适当的防范措施，将可能的侵害减至最小。他们绝不能如此回答：“但这意味着我们得放慢作业进度，或者说这将使我们付出额外的代价。”所有这些都是关于常识和程度的问题，而且很清楚，仅仅为了防止给邻人带来不便，或禁止给别人带来成本或麻烦，而期待人们会由此放缓作业进度或增加花费显然是不合常理的……在这个案例中，被告公司的态度似乎就是一直作业直到有人抱怨为止，进而言之，在被告公司的作业与邻居的舒适感之间确有冲突时，公司只会服从自己的想法和便利而加快作业进度，没有履行使用合理保障和合适技术的义务……结果将是原告蒙受了一种可提起诉讼的侵害；基于以上原则，原告有权得到切实的补偿，而非仅仅是名义上的安慰。但在计算补偿金时，我并没有考虑任何客人减少带来的损失……虽然这可能归因于旅馆工程作业带来的一般性损失。

结果，损害赔偿金从 4 500 英镑减至 1 000 英镑。

迄今为止，本节讨论的是法院对普通法中有关侵害问题的判决。由于法规的颁布，需要对该领域的权利进行界定。大多数经济学家似乎都认为，该领域政府活动的目标是扩展侵害法的适用范围，把不被普通法认定为侵害的活动也纳入侵害活动加以考察。毋庸置疑，有些法规（如公共卫生法案）确有如此效果，但并非所有的政府立法都是如此。此领域内许多立法都是为了保护工商企业脱离众多个人（这些个人因企业行为而受到侵害）的权利主张。因此，存在一系列的合法化的侵害。

《霍尔斯伯利英格兰法律》（*Halsbury's Laws of England*）将此种立场简单概括如下：

当立法机关认定无论如何某件事项都得办理，或出于某个特定目的而认定某项工作就得在特定地点进行，或授予旨在执行以上任务的权力时，虽然具体执行方式还留待个体自行决定，但是已经不存在普通法意义上的侵害或损害，因为所有这一切都是法律规定的执行结果。不论致害行为是出于公众目的还是为私人利益而得到的授权，情况均是如此。议会将一些权力授予机构代为行使，于是由此机构制定的有关法规方案，比如贸易委员会的临时规定，便被视为由法律机构做出。在没有玩忽职守的情形下，行使法律权力的执行机构似乎不可能采取另一种不同的但可以将侵害降至最小的做法。

下面的例子将说明授权行为可免于承担责任：

倘若法律权力执行机构并没有玩忽职守，那么即使涉及如下情形它也可以免于被起诉：河道、自来水管、排水沟和沟渠的水漫出并淹没土地；下水道散发出阵阵恶臭；下水道上方的马路塌陷致使污秽物四溢；铁路的震动和噪声；授权行动招致火灾；符合法规要求，使用已知最佳的污水净化方法后排水仍旧污染溪流；电车对电话和电报系统的影响；为铺设电车轨道在土地深层打洞；授权进行挖掘给人们带来不可避免的干扰；行车道上放置栅栏造成交通事故；沥青流出四溢；街廊或人行道边摆放安全栅栏给临街住户进出带来不便。[30]

美国的法律立场与英国大体相仿，但是立法机构在普通法框架下对侵害认定（至少是对于没有给予受害者补偿金的情形）的权力要受到宪法的制约。[31] 尽管如此，权力的影响仍然存在，与英国或多或少相似的案例也能找到。在与飞机场和飞机运营有关的案例中，此类问题尤为突出。“三角洲航空公司诉克西案”和“克西诉亚特兰大市政府案”（Delta Air Corporation v. Kersey, Kersey v. City of Atlanta）[32] 就是很好的例子。克西先生买了块地并在上面盖了间房子。几年以后，亚特兰大市修建机场，刚好挨着克西的房子。据克西先生辩称："他的住所在机场建造前宁静且无外界干扰，是理想的居家之所，然而机场运营带来的灰尘、噪声以及飞机的低空飞行都使此处不再适合安家。"案件报告中甚至引述大量具体的令人不快的细节以形容事态的严重性。法官首先援引了早期的"思拉舍诉亚特兰大市案"（Thrasher v. City of Atlanta）[33]，该案中需要注意的是亚特兰大市已明确得到修建机场的授权。

> 根据此项特别授权，航空运营不仅被视为法律许可的商业，还是事关公益的事业……所有按法定方式使用（机场）的人都享有市政当局特别授予的保护权和豁免权。机场本无害，但建造和运营机场的方式可能带来危害。

既然机场是经法律许可且事关公益的事业，而且机场的修建已获得法律授权，法官接着援引了"佐治亚铁路和银行公司诉马德克斯案"（Georgia Railway and Banking Co. v. Maddox）[34]。案例显示：

> 铁路终点站建在何处及其整个修建工程都已经获得法定授权，只要建造和运营得当，就不能判定其为侵害。相应地，在铁路终点站的正常使用和运营过程给附近居民带来的侵害或不便，包括火车机车发出的噪声、汽车的隆隆声以及由此带来的震动、烟雾、煤渣、煤烟等，都只不过是特许授权的必然伴生产物，皆不能算作侵害。

据此，法官认定克西先生抱怨的噪声和灰尘"可视为机场正常运营必然的伴生产物，因此不构成侵害"。但是，飞机低空飞行的情形有所不同：

> ……能否说飞行高度如此之低（仅在克西家上方25—50英尺处），从而给生命和健康带来即刻的威胁是机场的必然伴生产物吗？我们并不认为对此

问题的回答是肯定的。没法解释为何亚特兰大市不选择一块足够大的区域，进而飞机无须低空飞行……为了公众的便利，邻近的房产所有者必须忍受机场正常运营所产生的噪声与灰尘。但从法律视角来看，倘若这种不便不是机场正常、恰当修建和运营所需，那么私人权利就应优先得到保护。

当然，这是假设亚特兰大市可以禁止飞机低空飞行且机场也能继续正常运营。因而，法官又补充道：

种种迹象表明，导致低空飞行的条件可以改变；但从诉讼审理材料可知，机场继续目前的运营作业对公众利益而言是不可或缺的。那么，也可以说原告提请的禁令被否决了。

另一起航空案例是“史密斯诉新英格兰航空公司案”（Smith v. New England Aircraft Co.）[35]。法院回溯了美国有关侵害合法化的立法，其大体上与英国的有关法律规定是相仿的：

政府立法部门在例行管辖权力时的正常职能在于，考察新发明的实际应用带来的问题和风险，并努力从整体公共福利角度出发调整私人权利、调和利益冲突。类似的例子有飞机产生的噪声、烟雾、震动、灰尘和难闻的气味对地面的影响，这些都已得到政府立法部门的授权，尽管在某种程度上会导致土地贬值，但在现实中不能被认定为对财产的征用，贬值损失必须由土地所有者自己承担，并无赔偿或补救措施。若非立法机关裁定那些行为是法律许可的，它们就已经算作构成侵害了。这方面的例子还有，铁路运营带来的烟雾、震动和噪声侵害了毗邻的土地，工厂拉汽笛的噪声，修建蒸汽机和高炉装置产生的烟尘，下水道、石油提炼和轻油存储散发的呛人气味，等等。

所有这些，大多数经济学家似乎并未意识到。当夜晚头顶呼啸轰鸣的喷气式飞机（其飞行得到公开授权且或许是公营的）吵得人们没法入睡，白天的过路火车（其开行得到公开授权且或许是公营的）带来的噪声和震动又致使人们无法思考或休息，地方污水处理站（其运行得到公开授权且或许是公营的）散发的恶臭呛得人们几乎没法呼吸，修路（毫无疑问是公共设施）造成道路堵塞又使得人们寸步难移时，人们的神经和心灵都饱受困扰，于是就开始抱怨私人企业这个不好那个不好，继而要求政府实行管制。

似乎大多数经济学家都误解了所涉及情形的性质，相应地，他们原本期望停止或减除的活动从社会角度看可能就是合理的。唯一的问题在于，消除不良影响与让这些影响持续存在之间的得失权衡。当然，政府经济活动范围的扩展，对此类侵害的保护往往可能过度。一方面，政府可能以仁慈的眼光看待那些自己正在力主推动的企业；另一方面，相比于私人企业，公有企业造成相同侵害时总是被形容得更令人可接受。大法官阿尔弗雷德·邓宁爵士（Lord Justice Sir Alfred Denning）说道：

> ……当今社会变革的重要性在于，相较于过去过度地推崇产权和契约自由，议会已经一而再、再而三地奉行干预政策，还公众利益以适当的地位。[36]

无疑，福利国家可能会大大扩展损害赔偿责任豁免的范围，而经济学家对此豁免向来颇有微词；尽管他们倾向于假定，豁免预示着政府对经济体系的干预过少。举例来说，英国地方当局的权力可被视为绝对或相对，二者必居其一。在绝对范畴内，地方当局行使其获得的权力时没有任何自由裁量权。“绝对权力可以说覆盖了直接行使所带来的所有不可避免的结果，即便这些结果意味着侵害。”另外，相对权力行使的条件则是结果不能构成侵害。

> 立法机构的目的决定了具体权力是绝对的还是相对的。由于立法机构的社会政策可能会不时地改变，一项权力在某一时期被解释为相对的，而在另一时期为了推行福利政策可能又被视为绝对的。我们在考察侵害法方面的古老案例时，必须牢记这种情况。[37]

似乎有必要概述本节的内容。在处置有不良影响的行为时，我们面临的问题并非简单地限制责任方。需要确定的是，抑制侵害所得的收益是否大于终止侵害行为而给其他方带来的损失。在一个重新安排由法律体系所确立的权利需要耗费成本的世界中，法院在处置侵害案件时，实际上是在解决经济问题并决定如何利用资源。有人争辩，法院清楚这一点，尽管形式并非十分明确，但法官们也经常对禁止侵害行为的得失进行权衡。权利界定同样也是法律设定的结果。有证据表明（法院）已意识到问题的相互性本质。虽然法律规定中增加了侵害事项清单，但同时也采取了措施使那些原本构成普通法下侵害的事项合法化。经济学家倾向于认为需要政府进行整改的情形，实际上往往就是政府行为的结果。这种行为不一定是不明智的，但是政府干预在经济体系内的扩展可能会导致对那些不良行为的保护过度——这才是真正的危害所在。

八、《福利经济学》中庇古的处理方式

庇古的《福利经济学》开启了现代经济学分析本文所讨论问题的先河，尤其是《福利经济学》第二部分谈到之所以存在社会净产品与私人净产品之间的差异，那是因为：

个体A在为个体B提供付费服务的过程中，附带地给其他人（不是相同服务的生产者）带来益处或损害，而这种损益既无法从受益方处获得报酬，也不能让受损方得到补偿。[38]

庇古告诉我们《福利经济学》第二部分旨在：

确定在现行的法律制度下，自利个人的自由行事在多大程度上倾向于以最有利于促进国民收益增加的方式配置资源，并且通过政府行为改善这种“自然趋势”在多大程度上是可行的。[39]

从该论述的前半部分内容看，庇古要回答的问题是能否进一步改进资源配置的现行安排。由于庇古的改进论点是可能的，因此人们自然期望他继续给出改进所需的变革措施。但庇古增加了一个与“自然趋势”相反的词——政府行为，似乎在某种意义上将现有格局等同于“自然趋势”，并暗示政府行为就是所需的改善（如果可行的话）。从《福利经济学》第二部分第一章[40]来看，庇古的立场大体就是如此。庇古先是提及“古典经济学家的乐观追随者”[41]，认为倘若政府完全不介入经济体系且经济安排完全是“自然”形成的，就可实现产出价值最大化。庇古继续论述，假使自利确实增进了经济福利，那也是因为人类的制度设计造成了这种结果。庇古的这部分论证，得益于坎南（Canan）的观点，在我看来基本正确。庇古总结道：

即使在最先进的国家，种种市场失灵和不完善也俯首可拾……使得社会资源无法实现最有效配置的障碍比比皆是。关于这些问题的研究构成了我们当前的问题。研究的目的完全在于应用，即寻求一些更清晰明了的方法，以利于（或最终有利于）政府运用更加智慧的方式控制经济力量的发挥，从而增加经济福利和全体公民的总福利。[42]

庇古的潜在想法似乎是：有些人认为不需要政府行为。但正是由于政府行为，(经济) 体系的运行才能如此良好。即便如此，仍旧存在诸多美中不足之处。那么，人们还需要什么样的政府行为呢?

如果这是对庇古观点的正确概述，那么分析他给出的第一个旨在说明私人产品与社会产品差异的例子，就可以看出其不足之处。

> 可能会出现有些成本施加在非直接相关人士身上的情况。比如，火车机车迸溅的火星给周围林木带来损失，人们却未对此采取补偿措施。在计算任一边际资源投入的社会净产品时，所有这些影响都必须计入在内——有些是正的，有些是负的。[43]

庇古所用的例子反映了现实情况。在英国，铁路公司无须赔偿机车火星外溅引发火灾所导致的损失。联系庇古《福利经济学》第二部分第九章的论述，我认为庇古的政策建议是：其一，必须有政府行为以纠正此种“自然”状况；其二，必须迫使铁路公司补偿那些木材被烧毁的人。假使这是对庇古观点的正确解释，那么我的观点为：第一个建议是建立在对事实的错误理解之上，第二个建议则并非必需。

我们从法律的立场考察这种状况。在《霍尔斯伯利英格兰法律》中题为“机车产生的火星”条目下，我们发现：

> 倘若铁路运营者并未向法律当局申请使用蒸汽机车，那么不论任何方是否有疏忽过失，他们都得对机车火星引发的火灾负责。然而，铁路运营者一般拥有法定授权在特定路段上使用蒸汽机车。因而，如果机车已采取科学的防火措施并且在使用时无疏忽，那么在普通法层面上，铁路运营者对火星可能引起的任何损失都无须负责。在装备机车时，运营者必须使用已有的科学发明以避免可能的致害，假定已经适当考虑了致害的可能性以

及机车改装成本和便利性问题后，要求公司应用这样的发明是合乎情理的；但倘若安装者拒绝使用对效率改进存在不确定性的装置，也不能视之为运营者单边的疏忽。

此一般规则的司法例外是1905年的《铁路火灾法案》(Railway Fires Act)，1923年进行了修订，其中涉及农用地或农作物。

在这种情况下，在法定权力许可下使用机车的事实并不影响铁路公司必须对致害负责。这些条款仅仅适用于以下情形：损失索赔不超过200英镑（1905年《铁路火灾法案》规定为100英镑），火灾发生的书面通知与索赔要求务必在损失发生后7天之内送达公司，而且不超过200英镑的具体损失书面报告务必在损失发生后21天之内送达公司。

农用地不包括沼泽地和建筑物，农作物不包括那些已经收割或存贮的农作物。[44]我并未详细研究司法例外的立法历史，但根据1922年和1923年下议院的辩论判断，司法例外或许旨在帮助小土地所有者。[45]

让我们回到庇古所说的火车机车迸溅的火星引起周围林木着火却没有赔偿的例子。这原本是用来说明政府行为改善“自然趋势”是可能的。如果我们将庇古的例子视为1905年之前的情形，或者只是一个随意举的例子（他可能只是提到“周围的建筑物”而非“周围的林木”），那么显然之所以无须赔偿是因为铁路公司已经得到法律授权使用蒸汽机车，即豁免机车火星引起的火灾责任。这正是1860年的一个案例确立的法律立场。彼时的案例是有关火车外溅火星引发周围林木火灾的[46]，而且经过近一个世纪的铁路立法（包括国有化），此法律立场一直未改变（除了上文提及的司法例外）。如果我们从字面意思理解庇古所举的“火车机车外溅火星引起周围林木着火却没有赔偿的例子”，并假定它指的是1905年之后的情形，那么显然，之所以没有赔偿必定是因为损失超过100英镑（《福利经济学》第一版）或超过 200 英镑（《福利经济学》后续的版本），或者林木所有者未能在损失发生后 7 天内书面通告火灾情况，或者未能在损失发生后 21 天内提供火灾具体损失的书面说明。现实世界中，庇古的例子只可能是立法机构有意为之的结果。当然，很难想象自然状态下的铁路建设，最接近此状态的或许就是铁路运营“未经立法机构的授权”而使用蒸汽机车的情形。然而，在此情形中，铁路运营者就必须赔偿木材被毁的人。也就是说，不是政府行为就得赔付，即没有赔偿的唯一情形是因为政府行为。令人诧异不已的是，庇古明确认为应赔付，但又借这个例外情形说明政府行为改善“自然趋势”是可能的。

庇古对事件真实情况的看法似乎是错误的，他的经济分析好像也不对。要求铁路公司赔偿火车机车迸溅火星引起的火灾损失也并非必需。在此，我无须论证，假使铁路公司可以与沿路两旁的每个财产所有者进行交易且交易没有成本耗费，那么铁路公司是否承担火灾造成的损失没有关系。前面几节已经详尽讨论了这个问题。问题是当此类交易成本耗费过大致使交易无法达成时，是否必须让铁路公司对火灾损失负责。庇古显然认为应促使铁路公司支付赔偿金，致使他得出如此结论的论证也很简单。假定铁路公司正在考虑是否需要增开列车，或者提高现有列车的车速，以及在机车上增设火星防溅装置。倘若无须对火损承担责任，铁路公司在决策时就不会将列车增开、提速和未装火星防溅装置引至损失所增加的成本考虑进去。这就是私人净产品与社会净产品间差异的根源所在。最终，铁路公司的行为会降低总产出价值。然而，铁路公司无须承担赔偿责任就不会如此。这个问题可以通过一个算术例子来说明。

考虑铁路公司无须对机车外溅火星引发的火灾负责，在某一线路每天开两班列车。假设每天开一班列车，铁路公司每年提供的服务价值为 150 美元；每天开两班列车，每年提供的服务价值为 250 美元。再假设开一班列车的年成本为 50 美元，开两班列车的年成本则为 100 美元。在完全竞争条件下，成本等于铁路公司追加生产要素带来的别处产出价值的减少。显然，公司将发现每天开两班列车有利可图。但假定每天开一班列车所致沿线耕地的谷物损失(一年平均)为 60 美元，每天两班列车所致损失为 120 美元。在此情况下，每天开一班列车将提高总产出价值，开两班列车则相反。开第二班列车追加的火车服务价值为 100 美元，但别处产出价值的下降则为每年 110 美元：50 美元是追加的生产要素，60 美元是谷物损失。假如不开第二班列车，境况会好转；又假如必须对谷物损失负责，铁路公司就不会开第二班列车——结论似乎是铁路公司应对损失负责。毋庸置疑，庇古的立场就是立足于类似的推演。

若不开第二班列车境况将好转这一结论是正确的，但认为铁路公司应对损失赔偿却是不对的。让我们改变有关责任规则的假定。假设铁路公司对火车机车外溅火星引起的火灾损失负责。铁路附近土地的某农夫将处于如此状况：倘若谷物被火车引发的火灾毁坏，他将从铁路公司那儿获得市场对价；但倘若谷物完好无损，在市场上出卖后亦能得到市场价格。因此，谷物是否毁坏于他而言毫无影响。当铁路公司无须负责时，情形就大不相同了。火灾引起的任何损失都将减少农夫的收入，由此农夫就会放弃耕种损失可能超过净收益的土地（理由在“损失责任的定价体系”一节已详尽阐述）。从铁路公司无须对致害负责的制度变为必须负责的制度，将导致铁路附近耕地增加，也将增加火灾引发的谷物损失。

回到前面的算术例子。假定随着责任规则的改变，火车外溅火星引起火灾造成的谷物损失将翻一番。每天开一班列车，谷物年损失为 120 美元；每天开两班列车，谷物年损失将高达 240 美元。我们先前看到，如果铁路公司每年要赔偿 60 美元，开第二班列车就无利可图。如果每年损失达 120 美元，开第二班列车的损失就会超过 60 美元。现在考察第一班列车的情形。第一班列车提供的运输服务价值为 150 美元，成本为 50 美元，应支付的赔偿金为 120 美元。如此意味着开任何数量的班车都将无利可图。根据上述例子的数据，将有如下结果：倘若铁路公司无须负责火损赔偿，它就会开两班列车；倘若铁路公司必须赔偿，它就得停止营业。这是否意味着没有铁路更好？解决这个问题就要考虑，如果豁免铁路公司的火灾责任并使之运营（每天开两班列车），那么总产出价值是多少？

铁路运营能产生 250 美元的运输服务价值，也意味着生产要素投入此处后别处产出价值减少 100 美元，还意味着谷物损失为 120 美元。铁路的引入还将导致一些耕地被撂荒。我们知道，如果这些土地用于耕种，那么火灾造成的谷物损失将为 120 美元。既然土地上所有的谷物不可能全都毁坏，那么土地所产谷物的价值高于 120 美元或许是合理的——假定为 160 美元；但放弃耕种会使生产要素转用于别处。我们所知道的是，别处产出价值的增加将少于 160 美元——假定为 150 美元，那么铁路运营的收益应当是 250 美元（运输服务的价值）减去 100 美元（生产要素的成本），再减去 120 美元（火灾造成的谷物损失）和 160 美元（放弃耕种后谷物生产价值的下降），加上 150 美元（生产要素转用于别处的产出价值），从而铁路运营总体上增加的产出价值为 20 美元。从这些数字可以看出，显然铁路公司无须对它引起的损失负责似乎更好，以便其运营有利可图。当然，可以证明，如果改变相关数据，那么在其他情况下可以要求铁路公司对损失负责。就我的目的而言以上已足以证明，从经济学观点来看，“火车机车外溅火星引起周围林木着火却没有赔偿”这个条件并非不可取，铁路公司是否应赔偿还取决于具体情况。

庇古式分析怎么会得出错误的结论呢？原因在于庇古似乎并没有意识到，他的分析针对的是完全不同的问题。分析过程是正确的，但要得出庇古的具体结论是不合逻辑的。待考察的问题并非是否要增开班列，或提速，或安装火星防溅装置，需要考虑的是建立一套制度规定铁路公司是应赔偿所引起的火损还是无须对此负责。经济学家在比较不同的社会安排时，适当的做法是分析不同安排下的总社会产品收益，而比较私人产品与社会产品则全无相干。一个简单的例子便可说明这个问题。设想某镇有个红绿灯，一名驾车者到十字路口看见前方是红灯便停了下来，这时另一街口没有任何车辆过来。此时即使司机不理会红灯，事故也不会发生，并且由于驾车者提早到达目的地，总产出将增加。他为何不如此行事？原因是如果闯红灯，他就会被罚款。驾车通过街口的私人产品要低于社会产品。我们是否可以由此得出结论：不对违反交通规则者罚款将导致总产出增加。庇古式分析告诉我们，可以设计出一个比我们生活的世界更好的世界。但问题是要设计可行的、旨在纠正体系中某处缺陷同时又不引起别处更严重的致害的安排。

我已相当详细地分析了一个私人产品与社会产品间差异的例子，不想再继续剖析庇古的分析体系。本文讨论的主要问题可以在庇古的《福利经济学》第二部分第九章论述第二类差异内容中找到踪迹，参阅庇古如何论证是饶有趣味的。本节开头就援引了庇古对第二类差异的描述。庇古区分了提供服务而未获报酬与造成损害却不赔偿的情形。当然，我们主要关注后者。相当奇怪的是，正如弗朗西斯科·福特（Francesco Forte）教授向我指出的，倒灌烟的烟囱问题——第二种情形的“惯常例子”[47]或“课堂范例”[48]，却被庇古当作第一种情形的例子——提供服务而未获报酬，并且从未明确提及其与第二种情形[49]的联系。庇古指出，工厂所有者耗费资源以预防烟囱倒灌烟致使他人受侵害却未获赔偿。庇古有关讨论的含义是，应给有烟囱的工厂主一笔津贴以促使其安装消烟器。大多数现代经济学家会建议对拥有烟囱的工厂主征税。遗憾的是，经济学家们（除了福特教授）并未注意到庇古处理方式的这一特点（指替代性——译者注），因为如果意识到这两种方法均可以解决此问题，我们就可以清楚地看出此问题的替代性本质。

在讨论第二种情形（损害而不赔偿）时，庇古将之表述为：“当某居住区某块土地的所有者在当地建造了一家工厂，因而居住在附近大部分地段的居民的舒适感受损；或者程度轻一点，所有者在利用自己的土地时，使邻居房屋的采光受到影响；或者，他在闹市地段投资建楼，从而缩小了邻里的呼吸空间和玩耍范围，进而有碍于居住在那里的家庭的健康和效率。”[50]庇古将这些行为形容为“未付费的损害”。的确很对，但认为它们“反社会”（anti-social）就不对了[51]。它们可以是也可以不是，必须对其结果进行得失权衡。再没有比反对任何人有一丁点致害行为更“反社会”了。

正如上文指出的，庇古在讨论“未付费的损害”时所举的例子并不是冒烟的烟囱，而是乱窜的兔子：“当某人的禁猎活动使得兔子乱窜到邻人土地上时，就伴随着第三方蒙受未付费的损失了……”此案例特别有意思，并不是因为案例的经济分析与其他例子有多大不同，而是因为其特殊的法律立场，以及此案例清楚地表明了经济学在权利界定这一纯粹的法律问题上应扮演的角色。

野兔行为的法律责任属于一般的动物责任问题。[52]虽然相当不情愿，但我只讨论野兔的情形。早期涉及野兔的案例都是有关庄园主与平民的关系。从13世纪开始，庄园主常常在公地上放养欧洲兔（一种野兔），一图兔肉二图兔毛。但是1597年的“博尔斯顿案”（Boulston's case）中，某地主（原告）指控邻近地主（被告）的兔子到处挖洞，而且兔子数量剧增，毁坏了原告的谷物。指控最终失败了，原因是：

> 一旦兔子进入邻人之地，邻人就可以杀掉这些兔子，因为它们已经是野生的了。原主人不再拥有兔子，因而也不再因于已已失所有权的兔子造成的损害而受罚，他人亦可合法地杀掉这些兔子。[53]

“博尔斯顿案”已被当作有约束力的先例。J. 布雷（J. Bray）1919年提出，他从未听说“博尔斯顿案”曾被推翻或被质疑[54]——庇古的野兔例子无疑反映了他撰写《福利经济学》时的法律立场。[55]而且此案例大体上表明，庇古所描述的情形正是在政府缺位（至少是缺乏法律执行）情形下“自然趋势”发展的结果。

尽管如此，“博尔斯顿案”仍是一则司法奇谈，威廉姆斯（Williams）教授丝毫不掩饰对此判决的不满：

基于所有权的侵害问责概念，显然是与牛群越界行为相混淆的结果；它不仅有悖于中世纪有关水、烟和污秽外泄案例的通行原则，也与当时的权威判决不符。若要对此做出令人满意的处理，则只能放弃“博尔斯顿案”的不良原则……一旦不考虑“博尔斯顿案”，合理重述整个主题的脉络就异常明晰了，也将回到与其他侵害法律的通行原则相一致的路径上。[56]

当然，“博尔斯顿案”的法官也明白，他们的裁决主张是基于此案与侵害案例不同：

此案的诉因不类似那些建石灰窑、染坊等案例。在后者，侵害是当事人亲自造成的；前者却不同，兔子自己跑到原告的土地上，而地主完全可以抓住它们并从中获利。[57]

威廉姆斯教授评论：

那种返祖式的观念，即认为动物而非地主有罪的观点再度出现。当然，把此原则引入现代侵害法将是难以令人满意的。若A造了一幢房子或种了一棵树，雨水顺着房子或树流入B的田地，则A必须对其行为负责；但若A将兔子带入自己田地，而兔子窜进B的田地，则A无须对兔子的行为负责——这就是从“博尔斯顿案”中得出的似是而非的区分。[58]

必须承认“博尔斯顿案”的判决有些怪异。当某人必须对烟或异味造成的损失负责时，无须厘定其是否拥有烟或异味；而且“博尔斯顿案”的原则在涉及其他有关动物的案件时，也并非总是被遵循。举例来说，“布兰德诉耶茨案”（Bland v. Yates）[59]就是禁止某人囤积过量的肥料，因为如此将滋生大量苍蝇影响邻里。没有人提出谁拥有苍蝇这个问题。经济学家对此不欲多提异议，因为法律推理有时有些怪异。但威廉姆斯教授的观点——应将动物（尤其是兔子）的责任问题纳入通常的侵害法案件中予以处理，却得到充分的经济理由的支持。理由是饲养兔子的人不应对损害单独负责，谷物被兔子吃掉者同样有责任。假定市场交易成本使权利重新安排不再可能，除非我们知晓具体的情况，否则无法断定饲养兔子者是否应对兔子给邻人造成的损失负责。对"博尔斯顿案"内含规则的反对意见是：如果按此规则，那么兔子饲养者不管怎样都不必负责。从经济学家的视角看，这个做法将责任规则定于一个极端或另一个极端——饲养兔子者不论如何都得负责同样都是不可取的。正如第七节所指出的，由于侵害法事实上是由法院进行处理的，允许将行为的效用与其致害进行比较，因而具有灵活性。正如威廉姆斯教授所说："整部侵害法都在试图协调和平抑利益冲突……"[60] 将兔子问题纳入普通侵害法体系，并不一定意味着非得让饲养兔子者对兔子的致害行为负责。也不是说，对于此类案子，法院的唯一任务是比较行为的致害和效用。也不用期望，法院在比较之后就一定能做出正确的判决。但除非法院极为愚蠢，否则普通的侵害法相比于僵硬的规则更可能达成令人满意的经济结果。庇古的乱窜兔子例子给出一个法律与经济学问题如何相互交融的绝佳范例，尽管正确的政策措施似乎与庇古预想的截然不同。

庇古允许其结论有一个例外情形，即野兔例子中的私人产品与社会产品存在差异。他补充道："……除非……毗邻田地占用者是地主与佃农的关系，如此补偿将通过租金调整来实现。"[61] 由于庇古的第一类差异主要考虑地主与佃农之间很难签订令人满意的契约的情形，于是上述条件尤显匪夷所思。实际上，威廉姆斯教授援引的地主与佃农间有关兔子争端的所有最新案例，都涉及运动权利问题。[62] 庇古似乎区分了无法缔约的情形（第二类）和契约难以令人满意的情形（第一类），因此他说第二类私人净产品与社会净产品的差异为：

> 无法像租佃法导致的差异那样，可以通过对任何两个缔约方的契约关系的调整加以调和，因为差异源于给契约方以外的他者造成的损益。[63]

但是，有些活动没法纳入契约，其导因实际上与有些契约总是难以令人满意并无二致——修正某些事情的花费着实过大。确实，这两种情形完全一样，因为契约难以令人满意正是因为没有涵盖某些活动。从庇古的主要论点中很难找到对第一类差异的确切讨论。他的论述表明，有些情况下地主与佃户之间的契约关系将导致私人产品与社会产品的差异。[64]但他又接着说明，政府推行的赔偿计划与租金控制同样会引致差异。[65]他进而说明，当政府处于与私人地主相似的立场时，比如对公用事业授予特许权，还是会碰到与涉及个人情况时完全相同的困难。[66]庇古讨论的内容相当有趣，但我未能从中发现庇古期望我们由此得出的经济政策的一般性结论。

确实，就本文思考的问题而言，庇古的处理方式极为模糊，也很难阐述清楚其观点。于是，我们无法确知是否已理解庇古真正的意思。尽管如此，很难不让人得出如下结论，尤其是对处于庇古这种层次的经济学家而言，即论述含糊不清只能是因为庇古自己也未能把观点立场想得通达透彻。

九、庇古式传统

庇古提出如此错误的学说，影响竟会如此之大，着实令人奇怪。虽然庇古学说的成功部分可能归功于表述的含糊，但表述不清晰自然也不可能错得很明显。颇令人费解的是，源头的模糊并不妨碍产生甚为清晰的口述传统。经济学家认为自己所学均源自庇古，而且他们传授给学生的即为所谓的庇古式传统。我想通过揭示庇古的分析过程及其得出的政策结论均欠妥当来说明庇古式传统的不足。

我不想通过冗长的文献引用把我的观点和流行看法作为对照。之所以如此，部分是因为涉及此主题的文献通常相当散乱，往往只是援引庇古学说再附上少许解释性的评论，因而对其进行详细的剖析也就没有必要。但是引证较少主要是因为此学说虽然源于庇古，但大多是口述传承的产物。显然，与我讨论该问题的经济学家的看法难能的一致，相比此主题的文献却是如此的贫瘠。毫无疑问，有些经济学家并不同意时下流行的观点，但确实是少数。

待讨论问题的分析方法即检视现实生产的价值。私人产品是指某个具体企业活动的追加产品价值。社会产品等于私人产品减去企业未赔偿的他处产出价值的减少。因此，倘若企业用 10 单位的某要素（无其他要素）制造价值为 105 美元的产品。要素所有者没有得到要素被使用的补偿，却又无法阻止企业使用要素。这 10 单位的要素在其他最佳用途中将产出 100 美元的产品，如此社会产品便是 5 美元（105 美元 −100 美元）。假使企业支付 1 单位的要素报酬，其价格等于边际产品的价值，社会产品价值将提升到 15 美元。假使企业支付 2 单位的要素报酬，社会产品价值将提升到 25 美元。如此直到所有要素单位都得到报酬，社会产品价值达到 105 美元。不难理解，经济学家为何会轻易接受如此古怪的方程式。这种分析着眼于个体企业的决策，而且因为不允许将特定资源的使用计入成本，所以收入按相同的数量减少。这就意味着社会产品的价值没有任何社会意义。我似乎更偏好使用机会成本的概念，并且通过比较要素在不同使用或安排下产出价值的差异来分析此问题。价格体系的主要优点在于相比于其他方式，能够以最小的成本将要素分配到产出价值最大的地方（抛开价格机制以便于处理收入再分配问题）。但是，假使通过某种天赐的自然和谐，要素能够流向产出价值最大的地方，却完全不必利用价格机制，结果也不要求存在任何补偿的条件，我倒觉得这是个惊喜，而非令人沮丧之源。

社会产品的定义非常奇异，但这并不意味着由此分析得出的政策结论必定不对。然而，这种分析方法使人们的注意力偏离了问题的本质——这注定是相当危险的，毋庸置疑，也应当对时下流行的错误学说负一定责任。确信致害企业应补偿受害者（联系庇古的机车迸溅火星的例子），无疑是没有比较不同社会安排的总产品差异的结果。

用税收或补贴解决不良影响的建议，同样犯了如上错误。尽管仍一如既往地未详述个中缘由，但庇古对这一解决方法甚为倚重。[67]现代经济学家似乎对征税方式情有独钟，并且设想得很精确。税收应等于造成的损害，因而应随不良影响的不同而改变。由于未提及税收收益应当支付给受害者，因此此解决方法与强制企业补偿因自身行为致损的受害者的做法并不相同。然而，经济学家似乎未注意到这一点，并倾向于将两者混为一谈。

假设有家工厂修建在一个此前没有烟尘污染的区域，工厂排烟每年造成 100 美元的损害。如果采用征税方法，那么只要工厂冒烟，工厂主每年就要缴 100 美元的税。如果消烟装置每年运行花费 90 美元，那么在此情形下应该装消烟装置，用 90 美元的耗费避免 100 美元的损失，工厂主境况每年改善 10 美元。但这样得到的结果并不是最佳的。设想受害者可以搬离此处或采取其他防范措施以规避损失，这些方法的成本（相当于收入减少）为每年 40 美元。继而如果工厂仍旧排放烟尘且受害者可以搬离该区域或采取调整措施避害，那么将出现 50 美元的产出收益。如果工厂主必须支付等于致害的税额，那么显然应引入双重征税制度，让该区域的居民支付数额上等于工厂主（或其产品消费者）为避害而追加的成本。在这些条件下，人们将搬离该区域或者采取其他措施避害，当如此行事的成本小于生产者为减少致害所增加的花费时（当然，生产者的目标并不是减少致害，而是要减少税收支付），向致害方（生产者）征税的税收制度，倾向于带来过高的致害抑制成本。当然，如果税收可以做到不基于致害，而是以烟尘排放导致的生产价值（广义的）下降为基础，以上情形就可避免。这样做要求详细知晓每个个体的具体偏好，我无法想象如何才能收集税收体系所需的数据。的确，用征税方式解决烟尘污染和类似问题困难重重，比如计算问题，致害的均值和边际值的差异问题，不同财产损失之间的相互关系问题，等等。此处无须考虑这些问题。就本文的目的而言，证明以下足矣：即使可以准确地调整税收，使之与每一增量的烟尘污染给邻人带来的损害相吻合，征税方式也不一定能带来最佳结果。随着排烟工厂附近居民和企业数量的增加，烟尘污染的致害也会递增，进而相应地导致税收数额的提高。这终将使得工厂生产要素的产出价值下降，原因无外乎两点：一是税收致使产出下降，使得生产要素被用于产出价值较少的别处（可以从机会成本视角理解——译者注）；二是投入更多的生产要素以减少烟尘污染，但决定在工厂附近定居的人不会想到因自己的存在而造成产出价值下降。这种未能考虑给他人带来的成本的行为，完全可以与工厂主未将烟尘污染造成的损害计入成本核算的情形相比。没有征税，厂区的烟尘污染程度将过高而居民区的烟尘污染程度将过低；征税后，情况相反。但没有理由说，某一种做法就肯定是可取的。

我没必要过多地讨论，通过区域规划将排烟工厂移出某区域这一政策建议所内含的类似错误。工厂迁移导致产出下降显然得纳入考虑，并权衡其与工厂仍在原处带来的致害孰高孰低。此类规制的目标并非完全消除烟尘污染，而是厘定产出价值最大的最佳污染水平。

十、方法的改变

我相信，经济学家之所以未能在处理不良影响问题上得出正确结论，并不能简单地归咎于分析方法的偶尔闪失，而应植根于当下福利经济学处理方法中存在的根本性缺陷，需要做的是方法论的变革。

私人产品与社会产品差异的分析，集中关注经济体系中的具体缺陷，很容易令人产生这种想法——任何消除缺陷的方法肯定是可取的。它亦使人们不再注意到调整措施可能会不可避免地改变经济体系的其他部分，而这种变化带来的损害比原有缺陷的可能更大。本文前面几节已有许多这方面的例子。我们不使用这种方法研究问题。研究企业问题的经济学家习惯于利用机会成本概念，比较既定生产要素组合在不同企业安排下的产出差异。在分析经济政策时，似乎也可以如此，即比较不同社会安排的总产出差异。本文的分析与经济学这个分支的做法类似，仅局限于比较产出的市场价值。但是，人们在选择不同的社会安排来解决经济问题时，应当在更广泛的标准上进行比较，同时还应当综合考虑不同的社会安排对生活各方面影响的总效应。正如弗兰克·H. 奈特（Frank H. Knight）常常强调的，福利经济学的问题最终必然归结为美学和道德问题。

本文所讨论问题的惯常处理方式的第二个特点为：分析过程是通过比较自由放任状态和某种理想状态展开的。这种方式不可避免地导致思维的松散、不严谨，因为待比较的不同方案的本质从来就是模糊的。自由放任状态下，是否存在货币体系、法律体系和政治体系？如果存在，那么它们具体是怎样的？理想状态下，是否存在货币体系、法律体系和政治体系？如果存在，那么它们是怎样的？这些问题的回答都归隐于神秘之中，谁都可以肆意筹划自己偏好的答案。实际上，几乎不用分析即可说明理想状态比自由放任状态要好，除非凑巧两者被界定为同一状态。但是，不论心中畅想的理想世界如何，显然我们仍旧没有找到从当下状态达到理想状态的方法，因而此类讨论与经济政策大体无多大干系。更好的方法似乎应是：以近似于实际存在的状态作为分析起点，审视所倡导的政策改变有何影响，并试图确定新出现的状态相比于原有状态总体上孰优孰劣。如此得出的经济政策才与现实状态有关联。

之所以未能提出一个较好的处理不良影响问题的理论，最后一个原因源于错误的生产要素定义。生产要素通常被定义为商人获取和使用的有形实体（一亩地或一吨化肥），而非执行某种（有形的）行动的权利。我们会说到某人拥有土地并将之当作生产要素，但土地所有者实际上拥有的是执行一系列受约束行动的权利。土地所有者的权利并非没有限度，他甚至没法将土地挖出移至别处。虽然他可以排除一些人利用自己的土地，但对另外一些人而言他可能就未必能如愿了。举例来说，有人可能有权穿行于土地所有者的田地。进而，土地所有者可能可以也可能不可以在自己的土地上建造某类建筑、种植某种谷物，或者使用某种特定的排水系统。之所以如此并非仅仅是因为政府规制，普通法亦有同样的要求，甚至任何法律体系下都是如此。个人权利无限度的体制实际上也就等同于没有权利的体制。

如果将生产要素当作权利，就容易理解有权制造有害影响（如排放烟尘、制造噪声、释放异味等）同样是一种生产要素。正如对于一块田地，我们可以不让他人穿行于其上、泊车于斯、建房于其上；同样，我们也可以利用田地挡住他人视野，让他人不再享有安静的环境和干净的空气。行使一项权利（即使用一种生产要素）的成本，等于此举给别处造成的损失——不能穿行于田地、泊车或建房于其上，或者不能再欣赏美丽、宁静的景色以及呼吸干净的空气。

显然，只有那些所得大于所失的行为才是更为可取的。但是，在个体决策的语境下讨论社会安排的选择问题时，我们必须牢记，既存体系的改变使某些决策者境况改善的同时也不免使他人境况恶化。我们还必须将不同社会安排的运行成本（不论是市场运行还是政府部门运营）纳入考量，同时还有从旧体系过渡到新体系的成本。不论是设计还是选择不同的社会安排，我们都应当考虑总体影响——总效应。总之，这就是我倡导的方法论变革。

注释

[1] 虽然本文主要讨论经济分析的一个技术性问题，但是其想法源于我当下研究的广播业的政治经济学。本篇文章的观点在我先前分析电台频段和电视频道分配的文章中已隐约提及（The Federal Communications Commission, *Journal of Law and Economics*, 1959）。然而，从本篇文章的评论反馈看，似乎有必要更清楚地阐释该问题，并且有必要表明本文分析结论并非只适用于最初提出的问题。

[2] Coase, The Federal Communications Commission, 2 *Journal of Law and Econcmics*, 26-27 (1959).

[3] G. J. Stigler, *The Theory of Price*, 105 (1952).

[4] 本文在论述中假定要么种植谷物要么完全放弃耕种。其实无须如此。有些谷物可能不易被牛损毁，当然这还是不如没有损失的情形下那样有利可图。因此，如果新种植谷物能给农夫带来 1 美元而非 2 美元的收益，并且在原牛群规模下对原谷物造成 3 美元损失而对新种植谷物只造成 1 美元的损失，那么对养牛者来说，支付任何低于 2 美元费用（这将使损失责任赔偿从 3 美元减少到 1 美元）将促使农夫种植新谷物品种，便是有利可图的；而对农夫来说，如果得到的金额超过 1 美元（改变谷物

种植品种将引起收益减少），那么这种行为同样是有利可图的。实际上，只要因谷物品种改变而使所造成损失的减少多于谷物价值的减少（不包括被损毁的），就肯定存在双方都满意的讨价还价余地——在任何情形下，耕种谷物的改变都将引起产出价值的增加。

[5] *Gale on Easements,* 237-239（13th ed. M. Bowles 1959）.

[6] *Fontainebleu Hotel Corp.v. Forty-Five Twenty-Five*, Inc., 114So. 2d 357（1959）.

[7] 11 Ch.D. 852（1879）.

[8] 听诊就是用耳朵或听诊器倾听，根据声音诊断病人的身体状况。

[9] 注意，这里需要考虑在改变生产方式、地理位置和产品特征等之后，由此造成的收入变化。

[10] L.R.5 Eq.166（1867—1868）.

[11] 4 C.P.D. 172（1878—1879）.

[12] 25 Q.B.D. 481（1890）.

[13] 盎格鲁－撒克逊司法传统的一项原则认为，若某事物长期以来一直持续置于某主体主导之下，那么可推定其应拥有此项事物合法授权。——译者注

[14] 人们也许要问，糖果制造商案中该制造商使用研钵已六十多年，为什么不适用“过往授权法则”。答案是：医生在花园开设诊所之前一直不存在任何侵害问题，因此侵害并未持续多年。确实，糖果制造商在书面陈述中亦提及，“三十多年前一度也有一个病妇住在毗邻的房屋，要求我若有可能的话早晨 8 点前不要使用研钵”。而且有证据表明，花园墙壁本身易受震动的影响。但法院轻易地驳倒该论证：“……尽管震动存在但很轻，而且病妇的抱怨（如果可以称之为抱怨的话）……微不足道，以至于……被告的行为从法律上或按照平衡原则推断均不足以构成任何诉讼。”（11 Ch. D. 863）这就是说，只有在医生开设诊所之后，糖果制造商才开始发生侵害的事实。

[15] Coase, The nature of the firm, 4 *Economica*，New Series，1937. p. 386. 收录于 *Readings in Price Theory*，1952，p. 331。

[16] 有关理由在我早期的文章中已有阐述，参阅：*Reading in Price Theory,* p. 337，n. 14。

[17] 威廉·普罗瑟是著名的现代侵权法学者，其著作《侵权法手册》影响较大。——译者注

[18] 参阅：W. L. Prosser，*The Law of Torts*，pp. 398-399，412（zd ed. 1955）。所引用的有关制造蜡烛的古老案例取自詹姆斯·菲茨詹姆斯·斯蒂芬爵士（Sir. James Fitzjames Stephen）所著的 *A General View of the Criminal Law of England*，p. 106（1890）。斯蒂芬爵士没有给出援引，也许他事先已经知道斯威（Seavey）、济滕（Keeten）和佘斯顿（Thurston）所著的 *Cases on Torts* 给出的“列科斯诉伦涅特案”（*Rex v. Ronkett*）。类似普罗瑟的观点，可参阅：F. V. Harper and F. James, *The Law of Torts,* 1956: pp. 67-74，（1950: p. 604）；*Restatment, Torts,* 826，827、828。

[19] *Winfield on Torts*，pp. 541-548（6th ed. T. E. Lewis, 1954）；*Saimond on the Law of Torts*，pp. 181-190（12th ed. R. F. V Heuston，1957）；H. Street，*The Law of Torts*，pp. 221-229，1959.

[20] “首席检察官诉道蒂案”（*Attorney Genertal v. Doughty*），2 Ves. Sen. 453，28 Eng Rep. 290（Ch. 1752）。请比较 Prosser, 同前引，Supra n.16 at 413 n.54，所援引的美国法官马斯曼诺（Musmanno）的话：“如果没有烟尘，匹兹堡就还是个美丽的小山村。”参阅：*Versailles Borough v. McKeesport*

Coal & Coke Co.，1935，83 Pitts. Leg. J. 379，385。

[21] 10 C.B.（N.S.）268，142 Eng. Rep. 445（1861）；13 C. B.（N.S.）841，143 Eng. Rep. 332（1863）.

[22] *Gale on Easements* p. 238，n. 6（13 th ed. M. Bowles, 1959）.

[23] 11 Ch. D. 865（1879）.

[24] *Saimond on the Law of Torts*，p. 182（12th ed. R.F.V. 休斯敦 R.F.V. Heuston，1957）。

[25] C.M. Haar，Land-Use Planning，*A Casebook on the Use*，*Misuse*，*and Re-use of Urban Land*，p. 95，1959.

[26] 参阅：*Rushmer v. Polsue and Alfieri*，*Ltd.*（1906）1 Ch. 234，此案涉及一所处于闹市区但难得安静的房屋。

[27] （1913）1 Ch. 269.

[28] 在英国极其流行的一种外卖食品。——译者注

[29] （1938）1 Ch.1.

[30] *Halsbury, Law of England*, 690-691 (3d ed. 1960), Article on Public Authorities and Public Officers. 霍尔斯伯利在 1885—1905 年（1896 年以及 1892—1895 年有间断）曾任英国上议院大法官，《霍尔斯伯利英格兰法律》是一部以其名字命名的有关英格兰法律的辞典式著作，涵盖英格兰历年普通法的案例以及法律机构颁布的法律规定，定期更新，大概有 70 卷文本，按字母排序查询。——译者注

[31] Prosser, op. cit. supra n. 16 at 421; Harper and James, op. cit. supra n. 16 at 86-87.

[32] Supreme Court of Georgia. 193 Ga. 862, 20 S. E. 2d 245（1942）.

[33] 178 Ga. 514，173 S. E. 817（1934）.

[34] 116 Ga. 64，42 S. E. 315（1902）.

[35] 270 Mass. 511, 523, 170 N. E. 385，390（1930）.

[36] See Sir Alfred Denning, *Freedom Under the Law,* 71（1949）.

[37] M. B. Cairns, *The Law of Tort in Local Government,* 28-32（1954）.

[38] A. C. Pigou, *Economics of Welfare,* 183（4th ed. 1932）. 我援引的内容来自《福利经济学》第四版，但本文引用的论述和例子从 1920 年的第一版到 1932 年的第四版都未有太大变动。这些分析的大部分内容（并非全部）在之前的《财富与福利》（*Wealth and Welfare*）（1912）一书中已经论及。

[39] 同上，第 xii 页。

[40] 同上，第 127—130 页。

[41] 在《财富与福利》一书中，庇古将“乐观主义”归功于亚当 · 斯密本人而非其追随者。他指出，“亚当 · 斯密（高度的）乐观主义理论认为在需求和供给既定的情形下，国民财富将会‘自然而然’地趋向于最大化”。

[42] Pigou, op. cit. 同注 [37]，第 129—130 页。

[43] 同上，第 134 页。

[44] *Halsbury Laws of England,* 474-475(3d ed. 1960). 以上有关法律立场的概述及所有援引都来自其中有

关铁路和运河的条款。

[45] 152 H. C. Deb. 2622-2663（1922）；161 H. C. Deb. 2935-2955（1923）.

[46] Vaughan v. Taff Vale Railway Co., 3H. and N. 743（Ex. 1858）and 5H. and N. 679（Ex. 1860）.

[47] Sir Dennis Robertson, I *Lectures on Economic Principles*, 1957: 163.

[48] E. J. Mishan, The Meaning of Efficiency in Economics, *The Bankers' Magazine*, 1960（June）, 482: 189.

[49] 同注 [37]，第 184 页。

[50] 同注 [37]，第 185—186 页。

[51] 同注 [37]，第 186 页。同样不恰当的论述可参阅庇古的两次演讲：Some Aspects of the Housing Problem, in B. S. Rountree； Lectures on Housing，in 18 Manchester Univ. Lectures，1914。

[52] 参阅：G. L. Williams Liability for animals—An account of the development and Present Law of Tortious Liability for animals，distress damage peasant and the duty to fence，in *Great Britain，Northern Ireland and the Common Law Dominions*（1939）。第四部分"The Action of Nuisance，in Relation to Liability for Animals"(pp. 236-262) 关于野兔责任的讨论与本文的讨论尤为密切。我不知道在动物责任上，美国与英国的相关普通法相差多大。美国西部的一些州并未奉行英国式普通法规定的安装栅栏的义务，部分原因可能是"相当多的未开垦土地供牛群自由活动是符合公共政策的"(Williams, opcit. supra 227)。以上例子很好地说明了在界定权利后，如何根据具体情况对法律规则做相应的调整。

[53] 5 Coke（Vol. 3）104 b. 77 Eng. Rep.，216-217.

[54] Stearn v. Prentice Bros. Ltd.，1919，1 K.B. 395-397.

[55] 我并未深入研究近期的案例。法院已通过相关法律规定修正了这一法律立场。

[56] Williams, op. cit. 同注 [51]，第 242—258 页。

[57] *Boulston V. Hardy, Cro. Eliz.*, 547-548，77 Eng. Rep. 216.

[58] Williams, op. cit. 同注 [51]，第 243 页。

[59] 58 Sol. J. 612（1913-1914）.

[60] Williams, op. cit. 同注 [51]，第 259 页。

[61] Pigou, op. cit. 同注 [37]，第 185 页。

[62] Williams, op. cit. 同注 [51]，第 244—247 页。

[63] Pigou, op. cit. 同注 [37]，第 192 页。

[64] 同上，第 174—175 页。

[65] 同上，第 177—183 页。

[66] 同上，第 175—177 页。

[67] 同上，第 192—194、381 页；*Public Finance*（3d ed. 1947），第 94—100 页。

社会成本问题的注释 *

◎李井奎　译

一、科斯定理

“科斯定理”这一术语非我首创，我也没有对之进行明确的表述，这两方面均来自斯蒂格勒(Stigler)。尽管斯蒂格勒的表述与我有异，但是他对“科斯定理”的说明确实是根据我的著作做出的，（人们）在我的论著中也可以发现相同的思想。后来转化为“科斯定理”的这个命题，是我首次在《联邦通讯委员会》中提出来的。《联邦通讯委员会》一文提出：“新发现的山洞是属于山洞的发现者，还是属于山洞入口处土地的所有者，抑或属于山洞顶上土地的所有者，无疑取决于财产法。但是法律只确定想要获得山洞使用权的人必须与谁签约，至于山洞是用于贮藏银行账簿，还是作为天然气贮存库，抑或种植蘑菇等，都与财产法无关，而与银行、天然气公司、蘑菇企业为使用山洞而付费多寡有关。” [1] 我紧接着指出，这个命题不但在山洞使用权这个例子中看起来不容争辩，而且可以应用到像无线电波发射或污染气体排放这类权利问题上。我列举“斯特奇斯诉布里奇案”（Sturges v. Bridgman）来阐释我的论点。这起案件讲的是一家糖果制造商在生产过程中产生的噪声和震动使一位医生的诊疗工作受到干扰。我运用大家现今可能已经熟知的推理方法，表明不论糖果制造商有无权利制造噪声

---

* *The Firm, the Market, and the Law*, 1988, 157-185, the University of Chicago Press.

或震动，权利对谁更有价值，在现实中谁就会取得它——正像新发现的山洞那个例子。我这样总结：“权利的界定是市场交易的基本前提……（使产出价值最大化的）最终结果与法律判决无关。”[2]这就是“科斯定理”的基本含义。在《社会成本问题》一文中，我又用更长的篇幅对此进行论证，以期大家能够明晰这个结论乃是建立在零交易成本这个假设之上的。

斯蒂格勒这样表述“科斯定理”：“……在完全竞争条件下，私人成本将会等于社会成本。”[3]斯蒂格勒还指出，在零交易成本的情形下，垄断厂商也会“表现得像一家完全竞争厂商”。[4]我们也许可以这样说：在零交易成本条件下，私人成本等于社会成本。我们可以发现，斯蒂格勒对“科斯定理”的表述与我在一篇文章中对同一思想的表述并不相同。在那篇文章中，我说的是生产价值最大化。不过，两者之间并无不一致之处。社会成本代表的是生产要素在其他用途中可取得的最大收益。然而正常来说，生产商只会关心最大化自己的利益，并不关心社会成本的大小。只有在生产要素的产出价值大于其私人成本（生产要素在其他用途中所取得的最大收益）时，生产商才会从事生产。如果私人成本等于社会成本，我们就可以知道，只有在生产要素投入某项生产活动的产出价值大于它们在其他用途上所取得的最大价值时，生产商才会从事该项生产活动。这就是说，在零交易成本条件下，生产价值会达到最大。

经济学文献中有关“科斯定理”的讨论可谓汗牛充栋，对此我无法一一探讨。不过，有些批评指向我论证的核心，这些批评不断地产生，而且常常出自杰出的经济学家之口。我觉得这些批评多半要么是不正确，要么是无关紧要，再不然就是言不及义。因此，我应该对这些批评进行一番讨论。即便是那些赞同我观点的人，也常常会误解我的想法。之所以出现这样的结果，我认为是因为庇古的研究方法在现代经济学家脑海中已经根深蒂固。我只是希望，本文对减弱这种影响有所助益。无论我所言是对是错，本文至少可以厘清我的论点。

二、财富能否达到最大

我曾假定，当交易成本为零时，交易双方会进行协商，以使财富达到最大。根本点是我做出的这个假设是否合理。有人认为我的这个假设是错误的。在提出异议的人当中，由于其中一位是萨缪尔森教授（Samuelson），更使得这种反对的声音变得强大而有力。萨缪尔森教授只在两个地方提到《社会成本问题》一文，而且都是在注释中，但他的基本观点是一致的。在第一个注释中，他说："在这些情形（即有关排放烟尘或其他类似问题的谈判）里，人们的自利之心如果不受约束，最终就会带来无解的双边垄断问题，从而双边垄断中的未决之处以及非最优问题都会出现。"[5]在第二个注释中，他说："……共同用于生产的两种或两种以上的要素投入问题，是无法通过将之简化为求总数最大化问题来予以解决的，将总数在各生产要素之间进行配置是多边垄断的一个悬而未决的问题。"[6]

萨缪尔森在讨论中持有的观点，是他长期以来一直坚持的，最初是用来批评另外一位更令人敬重的对手的。埃奇沃斯（Edgeworth）在《数理心理学》（*Mathematical Psychics*）（1881）一书中认为，两个从事商品交换的个体最终会在"契约曲线"上的特定点成交，因为如果不这样，他们就会进一步通过交易使双方的境况皆有所改善。埃奇沃斯分析的隐含假设为，"签订契约"和"重签契约"都无须花费成本；五十多年前，我曾研读《数理心理学》，潜意识中还留存着关于埃奇沃斯论点的一些记忆。我常认为这一记忆对于我后来提出所谓的"科斯定理"或许曾起到一定作用。在《经济分析基础》(*Foundations of Economic Analysis*）一书中，萨缪尔森批评埃奇沃斯的理论："……在契约曲线之外的任何一点，从这点向契约曲线移动，有可能对双方都有好处。但是，这和埃奇沃斯所说的交易最终会落在契约曲线上的观点并不是一回事，因为很多双边垄断的最后均衡点是落在契约曲线之外的。"[7]萨尔缪森又说："……与人类这种社会性生物交往的经验告诉我们，我们实际上不能确然地预测那些‘受过教育、头脑聪明且有独立意志的人’有向契约曲线移动的倾向。正如经验性事实所表明的那样，我们无法认同埃奇沃斯的断言，即双边垄断者最终会停留在契约曲线上。他们有可能在其他点停留，因为其中一方或双方由于担心彼此讨论的结果会危及他们目前均认可的‘现状’，而没有意愿去探讨是不是可以移动到对大家都更为有利的点。”[8] 萨缪尔森在《经济分析基础》一书中解释了为何两个个体可能未必停留在契约曲线上，因为他们担心如果提议再磋商，即便交易对双方都有好处，但商谈的结果也许会带来对一方或双方不利的结果。这个说法颇令人费解。如果交易双方已经签订契约，若要修改就必须经双方一致同意，我们似乎看不到有什么障碍会阻止交易双方进行磋商；而且，如果交易双方没有签订契约，也就没什么“现状”会受到影响。要想交易能够进行下去，则交易双方必须就交易条件达成一致意见。既然是这样，我不认为交易双方会选择对大家更为不利的交易条件。或许萨缪尔森心中是这样想的，由于交易条件会影响到交易双方从交易过程中获得的利益，如果交易双方无法就交易条件达成一致意见，他们就没有办法签约，也就无法达成交易。这似乎就是萨缪尔森在 1967 年的想法。他接着说道：“两个理性自利的个体，若未能事前谈妥如何在他们之间进行最大化利益的分配，那么即便是在最为理想化的博弈理论模型中，也不会出现帕累托最优解——最大化两个对手利益总和的解。除非是由经济分析者下达强制命令，或者同义反复地重新界定何为‘不理性’行为，否则我们不能将出现非帕累托最优结果的可能性排除在外。”[9]

如果交易双方未能就交易条件达成一致意见，那么我们的确不能排除这种可能性。我们不可能认为，两个人进行交易谈判，最终结果一定会落在契约曲线上。即便在一个交易成本为零，从而使交易双方有无限多的时间进行磋商的世界里，我们也不能得出这样的结论。但是，我们的确有着强有力的理由相信，无法达成一致意见的情况所占的比例必定是很低的。

正如萨缪尔森自己所指出的，供给者愿意出售的价格小于需求者愿意购买的价格，因此交易双方必须就价格进行磋商的情况在“现实生活中司空见惯”。[10]萨缪尔森给出这样一个例子：“如果我的秘书已经被训练得很习惯于我的做事方式，而我也被训练得很习惯于她的做事方式，那么在我们的联合产品中要区分我们两人的相对贡献，就会有一段未能确定的区域。没有她，我可以找到替代者，但是就每一块钱的成本而言，我未必能够找到相近的替代品。此外，如果我明天改行去做水电工，她在熟知经济学专业术语上的许多投资，就变得毫无价值可言。如果改行与否对我来说并没有区别，那么她也许会付钱给我，劝我放弃改行的想法。这对她来说可能也是值得的。”[11]

这个例子很有意思，也的确非常普遍。无论是购买原材料、机器、土地、建筑物，还是购买劳务，这都是常常会遇到的情况。当然，替代品的竞争一般来说会在很大程度上缩小双方所能接受的价格范围。但是，买卖双方对于交易能否达成皆感无所谓的情况，应该还是非常罕见的。我们观察到的实际情况是，原材料、机器、土地、建筑物总是被买来卖去，教授们最终也总能雇用到秘书。如此来看，如何分配交易利得这个问题，一般来说尚且不至于使交易双方无法达成协议。这并没有什么好奇怪的。那些未能达成协议的人，既没有买入也没有卖出，一般也就没有收入。具有这种特性的人很难幸存，由此我们或许可以假定（我的确也是这样假定的），正常人不会具有这样的特性，人们通常还是愿意采取折中的办法以达成交易。萨缪尔森声称“经验性事实”告诉我们，人们即使处于埃奇沃斯所说的情形，也不会必然落在契约曲线上。这无疑是正确的，但是我认为人们通常期望位于契约曲线上这一点更为重要。在萨缪尔森所举的他想改行当水电工的例子里，他指出自己的秘书也许会愿意付给他钱，让他打消改行的念头。而事实上，他的秘书可能不会同意付钱给他，或者不接受工资下降（这与付钱的效果相同），尽管他的秘书真的如此作为可以让自己和萨缪尔森的境况都变得更好。萨缪尔森也有可能认为其秘书愿意降低工资的幅度不够大，从而改行当水电工，结果造成他及其秘书的日子过得都不怎么好。在这种情形下，尤其是当交易成本为零时，我认为这样的结果是很难发生的。

萨缪尔森同时强调，最后会出现什么样的结果并不确定。然而，不论购买什么样的东西，那都是客观存在的事实，由此结果不确定的问题适用于所有的经济分析。正如埃奇沃斯所言，结果不确定并不必然表示结果不是最优的。此外，交易双方从交易中取得利益的相对大小未能确定的问题，与我在《社会成本问题》一文所讨论的问题并不相关。在该篇文章中，我讨论的是如何将从事特定活动的权利分配给个人或厂商的问题，以及权利的分配如何决定哪些商品会被生产和售出的问题。无论如何，我们都没有理由认为，在就有害气体的排放权利进行谈判时，如何分配利益这一问题会比从事经济学家比较熟悉的交易（如购买房屋）的最终结果更难判定。

三、科斯定理与租金

反对“科斯定理”的意见中的大部分似乎低估了无成本交易所能达到的目标。但是，一些批评提出了更具一般性的问题。例如，有人认为，对于租金究竟是否存在及其扮演怎样的关键角色这一问题，“科斯定理”未曾涉及。在这里，“租金”这个术语是指生产要素从事某种活动所能得到的报酬与从事其他活动可以得到的报酬之间的差额。我在分析这个问题时，讨论的是土地净收益的变化。但是，把我的论点改用租金加以说明，也不会出现什么困难。这无非是用一个其他的词语，把我原来的论证重新表述一遍罢了。不过，有些经济学家或许会认为这种方法更加合适。

租金问题与我的分析之间的关系最早是威利茨（Wellisz）提出的。[12]之后，雷根（Regan）[13]和奥滕（Auten）等学者以威利茨的分析为依据，认为我的结论有误。奥滕曾简洁地阐述了这样的看法：“在科斯所举的例子里，结论会随着责任规则的不同而有所差异，而责任之大小则取决于污染者和被污染者的李嘉图租金（Richardian rents）。当污染者与被污染者所使用的都是边际土地（marginal land）时，若污染者必须为其污染所造成的问题（损失）负责，则他们最终会停止使用那块土地；但是，若由被污染者负责，则他们最终会被迫离开那块土地。”[14] 这个说法听起来似乎说得通。边际土地无法获得其他的任何报酬，但是其他生产要素因为供给弹性无穷大，用在此处所取得的报酬不会比在其他地方多。在这种情况下，如果污染者必须补偿因污染所造成的损失，那么用于该项活动的生产要素（土地除外）显然会转移到其他用途上，因为不论造成的损害有多大，在损失得到补偿之后，这些生产要素所获得的收益将低于其用于其他活动所得到的收益。如果污染者不必为此负责，那些受到污染损害的人就会发现，一旦把污染造成的损失考虑在内，他们在此处获得的收益将会低于在其他地方所能取得的收益，因而他们最好的选择是离开这里，另寻高就。所有这些似乎表明法律的有关规定的确会影响到结果——这个结论与我的分析正好相反。奥腾的论证貌似合理，我却认为大谬不然。在这些条件下，既然排污权无法提高拥有权利一方的收益，也就不会有人愿意购买它，由此它的价格就是零。如果某个人不需要支付任何价格就可以获得排污权，那么我们又怎么能说他无权制造污染呢？如果某个人不需要支付任何代价就可以避免受到损害，那么我们又怎么能说他不得不忍受损害呢？责任规则界定可以在任意一方转换。用奥滕的话说，污染者与被污染者可能都会留居原地，也可能都会离开，两种情况发生的概率相同。至于到底会发生什么样的情况，根本就不会受到法律有关规定的影响。

生产要素在某项活动上可以获得的收益与该生产要素用于其他活动最多可取得的收益的差额即构成租金。若有必要，则人们投入生产要素从事某项活动最多愿意支付的金额将会比这些生产要素的租金总和稍微低一些，因为即便把这笔支付纳入考虑，继续从事该项活动也总比转移到别处要好。类似地，如果支付的金额超过生产要素租金的总和，这些生产要素就会放弃该项活动，因为在考虑这笔支出之后，与其将生产要素用在此处，还不如用在别处。既然如此，那就不难证明，若交易成本为零，则无论法律如何规定损害责任的归责原则，资源配置都不会受到影响。为了简化分析，我将用于某项活动的生产要素的租金总和称为“租金”。我将要探讨的是《社会成本问题》中的例子，即离群的牛损毁农作物。我把饲养牛群的生产要素集称为“牧场主”，把用来种植农作物的生产要素集称为“农场主”。

租金代表的是从事某项活动而不是其他活动最多可以使产出价值（即收入）增加的金额，如果租金已经最大化，那么以市场价格衡量的产出价值也自然达到最大。假如没有牧场主而只有农场主种植农作物，农场主的活动使得产出价值增加的幅度就可以用投入农作物种植的生产要素的租金来衡量。假如没有农场主而只有牧场主在养牛，牧场主的活动使得产出价值增加的幅度就可以用投入养牛这项活动的生产要素的租金来衡量。假如既有牧场主又有农场主但没有出现离群的牛毁坏农作物的情形，产出价值的增加就可以用农场主与牧场主的租金之和来衡量。但是，假如牧场主养牛而离群的牛毁坏了农作物，此时种植农作物与养牛并存，那么产出价值的增加则可以用农场主与牧场主（根据我们的定义）的租金之和减去被牛群损毁的农作物的价值来衡量。

首先，假设养牛和种植农作物两者并存，而且农作物受损额小于牧场主的租金或农场主的租金。如果牧场主必须承担牛群践踏农作物的损害责任，那么他们赔偿农场主的损失并继续放牧会比终止放牧要好，两者的差额就是牧场主的租金减去损害赔偿的金额。如果牧场主不必负责，那么农场主愿意支付以使牧场主不再放牧的补偿金上限就是被毁坏的农作物的价值。这个金额小于牧场主继续放牧而不改行从事其他工作所能多获得的收益，因此农场主没有能力让牧场主终止放牧。因为农场主的租金大于被毁坏的农作物的价值，所以农场主继续种植农作物还是可以获得收益的。不论牧场主与农场主的法律地位怎样，牧场主和农场主都会继续从事各自的活动。要证明在这种情形下产出价值会达到最大并不很难。假如农场主的租金为 100 美元，牧场主的租金也为 100 美元，而被毁坏的农作物的价值为 50 美元。如果牧场主与农场主都继续经营，生产的价值就会大于其他可能的情形，此时增加的生产价值为150美元（租金之和减去被毁坏的农作物的价值）。如果农场主或牧场主不再继续经营，此时生产价值的增加量就会下降到100美元。

现在假设被毁坏的农作物的价值小于牧场主的租金但大于农场主的租金，我们来看看会发生什么情况。首先，我们假设牧场主必须为牛群造成的损害负责。如果牧场主赔偿农场主因牛群造成的农作物损失（牧场主的租金大于被毁坏的农作物的价值，所以他们有赔偿能力），那么农场主之所得将与农作物没有受毁损的情形一样（牧场主赔偿被毁坏的农作物的金额可以替代那些被毁坏的农作物在市场上出售而获得的金额），但是农场主的租金要小于被毁坏的农作物的价值。如果有人愿意支付给农场主一笔大于其租金的补偿金，农场主就会同意不再继续耕种。牧场主可以通过付给农场主一笔小于被毁坏的农作物之价值的补偿金，从而诱使农场主不再种植农作物（因而不会再有农作物被毁坏的情形发生）——那对他来说自然再好不过。在我们所假设的情形下，最终达成的交易可能是由牧场主支付一笔大于农场主的租金但小于被毁坏的农作物价值的补偿金，而农场主则要选择终止耕种。其次，我们假设牧场主不必为牛群所毁坏的农作物承担责任。如果农作物被毁坏对农场主造成的损失大于他们的租金，农场主继续耕种所获得的收入就会小于他们转而从事其他理想工作所能取得的收入。因此，除非能够诱使牧场主不再经营放牧事业，否则农场主不会继续耕种。但是，由于农场主愿意支付使牧场主终止放牧的最大金额略小于农场主的租金，而且牧场主继续放牧（从而造成农作物被毁坏）的租金高于农场主的租金，因此农场主没有能力支付足够的补偿金来诱使牧场主终止放牧。在这些情形下，如同牧场主必须为被毁坏的农作物负责的情形一样，农场主不会再继续种植农作物而转而从事其他工作中最为理想的一种，牧场主则选择继续放牧。与前面的例子相同，改变牧场主和农场主的法律地位，对于资源的配置并没有造成影响。除此之外，最终的资源配置将会使得总产出价值趋于最大化。最后，假设牧场主的租金为100美元，被毁坏的农作物的价值为50美元，农场主的租金为25美元。若牧场主与农场主都选择继续经营原有事业，则产出价值的增加量为 75 美元（100 美元加上 25 美元，再减去 50 美元）；若牧场主不再继续经营，则产出价值的增加量为 25 美元（农场主的租金）；若只有牧场主继续经营，则产出价值的增加量为 100 美元（牧场主的租金）。

现在，我们来看看与上文讨论的例子正好相反的情形。思考一下，当被毁坏的农作物的价值大于牧场主的租金但小于农场主的租金时，会产生什么结果？首先，假设牧场主对被毁坏的农作物承担责任。牧场主赔偿农作物损失的金额大于其租金，所以他们不会继续放牧，而农场主会选择继续耕种。其次，假设牧场主不必为被毁坏的农作物承担责任。如果牧场主选择继续放牧，农场主迫不得已时就会愿意承担农作物的损失，因为这些损失毕竟小于农场主的租金。但是，对农场主来说，还有更好的办法。由于牧场主的租金小于牛群毁坏的农作物的价值，如果有人付给牧场主一笔大于其租金的补偿金，他们就会同意终止放牧。而如果付给牧场主的这笔补偿金小于被毁坏的农作物的价值，农场主就会愿意支付这笔补偿金。这些条件在我们的假设之下都是成立的。由此可知，牧场主与农场主可能会达成协议，从而让牧场主终止放牧。这与前文的情形一样，无论法律如何规定，最终结果并无区别，而且产出价值也达到最大。最后，假设牧场主的租金为 25 美元，被毁坏的农作物的价值为 50 美元，而农场主的租金为 100 美元。若牧场主与农场主都选择继续经营，则产出价值将增加 75 美元（20 美元加上 100 美元，再减去 50 美元）；若只有牧场主继续经营，则产出价值将会增加 25 美元（牧场主的租金）；若只有农场主继续经营，则产出价值将增加 100 美元（农场主的租金）。

现在，让我们来看另外一种情形。假设被毁坏的农作物的价值不仅大于牧场主的租金，还大于农场主的租金。首先，假设牧场主的租金大于农场主的租金。如果牧场主必须为他们的牛群所造成的农作物损失承担责任，因而必须赔偿农场主，那么牧场主一定会终止放牧。这一点很显然，但并非他们唯一的选择。如果有人付给农场主一笔大于其租金的补偿金，农场主也会乐于终止耕种。在这种情形下，牧场主愿意付给农场主一笔大于农场主租金但小于牧场主租金的补偿金，以诱使他们终止耕种。而如果农场主终止耕种，也就不会再有农作物被毁坏的情形发生，牧场主也就不再需要赔偿农场主的损失。这一结果对牧场主比较有利。其次，假设牧场主不必为农作物被毁坏而承担责任，因为被毁坏的农作物的价值超过农场主的租金，所以除非农场主能诱使牧场主终止放牧，否则农场主不会选择继续耕种，而是转而从事其他工作中最理想的一种。为了诱使牧场主终止放牧，农场主愿意支付的最大金额只要比自己的租金稍低即可。这样的话，在支付这笔补偿金之后，农场主的状况也可以得到改善。但是，由于牧场主的租金高于农场主的租金，牧场主不可能接受农场主所提出的条件，因此农场主不会选择继续耕种。这一点与前文的情形一样，不论法律如何规定，最终结果都不会受到影响，而且最终也会带来产出价值的最大化。最后，假设牧场主的租金为 40 美元，被毁坏的农作物的价值为 50 美元，而农场主的租金为 30 美元。若牧场主与农场主都选择继续经营，与其他情形相比，则产出价值会增加 20 美元（40 美元加上 30 美元，再减去 50 美元）；若只有农场主选择继续经营，则产出价值会增加 30 美元（农场主的租金）；若只有牧场主选择继续经营，则产出价值会增加 40 美元（牧场主的租金）。

现在，我们考虑下面这种情形，那就是被毁坏的农作物的价值大于农场主的租金，同时也大于牧场主的租金，但农场主的租金大于牧场主的租金。首先，我们假设牧场主必须承担农作物的损害责任。此时，牧场主没有能力补偿农场主所遭受的农作物的损失以继续经营。由于农场主不会选择终止耕种，除非他们可以获得一笔高于其租金的补偿金（农场主的租金高于牧场主的租金），而牧场主愿意支付的最大金额仅略低于自身的租金，因此牧场主没有能力使农场主放弃耕种。然后，我们假设牧场主不必为被毁坏的农作物承担责任。此时，农场主可以付给牧场主一笔高于其租金的补偿金，以诱使他们转而从事其他工作（从而停止毁坏农作物），并避免农作物遭受损失（这些损失大到足以迫使农场主终止耕种的地步）。由于农场主的租金高于牧场主的租金，农场主这样做总比终止耕种要好，因此无论法律如何规定有关损害的责任，最终结果都是农场主选择继续耕种而牧场主选择终止放牧。与刚刚讨论的例子中的计算方式相同，我们可以证明这种情形下的资源配置也会使产出价值最大。

我们在这里就所有情形下的结果进行分析，过程显得烦琐而乏味，但结论倒是非常明确的。无论法律如何规定，资源的配置在各种情形下皆相同。此外，以市场价值衡量的生产总值，在每种情形下也都达到最大。也就是说，牧场主租金与农场主租金之和，再减去被毁坏的农作物的价值，在每种情形下均达到最大。只有当被毁坏的农作物的价值不但小于牧场主的租金而且小于农场主的租金时，农作物遭受毁坏的情形才会继续存在。如果农作物的损失仅仅大于牧场主的租金，或者仅仅大于农场主的租金，而不是同时均大于两者的租金，租金小于农作物的损失的活动就会终止。如果农作物的损失均大于两者的租金，两个租金中较小一个的活动就会终止。而无论哪一种情形出现，产出价值都会达到最大。假如我们不再局限于探讨牧场主是否继续放牧或者农场主是否继续耕种这类问题，而是允许一些放牧活动与一些耕种活动同时并存。在这样的情形下，只是徒增分析上的烦琐与乏味，而上述的基本结论并不会有所改变。

四、权利界定与财富分配

“科斯定理与租金”一节已证明，无论法律如何规定有关损害的责任，在零交易成本的社会中，资源配置不会有什么区别。然而，很多经济学家认为这个结论是错误的，因为即便是在一个零交易成本的社会，改变法律规定也会影响财富分配。财富分配的改变会导致人们对商品和劳务的需求发生变化，包括那些活动会造成恶劣影响的产业，以及那些活动会受到恶劣影响冲击的产业，其产品的需求都会受到影响。这正是问题的核心。我们回过头再探讨“科斯定理与租金”一节的例子就会发现，与牧场主不必承担责任的情形相比，牧场主必须对牛群造成的农作物损失承担责任对农场主而言总是更为有利，对牧场主就比较不利了。如果牧场主必须承担责任，他们付给农场主一笔资金以赔偿其损失，或者付给农场主一笔补偿金令其不再继续耕种（也就不会毁坏农作物），或者牧场主选择不再放牧转而从事其他工作中最为理想的那一种，从而避免牛群毁坏农作物。但是在后一种情形下，牧场主的收入有所减少。如果牧场主不必为农作物的毁坏承担责任，那么当农作物遭受损失时，农场主也就不会得到任何的补偿。他们若继续耕种，收入就会减少；或者，他们也可以付钱请牧场主终止放牧（因而不会毁坏农作物）。此外，农场主也可以转而从事其他工作，但是他们的收入会减少。由此，前文谈及的牧场主与农场主的财富变化，将会造成他们对商品与劳务的需求发生变化，从而导致资源配置的改变。

我认为这种看法并不正确。这是因为有关损害责任的法律规定发生变化并不会影响财富分配，也就不会产生因财富分配改变而影响需求这样的问题。我们来看看为什么会这样。在“科斯定理与租金”一节，我们称放牧的生产要素集为“牧场主”，称耕种的生产要素集为“农场主”。现在，我们把原来称为“牧场主”的生产要素再细分为牧场主和牧地，把原来称为“农场主”的生产要素再细分为农场主和农地。除此之外，我们再做一个可能比较接近实际情况的假设，即只有牧地与农地能够取得“科斯定理与租金”一节所定义的“租金”。我们还假设牧场主和农场主的土地都是租来的。

我们把问题限制在较为简单的例子，在这个例子中，牛群造成的损失小于牧地的租金或小于农地的租金。我们要考虑的是，有关损害责任的法律规定究竟会对那些从事放牧或耕种的人所签订的契约产生什么样的影响。假设牧场主必须为他的牛群毁坏农作物的行为承担责任，赔偿农场主的损失，那么牧场主为了租用牧地所愿意花费的金额就会比他不必支付损害赔偿时要少，两者的差额就是损害赔偿金。农场主为租用农地而愿意支付的价格将会比他未能取得任何损害赔偿时要高，两者的差额正是同一笔损害赔偿金。无论法律如何规定有关牛群造成损害的责任，牧场主与农场主的财富都不会受到影响。但是，土地所有者的财富又会怎样呢？假如农作物的损失可以得到赔偿，支付给牧地的租用价格就会比较低，而支付给农地的租用价格就会比没有损害赔偿时高。如果关于损害责任的法律规定各方均已知晓，租用土地所付出的资金额度就会对这项法律规定有所反映。如果牧场主必须承担损害赔偿责任，那么与不必承担损害赔偿责任的情形相比，牧地的价格会下降，而农地的价格会上升。由于关于损害赔偿责任的法律规定改变而造成的金钱流向的变化，正好被付给土地所有者的价格变动抵消，因此土地所有者的财富仍然保持不变。既然不同的法律规定不会影响到财富的分配，自然也就没有由此产生的需求改变的问题，更没有把需求改变的影响纳入考虑的问题。尽管我只考虑了损失金额小于牧地租金且小于农地租金的情形，但我们在“科斯定理与租金”一节所探讨的各类情形也可以使用类似的推理模式而得出相同的结论。

可能有人会认为，假定在每种情形下所有的当事人都对自己的行为进行了充分的调整，上述分析就不再适用于法律规定改变的情形。实际情况并非如此。即便从不同的分析路径出发，当交易成本为零时的财富分配不受影响这个结论还是同样可以得到的。需要谨记的是，当交易成本为零时，无论把契约订立得多么复杂都不会增加任何成本。给定这一结果，在签订合约时就要明确指出：若法律规定发生变化，则所需的支付如何改变。在我们刚才讨论的例子里，如果法律规定从牧场主不必为牛群造成的农作物损毁承担责任，变为他们必须承担相应的赔偿责任，合约中也许就会规定，牧场主所需支付的牧地租金可以适当降低，而牧地所有者可以从当初的卖地者那里取得部分返还价款；但是，农场主所需付出的农地租金会提高，因而农地所有者必须再多付一些钱给当初的卖地者。由此，财富的分配仍将保持不变。

如果牵涉以前各方当事人并不知晓的权利，那么法律规定的改变将会对资源配置产生怎样的影响就不大容易判断了。在这种情形下，根据不同的规则分配这些权利，难免会带来不同的财富分配结果。当然，有人会认为，既然没有交易成本，那么把合约订立得复杂一些也不会带来成本的增加，这样一来就可以把所有可能发生的情形都尽可能地在合约中写明，因而重新分配财富的情形也不会发生。但是，假定人们会把他们并不知晓的权利在合约中写明——这并不合理。我们必须考虑的问题就是，如果并不知晓的权利分配规则发生改变，那么通过这一改变而对需求产生的影响会不会导致不同的资源配置。在《联邦通讯委员会》一文中，如今以“科斯定理”而闻名的这个命题被首次提出。正如前文所解释的，我用来证明我的论点所举的是一个关于新发现的山洞所有权的例子。我得出这样的结论：“至于山洞是用于贮藏银行账簿，还是作为天然气贮存库，或者种植蘑菇等，都与财产法无关，而与银行、天然气公司、蘑菇企业为使用山洞而付费多寡有关。”[15] 当时我还未想过这个结论必须附带这样一个条件：如果拥有山洞所有权的各种可能的人士——他们对蘑菇的需求因人而异，而且在银行服务或天然气或蘑菇上支出的多寡在其预算中占据很重要的地位，再加上这些产品的消费占总消费的比重很大，这个新发现的山洞究竟归谁所有就会影响到对银行服务、天然气及蘑菇的需求。如此一来，银行服务、天然气及蘑菇的相对价格就会发生变化，从而导致相关的企业界人士为取得山洞的所有权而支付的意愿价格受到影响。由此，这个山洞最后的用途也可能会受到影响。不能否认，关于并不知晓的权利，分配规则发生变化可能会导致需求改变，进而影响到资源的配置。这种可能性固然不能排除，但除非发生像废除奴隶制这样的重大事件，否则这些改变所产生的影响一般来说都是微不足道的，我们大可放心地予以忽略。当交易成本为正值以至于在合约中明确指出各种可能情形的成本过高时，法律规定的变化会造成财富的再分配。因此，在“斯特奇斯诉布里奇案”（Sturges v. Bridgman）中，也许由于他们已签订合约，致使不同的法律规定对糖果制造商与医生之间的相对财富可能产生影响，也可能对在附近社区拥有财产的人们的财富产生类似的影响，但是要说这会进一步对糖果或医疗服务的需求产生显著影响，于我而言殊难理解。

五、交易成本的影响

零交易成本的世界经常被称为“科斯的世界”(Coasian world)。再也没有比这更离谱的事情了。现代经济理论中的世界，才是零交易成本的世界，而这正是我极力劝说经济学家离开的世界。在《社会成本问题》一文中，我之所为就是要厘清这个世界的一些性质。我认为，在那样的世界中，资源配置与法律规定无关。这个观点被斯蒂格勒命名为“科斯定理”：“……在完全竞争条件下，私人成本将等于社会成本。”[16]根据前文给出的理由，哪怕是“在完全竞争的条件下”，“私人成本 = 社会成本”的限制似乎也可以去除。庇古的著作一直是这个领域的主导思想，经济学家沿着他的学说路径拓展，试图解释为什么私人成本与社会成本会有差异，以及如何解决这个问题。但是，在他们所运用的理论里，私人成本永远等于社会成本，难怪由此得出的结论通常是不正确的。经济学家之所以会犯错，乃是因为他们没有考虑引入一个关键因素，而这个因素却是他们在分析法律规定的改变对资源配置的影响时不可或缺的。这个被遗漏的因素，就是“现实世界存在的交易成本”。

当交易成本为零时，生产者可以做出各种契约安排，以求实现产出价值最大化。如果一些行动可以使得损失减少且所付出的成本小于损失的下降幅度，同时再假设这是可采取的行动中成本最小的，那么这些行动安排无疑会被采纳。有可能只需要一个生产者采取这种行动，也有可能需要几个生产者联合采取行动。正如我在《社会成本问题》一文中讨论牛群与农作物的例子时所指出的，在这些方法中，包括农场主终止耕种全部或部分农地，或者改种其他较不易被牛群毁坏的农作物；牧场主减小饲养的牛群规模，或者减少所饲养的牛群种类，或者雇用牧人或使用牧犬，或者把牛群拴起来；也可以由农场主或牧场主修建篱笆以圈养牛群；甚至还可以设想一些其他特别的方法，例如有农场主饲养宠物老虎，利用老虎身上的气味就可以让牛群远离农作物。农场主与牧场主都会采取他们所知道的方法（包括联合采取行动）来提高产出价值，他们都有动机这么做，因为收入提高之后每个生产者都可以从中分到好处。

然而，一旦将交易成本考虑进来，前述的许多方法就不会被采纳，因为采取这些方法需要拟定契约，而拟定这些契约所需的费用可能会高于由此带来的好处。为了对分析稍作简化，我们假设意在减少损失的所有契约安排的签订成本都非常高。在我们所举的例子里，如果牧场主必须为牛群造成的农作物损失承担责任，农场主就没有理由改变经营方式，因为农作物损失所要求的赔偿金与这些农作物在市场上出售所得到的收入可以相互替代。牧场主的情况则有所不同。如果改变经营方式所需耗费的成本与因经营方式改变而支付给农场主的补偿金得以减少的数额相比更小，牧场主就有动机这么做。如果牧场主不必承担责任，他们就没有动机去改变经营方式。但是，农场主会采取一些措施以减少农作物的损失，只要多出来的农作物销售收入大于所要花费的成本，他们就会这么干。在这些情形下，如果牧场主不必为牛群所造成的农作物损失承担责任，产出价值就可能会比他们必须承担责任的情形下还要大。要证明这一点并不难。假如牧场主必须承担责任，他们就会发现想办法避免农作物被毁坏对自己是有利的。假如牧场主不必承担这种损害赔偿责任，农场主也许就会采取行动以达到同样的效果。我们进一步假设，牧场主一定要花费 80 美元才能避免农作物被毁坏，而农场主只要花费 50 美元就可以办到。假如牧场主不必承担损害赔偿责任，农场主就会采取行动来避免农作物被毁坏，他们所付出的成本是 50 美元。假如牧场主必须为牛群所造成的农作物损失承担责任，他们也许就会采取必要的措施以避免农作物被毁坏，所付出的成本是 80 美元。因此，若牧场主不必承担损害赔偿责任，则产出价值会增加 30 美元（80 美元减去 50 美元）。我举这个例子的目的不是建议那些对别人造成损害的人不必为赔偿受害者承担责任。如果将农场主与牧场主为了避免农作物受损所要付出的成本对调，我们就可以得到另一个例子。而在这个例子里，牧场主必须对牛群造成的损害承担责任，这样反而会使产出价值提高。从这些例子中可以知道，产出价值究竟是在牧场主必须承担责任时为高，还是在不必承担责任时为高，要根据具体情况来确定。

至少在普通法系国家，法律规定必须设法减少损害。基于这样的事实，有人认为，我的观点需要加以修正。我假设牧场主在不必承担损害赔偿责任或必须承担损害赔偿责任时，农场主并没有动机花费成本来减轻损害程度。有人曾指出，在普通法系国家，当牧场主必须承担损害赔偿责任时，农场主如果要取得赔偿就必须事先采取合理的措施来减轻损害程度。当牧场主不必承担损害赔偿责任时，他们为了避免成为被告，也要采取同样的预防措施。这个规定对于那些分析普通法制度如何运行的学者来说的确是非常重要的，但是这并不能改变我的观点。

这种减少损害原则的存在，虽然可以促使农场主与牧场主付出他们本来不愿意花费的支出，但是除非这些支出能够大幅降低损害程度，而且同样重要的是，他们知道应该采取哪些行动来减少损害，否则法院不大可能承认这些支出的必要性。我不会相信这项原则会导致：当牧场主必须承担损害赔偿责任时，他们会采取所有的措施以降低损害程度；当牧场主不必承担损害赔偿责任时，农场主会采取所有的措施以降低损害程度。即使事实真的是这样，我的结论也不会受到影响。在采取减少损害的措施之后，牧场主必须花费 70 美元才能避免损失（假设损害价值超过 70 美元）的发生。如果由农场主采取这类措施要花费 20 美元，那么当牧场主不必承担损害赔偿责任时，产出价值显然会提高 50 美元。由此，农场主就会被迫采取防止损害发生的措施。在某些情形下，前文假设的数字会发生变化，那样牧场主必须承担损害赔偿责任下的产出价值反而更高。

泽布（Zerbe）还认为，因为我在分析过程所依据的损害赔偿责任的法律规定并非最优的法律，所以我的结论有误。[17] 这个批评是由对我的论点的特性产生误解所造成的。我的论点的特性在于；当存在交易成本时，有关损害赔偿责任的法律规定就不可能是最优的。在没有交易成本的世界，相关各方当事人都有动机采取必要的措施来提高产出价值，而且会就此广而告之，令各方知晓。由此，我们可以通过设计一套最优的责任法规，所需的全部信息皆可设法取得。不过，既然在这种情形下无论法律如何规定损害赔偿之责任，产出价值总会达到最大，那么这些信息其实并无必要。一旦我们将交易成本考虑在内，参与交易的各方就会完全没有动机（或者这种动机很弱）披露设计最优损害赔偿法律责任规则所需之信息。实际上，他们很可能自己也不知道这些信息，因为没有任何动机去披露相关信息的人自然也没有理由去搜寻这些信息。如果交易无法完成，就不会有人去收集与交易有关的信息。

我们使用同样的方法证明：当不存在交易成本时，无论法律如何规定，资源的配置都将维持不变；当交易成本为正值时，法律在决定资源的使用上发挥着举足轻重的作用。但是，我们所做的不止于此。我们还指出，当交易成本为零时，资源配置将会保持不变，因为交易双方会调整合约内容，改变彼此的权利与义务使得产出价值达到最大。而当交易成本为正值时，那些调整合约内容的措施可能会因成本过高而使得有些（或者全部）措施难以付诸实施，其结果是采取某些行动使产出价值最大的动机消失了。哪些动机会消失，哪些动机不会消失，取决于法律做出的规定，因为法律决定了合约进行哪些调整才能使得产出价值最大。不同的法律规定到底会产生怎样的不同结果并不是非常明确，这取决于具体情况。比如，就像本节前文所阐明的，如果施害人不必向受害人给付赔偿金，产出价值就有可能反而会更高。

六、庇古税

直到《社会成本问题》一文发表，经济学文献中一直鲜有提及关于损害赔偿责任的法律规定对资源配置的影响。经济学家遵循庇古的学说，认为造成不良后果之人应该对受害者承担赔偿责任。但是，关于损害责任的法律议题一直没有受到经济学家的重视。大部分经济学家认为，如果生产者的行为对他人造成不良影响，通过征收适当的税收或者给予补贴就可以最好地加以解决。最近有一篇文章在引言中指出："要在竞争性经济中赢得效率，就必须对那些造成负面（正面）经济效果的商品征税（给予补贴）。这是经济理论中一项既有的定论。"[18]使用征税手段来管制不良后果的产生，不论它有什么别的好处，总还是有一个特别吸引人的地方，那就是可以将税收因素纳入现有的价格理论框架进行分析，设计出来的方法在课堂上或论文里给人以深刻印象，而不需要对所讨论的问题有深刻的认识。

在《社会成本问题》一文的结尾我提出，我们不能假定在税收制度实施之后就会出现行政当局期待的最优资源配置。不过，我的表述显然不够清楚明了，以至于像鲍莫尔（Baumol）这样认同我观点的批评者也未能真正理解我的看法。鲍莫尔的批评指向一个我过去没有、现在也没有的观点。因此，我要做的就是把我的观点表述得更清楚一些，尤其是针对那些因过于简洁或说理含糊而导致批评者误解之处，有必要加以补充说明。关于使用征税手段来解决一些活动造成的负面影响，很多学者接受了鲍莫尔对我的观点所做的阐释。因此，把我的评论投注于鲍莫尔的著作就足以厘清我的观点了。[19]

我当时在阐释自己的论点时，一开始就假定税收额度等于所造成损害的价值。我用来阐释观点的例子是关于一家排放烟尘的工厂。工厂排放烟尘每年会造成 100 美元的损失，而安装防治烟尘排放的装置则需要花费 90 美元。由于这家排放烟尘的工厂所有者必须为排放的烟尘缴纳 100 美元的税赋，为了省下 10 美元（100 美元 −90 美元），他会安装防治烟尘排放的装置。但是，这种情形未必就是最优的。假如受害者能够以 40 美元的代价采取一些措施避免受到烟尘伤害，那么不征税而任由这家工厂继续排放烟尘，生产总值每年可以提高 50 美元(90 美元 −40 美元)。接下来我继续解释，随着这家工厂附近人口或商店数量的增加，等量的烟尘排放量带来的伤害会增大。如果这家工厂继续排放烟尘就必须缴纳更多的税赋。因此，为了避免缴纳更高的税赋，这家工厂愿意花费更多的钱来安装防治烟尘排放的装置。那些想搬迁到这家工厂附近的人不会把这家工厂的成本上升纳入自己的考虑。使用同样的数字，我们可以轻易地对此加以阐明。假设一开始没有人住在工厂附近。工厂虽然排放烟尘，但没有造成伤害，也就没有征税的必要。现在，假设有一家开发商打算在工厂附近兴建一个新社区，而这家工厂排放的烟尘每年会造成 100 美元的损失。这家工厂如果安装防治污染的装置，可以把每年需要缴纳的 100 美元税赋节省下来。因此，这家开发商希望工厂每年花费 90 美元安装防治污染的装置。既然烟尘不存在，那么定居在工厂附近的人们也就不会受到任何伤害。然而，这种情况未必是最优的。这家开发商也许可以再找一处地方，每年只需花费 40 美元就可以避免烟尘伤害。同样，如果这家工厂继续排放烟尘且不用纳税，那么生产总值每年可以增加 50 美元。

我还提出，如果“工厂所有者被征收与损害程度相等的税赋，那么建立一种双重征税制度——要求住在该地区的居民支付与工厂所有者成本增量相当的税收，对防止烟尘造成伤害而言显然是有好处的”。[20] 这一论点很容易证明。在我们所举的例子中，工厂所有者的成本增量每年是 90 美元。假如对新社区的居民征收 90 美元的税赋，那么开发商宁可把新社区建在他处，因为这样他只要每年多花 40 美元就可以省下每年 90 美元的税赋。这样一来，这家工厂会继续排放烟尘，社会生产总值却可以达到最大。

就此而得出结论，认为我支持采取双重征税制度或者其他征税制度来解决这个问题，实在是大谬不然。我不过是要指出，根据损害程度来征税，同时对那些因他们的出现而使这家工厂必须为损害负责从而导致生产成本上升的人征税，这应该也是有好处的。但是，正如我在《社会成本问题》一文中所言，任何征税制度的实施都存在许多困难，即便是出发点很好的征税制度，也可能难以施行。

鲍莫尔的文章用很长的篇幅讨论我的论点，他的主要目的在于“证明庇古主义传统的结论实际上并没有瑕疵”。[21] 在烟尘排放问题上，他认为“选择适当地征税，对工厂所有者征税（而且不把赔偿金付给当地居民），在完全竞争的市场中，这种做法正是为达成资源最优配置所必须采取的。”[22] 他进一步指出，双重征税制度（比如我提出的那种）并无必要。他声称："我认为的对工厂所有者征税会造成更多人居住在工厂附近，是因为我混淆了财务性质的外部性和技术性质的外部性。"不过，从本节前面所举的例子中可以知道，我的结论并无错误。那么，为什么鲍莫尔和我会得出不同的答案呢？原因在于，我假定所征收的税赋与损害程度相等，而鲍莫尔并没有做出这样的假定。我不否认，鲍莫尔提出的征税制度是可行的，而且真要将这样的制度付诸实施，相信也可以取得他所说的结果。我在文章里指出，我反对的原因是这种征税制度根本无法实施。我觉得我已经把这一观点讲得很明白了。在《社会成本问题》一文中，我这样表述："单向致害生产者征税的税收制度，将倾向于带来过高的损害抑制成本。当然，如果税收可以做到不基于损害程度，而基于烟尘排放导致的生产价值（最广义的）降低，那么以上情形是可避免的。但这样做必须详细知晓每个个体的具体偏好，我无法想象如何才能收集到这种税收体系所需的数据。"[23]

我们考虑一下庇古税制度如何实施，就能对我心中的想法一目了然。需要注意的是，正如鲍莫尔所言，这个制度是打算应用到"所涉人员众多的"那种情形。在我们的例子里，要假设很多居民或者很多经营活动都会受到这家工厂所排放烟尘的影响。而且要注意的是，税收收入并不是用来补偿受到烟尘伤害之人的损失。这些受害者可能也会采取一些办法来减少受伤害程度。只要所花费的金钱小于损害程度因此而得到减轻的价值，这些人就有动机采取这些办法。采取这些办法的成本以及之后仍存在的损害价值，都可以根据每个受害者（或可能的受害者）而一一计算得到，并且可以加总。对每种损害程度下的烟尘排放量，我们都必须重新计算这些数值，或者至少能够在相当高的烟尘排放量水平下计算这些数值，从而通过编制表格来展示生产总量随着不同的烟尘排放量水平而下降的数量关系。税赋应该等于不同的烟尘排放量下的生产总值的下降额度。接着，我们再把这张表格交给工厂所有者，请他在考虑可能要缴纳的税赋之后再决定生产方式及烟尘排放量。如果减少烟尘排放量所需增加的成本小于省下来的税赋，工厂所有者就会减少烟尘排放。由于征税额等于因烟尘而造成其他产品产出价值的下降额度，而因改变生产方式而导致生产成本上升表示排放烟尘的产品产出价值下降额度。因此，工厂所有者在增加生产成本或缴纳税赋之间进行抉择时，其决策依据是产出价值最大化。从这个意义上说，这样的征税制度算得上是最优的。

然而，实际情况远比上面所讨论的要复杂。工厂所有者在从事经营活动时一般不希望把烟尘排放量一直维持在同一水平，他会希望烟尘排放量有时多一些、有时少一些。烟尘排放量上下波动的幅度以及排放的时间，都会影响住在工厂附近的人们可能采取的应对措施，因为措施是否有利可图与这些因素有关联。烟尘排放模式多样，难以尽数，但为了设计一套适当的征税制度，也许有人会说只要收集工厂附近的人（或者可能会到那里定居的人）对烟尘排放的可能反应的数据就够了，而且有关的烟尘排放模式也不需要很多数据。当然，由于防治烟尘的措施是否有利可图要依据烟尘排放的持续时间长短来确定，我们有必要收集未来许多年的数据资料。

很显然，庇古税制度的实施过程相当复杂。通过上面这样的简单说明，我们已经可以大略知道，要实施庇古税制度得完成哪些事情。居住在受到烟尘污染地区的人（或者足够代表这批人的一个样本）必须表明，烟尘对他们究竟会造成什么伤害；他们将采取哪些措施来避免或降低烟尘的伤害；当工厂的烟尘排放模式不一样时，对工厂的成本又会产生哪些影响。如果烟尘排放量减少到一定的程度，有些人就会迁入这个地区（当然，假设我们可以辨别出这些人），即便他们目前不住在这个地区，我们也应该对他们进行类似的调查。我们需要从如此庞大的人群中收集信息，即便真的存在这些信息，他们也不会有什么兴趣予以披露；而一般来说，他们并不了解这些信息。据我观察，实施庇古税所需的信息是根本没有办法收集完整的。

我在《社会成本问题》一文中讨论的征税制度要求所征收的税赋等于损害额。虽然这种征税制度远比庇古税制度所要求收集的信息少，但是收集这些数据资料已属不易。而且，正如我指出的，实施征税制度得到的结果也不会是最优的。我的主要目的就是要证明这一点。我还指出，既然工厂所有者一定要按照损害额纳税，也应该要求那些受到烟尘伤害的人缴纳一笔税赋，这笔税赋与工厂所有者为防止烟尘造成伤害而增加的成本相等。这样做是有好处的。我的理由是，如果按照损害额纳税，有些个人或企业就会定居在工厂附近，这样一来，即便这些人选择居住在他处多付出的成本会小于工厂安装烟尘防治装置的费用，工厂所有者依然会选择安装设备。鲍莫尔认为这样的情况不会发生，因为“外部性（指工厂排放的烟尘）会使定居在工厂附近的人口减少”。[24]不过，他假设政府要实施庇古税制度，而我没有做这样的假设。我讨论的征税制度根据损害程度确定税赋。在这样的制度下，虽然有些情形下工厂所有者有动机安装烟尘防治装置；但是如果实施的是庇古税制度，这种动机就不存在了。一旦安装了烟尘防治装置，工厂就不会再排放烟尘，也就没有什么会阻止想搬迁到工厂附近居住的人这样做。在特定的烟尘排放量水平下，他们可以预期工厂将安装烟尘防治装置。之所以要采用双重征税制度，目的就在于阻止人们与企业尽管可以以较低的成本定居于其他地方却选择居住在工厂附近，导致工厂的生产成本增加。不过，我不想在这里就不同征税制度的优劣做一番比较，因为这样会牵扯一大堆复杂的理论，而这对于我所关心的问题并没有多少助益。这类征税制度都有着极为严重的缺陷，实施所造成的结果也不会实现经济学家期望的最优情态。有些征税制度虽然也存在这样的缺陷，但是在某些情形下是否会比其他制度（包括不采取任何措施，顺其自然）更优，那就是另外一回事了。对此我不表达任何意见。

鲍莫尔在文章的结尾表达了与我基本相同的观点。他说：“概括来讲，要切实地施行庇古税制度，我们并没有什么理由持有较大的信心。施行庇古税制度，关于需要把税赋定在什么水平或者需要给予多大程度的补贴，我们并不知道该如何计算，也不知道如何从不断的试错中计算出大概的数值。”[25]很显然，鲍莫尔所说的“庇古主义传统的结论实际上并没有瑕疵”，指的应该是其逻辑上不存在瑕疵；而且如果真能施行庇古税制度，资源的配置就可以达到最优，但事实上这类征税制度无法施行。对此，我从来不会否认。我的看法不过是，这类征税建议从来都是痴人说梦。我年轻时听人言，“话太蠢，说不出来，那就唱出来”。在现代经济学中，这类说不出口的蠢话，可能都变成数学公式给表达出来了。

注释

[1] R. H. Coase, The Federal Communications Commission, *The Journal of Law and Economics*（October 1959）: 25.

[2] Ibid., 27.

[3] George J. Stigler, *The Theory of Price*, 3rd ed.（New York: Macmillan Co.,1966）, 113.

[4] George J. Stigler, The law and economics of public policy: A plea to the scholars. *Journal of Legal Studies*, no.1（1972):12.

[5] Paul A. Samuelson, Modern economics realities and individualism. *The Texas Quarterly*（Summer 1993）:128; reprinted in *The Collected Scientific Papers of Paul A. Samuelson*, vol.2（Cambridge, Mass: MIT Press, 1966）, 1411.

[6] Paul A. Samuelson, The monopolistic competition revolution, in *Monopolistic Competition Theory: Studies in Impact; Essays in Honor of Edward H.Chamberlin*, ed. Robert E. Kuenne（New York: Wiley,1967）, 105; reprinted in *The Collected Scientific Papers of Paul A. Samuelson*, 3:36.

[7] Paul A. Samuelson, *Foundations of Economic Analysis*（Cambridge, Mass: Harvard University Press, 1947）, 238.

[8] Ibid.,251.

[9] Samuelson, *Collected Scientific Papers*, 3:35.

[10] Ibid., 36.

[11] Ibid.

[12] Stanislaw Wellisz, on external diseconomics and the government-assisted invisible hand. *Economica*, n.s., 31（November 1964）:345-362.

[13] Donald H. Regan, The problem of social cost revisited. *Journal of Law and Economics,* 15, no.2（October 1972）: 427-437.

[14] Gerald E. Auten, Discussion, in *Theory and Measurement of Economic Externalities,* ed. Steven A.Y. Lin(New York: Academic Press, 1976）, 38.

[15] Coase， Federal Communications Commission. 25.

[16] Stigler，*Theory of Price*，113.

[17] Richard O. Zerbe, Jr., The problem of social cost: Fifteen years later, *in Theory and Measurement of Economic Externalities*, 33.

[18] Agnar Sandmo, Anomaly and stability in the theory of externalities. *Quarterly Journal of Economics*, 94, no.4 (June 1980)：799.

[19] William J. Baumol, On taxation and the control of externalities. *American Economic Review*, 62,no.3 (June 1972)：307-322.

[20] The problem of social cost. 151-152.

[21] Baumol, On taxation. 307.

[22] Ibid., 309.

[23] The problem of social cost. 152.

[24] Baumol, On taxation. 312.

[25] Ibid., 318.

对托马斯·黑兹利特的评论：

将产权分配给电台频段使用者 FCC 执照拍卖何以要花上 67 年之久*

◎李井奎　译

黑兹利特（Hazlett）教授问了这样一个问题：FCC（联邦通讯委员会的简称）执照拍卖何以会花上 67 年之久？有关于此，我能给出的唯一答案就是：因为它就是花了那么长的时间。黑兹利特似乎认为，既然列奥·赫泽尔（Leo Herzel）和我已经证明，对于无线电波段（这里指电台频段）使用权的分配，使用价格机制要比依靠 FCC 来完成这项工作更有效率，对于免费使用波段毫无利害关系的人应当接受价格机制的引入。但他们并没有这样做。我不觉得这有什么值得大惊小怪的。经历过第一次世界大战、第二次世界大战、大萧条、苏联共产主义的兴起及扩张（而且得到西方众多知识分子的赞成和积极支持）、德国纳粹分子的胜利（当时得到大多数德国人民的支持）、英国对社会主义的接纳，以及第二次世界大战后世界难以尽数的国家所经历的白色恐怖（波斯尼亚只不过是其中的一个例子），我发现对于人类事务中愚蠢之举所扮演的角色，我们很难做到视而不见。17 世纪瑞典的一位财政大臣艾克赛尔·奥克森蒂耶纳（Axel Oxentierna）在给儿子的一封书信中写道："我的孩子，你不知道，统治世界所用到的智慧简直少得可怜。"揆诸今日，亦未尝稍改。正如弗兰克·奈特（Frank

---

* *Journal of Law and Economics*, 1998,41(S2), 577-580.

Knight）曾经告诉我们的：人们是理性的，也是非理性的。我经常疑惑，为什么经济学家会那么容易就接受人们按照理性来行事的观点，对于人类来说，荒唐事真是比比皆是。这或许是因为，在商业环境下，经济学家所研究的经济体系中市场规则能确保决策具有一定的理性。一名公司雇员，以10美元买进、8美元卖出，肯定不能长久维持下去。在家庭环境下，我们要是经常这样行事，一定会一辈子让自己的老婆孩子生活得极为悲惨。而以我们无法想象的庞大规模浪费国家资源的政治家，却可能赢得成功的职业生涯。

自20世纪60年代以来，我就没有再在电台频段使用的分配上进行认真的研究。因此，我必须把自己局限在黑兹利特对这个问题的早期历史所做的评论，尤其是我在1959年发表的关于联邦通讯委员会的文章所做评论的范围之内。遗憾的是，对于我的某些评论，黑兹利特的理解有所偏差；由此带来的结果是，我们之间的分歧增大，而我试图表达的东西又被遮蔽了。黑兹利特从我的文章引述了这样一段话："必然会得出以下结论，即反对使用价格机制分配频段或频率的观点普遍存在。之所以如此，只有这样的事实才能给出解释：我们还从来就没有严肃地面对使用价格机制分配频段或频率的可能性问题。"由此他得出结论，认为"正是由于分析上的疏忽，才带来公共部门授权这种制度的建立"是我持有的立场（他称之为"谬误理论"）。这不是一个正确的结论，我从未在任何地方谈及最终导致《1927年电台法案》通过的政治操纵行为，"谬误理论"非我所有。我提到的普遍存在的反对意见，与当初传达给我或者我自己在书籍及文章中找到的观点相当一致，主要是由与维护现行体制并无经济利害关系的学者所写。我的文章所讨论的达拉斯·斯迈思（Dallas Smythe）的观点，即彼时人们所持立场之代表。

在黑兹利特文章的后面部分，他重新回到"谬误理论"上，声称这一理论"在关于电台法律最初发展的解读中受到了批评。而科斯却将他的历史性解读建立在由美国最高法院在NBC案例（1943年）中提供的判词之上，一个'修正论者'的分析业已表明，使用优先的产权是允许使广播电台得到有序发展的……《1927

年电台法案》对执照授权方案的接受，并不是关于产权方面的无心之失，而是刻意为之，目的在于争夺有序产权管理权及其之后的发展权。”姑且抛开我并没有提出“谬误理论”这一事实不论，这种认为我把自己的历史性解读建立在NBC案例中观点之上的说法，也是不符合实际情况的，在黑兹利特有关《1927年电台法案》通过之前发生了什么所持有的观点与我在《联邦通讯委员会》一文阐述的内容之间，我看不出有什么根本性的差异：“毋庸置疑，法院可以自主决定，采用解决其他行业同类问题的相同方法解决电台行业的问题。早期关于电台法律的讨论，试图将这些问题纳入现行法律的框架……当问题出现在法庭上时，达成决策似乎有点困难。我们无疑也需要有法令对一些特别管制及时地做出规定。但是，这种发展被《1927年电台法案》打断了，该法案建立了一个完整的法规体系。”不过，我不想说支持这一立法的人们在有关产权方面犯下了无心之失，我也不会很个人化地将这一过程描述为“有序”。

对于今天的人们来说，认识20世纪50年代人们对使用价格机制分配电台频段或频率的使用权这一建议所引起的反响，一定存在不小的困难。在《联邦通讯委员会》一文中，我对达拉斯·斯迈思的观点进行了讨论，给出了两个其他例子。1959年，在我文章发表之前，联邦通讯委员会决定对广播业的未来举行听证会，我应邀提供证词。你可以想见，我给出的会是什么样的证词。在我进行总结陈词后，联邦通讯委员会的菲利普·S. 克劳斯（Philip S. Cross）委员当即质疑。他提出的问题是：“你这是在愚弄我们吗？你说的这一切不会是开了个大大的玩笑吧？”我闻言大为惊愕，但还是给予了回应：“相信美国的经济制度，也是开玩笑吗？”后来，克劳斯委员称，我给出的建议是“所有方案中最独一无二的”。

接下来的例子对我来说更让人忧心。在《联邦通讯委员会》一文发表之后，我受兰德公司的一些经济学家的邀请，来到加利福尼亚州的圣塔莫妮卡（Santa Monica），协助准备一份关于电台频段与频率分配问题的报告。我和兰德公司的两位经济学家比尔·麦克林（Bill Meckling）和约拉·米纳西安（Jora Minasian）一起做这项工作。报告的草案准备就绪，拥护市场解决方案。这份报告草案在兰德公司内部传阅，关于它的评论充满着激烈的批评。其结果是，这份报告最终被禁止发布。下面这个例子说明了当时那些评论的特点：

> 无论从它的内容还是所用的方法看，这都是一份非常棒的文件。直到我阅读这份报告之前，我从来都无法相信，在1912年伦敦无线电会议上俄国代表所做的评论与斯宾塞主义经济学彼此结合可以为20世纪后半叶产生的政治和技术问题提供一个解决方案。
>
> 不知何故，时代已经把作者们（指以书面文字为通讯形式的群体——译者注）抛在了身后。在国内层面，他们忽略了社会、文化和政治上的价值，而这些是大规模通讯尤其是广播业，以及五十年来监管条例本身的发展所固有的。在国际层面，在美国之外的所有地方，通讯几乎全部是政府的职能之一，也为其所垄断，这种情况在世界上很多国家里普遍存在，它在社会主义盛行以前已出现，之后不过是经由政治社会主义或其各种变体的大规模推行，因这种支配地位和无处不在的国家主义的复兴而得到加强。对于这一切，作者们显然是全然无视它们的存在的。据我所知，在全球范围内，甚至没有哪一个国家——除了极少数腐败的拉丁美洲独裁政体——接到过如此严肃的“出售”电台频段与频率的建议。

那份提交给兰德公司高层的附有评论的备忘录，表达了对“这份报告遭受如此严厉批评”的惋惜之情，并建议“如果我们不把这份报告公之于众，而是在这方面做进一步的投资，兰德公司将可以少受非议，也可以免受损失”。该份说明材料的最后一段是这样写的：

> 如果一定要将手稿以某种形式公之于世，我极力主张对之进行大幅缩减……将其发表在一份经济学期刊上，这类期刊的读者惯于思考新的模

型，而非将它们作为政策观念加以评价。如果现在这份报告最终发表在一份期刊上，那么我并不能十分确定它是否会对科斯撰写的最初那篇期刊文章有所增益。不过，那就是杂志审稿人要判断的问题了。

你将会注意到，我和作者们均没有提出其他对兰德公司在政府领域和国会当中的“公共关系”有所影响的思考结果。即便这份报告完成得极为出色，向我们清晰地表明当前体制的谬误之处，并对若干种备择解决方案的成本和收益给出相对冷静理智的评价，我们还是要这么办。在那种情况下，我们不易受到CBS、FCC、司法部，尤其是国会的攻击与反击所带来的伤害。但是，因为这份报告是在当前情况下给出的，所以我担心一旦发布它……就是在华盛顿大商圈中自找麻烦。从一开始，我们就没有达到研究此问题所需的知识要求。

我相信，作者们的才华非常之高，以至于无论是您还是作者们，都会把批评看作对作者个人才华的不尊重。对于至少一年之前在与其中几位作者进行的长达数小时的会晤中，我和丹尼尔·埃尔斯伯格（Daniel Ellsberg）以及其他一些人，未能说服作者们离开他们如此固执地选择的道路。对此我深感遗憾。

约拉·米纳西安当时就在会晤现场，引文中最后一段所指的作者就是他。约拉告诉我，丹尼尔·埃尔斯伯格称根据定义，频段与频率隶属于公共品，因此市场解决方案并不适宜，这个项目是在浪费兰德公司的资源。这些不是反对我思想的唯一例子，我还可以引述更多；但是，我希望这些已经足以表明在那个时代，反对使用价格机制分配电台频段与频率的意见是极为常见的。

系列 II

思想市场

王 宁

本系列包括《商品市场和思想市场》和《广告行为与言论自由》两篇文章，它们关注的是思想市场。与别处一样，这里科斯受这样一个困惑所激发，正如他所说，是受“一大堆矛盾”所激发（Coase，1977a）。经济学家和普通公众经常对商品市场上的政府管制表示欢迎，认为它们是有益的，但他们又强烈反对政府对思想市场的管制。在《商品市场和思想市场》一文中，科斯问道：为什么对这两个市场的政府管制，人们会持彼此冲突的观念呢？尤其是当思想市场更容易出现市场失灵，更可能给出有关管制的更为强劲的合理经济论证时，人们还是如此表现。在《广告行为与言论自由》一文中，科斯进一步研究了思想市场上的另一个困惑。美国言论自由是一项普遍的权利，被视为民主社会得以运行的基本条件，受到宪法第一修正案（First Amendment）的保护，但是人们对广告则格外警惕。细心的读者会发现，科斯对政府管制的看法非常微妙。他观察到“管制经常让情况变得更糟，最好的结果也只是不会造成明显的区别，在从农业到城市规划的研究中发现很多例子都是介于两者之间”（Coase，1977a），但他仍然相信“我们不能基于一个先验的基础认为管制不合理，从而排除对任何市场的管制”（Coase，1977a）。

商品市场和思想市场*

◎罗君丽　译

政府管制市场的常规做法是严格区分两个市场：一是商品和服务这样的普通市场，即商品市场；二是美国宪法第一修正案（简称“第一修正案”）涉及的活动，如言论、写作及宗教信仰等活动，为简明起见，我将后者称为思想市场。虽然这一提法并不能准确描述第一修正案适用范围的界限。事实上，这样的界限似乎从未被清晰地给出。毫无疑问，思想市场——即在言论、写作以及类似活动中的意见表达（expression of opinion）——是第一修正案要保护的核心内容，而且针对第一修正案的讨论也主要围绕这些内容展开。

我思考的问题早在第一修正案通过之前就已存在，而第一修正案显然体现了人们在以往争论中持有的一些观点。如果我们的讨论只局限于第一修正案本身而不着眼于第一修正案涵盖的一般性问题，这种讨论对经济学家来说就有些危险，尽管对美国的法律研究者来说未必如此。这种危险在于，我们的讨论主要考虑美国法院尤其是最高法院的意见，从而我们所采用的研究市场管制的方法虽然符合法院的意向，却不符合经济学逻辑。有关公用事业的讨论已经出现这种趋势。这大大破坏了公共经济学的发展，并对垄断问题的经济学讨论造成很大危害。这种方法的另一个局限就是，当只专注于美国宪法语境下所产生的问题时，我们的讨论更难以汲取世界其他地方的经验和思想。

---

* *The American Economics Review*, 1974, 64(2), 384-391. 本篇文章译文经格致出版社授权使用。

我想要考察的这个一般性观点是什么呢？那就是：政府管制在商品市场上是可取的，而在思想市场上是不可取的、应加以严格约束的。在商品市场上，政府通常是动机纯正且胜任管制工作的。消费者没有能力做出正确选择且生产者经常动用垄断权力，如果政府不采取干预措施，他们无论如何都不会以促进公众利益的方式而行事。在思想市场上，情况就大不相同。一方面，如果政府试图对思想市场加以干预，那么管制效率将会非常低，而且政府的动机通常不纯正，因此即使管制达到预期的目标，其结果也不受人欢迎；另一方面，如果消费者是自由的，他们就会运用自己的良好辨识能力对可供选择的各种思想进行筛选。而那些经济实力或强或弱的生产者，尽管他们在商品市场上不择手段，但只要是为《纽约时报》(*New York Times*)、《芝加哥论坛报》(*Chicago Tribune*)或哥伦比亚广播公司(Columbia Broadcasting System)工作，我们就可以相信他们会依据公众利益而行事。有时，我们会对政治家的一些行为感到痛心，但对他们的演说却无可指责。这种态度的荒谬之处还在于：把只是一种意见表达、本该受到第一修正案保护的商业广告视为商品市场的一部分，认为政府对广告中的意见表达采取管制（甚至禁止）是可取的，却认为政府完全不应管制出现在一本书或一篇文章中的这种意见表达。

通常，除了那些极“右”或极“左”的人士，人们不会抨击政府在商品市场和思想市场上所表现出来的角色的两面性。在西方国家，人们大体上接受这种区分以及相应的政策建议。然而，并非没人察觉到其中的怪诞之处。在此，我提请大家关注阿伦·迪莱克托（Aaron Director）的一篇力作。迪莱克托援引威廉·O. 道格拉斯（William O. Douglas）法官在一份最高法院意见书中表达的强硬声明——这个声明无疑是想诠释第一修正案，但它显然内含独立于宪法思想的观点。道格拉斯法官说：“言论自由、出版自由、宗教信仰自由，这些都要另当别论。它们凌驾于警察权力之上，对诸如工厂、贫民区、公寓、石油生产等施加的管制不适用于它们。”迪莱克托认为言论自由是“自由放任仍受到尊重的仅有领域”。

为什么会这样呢？部分原因可能源于这样的事实：思想市场的自由信念与商品自由贸易的价值信念并非同根同源。让我们再次援引迪莱克托的言论："自由市场，早在人们倡导把它作为组织经济生活的方法之前，就已被强烈要求作为组织社会知识分子生活的方法；人们在认识到商品和服务通过竞争性市场进行自愿交易的好处之前，就已认识到自由交流思想的好处。"尤其是近年来，在整个北美洲，诸如美国这样承诺要保证人民享有民主的政治制度（political institutions），已使"思想市场拥有独特地位"的观念深入人心。人们认为，不受政府管制的思想市场是保证民主制度有效运行的根本所在。对于这项大课题，我在此不想多加评论，只想说这种特殊的政治体制实际上已经导致大量的市场失灵（market failure）。

我相信，正是由于持有"自由思想市场是维持民主制度之必需"的信念以及其他一些观念，知识分子已经表现出褒思想市场而贬商品市场的倾向。在我看来，这种态度失之偏颇。正如迪莱克托所说："人类中的大多数，不得不为了未来而把有效生命中的相当一部分投入经济活动。作为资源所有者，他们拥有在不断变化的就业、投资和消费的可能机会中进行选择的自由，这种自由与参政议政的自由同等重要。"我毫不怀疑这种说法的正确性。对于大多数国家（也许是所有国家）的绝大部分人来说，即便假定人们知道哪些才是正确的，保障衣食住行也比保障"正确思想"重要得多。

我们暂且不谈论两个市场孰重孰轻，先来看看人们对政府在两个市场中所扮演角色的看法的差异。这种看法的差异实在是极不寻常，需要给出解释。如果只是因为某一领域的活动对社会运行极其重要就应该把政府排除在这一领域之外，这种说法显然不足以令人信服。即使是那些主要与下层社会关联的市场，降低市场运行效率似乎也是不可取的。这里的悖论是：政府干预在一个领域危害很大，在另一个领域却变得益处良多。当我们注意到目前对政府在其他市场上扩大管制范围要求最为强烈的人，正是那些对强化第一修正案以禁止政府管制思想市场要求最为迫切的人时，就会对这个悖论更感吃惊了。

如何解释这个悖论呢？迪莱克托的平和性情使他只是做了一些隐晦的说明：知识分子对言论自由的偏爱，似乎可以从垂直利益的角度加以解释。每个人都有夸大自己所从事职业价值而贬低他人职业价值的倾向。知识分子投身于追求真理，而其他人不过是在谋生；知识分子所做的是追求学问的事业，而其他人所做的不过是交易或生意而已。我把这个观点讲得更直白一些：思想市场只是知识分子进行交易的市场。对上述悖论的解释是：自利（self-interest）和自负（self-esteem）。自负使知识分子夸大本人所在市场的重要性；他们很自然地认为，其他市场应该受管制，尤其是很多知识分子本身就自视为管制者。然而，自利和自负使知识分子确信，尽管别人都应该受到管制，但自己是不该被管制的。如此，关于两个市场中政府作用的矛盾观点就可能并行不悖了。这是一个很重要的结论，它或许令人不快，但我想不出对此等怪诞状况的其他解释。

如果我们考察出版业界的种种行动就会明白，将自利和自负作为“思想市场神圣不可侵犯”成为主流观念的主要原因是有事实根据的。当然，出版业界提供的似乎是一种有助于提高“看不见的手”发挥效能的公共服务，其从业者是新闻自由信条最坚定的捍卫者。但是，如果我们考察出版业界的行为及其宣称的观点就会发现，其从业者的言行只在符合出版业界自身利益的情形下才会保持一致。让我们思考一下出版业界自认为不应该被迫披露出版资料来源的论点。据称，这是要捍卫公众的知情权，而要捍卫公众的知情权就意味着公众无权知道出版业界出版资料的来源。然而，公众想知道故事的来源并非出于无聊的好奇心，因为如果他们不知道出版资料的来源，就很难判断所发布信息的可信度，或者很难检验信息的准确性。在我看来，最大限度地公布出版物所依据的原始资料，使之能够接受同行详细审查的学术传统，是合情合理的，是追求真理之必需。当然，出版业界反对这样做也并非没有道理。他们认为，如果要把真正持某种观点的人公之于众，人们就不会如实表达自己的意见了。这种说法同样适用于所有需要表达观点的场合，不管是在政府、生意场还是在私人生活中，要想得到坦诚的表达，就必须保守秘密。然而，当披露有关秘密符合出版业界的自身利益时，上述顾虑通常不会再妨碍他们。当然，在所传播的信息牵涉背叛甚至盗窃文件等不良或不法行为的情形下，媒体公布资料来源会阻碍信息的传播。对于出版业界来说，接收不合法资料的做法与他们对其他人应具有高道德标准和严守法律的期望是不一致的。我很难相信，水门事件（Watergate affair）的主要错误在于它并非《纽约时报》之所为。我也不认为，那些难以评判的情形不存在相互冲突的因素；我想说的是，出版业界并不认为这些因素是难以评判的。

让我们再观察另一个更加令人惊讶的例子，即出版业界对政府广播管制的态度。广播是新闻和信息的重要来源，属于第一修正案的保护范畴。然而，广播电台的节目内容要受到政府管制。可能有人认为，刻意严格执行第一修正案的出版业界一定会抨击这种对言论和表达自由的权利的限制。但事实上，出版业界没有任何作为。自联邦无线电委员会（现改制为联邦通讯委员会）1929 年成立直至现在（指 1975 年）的 45 年中，出版业界对此政策几乎从未表示过异议。如此渴望摆脱政府控制的出版业界竟然从未为广播业争取相同的言论自由而付出努力。

为了避免有人认为我对美国出版业界怀有敌意，我要指出，英国出版业界大体上也是如此。由于英国对新闻和信息来源实行政府控制性垄断，因此出版业界的做法与其宣扬的信念之间有着更为强烈的反差。也许有人认为出版业界会对这种冒犯新闻自由信条的行为感到震惊；然而，他们没有。就我所知，英国出版业界之所以支持广播业垄断，主要是因为从业者将针对英国广播公司（British Broadcasting Corporation, BBC）的替代性节目视为商业广播，会带来不断升级的广告收入竞争。出版业界既不想为广告收入而竞争，也不希望为新闻来源而竞争。所以，至少是作为新闻和信息的供给者，他们会尽最大努力钳制 BBC。在广播业垄断建立之初（当时 BBC 还是以 British Broadcasting Company 命名），BBC 被禁止播报除从指定几家新闻机构之外获得的任何新闻和信息。晚上 7 点之前不能播报新闻，可能对报纸销量产生负面影响的广播还面临其他一些限制。多年以后，出版业界与BBC进行协商，逐渐放松这些管制。但是，直到第二次世界大战爆发之后，BBC才能在晚上6点之前定时播报新闻简讯。[1]

可能有人会认为，生意人考虑的主要因素是金钱——这一事实并非什么重大发现。你还能指望从报业界这些守财奴那里得到别的什么呢？也可能有人会反驳，一种信条即使得到从中受益者的鼓吹，也并不意味着该信条是不合理的。毕竟，言论自由和新闻自由不也是自诩高尚的学者所倡导的吗？对这些学者来说，他们信仰什么取决于真理而非个人私欲。无疑，没有比约翰·弥尔顿（John Milton）更高尚的学者了。他“为不经许可而印刷的自由”所著述的《论出版自由》(*Areopagitica*)，可能是捍卫新闻自由信条最著名的作品。在我看来，他用来支持新闻自由的理由，其性质值得考察。而且，弥尔顿著作的另一个优势正合我意，因为它写作于1644年，远远早于1776年。因此，我们可以从中剖析，在有关竞争性市场如何运行的一般性认知和现代民主观念诞生之前，支持新闻自由的理由有什么特性。

如果我敢妄称自己能充当解读弥尔顿思想的向导，那真是无知！我对17世纪的英格兰知之甚少，对弥尔顿作品的很多内容不解其意。然而，这部著作中的有些段落，即使在跨越数个世纪之后，对其进行解读也不需要高深的学识。

正如人们所料，弥尔顿坚持认为思想市场至高无上：“给我知的自由、说的自由、凭良心自由辩论的自由，这是高于一切的自由。”（Milton, 1959）弥尔顿还认为思想市场不同于商品市场，不应用同样的方式来对待。“真理和知识不同于那些能用票证、法规和标准进行垄断与交易的物品。我们一定不能认为地球上的所有知识都可以被制作成大宗商品，像我们的绒面呢和打包布一样被打上标记、发放许可。”（Milton, 1959）对印刷品发放许可证是对学者和学问的侮辱：一个人为世人写作，他要调动自己全部的理性与思维；他调查探索、冥思苦想、孜孜不倦，间或向自己的贤达友人请教并相互磋商；在做完这些之后，他才会认为自己对所要写作内容的了解已经不亚于此前研究此主题的任何作者。即使作品是在最尽责、最成熟岁月里完成的最完美成果，作者的勤勉和以前的能力证明也不能使之免于陷入不被误解、不被质疑的境地，除非他把自己通宵达旦、不懈努力的成果……送到一个终日忙碌的许可证发放者那里，以博取他的匆匆一瞥。这个许可证发放者的年龄可能比他要小得多，判断力也要差得多，而且可能根本就不懂著书之艰辛。如果作品未被拒绝或被冷落，那么在书籍出版之时，他还必须像个晚辈被监护人领着一样，让审查官在自己的署名后面签名以担保作者不是白痴或骗子。这种做法不能不说是对作者、对书籍、对学问之殊荣和尊严的侮辱与贬损（Milton, 1959）。发放许可证也是对普通人的侮辱：这对普通人也无异于一种斥责；倘若我们对普通人如此猜忌，即使一本小册子也不敢放心交给他们，就相当于指责他们为轻浮、恶毒、无主见之人，其信念与辨别力如此病态和脆弱，以至于只能依靠发放许可证者通过一根管子才能给他们哺喂一些东西（Milton, 1959）。在思想市场上，正确的选择是：让（真理）与谬误搏斗；未曾听说在自由和公开的对抗中，真理会处于劣势（Milton, 1959）。那些从事发放许可证工作的人是不称职的。在弥尔顿看来，发证者应该“审慎、博学、贤明”，但我们遇到的发证者可能并非如此：“我们很容易就能预见今后会有什么样的许可证发放者：要么是无知、傲慢、疏于职守，要么就是卑鄙地捞钱。”（Milton, 1959）许可证发放者更可能压制的是真理而不是谬误：“如果要禁止，没有什么比真理本身更可能被禁止；透过我们因偏见和习惯而变得朦胧模糊的双眼，真理给人的第一印象或许比许多错误更不堪入目，更令人难以置信。”（Milton, 1959）弥尔顿也没有忘记告诉我们，他反对的许可证制度是产业集团压力的结果：“它就是这样占了上风……在此过程中，某些老专利获得者和贩卖书籍的垄断商在交易中进行过一些欺诈。”（Milton, 1959）

弥尔顿在形成上述观点时或许考虑了自利所发挥的作用，但毫无疑问，他的论点体现了迪莱克托提到的知识分子所具有的强烈的自负。作家通常是学者，辛勤耕耘、值得信赖；许可证发放者可能无知、不称职、动机卑鄙，也许还“很年轻”且“判断力低下”；普通人通常愿意选择真理而非谬误。但是，这种看法过于片面，不可全信。知识分子群体信服这种说法——显然经常如此，那肯定是因为人们容易相信对自己有益的事情也会对国家有益。

我相信，对商品市场与思想市场进行这样的区分是没有充分依据的。两个市场并没有根本性差异；在决定与之相关的公共政策时，我们需要考虑相同的因素。在所有的市场中，生产者有理由诚信经营，也有理由不诚信经营；消费者了解一些信息，但所掌握的信息并不充分，或者说他们不能理解所掌握的信息；监管者通常希望自己恪尽职守，但往往并不胜任，还会受到特殊利益集团的影响，因为作为人类，他们和我们所有人一样，最强烈的动机并不是最高尚（即有自利倾向——译者注）的。

当我说应该考虑相同因素时，我的意思并不是说所有市场的公共政策都应该是一样的。每个市场都有其独有特性，这使得相同的因素在不同市场上的影响不同，相应的适当社会安排就会各不相同。采用相同的法律安排治理肥皂、住房、汽车、石油和书刊的供给不是明智之举。我的观点是：在制定公共政策时，我们应该按相同的进路（approach）对待所有的市场。事实上，我们把经济学家偏好的用于分析商品市场的进路用于分析思想市场，很显然，政府对思想市场的干预总体上比对商品市场的干预更强。例如，当市场不能正常运行——出现所谓的邻近或溢出效应（neighborhood or spillover effects）或者说外部性（externalities，这是一个不幸被选中的术语）时，经济学家通常会倡导政府干预，包括使用直接管制手段。让我们试着想象一下为保证任何一个宣扬改革思想或建议的人享有改革带来的好处或补偿改革导致的损害而建立的产权制度（property rights system）和要开展的交易，就很容易明白，在思想市场上实际很可能存在大量的“市场失灵”，而且这些“市场失灵”的大量存在通常会促使经济学家倡导广泛的政府干预。

让我们考察消费者无知问题，这通常被视为政府干预的正当理由。很难相信，公众在评价众多相互竞争的经济社会政策时所处的情状会比在选择不同食品时所处的情状更好。然而，商品市场上的管制得到支持，而思想市场上的管制却受到抨击。或者我们思考一下防范欺诈问题。为了防范欺诈，经济学家一般会倡导政府干预。不可否认，报载文章和政治家言论充斥着各种虚假的、误导性的声明——有时候，这些文章和言论的确是除了虚假和误导别无他物。被用于控制虚假的、误导性的广告的政府管制会被认为极其可取，而当有人提议效仿联邦贸易委员会设立“联邦新闻委员会”或“联邦政治委员会”时，却被当即驳回。

我们不应该因第一修正案得到强力支持而无视政府实际上对思想市场的强势干预。这种情况，除了我在前面提到的广播业，还有教育业。尽管教育在思想市场上发挥着至关重要的作用，但它受到相当多的管制。有人可能会认为，那些迫切希望阻止政府对书刊和其他印刷品进行管制的人，一定会对教育领域的管制极为反感。然而，这两种情形是不同的。政府的教育管制一般伴随着政府资助和其他旨在增加人们对智识服务的需求从而提高其收入的措施（如义务教育）。[2] 因此，总体上会促使人们支持思想市场自由的自利意识，却导致人们区别对待思想市场上的教育问题。

我不怀疑，详细的研究还会揭示：在其他一些情形下，如果政府管制和限制竞争会提高思想市场从业者群体的收入，他们就会支持这种政府行为，正如我们在商品市场上观察到的类似现象。但是，人们对垄断思想市场的兴趣可能会很小，因为一般性的管制政策会由于市场被管制而减少对智识服务的需求。更为重要的是，通常情况下，公众对真理与谬误之间的抗争或许会比对真理本身更感兴趣。因此，人们对作家和演说家所提供服务的需求在很大程度上取决于是否存在争论，而为了使争论不消失，真理必然并不总是立于不败之地。

不管人们如何考虑导致目前这种状况被普遍接受的动机，我们实际上都要思考这样一个问题：什么样的政策才是最恰当的？要想回答这个问题，我们必须对政府履行各项职责的情况给出一些判断。我相信，除非摒弃目前那种认为政府在商品市场和思想市场上表现不同的矛盾心理，并对政府在两个市场的表现形成更为一致的观点，否则我们不可能做出令自己信服的判断。我们必须做出的判断是：政府是否像一般假设的那样在思想市场上不称职，从而我们有必要减少政府对商品市场的干预？或者，政府是否像一般假设的那样在商品市场上有效率，从而我们有必要增加政府对思想市场的管制？当然，我们可能持中间立场：政府既不像假设的那样在思想市场上无能、卑劣，也不像假设的那样在商品市场上有效、贤明，从而我们应当减少政府对商品市场的干预，同时增加政府对思想市场的管制。我期待着获悉，上述这些不同观点中的哪一个会得到经济学界同行的支持？

注释

[1] 关于出版业界对英国广播公司垄断的态度，可参阅：Coase, *British Broadcasting: A Study in Monopoly*（Cambridge, Mass., 1950），第 103—110、192—193 页。

[2] E. G. West, The political economy of American Public School Legislation, *Journal of Law and Economics*（October 1967）: 101.

参考文献

R. H. Coase, *British Broadcasting, A Study in Monopoly*, Cambridge, Mass. 1950.

A. Director, The Parity of the Economic Market Place, *Journal of Law and Economics*, Oct. 1964.

J. Milton, *Areopagitica, A Speech for the Liberty of Unlicensed Printing*, with introduction and notes by H. B. Cotterill, New York 1959.

E. G. West, The political economy of American Public School Legislation, *Journal of Law and Economics*, Oct. 1967.

Beauharnis v. Illinois, 343 U.S. 250, 286, 1952.

广告行为与言论自由 *

◎ 胡伟强　译

一、言论自由

在 1973 年 12 月召开的美国经济学会年度会议上提交的论文中，我概述了作为一名经济学家关于言论自由问题的解决思路，并表达了我对此问题当前态度的震惊。[1] 那篇论文中的观点并不需要获得一致的认可，但是一些反对意见涉及对我观点的误读，所以在此撰文重申我的观点以使我的立场更加清晰。

言论自由的信念体现在美国宪法第一修正案中："国会不应通过有损言论或者出版自由的法令……"。第一修正案的确切目的是严格限制政府对思想市场——一般来说就是文字和言论——进行规制的权力。在霍姆斯大法官（Justice Holmes）那段被广泛引用和赞同的评论中，他这样描述这一根本信念何以在第一修正案中得以表达："最终所欲之善可通过思想的自由交换得以更好地实现，对真理最好的检验是思想本身在竞争市场上赢得广泛认同的能力。"[2] 这样的表述显示了评论者对竞争市场效率的极度信任以及对政府规制的深刻怀疑。第一修正案对政府行动的禁令已经通过，未来仍会继续得到来自知识界最强有力的支持。

通常情况下，同一个知识分子群体却非常渴望政府对那些没有被第一修正

---

* *Journal of Legal Studies*, 1977, 6(1), 1-34.

案涵盖的行为予以广泛的规制，甚至急切到一天没有产生新的规制提案都不行的程度。为何处理言论或者文字材料（为了简便起见，我称之为思想市场）所信奉的政策与对待一般商品和服务市场所信奉的政策之间如此不同？这需要一个解释，但并不容易找到。

在思想市场上，消费者被假定具备对所提供之物进行恰当选择的能力，不会遭遇严重的困难。正如弥尔顿所言（自此以后，这段话不断被人提及与引用）："让（真理）与谬误搏斗！谁曾听说在自由和公开的对抗中，真理会处于劣势？"[3] 但在商品市场上，我们似乎对消费者能否做出良好的辨别表示怀疑，并认为有必要规制厂商告知消费者的内容以及商品的标签和描述，以防消费者做出错误的选择。以下观点也许只是对消费者在两个市场上行为模式假设的简单扩展：在商品市场上，厂商被认为在所从事的交易活动中是不择手段的；而在思想市场上，欺诈并不被当作严重的问题来对待。这样的扩展至少逻辑上是一致的，因为在一个市场上如果消费者可以毫不费力地察觉错误的主张，那么还有什么动机会驱使政客、记者或作者尝试做出错误或者误导性的陈述呢？

更加显著的不同也许在于对政府及其能力与动机所持的观念。我认为第一修正案对禁止政府行动的支持（这种支持是如此的广泛）基于这样的信念：政府对思想市场进行干预将会造成不良的后果。人们似乎相信这样的观点：政府的行动要么是无效的或者基于错误的动机，要么将会抑制那些本该得以传播的观点或者鼓励那些本不该传播的观点得以传播。进入经济规制领域，有关政府角色的假定完全不同。在此领域，政府被认为具备行动能力和良好动机，因此政府对人们所购买的商品和服务、购买所依据的合同条款、支付的价格以及应从何处购买等诸如此类事项做出极为详尽的规制是可取的。我们关注的是同一政府在两个不同市场上的行为，为什么在一个市场上政府被视为能力欠缺和不值得信赖，而在另一个市场上政府却被认为有效率并可信呢？

据我所知，关于上述问题还没有答案。在此我要赶紧补充说明，这种情形的出现也许部分缘于问题本身没有被提出。当然，这并不表示我对政府在两个市场上所指定角色的不同从来没有给出理由。无论理由如何，这样的区别对待确实令人好奇：与精神有关的事项较之与物质有关的事项更为重要，心灵比身体更为重要，这就是我称之为思想市场优先的假定。弥尔顿持有这种观点：

> 真理和知识不同于那些能用票证、法规和标准进行垄断与交易的物品。我们一定不能认为地球上所有的知识都可以被制作成大宗商品，像我们的绒面呢和打包布一样被打上标记、发放许可证。给我知的自由、说的自由、凭良心自由辩论的自由，这是高于一切的自由。[4]

约翰·斯图亚特·密尔（John Stuart Mill）也持有类似的观点，他是如此阐释的：

> 所谓自由贸易原则，是基于与个人自由原则不同的依据……对贸易的限制，或者为了贸易而对生产施加的限制都是真实的约束，而所有的约束本身都是一种恶；但是，这些约束仅仅影响社会有能力去限制的那部分行为，错误的产生只是因为这些约束没有真正实现通过限制所意欲获得的结果。个人自由原则并不牵涉自由贸易原则，所以个人自由原则也与限制自由贸易原则所引发的绝大多数问题无关，例如为了防止坑蒙拐骗行为的发生，多大力度的公共控制是可接受的问题；或者为了保护受雇于危险职业的工人，应该让雇主采取什么样的公共卫生预防措施或者安排等问题。[5]

阿伦·迪莱克托（Aaron Director）的观点显现出思想市场优先的谬误之处：

> 对于大多数人而言，资源所有者面对可以利用和持续改变的机遇，选择工作、投资、消费领域的自由和讨论与参政的自由同等重要。[6]

正如预期的那样，一贯明智的亚当·斯密在讨论定居法律时也表达了同样的观点。他说定居法律阻碍了劳动力的流动，但从没有像那些仅仅直接影响知识界的一般性授权一样受到公开指责。他是如此表述的：

> 尽管擅长反思的人们有时会抱怨定居法律确实是一种公害，然而它从来没有像反对一般性授权那样成为被普遍抗议的对象。毫无疑问，这样的法律是一种权力的滥用，如此行径却不可能引发一般性的反对。在英国40岁左右的贫困人群中，没有一个人不曾在自己的生活当中亲身感受过这项考虑不周的定居法律对其施加的最为残酷的压迫。[7]

不存在任何理由来假定：对大多数民众而言，思想市场比商品市场更重要。即便假定思想市场更重要，对商品市场和思想市场应该予以不同对待的观点也难以自圆其说。支持第一修正案的人持有这样的观点：政府对某一特殊市场的干预是糟糕的。但为什么不坚持这种观点并将之一致地、广泛地应用到政府的干预行动中呢？如果我们想要第一修正案得到严格的遵守，而且认为思想市场对社会运行的重要性更高，那么我们支持限制政府对思想市场进行干预。同理，我们为什么在次要的商品市场上否定这种做法呢？依照这样的逻辑，这似乎是说使服务于普通人的市场变得更少响应人们的需求是可取的。在西方世界，将那些完全取消商品市场和思想市场的国家与那些取消思想市场但保留少量的商品市场自由的国家进行比较，绝大多数知识分子似乎偏爱取消两个市场的国家。也就是说，他们给有效率的商品市场分配了一个负值。

当下这种对商品市场和思想市场的不同态度充满矛盾。消费者和政府（也包括生产者）被认为在一个市场上以一种方式行事，在另一个市场上却以另一种方式行事。然而，支持这种假定的理由似乎并不存在。这种态度暗含着商品市场无效的偏见——如果明确表达这种观点，那么绝大多数知识分子都会拒绝接受。

到目前为止，我的讨论得以推进的基础是：支持第一修正案所依赖的假设条件是正确的。如果政府干预受到严格的限制，相关市场将运行得更加良好。现在让我们假定：支持经济规制活动的假设条件也是正确的。政府不仅有能力也有良好的意愿进行合理的规制，且规制活动可以带来市场运行更加良好的效果。如果我们做出这样的假设，那么一个随之而来的明显结论就是：支持政府对思想市场进行干预的理由要比支持政府对商品市场进行干预的理由强有力得多。因为在思想市场上很难界定或者执行产权，依据经济学家通常持有的观点，这个市场必定运行不佳，因而相关的政府行动是可取的。尽管根据我的描述，对思想市场进行干预似乎蕴含着巨大潜力，但现实中政府行动是受禁止的。这种对商品市场和思想市场政策建议的不一致依然存在。

二、规制

经济规制实质上是指在经济活动过程中建立一个法律框架。在美国，“规制”（regulation）一词通常被限定为各种规制委员会的工作，也可以是立法和司法活动的结果，不将其纳入似乎就是考虑不周。当然，第一修正案并不是要阻止任何与言论或出版相关法律的通过，而只针对有损言论或出版自由的法律的出台。因为任何法律都可能会影响不同行为的相对收益率。比如，鼓励一些活动而抑制另一些活动，而任何可能影响到言论或出版自由的法律都不能获得通过——这是难以想象的，法院不可避免地要面对非常棘手的工作，即判定一项法令在何时有损言论或出版自由。

规制的现代理论倾向于强调规制是生产者出于限制竞争的渴望所带来的结果，其后果就是规制往往导致经济状况变得更糟。在某种程度上这是正确的，意味着更少的规制会带来更好的结果。有非常多的证据支持这一观点。事实上，很多研究（从农业到分区制）通常发现规制会让情况变得更糟，最好的结果也只是不会造成明显的区别，还有很多例子是介于两者之间。

绝大多数研究与各种规制委员会的活动有关，但毫无疑问，许多法律条文也有类似的效果。一个与评价广告规制的结果特别相关的例子就是对威士忌酒标签的规制。联邦酒精管理局对威士忌酒标签进行规制是为了阻止欺诈和倡导竞争。但最近一项研究表明这类标签规制实际上会导致欺诈行为的发生并限制市场竞争。研究者最后提出一个一般性的问题来结束文章："那些附加的、关于消费者保护法案的建议得以实施真的会带来消费者福利的增加吗?"[8] 对此我补充一点：人们并不是消费同样的产品和服务组合，所谓的消费者组织很可能在增进一个特定消费者群体利益的同时，像生产者组织的活动那样给其他消费者群体带来同样的伤害。因此，更低的公用事业服务价格会使得正在使用该服务的消费者获利，但会阻碍向还未使用该服务的人群的供给；污染控制或许可以提供额外的休闲设施，却是以更高的电力、石油或化学制品价格为代价取得的，而这些增量成本很可能主要由并未享受这一服务的人群来负担。

无论是否来自生产者或者消费者压力的结果，有一个事实却是很清楚的，那就是这样的规制常常会有害于社会整体利益。似乎有一个倾向性的观点，那就是所有的规制都将带来这样的结果。但是，我相信这样的观点是错误的。对此，没有人能比亚当·斯密更为强调：商业规制常常出自可从规制获利的群体施加压力的结果。但是，他对此问题的处理要比当代绝大多数经济学家来得更为全面（不仅对此问题，还包括对其他问题的处理）：

> 无论是在哪个贸易或者生产领域，商人的利益在一些方面总是区别于公众的利益，甚至与公众利益相对立。扩大市场份额与限制竞争总是商人的利益所在，扩大市场份额通常与公众利益相符，而限制竞争又与公众利益相悖……因此，要审慎对待出于这种逻辑的关于商业规制或法令的新建议，不经长期和仔细的调查就不应予以采纳，对此不仅要格外小心谨慎，还要抱着最大的怀疑态度予以关注。[9]

正如亚当·斯密所指出的，生产者当然很热衷于限制竞争，但同时他们也乐于扩大市场份额。也就是说，生产者志在推动降低交易成本和减少贸易限制的法律的出台，这意味着他们还会促使那些可以改善经济体系运行的规制的产生。因此，我们不能假定所有的规制都会带来糟糕的结果，尽管对于任何生产者群体所提出的规制建议毫无疑问都应该抱着“最大的怀疑态度”加以审视。这里有一个问题，那就是修改法律框架的建议很可能有不一致的特点：在某一方面可以扩大市场份额，但与此同时在另一方面会限制竞争。当然，我们应该始终关注规制如何在实践中应用，而这取决于每个案子的具体情形。

我一直对有关规制的研究所得出的结果困惑不已（对此我认为没有例外），这些结果认为规制不是不起作用就是起到更糟的作用。人们期望在某处发现一个好处大于害处的规制。出现这种情形的原因可能是我们被误导了。我们的研究总是大量集中于行政管理机构，而这些机构通常只是一个卡特尔组织的政治分支，从而服务于卡特尔组织的利益。对此，我的一个尝试性推论是：现代政府的规模如此之大，以至于它已经到达负的边际生产率阶段，这就意味着它所承担的任何额外功能都可能带来损害大于助益的后果，表明政府机器现在已经失控。假设一个联邦项目设立的目的是给童子军提供财政支持以便他们可以帮助老年妇女穿行于繁忙的路口，我们可以确定的是：不是所有的资金都会流向童子军；项目的资助对象可能既不是老人，也不是妇女；只有部分资助会用于阻止老年妇女穿行于繁忙的路口；许多资助对象还是会因此而身亡，因为她们将在无人监护的情况下穿行于最不适合通过的区域。

当我提出商品市场和思想市场应该受到一视同仁的对待的观点时，一些人认定我内心其实认同思想市场应接受政府的规制。这在《时代》周刊的一篇文章中得到明确的体现。[10] 这种认为我倡导对出版自由予以规制的想法恰好与我曾经向一名记者表达的言论相契合。我当时发表的观点为：“购买有害观点与购买有害药品的结果一样糟糕。”有害药品必须接受规制且为人们所认可，由此很容易得出我对思想市场持同样想法的观点。我假设的推论可通过如下辩解予以回答：发现什么是有害观点十分困难，但发现有害药品并不困难，例如关于沙利度胺（thalidomide，一种镇静剂）的毒副作用客观上相对更容易达成共识。事实上，在沙利度胺投入使用之前预测它的效果并不容易。一项关于美国新药规制的研究（触发该研究的部分原因是沙利度胺事件）表明：规制的主要效果是减少新药的供给，但与此同时并没有减小推向市场的、数量较少的、无效药品的比例。[11] 相当清楚的是，没有这项新药规制，我们将变得更好。与商品市场规制有关的经历暗示的不是对思想市场予以规制的可取性，而是引入规制的普遍危险性。

然而，上述结果并不应该掩盖这样的事实：的确存在对思想市场的规制。在提交给美国经济学会的那篇文章中，我列举了教育和广播的例子。一个更有意思的例子是法院在审判中决定什么可以被言说或者撰写，这直接影响了言论和出版自由。这吸引了人们大量的关注，因为法院试图决定什么可以在媒体中报道，而这与出版自由原则相冲突。法院所遵循的程序与我们这里所讨论的问题有着更直接、更有意思的联系。在法院，发现真相是最为重要的事情。无论律师在讨论言论自由时说了什么，当事情与自身相关时，当真理与谬误在一个自由和公开的遭遇战中交锋时，他们对于真理或许会遭遇失败的可能性表现出极大的不安。结果就是对思想市场施加最为严苛的规制可能出现。谁能够发言、什么时候可以发言、什么样的话可以表达、人们的表达次序、谁可被允许发问、什么样的问题可被提出等方面都由法院的规制所决定。[12] 很明显，律师们相信在自己的业务领域，只有对思想市场进行极为严苛的控制——通常理解的言论自由的缺席——真理才能得以建立。与不断增加的律师们的收入相对照，我并不知道这些规制是否可以真正帮助我们更加确定地判断哪些是真理，但是我乐于接受这种可能——其中一些规制确实能够帮助我们发现真理。如果是这样的，那就意味着对思想市场施加规制偶尔也是有益的。

我由此总结如下：我们不能基于一个先验的基础就认为规制不合理而排除对任何市场进行规制。但那些我引用的研究显示，在确立新的规制时应谨慎，因为在实践中规制的结果或许与倡议者所宣称的规制结果大为不同。当下的一个问题是政府规制的范围如此之广，以至于政府承担的任何额外的功能——无论何种功能，都容易造成损害大于收益的后果。但这并不意味着废除所有的规制会使我们变得更好，这其实等同于废除整个法律体系。这也不意味着在一个幸福但也许难以达至的世界——在那里，规制要比当下少得多——不存在对思想市场的规制，包括现在尚不存在的规制。

三、广告

广告——关于人们所消费的商品和服务信息的传播——显然是思想市场的一部分。知识分子通常不欢迎这样的异类（指广告）进入学术领域。这种厌恶情感也被经济学家认可，直到最近，他们一直倾向于谴责而不是分析广告的效果。近年来，人们对广告的研究更加缜密，与之相伴的是，或许我们应该说是由此带来的是对广告更为赞同的态度。然而，当我们依据第一修正案处理广告相关问题时，这样的研究工作，尽管具有启发性，但并不具有决定性。

广告可以提供信息，也可以改变人们的品位。通常来讲，企业之所以愿意承担广告费用，就在于广告提供的相关信息或者带来的品位改变使得需求增加，进而获得额外利润。广告偶尔的目的在于影响雇员的工作态度，例如让他们更有意愿为所属的企业工作。广告也可以通过影响供职于政治体系的人的行为方式来影响公共政策的方向，以利于企业自身的经营。经济学家总是倾向于友善地看待广告的信息功能。广告提供的信息是有选择性的，特定信息会使人们做出与未收到这些信息的情形相比更为糟糕的选择。最近的研究表明，绝大多数广告的信息含量必须很大，正如事实所显示的，新产品一般要比旧产品投入更大量的广告宣传。诱导性广告——没有披露相关产品和服务特性而只通过诉诸情绪感染以达到效果的广告——通常不被经济学家认可。为何会如此？原因并不明确。任何诱导人们去消费某一产品的广告都需要传递信息，与做广告的方式相比，消费行为本身就会传递更多的关于产品和服务特性的信息，因此诱导性广告也具有信息功能。我怀疑新产品的广告宣传一般不是通过广告自身的事实和图形来告知消费者（广告里呈现的事实也许与在广告里广为使用的图形一样对消费者情感具有同样的吸引力），而是通过吸引消费者试用相关产品从而用这种最直接的方式告知消费者。

广告也可以改变人们的品位。没有人会怀疑品位是可以改变的，尽管不使用文字也可以描绘品位的改变一般意味着什么。假定一个人的品位通常是由非广告因素（例如，家庭影响、宗教、教育、遗传以及每个人的特别经历）所决定，因而可以预期广告对品位的影响并不会很大，特别是很多广告并非有意去改变人们的品位且也不会改变什么。但这并不意味着广告对品位的影响可忽略不计，即便广告的效果仅仅是加速来自其他原因的、正进行的品位改变。

绝大多数经济学家似乎认为引致品位改变的广告宣传必定是不好的，或者是因为这样的广告败坏了人们的品位，或者是因为即使广告不败坏人们的品位也会催生不比原来更好的新需求。显然，广告费投入代表了资源的浪费。广告或许可以提升——哪怕是很小幅度——品位的可能性从未被考虑。然而，在评估广告价值时，一旦我们决定把品位改变纳入考虑（我认为应该如此），我们就需要决定新品位是否比旧品位更好或者更糟。菲利普·尼尔森（Phillip Nelson）教授一直强调广告的信息功能（毫无疑问这是正确的），并告诉我们他的发现：

> 那种认为广告改变品位的假说在智识上是不能令人满意的。作为经济学家，我们对品位改变还未提出什么理论，由此不能利用品位因素对相关行为进行预测。一群经济学家的直觉与另外一群经济学家的直觉相争，不会产生明确的解决方案。[13]

我原本以为广告对品位有影响（也许很小但不会为零）的观念是每一个乐于承认品位可以改变之人的共识。尼尔森教授关于我们对品位还未提出理论的说法毫无疑问是正确的，但对一个研究对象的无知似乎不是对其不展开研究的充分理由。

在我看来，对品位问题进行思考的正确方式是伟大的芝加哥学派经济学家弗兰克·H. 奈特（Frank H. Knight）所提倡的。他指出："我们倾向于把需求的增长视为不幸，把新需求的产生视为一种罪恶，例如广告和推销所不能解答的就由凡勃伦法则决定。"[14] 奈特本人对需求的态度是非常不同的：

> 需求不仅是不稳定的，而且会受各种因素的影响而不断变化，改变和增长是需求的本质，是其固有的内在必然性。实际上普通人的主要诉求不是对已有需求的满足，而是对更多和更好需求的满足。[15]

奈特反对这样的观点："一种品位或者一个判断与其他事实一样，即偏好的本质最终就是需求问题。"与之相反，奈特的观点是：

> 当人们在比较各种需求并将其作为自己行动的指引（或指导从事科学研究的学生）时，这种对需求的考虑就会不可避免地陷入关于标准本身的争论漩涡，而这似乎不同于对给定需求规模的比较。那些行事谨慎的人不仅仅且或许主要不是为了满足既定的欲求，即便在意识层面，抛开当下的目标追求新的需求的想法和欲求总是真实及有效存在的。需求和由需求驱动的行动不断地向着更新、更高（即更进化和更进步）的需求看齐，这些就是行动的目的和动机——超出欲求当前指向的目标。"目标"从狭义的当前需求的意义上看是暂时性的，它不仅是新需求的实现方式也是旧需求的终结，所有有意识的行动总是不断向前、向上和向外的。生命本质上不是为了满足需求和实现目标，而是为了获得进一步奋斗的基础；与成就相比，欲求对于行动的意义是更为根本的或者说是更好的，真正的成就是欲求水平的改进和提升以及品位的培养。最后，让我们重申一遍，所有这些都适用于行动之人，而不是简单适用于局外人在事后的哲学思考。[16]

这就意味着我们对一种行为（比如说广告对人们品位的影响）的评判标准是该行为能否使民众和社会变得更好，或者在何种程度上使民众和社会变得更好。测度广告行为对品位的影响并不容易，部分原因是效果显然不是很大，但强调广告在便利、洁净和美观等方面的效果并加以评判，应该说是正确的。关于广告对社会的效果，经济学家最为关注的是其对市场竞争的影响。过去许多经济学家认为广告行为会加剧垄断，但现在一系列研究表明，广告行为倾向于使经济体系变得更具竞争性。李·贝纳姆（Lee Benham）教授所做的关于广告影响眼镜价格的研究（该项研究对相关政策的形成具有重要影响）特别有意思。贝纳姆教授比较了禁止刊登与眼镜和视力检查有关广告的州的眼镜价格与允许做广告的州的眼镜价格，结果很明确：在允许刊登广告的州，眼镜价格更低。这项研究意味着广告倾向于使经济体系的竞争性变得更强，与其他证据保持一致。[17]

当然，广告整体上倾向于改进经济体系的绩效或者导致人们品位得到改善的结论，不能决定广告是否应该或者不应该接受规制。我认为几乎没有人想要完全取缔广告。即使绝大多数广告在一定程度上能提升品位，想必也有一些广告会败坏品位；尽管绝大多数广告传递着使经济体系更具竞争性的信息，无疑也有一些广告因信息的误导性或者欺诈性而恶化经济体系的效能。如果规制仅仅消除那些使情况变得更糟的广告，但同时保留那些使情况变得更好的广告（即使轻微地减少广告数量），很明显，这样的规制就是值得期许的。

通过考察联邦贸易委员会对欺诈行为的规制工作，我们可以形成关于广告规制能否导致经济体系整体改善的观点。理查德·波斯纳（Richard Posner）教授对此问题展开研究且表明，联邦贸易委员会采取行动的许多案件实际上并没有涉及严重的欺诈，甚至与欺诈毫无关联。例如，他们会因某些信息没有被提供而采取行动，甚至在这些信息很明显不为消费者所需的情况下依然如此。在其他的案件中，即使能被消费者完全理解的广告也遭到反对。波斯纳教授指出：在联邦贸易委员会发出规制命令的案件中，令人难以置信的是有大量的消费者受到欺骗，甚至是被故意愚弄。

> 命令一个廉价珠宝店主披露其“宝石绿”戒指不含真正的宝石；命令一个玩具制造商披露其玩具不会点燃但实际上会爆炸的抛射物；让一个发夹生产者改变产品名“First Prize”，以防消费者认为购买行为会使其有资格参加竞赛；让一个剃须膏生产者停止这样的陈述——其产品能够用来打磨，而且不用把砂纸浸泡在水里数小时就能使用。[18]

联邦贸易委员会在已经有充分的替代性法律补救方案的情形下会采取行动。当然，如果确实存在欺诈，联邦贸易委员会所采取的行动就是恰当的，但是在所有的案件中这只占非常小的比例。波斯纳教授对联邦贸易委员会1963财政年度（当然，在其他时间的结论与此并没有什么不同）的工作予以总结如下：

> 联邦贸易委员会在欺诈和不公平的市场营销实践领域，以花费超过400万美元的代价，没有为消费者保护带来实际效果，并迫使私营企业花费数百万美元用于诉讼及遵从相关的指令。除了在那些没有意义的事项上浪费金钱，联邦贸易委员会还通过以下方式给社会增加了数额难以估量的额外成本：阻碍便宜的替代品的自由贸易，包括所有种类的外国产品、可替代动物毛皮的纤维制品、人造珠宝和廉价香水等；禁止真实的命名；扰乱商家的打折行为；阻碍对功效有争议产品的公正的市场检验；给销售者增加提供额外信息的成本和给购买者增加消化额外信息的成本；等等。[19]

这个针对欺诈行为规制的研究结论与其他关于规制的研究结论没有太大的出入，即没有理由认为规制带来的好处大到足以抵消其带来的危害。

四、第一修正案、广告与法律意见

像西方知识界的绝大多数群体一样，律师信守珍藏在美国宪法第一修正案中的言论自由原则，但他们对言论自由原则的界限以及第一修正案所保护的“自由凌驾于一切之上”的特殊理由并没有达成一致意见。有时候，言论和出版自由被认为是民主社会正常运转所不可或缺的。毫无疑问，这是正确的。但这种说法并没有触及问题的核心，因为言论和出版自由对非民主社会无疑也是有价值的。假如美国由国王和贵族统治，在思想市场上，自由的价值也不会消失，还可能得到很大的提升。被倡导言论自由的人频繁引述的弥尔顿的著作《论出版自由》，其问世远远早于现代民主制度。我相信我们不得不拒绝接受这样的观点，即思想市场自由的信念依赖于对民主或者自治的信念（米克尔约翰之言）[20]。实际上，随着行动范围的扩大，法院也对第一修正案的保护范围予以扩展，因而把第一修正案的权利与政治体系的运转联系起来变得日益困难。无论艳舞是否为第一修正案所庇护，争辩这样的行为（其特别依赖于关注度）对民主政治体系的运转是否至关重要是非常困难的。想要将这种权利正当化，我们必须依赖体系的内生价值。在这个体系中，每个人都能不受政府直接规制的约束而自由地选择自己的行动，即自由地发言、写作或者从事类似的活动。

较早之前，我已经提到这样的悖论，即免于政府规制的自由在言论和写作领域被认为是必要的，而在商品和服务市场却并非如此。就我所知，对于为什么思想市场应该免于政府干预还没有人给出令人满意的理由。托马斯·I. 爱默生（Thomas I. Emerson）在他的著作中尝试证明思想市场的优越地位的合理性。这里我没必要隐瞒自己的观点，我认为他的尝试不可能成功。[21] 他正确地指出：“还没有人提出一个真正的关于第一修正案的适当的或者全面的理论，而人们对相关理论更少达成共识。”他接着尝试填补这个空白。依照爱默生的观点，第一修正案的基本目的是“保证一个言论自由的有效体系的维系”。[22] 这种对言论自由的强调有必要对言论和行动加以区分。对此，他是如此辩驳的：

> 为了实现所期望的目标，一个社会或者国家有权对行动实施控制，不论是否依靠禁止或强迫的手段，这是源自一个完全不同且更广泛的基础。但是，言论占据一个特别值得保护的位置。在人类行为领域，应将抑制和强迫的社会权利置于最低点，而且在绝大多数方面不应存在这种权利。[23]

爱默生关于言论与行动的区分大致上就是关于思想市场与商品市场的区分。维系言论自由的理由在于：(1) 它能确保个人的自我实现；(2) 它能使我们获得真理；(3) 它确保社会成员参与社会事务（包括政治事务）决策；(4) 它能维持稳定与变化之间的平衡。[24] 对我来说，爱默生用于支持思想市场自由的论证似乎同样适用于商品市场。

爱默生着重强调言论自由带来的自我实现。毫无疑问，确实如此。但自由地选择自己的职业、自己的家、自己（或自己孩子）就读的学校、在学校可以学到的内容、可以得到的医疗护理、自己的储蓄如何用于投资、所使用的设备以及所吃的食物等，对自我实现也同样必要，而且对绝大多数人来说也许要比由第一修正案所保护的很多东西重要得多。对于爱默生发现的言论自由的其他优点，我们也可以做类似的辩驳。如果在思想市场上的自由可以使我们发现和选择真理，那么为什么在商品市场上的自由不能够使我们发现什么可以利用以及更明智地选择什么值得购买呢？爱默生谈到参与政治事务决策，但为什么人们不应该通过市场竞争而自由地直接参与经济事务呢？至于对改变条件下的调整，再没有一个比市场更精巧的机制能针对变化的情形做出调整的了。

为什么知识分子（人们或许认为他们会对不一致感到不舒服）似乎没有察觉他们观点的不一致，或者没有发觉他们对于言论自由的特殊地位所给出的理由实际上和警言"充满着喧哗与骚动，却没有任何意义"[25] 的含义没有什么不同？阿伦·迪莱克托对此问题已经给出答案[26]：就是出于自利。思想市场是知识分子在其中操作的市场，他们明白与其行动相关的自由的价值。言论自由就是服务于知识分子利益的自由，而商品市场是牟利的商人在其中从事经营活动的场所。此情形下的规制指向另一个群体（即商人——译者注）的活动且无疑更具吸引力，因为知识分子视自己为规制的实施者。一般来说，知识分子从免于政府直接干预思想市场的自由中获益，因为这会产生争议进而增加对他们服务的需求。但在至少一个领域（无疑还有其他更多的领域）即教育领域（教育领域通常被视为思想市场的一部分），政府规制受到欢迎。这无疑是缘于与规制相伴的是政府的财政支持。

广告行为处于一个奇妙的位置。一方面，广告采取言辞或书面的形式，因而人们期待它会受到第一修正案的保护。广告涉及的是言论而不是行动，人们或许认为它会同样获得爱默生式论证的保护，正如思想市场的其他领域那样。但广告行为与商品市场天然相联系，这是商人的领域，被认为是行动。爱默生确信广告行为不应受到第一修正案的保护："与商业交易相关的交流通常与社会活动的一个单独部门有关，其只涉及财产权利体系而不涉及言论自由权利。"[27]但问题是它并非如此清晰可分，可以预见的是：在审视法院处理广告这一模棱两可的案件时，对于采取何种原则来决定某一广告行为是否受第一修正案的保护，将面临很多问题。法院实际如何处理这个问题正是下一节要阐述的内容。

五、广告与第一修正案：一些案例

关于商业广告不在第一修正案禁止行为之列的观点一般可追溯至最高法院在 1942 年判决的"瓦伦丁诉克里斯滕森案"（Valentine v. Christensen）。[28] 正如我们将要看到的，最高法院的观点没有阐明问题所在，但案件事实以及法院在审案过程中给出的辩解意见使得最为重要的问题得以呈现。就我而言，对这起案件的考察揭示出最高法院提出但没有予以回答的问题已经不能再继续被压制下去，在那起案件中最高法院的裁决效力的丧失，正是我们现在看到的正在发生的事件，而且这一势头将不可避免地发展下去。

该案件的事实相当简单。克里斯滕森先生购买了一艘海军潜水艇用来展示并收取入场费，潜水艇停泊在纽约市的一个码头。他印制了推销此次展览活动的传单。在他试图在街道上发送传单时，被警察告知该行为是非法的，因为纽约市的公共卫生条例禁止在街道上进行与商业和贸易事宜有关的传单发送活动。然而，克里斯滕森先生又被告知，单纯传播信息或者公开抗议的传单可以在街头发送。然后他就印制了双面传单，一面印着原来的广告内容（形式上做了略微的改变），另一面印着对市政府不允许他使用码头这一决定的抗议。这是一个真实的申诉，因为市政府的拒绝致使克里斯滕森先生不得不把潜艇停泊在州码头，从而给公众的参观带来更多不便。然而，警察禁止双面传单的发送。随后，克里斯滕森先生提起诉讼，这起案件最后由最高法院受理。最高法院认为："街道可以作为传播信息和表达观点的合适场所，这是政府不得过分施压或者禁止的特权……但同样明确的是，宪法并没有限制政府针对纯粹的商业广告采取行动。"对此，克里斯滕森先生争辩道，他所从事的是"适用于公共信息的一种传播活动，即使考虑到公众信息传播与商业广告传播的媒介方式之间难以分离的关系，也依然如此"。对此，最高法院给出一个与其说是答复不如说是拒绝的回应：

> 所陈述的事实足以证明以下结论：将对官方行动的抗议与广告流通相结合的行为是有意而为之的，而且具有规避法令禁止的目的。如果这样的规避得以成功，每一个想要在街头发送商业传单的商人只需要在其上添加一则市民呼吁或者道德煽情之类的表述就可以取得免于法律禁令的效果。[29]

在美国联邦巡回上诉法院（the United States Circuit Court of Appeals），克里斯滕森先生曾经成功赢得了一个裁决，认定警察的行动侵犯了第一修正案，但这个裁决附带了一个非常详细的反对意见。在案件由最高法院受理之前，美国公民自由联盟（the American Civil Liberties Union）纽约市委员会提交了一份"法庭之友”[30]的声明，因此相关问题得到了充分的公开讨论。美国联邦巡回上诉法院的多数观点与代表警察一方的意见有关。该意见认为尽管传单的其中一面含有受第一修正案保护的内容，但其主要是用于商业目的。这得由材料被认定为商业性质的程度以及广告者的动机来决定，即克里斯滕森先生的行为是否受金钱利益驱使。但法院多数意见认为，如果认可这种观点，就会把警察变成“判断广告作为抗议行为的程度以及判断公民的言论和写作目的的仲裁人”。一旦警察“可以衡量目的和意图以及文字作品的效果，就极有可能导致禁止在方式和程度上与城市公共卫生几乎不相关的言论自由”。多数意见的评论为：

> 原告的传单提供了一个非常好的关于不确定性的例子，更不要说其非现实性以及针对内容区分提出的建议。与传单上其他可被视为广告或者只是与潜艇有关的真实信息部分相比，文字在绝对数量上支持界定传单内容为抗议。传单上文字的间隔和布局至少给抗议留出了同样的位置。想要衡量意图和目的，我们如何判断原告的动机仅仅是或主要是商业性的？这是他广告策划的一部分，抑或他的确认识到自己的错误？我们知道对压迫（真实或者想象）的反抗是如何在一个人身上壮大的，我们猜想原告现在是把自己当作不公平的讨伐者。如果真是如此，他的行为就吻合民主的传统并受到权利法案的保护……

可以观察到的是，多数意见并没有讨论商业广告是否受第一修正案保护的问题。法院补充道：

> 为了避免误解，也许我们应该说，虽然不能绝对禁止商业传单的发送，但这里我们需要决定的是商业传单至少不能扩展到一个混合抗议和广告内容的情形，尽管传单并没有显示出这仅仅是一种托词。[31]

那份反对意见是如此反驳的，多数意见的主要谬误来自它的假设，即它正在处理一份“包含一些相关的和附带商业或者贸易广告内容的非商业传单”。这份传单的一面确实有受到保护的抗议内容，但没有什么理由认为抗议必须被印在作为广告传单的同一张纸上。“这就像一起与传单有关的诉讼，在其上印有汽车广告，但同时也印有对纳粹主义的攻击或者对香烟征税的抗议。”对持有异议的法官来说，问题是“那份内容可分离的传单是不是完全商业性质的”。对此，法官没有任何疑问：

> 在从事商业活动时，绝大多数人的占支配性地位的目的是获取顾客和谋求利益……克里斯滕森是一名商人，我们完全有理由给出如下结论：与最初的传单相联系的唯一目的毫无疑问是商业性的，他在试图散发第二份传单时也抱有同样的目的。我们知道他的生意是通过展览潜水艇而获利……我们也知道他展览潜艇不是出于教育和宣传的目的。那么，为什么我们应该拒绝承认这样的传单是商业性的呢？

由此，该法官几乎毫不犹豫地认定克里斯滕森先生散发传单的动机具有金钱性质。

> 假设一家百货商店的所有者被认为不善于经营，于是他试图发送一份内容如下的传单:“我们的商店正在展示许多漂亮的早期美国家具的仿制品。”如果店主寻求法院的禁令以制止市政府阻止其在街道上发送这样的广告，那么法院无疑不会支持他的请求。尽管传单本身没有包含任何披露商业目的的信息，但这并不是说，如果广告对销售只字未提就必然认定广告只有很少或者没有谋利动机，而仅仅是出于教育的意图。法院的眼光不会如此拙劣以致看不出传单内容之外的东西。[32]

接下来，法官转向大多数人所持有的明确意见——即使传单完全是商业目的，这样的法令也会被认定为违宪。

> 大多数人发现区分下述行为的原因很困难：根据宪法，如果一个商人在公开场所散发抗议官方影响其经营活动的传单这一行为不可被阻止，为什么他就不能获得类似的保护来散发完全用来吸引公众惠顾以谋利的商业传单呢？

这样的区分对法官来说似乎很容易做出：

> 那些对言论自由和表达自由予以宪法保护的历史事件绝不是要强加甚至暗示这样的论点：同样存在一个应平等地受宪法保护的以谋利为目的去散发商业传单的权利；该权利如此重要以致有必要削减城市的警力（从阻止事情发生到事后惩罚警察），只有在用作商业目的的印刷品乱丢在街道上从而危害公共健康或安全时警方才可介入。像托马斯·潘恩（Thomas Paine）、约翰·弥尔顿（John Milton）和托马斯·杰弗逊（Thomas Jefferson）这样的先人不是为了争得在街头贩卖商业广告的权利而奋斗的……我们的社会具有商业性质，没有一个商人应该为自己通过合法手段谋求个人利益的行为道歉。但是，宪法对可能影响立法的限制并没有像施加于干扰言论自由立法的限制那样明确和严格，在禁止商业传单在街头散发之时仍然留给商人使用其他方式做广告的自由，如通过报纸。[33]

在提交给最高法院的简短摘要中，双方当事人提出了针锋相对的司法观点。警察的辩护律师辩解说，对传单内容的附加仅仅是一种借口。出版自由的概念定义要求在商业广告与“传播观点和表达抗议的宣传资料”之间做出区分：

> 商业广告的目的不是帮助公众发现政治和经济的真相，而仅仅是为了让公众知晓广告商力求推销的东西。商业广告的动机不是教育公众，依据定义，其动机总是谋求个人利益……阻止城市对这种明显有害的行为进行补救的最有效方式就是把少数商人的利益提升到公众福利之上。[34]

代表克里斯滕森先生提交的摘要认为，区分商业广告和非商业广告没有宪法依据。

> 宣称在所谓的财产权利与个人权利之间进行区分只是肤浅的文字游戏。财产权利不局限于像土地和不动产一样的无生命之物，商人、技工、农夫、雇主和雇员最神圣的权利是私有产权，而大多数人都关注自身的财产。

该摘要之前指出，报纸本身就是有谋利动机的商业企业。[35]

美国公民自由联盟纽约市委员会提交的“法庭之友”摘要对克里斯滕森立场的支持更为彻底，它宣称：

> 从哲学角度对商业广告和非商业广告做出合理的区分是不可能的……如果真要划出边界，我们认为区分的基础不应该是所散发的东西是否吸引民众对某商品的关注，而应该是它自身不仅是商品还是传播信息和观点的一种方式。尽管第一修正案不是为了保护商品的销售而确立，但我们相信它覆盖了所有的信息和观点的传播……信息和观点既可以与商品相关，也可以与政治或哲学概念相关。

该委员会指出，尽管克里斯滕森先生展览潜水艇的目的是赚钱，但是

> 展览明显具有教育和信息传播价值……如果这份对展览进行广告宣传的传单被禁止发送……那么根据同样的逻辑，散发登载文学或者艺术主题讲座（收取学费）通知的传单也应被禁止，因为在这一情形下，我们可以合理地预期讲座的运营也将由此谋利。

该委员会还指出，使用传单是小生意人投放广告的一种方式，因为他们负担不起通过广播或者报纸进行广告宣传的费用。[36]

该案件存在一系列的问题：通过言辞、文字或者类似形式所做的广告受第一修正案的保护吗？如果第一修正案的保护标准是信息必须通过口头或者书面表达，那么对所有广告都提供第一修正案的保护就不会产生问题。但如果决定所有或者一些广告不受第一修正案保护，那么区分不予保护的信息和受言论自由原则保护的信息就变得有必要。假如一则广告信息的目的是增加销量或者降低提供其他服务的成本，那么通过这种方式来界定：由律师发出的言论无论是否涉及法律问题，但目的是让潜在的客户注意到他；或者一位教授通过文章使别人关注他，从而使自己获得一个更好的位置；甚至由一家公司赞助的一档电视节目的播放（在公共电视台）都可被视为广告。在经济学上，这些都是广告行为，一个经济学家在进行分析研究时也会将其界定为广告。然而，进行这种区分所需要的动机考察将不可能作为法律界定依据。也就是说，唯一可能不受第一修正案保护的广告行为是直接影响产品或服务的销售或者相关成本的广告。但随之产生这样的问题：如果某一行业想要通过改变法律或者某些规制的方式，或者通过削弱工人罢工的意愿从而有针对性地改变工人态度的方式，或者通过给赞同对本行业有利法律的候选人投支持票的方式，影响相关产品的销售或者成本，那么这样的广告行为是否应受第一修正案的保护？一旦如此内容的广告受保护，就剩下仅仅直接影响销售的广告不受保护。在这样一个类别中，那些用来销售报纸、图书、教育节目或者宗教徽章的广告应受第一修正案的保护吗？不是因为广告本身受到保护，而是因为通过广告而销售的东西受保护。如果产品由非营利组织销售，那么这样的广告应受保护吗？如果由非营利组织所做的产品广告受到第一修正案的保护，就只剩下由营利组织所做的会直接影响产品销售的广告得不到保护。在这种情形下，难道不是购买者而非销售者的动机更相关吗？购买某种产品本身可能与第一修正案的保护范围毫无关联，但这种购买行为很明显会导致受到第一修正案保护的结果。以克里斯滕森先生的潜水艇为例。无疑有人想去现场观看潜水艇以便对国防开支或者国防政策有更好的认识，报纸文章介绍一艘潜水艇并且让人阅读后产生同样的想法，很明显这会受保护。如果产品需求的目的相关，要界定可能受第一修正案保护的广告产品的边界就变得非常困难，因为任何时候几乎所有产品必然有助于某个观点的形成和扩散。除非法院采纳这样的观点——所有的广告或者没有广告受第一修正案保护，不然法院就会面对一个几乎无法完成的划定边界的任务。同时，让法院认定广告不受第一修正案保护也几乎不可能。因此在“瓦伦丁诉克里斯滕森案”中，法律裁决效力的丧失也就不可避免——有待之后的证明。但在我们到达这样的状态之前——在这里所有的广告行为都受第一修正案保护，真的存在这样一个安身之所吗？这有待我们去发现。

对最高法院在“瓦伦丁诉克里斯滕森案”裁决意见的第一次质疑来自“卡马拉诺诉美利坚合众国政府案”。[37] 该案件涉及的问题是一个啤酒批发商能否从应纳税收入中扣除广告的全部支出，而该广告企图劝说选民投票反对一项提案，一旦提案通过就将使得华盛顿地区的葡萄酒和啤酒零售贸易交由州政府处置，这会严重影响甚至摧毁该行业。大家争论的是不能扣除全部广告开支引出的有关第一修正案的宪法问题，但对此争论法院并没有予以充分强调，并且在各摘要中“瓦伦丁诉克里斯滕森案”似乎也没有被提及。不管怎样，最高法院拒绝接受这样的观点：相关的征税程序违反了第一修正案。然而，道格拉斯大法官支持这一观点，并利用这个机会批判最高法院（当时他也是成员之一）在“瓦伦丁诉克里斯滕森案”中的观点。他说：“判决是随意的、几乎没有准备的、经不起推敲的。”道格拉斯大法官认为第一修正案“不应局限于特殊的言辞”，它对于“政治观点的阐述和交换、哲学态度的表达以及文学的繁荣都至关重要，但是它不应局限于此”。对那些可能带来金钱损失行动的抗议也在第一修正案保护之列，如纠察行动。

> 一项针对会影响某一行业的政府行动的抗议应受到高度重视，而是否有谋利动机则无关紧要，因为它正是自由企业制度下出版概念的一个内在元素。通过第一修正案权利的实施而谋生的人有权获得宣传或推广与谋利动机无关的人同等的保护。

因此，道格拉斯大法官认为“在该群体与通过其他方式推广产品的其他行业的人之间划出边界是困难的”。实际上，道格拉斯大法官似乎想表达的是，所有的广告行为都应受第一修正案保护。[38] 这正是美国联邦巡回上诉法院在审理“瓦伦丁诉克里斯滕森案”时多数人采纳的观点，并且这的确是美国公民自由联盟纽约市委员会在“法庭之友”摘要中表达的观点。

在“纽约时报社诉苏利文案”中[39]，一名亚拉巴马州的警察对纽约时报社（还有其他被告）提起诉讼，声称一则刊登在付费广告中的表述涉嫌诽谤。他在亚拉巴马州法院的诉讼中胜诉，但在最高法院的诉讼中败诉，部分原因在于：除非证明存在“实际恶意”，否则针对官员的错误表述受第一修正案保护。依据“瓦伦丁诉克里斯滕森案”的裁决意见，警察的辩护律师提出第一修正案并不适用于商业广告。但他的主张不为法院所接受，法院认为：“这则广告是在传播信息、表达观点、陈述不满、抗议权力滥用和寻求财政支持，且这种活动的存在和目的正是最高的公众利益和公众关切之所在。”[40]

纽约时报社对所刊登的广告收费的事实被认为“不重要”。这或许确立了非商业广告或者至少其中一些类型受第一修正案保护，并且出版行为是否有谋利动机的问题也被认为不相关。这份裁决同时也表明，对非商业广告的宪法保护甚至适用于相关陈述为虚假的情形。该判决还引用最高法院早期做出的一份陈述，大意是宪法保护并不依赖于“所提供的观点和信念的真实性、流行性或社会效用”。它甚至给出这样的陈述：“一份虚假的声明或许可被断定为对公开性讨论会做出有价值的贡献”，用密尔（Mill）的话来说，“通过与错误观点的争论，能形成对真理更清晰的感知和更鲜活的印象”。这展示出对人们从错误中分辨真理的能力抱有极大的信心。[41] 布莱克大法官在表达支持意见时如此表述：“无条件地随意评论公共事务的权利是第一修正案的最低限度保护。”他对最高法院没有如此表述表示遗憾。戈德伯格大法官表达了这样的观点，来自宪法的理由是：

> 对于公共事务，每一个公民都可以说出自己的想法，每一份报纸都可以表达自己的观点，不能因控制政府之人认为所言或者所写不明智、不公平、错误或者恶意而受到禁止。

这如同说就“公众关切的事务”，人们应该被允许说出或者写出不明智、不公平、错误或者恶意的表述。[42]

下一个重要的案件是最高法院 1973 年审理的“匹兹堡出版公司诉匹兹堡人事关系委员会案”（Pittsburgh Press v. Pittsburgh Comm’n on Human Relations）。关于匹兹堡人事关系委员会的一则法令的解读——法令的含义为：除了个别例外情形，报纸上招聘广告栏目不能含有指定性别的内容。这里的问题是，规定报纸如何安排广告内容的法令是否违反第一修正案的原则？五名大法官认定没有违宪，四名大法官认定违宪成立，多数意见基于克里斯滕森案的裁决。这些广告被描述为“商业言论的典范”[43]，把此案件与“纽约时报社诉苏利文案”进行了区分。多数派认为有关商业言论应该得到比克里斯滕森案所建议的更高水平的保护，以及信息交换在商业领域与在其他任何领域一样重要这两个观点没有说服力。他们认为：“雇佣领域的歧视不仅仅是商业活动，还是非法的商业活动……”多数派强调以下观点来结束其陈述：

> 我们的决定并没有授予政府禁止匹兹堡出版公司出版和发表对该法令、委员会的执法实践或者在雇佣领域存在性别偏好的做法加以评论的广告。我们的决定更没有授权政府对由匹兹堡出版公司、专栏作家或者投稿人所做评论内容或版面施加限制。相反，我们明确地重申无论此类问题和其他问题多么有争议，政府都应对编辑的判断和观点的自由表达给予保护。我们仅仅认为委员会修改后的法令——狭义地理解为禁止在需要指定性别的广告专栏中刊发非豁免性工作[44]机会的广告，并没有侵犯匹兹堡出版公司拥有的第一修正案权利。[45]

其余四名大法官并没有被说服。伯格首席大法官提出的反对意见为：

> 报纸的版面设计和内容组织与报纸的商业角色充分相关，因而不受宪法保护并由此需要接受政府的规制。我认为该决定是把法院置于一条危险的道路上。第一修正案的出版自由权利囊括报纸自由安排其内容的权利，无论是新闻、社评还是广告，只要出版公司认为适合。

道格拉斯大法官重申了自己的观点，即商业材料也受第一修正案保护。斯图尔特大法官说道：

> 问题在于政府能否事先告诉一家报社什么可以刊发，而什么不可以刊发……今天最高法院认定政府机构能够强迫一家报纸发行人采用某种方式刊发分类广告页以执行政府的相关政策。此后，我看不出为什么政府不能够采用同样的方式迫使报纸发行人遵从其指令以实现其他被认为对社会有益的目标。如果政府今天能够控制报纸分类广告页的版面，那么明天有什么可以阻止它控制报纸新闻页的版面呢？[46]

下一个例子是1975年审理的“比奇洛诉弗吉尼亚案”（Bigelow v. Virginia）[47]。该案打破了在早先案件所依据的观点，如果说该判例扩展了对广告的保护范围，那么它同时也使得受第一修正案保护的边界愈加模糊。比奇洛是一名编辑，其供职的报纸登载了一则在纽约市提供堕胎服务的广告。依据弗吉尼亚州法律的规定，通过广告或其他方式鼓励或者促使流产会按轻罪论处。比奇洛因此被定罪，该判决得到弗吉尼亚州最高法院的支持，其主要依据是“瓦伦丁诉克里斯滕森案”的观点。按照早期案例的裁决意见，比奇洛处在很不利的位置：做广告的是一家营利组织；广告涉及商业交易而非对公共政策的讨论；医疗服务市场一般受到政府广泛的规制。然而，弗吉尼亚州法院的裁决被推翻，但所表达观点的准确含义却很模糊。在表示反对的意见中（怀特大法官对此表示支持），伦奎斯特大法官的评论似乎有道理：

> 法院的意见没有直接面对而只是旁敲侧击地触及本案件所提出的问题。结果就是为了获得撤销判决的结果而对一项原则精雕细琢，但同时又使得与本案件不一致的很多本院以前的案例不受该项原则的影响。[48]

多数意见对于第一修正案适用于比奇洛广告的相关部分是如此表述的：

> 在本案件涉及的有关广告的问题中，上诉人关于第一修正案要求的合法性问题与克里斯滕森案和匹兹堡出版公司案非常不同。上诉人供职的这家报纸刊登的广告不仅仅在推进商业交易，实际上还含有指向公众利益的材料。部分内容如这样的重要信息“在纽约，堕胎现在合法了，不需要任何居住要求”，就涉及自由传播信息和观点的活动。
>
> 整体来解读，该广告向多元化的读者群体传播了有潜在利益和价值的信息——不但是对那些可能需要这种服务的读者，而且是对那些对该事件或者另一个州法律有好奇心或者真正感兴趣的普通读者，也对那些力图

改变弗吉尼亚州相关法律的读者。纽约市设有妇科中心，还有其他特设机构，这些机构可以提供哪些服务，关于这些信息的报道不是没有价值的，而且广告中的堕胎服务内容还与宪法利益相关……

此外，在纽约市，对此种服务进行广告宣传在当时也是合法的。

我们的结论是：弗吉尼亚州法院所犯之错在于假设，即这样的广告不受第一修正案保护，以及上诉人比奇洛不拥有合法的受第一修正案保护之权利。在本案中，我们不需要决定第一修正案对广告——该广告涉及州政府合法管制甚至禁止的活动——进行规制的精确程度。

就商业活动接受规制的程度而言，言论与商业活动的关系或许只是权衡受第一修正案保护之权利及其宣称的政府权利的考虑因素之一。广告不会由此被剥夺所有的采自第一修正案的保护。言论与商品或服务市场的关系并不会让言论在思想市场上丧失价值。

广告多元化的动机、方式和信息或许使得商业化言论变化多端。在所有情形下，面对所有类型的规制，我们不需要决定对商业广告采取何种程度的宪法保护。[49]

伦奎斯特大法官评论道：

如果广告受第一修正案保护，广告内容就不应该对其产生影响。法院将不会再说这则广告是为了给在弗吉尼亚州寻求改革的人士传播关于另一个州法律内容的信息及其发展近况，也不会说广告与堕胎有关，因为这些因素似乎把该广告置于与其他商业广告不同的位置。这只是从商业角度提供服务的一个建议，而且既然我们在考虑第一修正案的保护范围时从来不基于内容进行区分，那么无论广告内容是关于堕胎还是关于赌场总部设在纽约的庞氏骗局计划均没有不同。如果基于一些人士寻求改革弗吉尼亚州堕胎法律的利益考虑，弗吉尼亚州不能对商业堕胎机构的广告行为予以规

> 制，那么出于同样的理由，对于想要废止弗吉尼亚州蓝天法[50]（blue-sky law）的人士来说，为什么不能把关于州外赌场的广告同样从规制中排除……
>
> 即使假设这样的广告不只是普通的商业建议，我不明白为什么弗吉尼亚州政府不对合法的公众利益予以规制。法院显然也承认……相关判例也长期秉持这样的观点，即各州对健康领域商业广告的防范都非常重视，其目的是在医疗行业维持较高的道德标准以及保护公众免于遭受不择手段的商业行为的侵害。[51]

伦奎斯特大法官认为（堕胎服务）广告就是商业广告，并进而认定这样的商业广告不受宪法保护。显然，很多经济规制都与向消费者提供信息有关，而且要使这些规制发挥作用，对广告予以规制就是必要的。伦奎斯特大法官想必会认定这样的规制不会存在任何宪法上的阻碍。我们也许会对原来的规制以及由它所导致的对广告的规制表示遗憾，但伦奎斯特大法官的观点至少是可以理解的，尽管其与多数派的观点有所不同。然而，如果多数派的观点中关于规制的各种表述被视为次要的，而把重点放在关于"广告向多元化的读者群体传播有潜在利益和价值"信息的表述上，并进而认为凭此足以获得第一修正案的保护。那么，基于现代经济学家关于广告信息价值的研究发现，我们可以期待在将来更大范围的商业广告会被纳入第一修正案的保护范围。

联邦贸易委员会那些以阻止虚假和误导性广告为目的的规制似乎会直接侵犯受第一修正案保护的行为。由政府机构来决定一份陈述是否为虚假的做法与言论自由和出版自由的原则完全相悖。

第一修正案的理论基础为：一个观点只有接受了市场竞争的检验，才有可能发现（视其被接受还是遭拒绝）观点虚假与否。支持授权联邦贸易委员会通过行政程序来决定一份陈述是否为虚假的意见具有一个非常不同的特性：它用行政命令替代不受控制的市场。当要决定的不是一份陈述是否为虚假而是它是否为误导性时，支持第一修正案和支持授权给联邦贸易委员会这两种思想观念的对立就更加明显。这意味着委员会在决定某信息是否可以被允许传播之前，必须探究相关信息的使用方式，而这正好是第一修正案所要阻止政府从事的活动。在履行职责之际，联邦贸易委员会要在相互冲突的科学观点之间做判断（在委员会调查所谓的虚假广告之时，这也许是事实），而正如波斯纳教授所言，这与第一修正案的精神是不一致的。关于委员会实际表现的调查研究（正如波斯纳教授所做的）也没有缓解我们的焦虑。让我们通过联邦贸易委员会一名工作人员最近的备忘录（发布于 1974 年 12 月 4 日）加以判断。这则备忘录声称委员会至少拥有对公司的某些形象广告——与企业产品或者服务的销售不直接相关的广告——予以规制的权限。也就是说，委员会中的一些人士宣称委员会拥有远超我们原本认为其对广告规制的权限。[52] 类似地，联邦贸易委员会近期对企业发起调查的决定不是因为它们的广告是虚假的，而是因为广告所宣扬的内容没有合理依据。这就需要政府来决定什么才是支持观点合理的理由，而对于这一点人们很难达成一致意见；同时，这也需要政府对做出声明之人士的信念进行调查，这就涉及第一修正案意欲禁止的政府行为类型。[53]

或许我们可以考察一些相关案例来看清当前的情形。两个涉及同样信息（或者说是错误信息）的案件却以两种不同的方式被处理。对于其中一个案子，法院认定联邦贸易委员可以加以规制，但对于另一个却不可以。这也表明了美国法律系统处理问题的方式及其导致的矛盾。在 1941 年由联邦上诉巡回法院裁定的一起案件中（“珀马公司诉联邦贸易委员会案”），法院认为委员会阻止一家不锈钢餐具厂商在广告中做出下列表述的做法是合法的。该广告宣称：“用铝制餐具制备”或者“储存食物对身体有害”，用铝制餐具制备的食物“会产生有毒物质，食用这样的食物将会引致溃疡、癌症、肿瘤和其他一些疾病”。[54] 委员会认定这些表述既是虚假的也是误导性的，铝制餐具用于烹饪和储存食物颇令人满意，并不会产生有毒物质或者引致疾病。从本文的立场而言，案件的特别之处来自这样的事实：委员会反对的那些内容来自附带的小册子和传单，而这些材料并非由珀马公司出品，而仅仅由该公司发送；这样做的原因在于这些材料所包含的信息（或者错误信息）将会增加对珀马公司产品的需求，这与一家婴儿食品生产商发送有关为人母之喜悦的书籍没有什么不同。然而，委员会并不止步于此。在“科学制造公司诉联邦贸易委员会案”中，法院也对小册子的作者以及出版和销售这些小册子的公司采取了措施。[55] 这些小册子是化学家福斯先生编写的，他想要借此“传播自己非正统的观点和理论”。福斯先生及其任总裁的公司（公司是小册子的出版方）与炊具的生产和销售都没有利害关系。委员会认为小册子里的陈述是“虚假的、误导性的和诽谤性的”，由此认定：“小册子是一种手段，那些无知或者无耻的生产商、经销商、交易商和销售员可以借此欺骗或者误导消费者，并且诱使他们购买非铝制材料制成的餐具。”[56] 因此，委员会命令福斯先生及其公司停止传播小册子的行为。联邦巡回上诉法院在 1941 年 10 月 1 日做出裁定，依照他们对联邦贸易委员会法案的解读，联邦贸易委员会无权禁止小册子的传播，因为福斯先生及其公司并没有从事炊具贸易或者与炊具贸易具有实质性的利害关系；法院同时也指出依据第一修正案，联邦贸易委员会无权阻止小册子的传播。

> 无疑，国会不想授权给联邦贸易委员会在某人表达职业意见的过程中阻止其表达忠实观点。但是，同样的观点如果在贸易中被利用以误导或欺骗公众，或者伤害竞争者，那么该观点也许会被联邦贸易委员会加以禁止。[57]

这一结果是极端矛盾的。如果“虚假和误导性”信息是由一家公司为了明显的欺骗或误导消费者的经济利益而传播的，消费者就会对信息中的相关陈述深表怀疑，而且几乎不可能受骗，该虚假或误导性信息的传播会被阻止。然而，如果某人与正在传播的“虚假和误导性”信息不存在利害关系，并且消费者更有可能相信这样的陈述，他就会被允许传播这些信息。

诸如医生、律师、药剂师和验光师的职业组织（这些组织被赋予法律效力，成员遵从其规定就能得到州执业资格），通常禁止组织成员的做广告行为。据我所知，挑战这些规定的早期案例较少强调第一修正案，但情况正在发生改变。

1975 年，在一起针对州药剂师协会的案件中，美国弗吉尼亚联邦地区法院认定：依据第一修正案，禁止药剂师做价格广告的规定违宪。[58] 反对该法律的理由是广告具有信息功能，禁止价格广告就使得消费者很难买到价格优惠的药品，并且对老年人和贫困人群的危害最大。法院又进一步指出："第一修正案会如同对待演讲者和作者那样坚决地确保听众和读者的自由选择权利。"弗吉尼亚州药剂师协会基于克里斯滕森案判例做出裁决，即商业性的言论和文字作品不受第一修正案保护。法院拒绝这种观点："知情权是第一修正案的基础……而弗吉尼亚州法令否决了消费者的这一权利。"法院还指出："关于价格广告会导致药品市场上价格上涨的观念是完全站不住脚的，因为药品是由医生开具的处方所控制的，药品的销售甚至不为药剂师所决定。"[59] 这是一个棘手的同时也是潜在的、非常危险的限定条件，它意味着只有当广告不会导致被政府认定为不可取的行为之时，它才会受第一修正案保护。在本案中，广告是可取的，因为政府的规制已经确保对药品的需求存在以下两种情况：一是确实需要用药，二是较低的价格可以惠及老年人和贫困人群。

紧接这起案件的是另一起在加利福尼亚州审理的十分相似的案件——"雪莉·特里诉加利福尼亚州药剂协会案"（Shirley Terry v. California State Bd. of Pharmacy）。[60] 特里是一名接受公共援助的患者，要依靠服药维生。法院所面对的问题被划定在非常窄的范围内，原告所请求的禁令也只适用于价格广告。"原告没有主张有权获得与药品质量、药品效果或者药品功能有关的信息，这些信息倾向于更直接地促销相关产品……法院所面对的确切问题是处方药的低收入消费者依据第一修正案是否有权收到包含药店销售处方药零售价格的信息。"[61] 依据最高法院最近审结的案件，例如匹兹堡出版公司案和"纽约时报社诉苏利文案"，法院指出商业言论已经受第一修正案保护。本案的广告行为能够与那些为促进商品销售的广告（适用克里斯滕森案所确立的原则）相区分：

尽管价格信息具有商业性质——包含消费者据此做出购买决定的信息，但它与香烟或者潜水艇展览广告有所不同，因为它不是促销性质的。处方药只有在医生认为有必要时才能购买。消费者不能自由地选择购买何种药品，他必须通过医生的处方才能买药。本案中原告所搜寻的信息可以便于他买到对自身健康十分必要的药品，而香烟和潜水艇展览的促销广告致力于让那些之前对相关产品没有表现出兴趣的消费者产生新的需求。也就是说，通过宣传产品的优点，广告的目的是创造原本不会发生的商业交易。

在本案中，假如商业交易得以创造，

那么社会的健康需求就会得到满足，因为一名医生决定了何种处方药对消费者（病人）来说在医学上是必要的。况且，这里所搜寻的广告信息只限于价格，并没有扩展到宣传产品和人为制造虚假需求的促销手段上。[62]

支持对价格广告加以禁止的理由一般有以下四条：(1) 广告会创造对处方药的虚假需求；(2) 广告会误导消费者；(3) 广告会为伪造医生处方的行为提供便利；(4) 广告会倾向于降低药剂师的职业标准。对于第一个理由，法院通过指出处方受医生控制予以回应。法院还提到价格的公布并不必然是欺诈性的，对价格广告的禁止是一种非常间接的对抗伪造处方行为的方式。关于价格广告可能降低药剂师的职业标准，法院认为这样的广告“不会强迫任何药剂师降低其职业服务标准”。[63] 法院对于下述情形的可能性并未予以关注，即更为激烈的价格竞争或许会削弱药剂师的意愿（实际上是能力）去提供诸如如何合理使用药品或者如何处理不同医生开具的处方所产生的药品冲突问题的服务。这与为了维持转售价格辩护的所谓“服务论点”（service argument）本质上并没有不同。法院的观点为，禁止价格广告的方式仅仅使州利益得到最低限度的提升，因而原告请求的禁令得到法院的授权。

显然，关于弗吉尼亚州和加利福尼亚州这两起案件的争论观点的发展是非常相似的。对于这两起案件给出的判决都是：第一修正案的理论基础包括知情权，由此对价格广告的禁止是违宪的。然而，判决的形成方式是令人不安的。尽管法院承认了价格广告案件中广告的信息价值，但似乎同时否认了广告的其他信息价值，即与药品的质量、效果和功能相关的广告信息价值。一旦价格广告的信息价值得到认可，否定药品其他特性的广告的信息价值或者自称由广告所带来的需求增加是“虚假的”（这一形容词似乎用来表示不可取）似乎很困难，这可能意味着上述判决并没有界定第一修正案适用的外部边界，而只是标记经由法院不断扩展受第一修正案保护的商业言论类型的一个阶段。

六、结语

描述关于广告行为与言论自由的法律观点的当下立场并不是一件容易的事情，只有诗人才能够捕捉混乱的本质。预测下一步的发展也不容易，因为第一修正案缺乏理论基础，法院依据由来已久的口号维持其判决，而当这些口号的魔力消失之刻，安身之所就变得难寻。如今，法院越来越倾向于将更大范围的广告纳入第一修正案的保护范围，诉讼中案件无疑将继续这一进程。例如，关于鸡蛋生产者对于高胆固醇食品和心脏病间关系如何表述的诉讼；事关食品问题，广告中对于人造黄油该如何表述的诉讼案件；等等。[64] 那么，这一进程将终止在何处呢？

在这样一个问题上表达观点很明显十分冒险，但我仍然愿意尝试以此作为讨论的基础。也许法律体系的运行有点奇怪，但它们并不是无意义的。在《社会成本问题》一文中[65]，我已经表达这样的观点：实施某个行动的权利应该用最大化社会总财富（宽泛地界定）的方式予以配置。当我们讨论第一修正案涉及的被称为个人权利或者公民自由之时，上述观点同样适用。一些法学者在某种意义上已经寻求将第一修正案权利作为绝对权来处理，并且反对由法院在这些权利和其他权利之间进行平衡。但如果法官必须把关注投向社会一般福祉，这样的平衡就是不可避免的。当言论自由和写作自由阻止人们所珍视的其他活动的开展时，这些自由注定要被限制。因此，当第一修正案所保护的自由损害人们生活的乐趣（隐私）、给其他人造成伤害（中伤和诽谤）、令人不适（吵闹）、摧毁创造有益作品的动机（版权）、给社会带来危险（煽动和危害公共安全）、冒犯他人和道德败坏（淫秽）之时，这些自由就应该受到限制。关于一项原则适用边界的决定不可能以一种非常自觉甚至前后一致的方式做出，但是只有承认这一事实——权利应该配置给对之评价最高的人士，这样的边界才可以划出。

从我们对这些案件的讨论中可以看出，近些年才产生了对广告行为与言论自由和写作自由之间关系的严肃考虑。现在，广告在提供信息方面的价值已经得到认可，而这种信息价值长期仅限于价格广告的想法是不太可能成立的。联邦贸易委员会把职业组织禁止成员做广告的做法认定为限制竞争的行动，将会使人们更加意识到广告的信息功能。类似地，近年来很多关于政府规制失败的研究注定会使法院对政府机构权力的不断扩张有所保留，而更乐意利用机会来减轻政府对广告的规制程度。那么，它将终止在何处？有可能法律将被解读为允许联邦贸易委员会继续对虚假和欺诈性广告予以规制，但与现在的情形相比，广告内容将会有更大的自由度，而政府机构规制广告的各种权力也会有所收缩。

附注

在本文的结尾部分，我指出了我认为法院可能的发展方向，最近最高法院的一个决定确认了我所总结的一般性结论的正确性。

前面讨论的涉及弗吉尼亚州药剂师协会是否有权对药品价格广告予以规制的案件，已被移交给最高法院审理。[66] 为了避免裁决被歪曲——那种自称早期的裁决正确的做法就会导致这种歪曲，最高法院没有附加条件地接受以下原则：商业言论受第一修正案保护。法院指出："在过去的判决中，本法院已经表明某些商业言论不受保护。"但这是基于过于简化的方法所得出的结果。随着比奇洛案的落幕，"不受保护的商业言论概念几乎消失了"。在认定商业言论受第一修正案保护时，法院解释道：

> 我们并不是在说对商业言论不能以任何方式予以规制。这里所讨论的是由于担心信息对传播者和接受者的影响，一个州是否可以完全压制有关合法行为的真实信息的传播。暂且不考虑其他问题，我们对此问题所给出的答案是否定的。[67]

既然商业言论受第一修正案保护已经得到认可，我们就要更为慎重地考虑限制其适用范围，不可避免地要对各种情形进行平衡。在这一过程中，我们期待经济学家关于广告效果的研究将会发挥有益的作用。

注释

[1] R. H. Coase, The market for goods and the market for ideas, 64 *American Economic Review*, pt. 2, at 384 (Papers & Proceedings, May 1974).

[2] *Abrams v. United States*, 250 U.S. 616, 630（1919）.

[3] John Milton, *Areopagitica: A Speech for the Liberty of Unlicensed Printing* 6（H. B. Cotterill ed. 1959）. 该书作者为约翰·弥尔顿，英国著名诗人、政论家（1608—1674），其最为国人熟知的作品就是写于1644年的《论出版自由》。——译者注

[4] 同上，第29、44页。

[5] John Stuart Mill, *On Liberty, in Utilitarianism, Liberty, and Representative Government,* 150-151（Everyman ed. 1951）. 约翰·斯图亚特·密尔，又译作约翰·斯图亚特·穆勒（1806年5月20日—1873年5

月 8 日），英国著名哲学家和经济学家，最为国人熟知的著作为《论自由》。——译者注

[6] Aaron Director, The Parity of the Economic Market Place, 7 *Journal of Law and Economics*. 1, 6（1964）. 阿伦·迪莱克托（1901 年 9 月 21 日—2004 年 9 月 11 日），芝加哥大学法学院经济学教授，他奠定了法律与经济学领域的理论基石，为数代学者（例如理查德·波斯纳、罗伯特·波克和弗兰克·伊斯特布鲁克等）的良师，并以此方式大大地影响和推进了法律经济学的形成进程。——译者注

[7] Adam Smith, *The Wealth of Nations*, 141（Edwin Cannan ed. 1937）.

[8] Raymond Urban & Richard Mancke, Federal regulation of whiskey labelling: From the repeal of prohibition to the present, 15 *Journal of Law and Economics*, 411, 426（1972）.

[9] Adam Smith, supra note 7, at 250.

[10] *Ideas v. Goods*, *Time*, January 14, 1974, at 28.

[11] Sam Peltzman, An evaluation of consumer protection legislation: The 1962 Drug Amendments, 81 *Journal of Political Economy*. 1049, 1076-1086（1973）.

[12] 关于此问题的更多的讨论，参阅：John Henry Wigmore, *Evidence in Trials at Common Law*, at Book I（1940）。

[13] Phillip Nelson, *The Economic Consequences of Advertising*, 48 J. Bus. 213（1975）.

[14] Frank Hyneman Knight, *The Ethics of Competition and Other Essays* 22（1935）。凡勃伦法则指的是与一般商品的需求和价格呈反比例关系相反，凡勃伦商品的需求与价格呈正比例关系，因此凡勃伦商品的购买又被称为炫耀性消费。此概念来自美国经济学家索尔斯坦·凡勃伦（Thorstein Veblen，1857—1929）。——译者注

[15] 同上。

[16] 同上，第 22—23 页。

[17] Lee Benham, The effect of advertising on the price of eyeglasses, 15 *Journal of Law and Economics*. 337（1972）.

[18] Richard A. Posner, Regulation of advertising by the FTC 18-19（*American Enterprise Institute Evaluative Studies*, no. 11, Nov., 1973）.

[19] 同上，第 21 页。

[20] 亚历山大·米克尔约翰（Alexander Meiklejohn）是美国 20 世纪中叶宣扬言论自由知名学者之一，他主要基于自治的理念为言论自由辩护。——译者注

[21] Thomas I. Emerson, *Toward a General Theory of the First Amendment*（1966）.

[22] 同上，第 vii—viii 页。

[23] 同上，第 6 页。

[24] 同上，第 3—15 页。

[25] 出自莎士比亚《麦克白》（第五幕第五场），原文为“Life is tale told by an idiot, full of sound an fury, signifying nothing”。

[26] 同注 [6]，第 6 页。

[27] 同注 [21]，第 105 页。

[28] *Valentine v. Christensen*, 316 U.S. 52（1942）rev'd 122 F.2d 511（2d Cir. 1942).

[29] 同上，第 54—55 页。

[30] “法庭之友”最早可以追溯至罗马法，拉丁文为“Amicus Curiae”，后被英美法系国家的诉讼制度继承。具体指在诉讼案件中，没有直接涉及法律利益的私人或团体，为了向法院说明其对案件相关法律争议的意见、澄清立法意旨、厘清模糊的法律规定，通知法院关于案件的真实情况等目的，主动向法院提出书面报告，以协助法院更公正地做出裁决。——译者注

[31] 122 F.2d 511, 515-516.

[32] 122 F.2d 517, 519, 521.

[33] 同上，第 522、524 页。

[34] Brief for Petitioner at 16, 24-25.

[35] Brief for Respondent at 14.

[36] Brief of N.Y.C. Comm. of the A.C.L.U. as Amicus Curiae, at 2, 3, 5.

[37] *Cammarano v. United States,* 358 U.S. 498（1959).

[38] 同上，第 514 页。

[39] *New York Times v. Sullivan*, 376 U. S. 254, 266（1964).

[40] 同上，第 226 页。

[41] 同上，第 271、279 页，19 卷。

[42] 同上，第 297、299（Black & Goldberg, JJ. concurring）页。

[43] *Pittsburgh Press v. Pittsburgh Comm'n on Human Relations*, 413 U.S. 376, 385（1973).

[44] 非豁免性工作（non-exempt job）指的是依据美国公平劳动基准法（FLSA）享有加班费与最低工资保护的工作职位，一般以体力工作和行政工作为主。——译者注

[45] 同注 [43]，第 391 页。

[46] 对各方意见的引述，参阅：413 U.S. 393-95, 400, 403-404。

[47] *Bigelow v. Virginia*, 421 U.S. 809（1975).

[48] 同上，第 829—830 页。

[49] 同上，第 821—822、825—826 页。

[50] 蓝天法由美国各州政府负责实施，法律用于规范区域内的证券交易以及股票经纪人和投资顾问的注册。——译者注

[51] 同注 [47]，第 831—832 页。

[52] Federal Trade Commission, Statement of proposed enforcement policy regarding corporate image advertising (December 4, 1974).

[53] Gerald J. Thain, advertising regulation: The contemporary FTC approach, 1 *Fordham Urban Law Journal.* 349, 376-381（1973).

[54] *Perma-Maid Co. v. Federal Trade Commission,* 121 F.2d 282, 284（6th Cir. 1941).

[55] *Scientific Mfg. Co. v. Fed. Trade Comm'n*, 124 F.2d 640（3d Cir. 1941）.

[56] 同上，第 641—642 页。

[57] 同上，第 644—645 页。

[58] *Virginia Citizens Consumer Council, Inc. v. State Bd. of Pharmacy*, 373 F. Supp. 683（1974），aff'd, 425 U.S. 748（1976）.

[59] 同上，第 685、687 页。

[60] *Shirley Terry v. California State Bd. of Pharmacy*, 395 F. Supp. 94（E.D. Va. 1975）, aff'd, 96 S. Ct. 2617（1976）.

[61] 同上，第 99 页。

[62] 同上，第 102 页。

[63] 同上，第 105—106 页。

[64] *Fed. Trade Comm'n v. Nat'l Comm'n* on Egg Nutrition, 517 F.2d 485（1975）, cert. denied, 96 S. Ct. 2623（1976）; and *Anderson, Clayton & Co. v. Washington State Dep't of Agriculture*, 402 F. Supp. 1253（W.D. Wash. 1975）.

[65] R. H. Coase, The problem of social cost, 3 *Journal of Law and Economics*. 1（1960）.

[66] *Va. State Bd. of Pharmacy v. Virginia Citizens Consumer Council*, 425 U.S. 748 (1976) . 1830, 1831 (1976) .

[67] 同上，第 773 页。

系列 Ⅲ

经验研究

王 宁

本系列由两篇经验研究文章构成。《广播和电视行业中的商业贿赂》是一个典型的案例研究，考察法律变化对经济运行的影响。商业贿赂指的是私下的秘密付酬，为的是在广播节目中插播一些内容。科斯发现，商业贿赂是一种很常见的商业惯例，长期存在于音乐行业，并在20世纪30年代扩散到广播行业，1960年美国政府将其定性为刑事犯罪。商业贿赂是一种定价机制，是主播们和电台所有者的收入来源之一，对唱片公司来说是一笔广告支出，对音乐发行人来说是一个竞争对手，而在一些国会议员和政府部门眼里则是“靡靡之音”从事“腐败”和“欺骗”行为的渠道。许多社会力量各怀目的，推动立法，禁止商业贿赂，这在多个领域都产生了影响。毫不奇怪，其中很多人都是为自己的一些特殊商业利益所驱动，并不是出于公众利益，而代价多落在弱小群体身上。

《敲诈》是科斯撰写的唯一一篇标准的法律的经济分析文章（Coase，1988b）。他研究了法律文献中所谓的“敲诈的悖论”：虽然做某件事可能是合法的，但是通过索取钱财来阻止做这些事情就变成非法的。作为一名经济学家，科斯谴责敲诈，并就这个主题提出角度不同的问题：“付钱给一些人，让他们不去做某些事情，什么时候是对的，什么时候是错的?”科斯将《社会成本问题》

一文所发展的强有力的经济分析加以扩展,《敲诈》一文为反敲诈的法律提供了经济上的合理性：各种敲诈行为包含一个共同的特征，这个特征为所有其他犯罪活动所共有，因为它们都损害财产或对财产有损害之虞。在他的分析里，科斯还指出这一法律的经济影响。涉及敲诈的法律与刑法的其他分支一样，发挥着重要的经济功能，旨在保护社会中的财产安全，提高资产的利用效率。

科斯以案例研究这一形式进行经验研究。长期以来，现代经济学家对案例研究表示怀疑，他们借助不断提升的计算能力和不断增加的经费资源，把赌注押在加总数据的统计分析上，近年来更是倾力投入利用随机控制实验和准实验以得到可信结果的研究设计上（例如，Angrist and Pischke，2010）。科斯避开了数学方法，利用基本的经济推理，分析和阐释面对的问题。他散文式的写作，翔实、细致而有穿透力。对于当代以事实验证法律经济学的学者而言，科斯的经验研究方法可能显得朴素而陈旧，完全缺乏复杂的技术；对于这些学者而言，让他们时时操心的是缺失数据和识别策略等技术难题。不过，学者们需要证明的是，现代计量经济学和高等统计在哪些方面可以为科斯的案例研究增加价值和进一步的洞见。我们必须承认，求真之路从来没有放之四海皆准的黄金通道，不管是技术含量高的经济计量或者技术含量低的案例研究。那种认为找到了黄金通道的看法，都是致命的谎言。方法上应该秉持多元主义，科斯的案例研究是诸多方法中的一种，兼容并包是我们最好的选择。

科斯曾在20世纪60年代初告诫我们："如果你不断地折腾数据，大自然就会承认任何研究假设。"他对统计方法的不信任必然得罪了众多数据分析人士。不过，20年后，爱德华·利默（Edward Leamer）在《美国经济评论》(*American Economic Review*）上坦承："几乎没有谁会把别人的数据分析当真。"（Leamer，1983）最近一篇追溯计量研究历史的文章，也证实了科斯当年对滥用统计学的质疑："20世纪70年代和80年代早期的许多应用计量经济学缺乏可信性。"

（Angrist and Pischke，2010）随机控制实验是否会走得更远，且让我们把这个问题留给未来的学者。[1]

撇开技术性问题不论，我们可以更好地理解科斯的经验研究方法的一个重要特点。大多数经济学家把模型当作一个实验室，在理想的情境下检验各自的想法。他们开展实证研究，是为了识别哪些因素导致某一结果；对因果性的寻求成为他们所关心的唯一，至于原因是什么以及事实上如何发挥作用，它们相对于其他背景因素有多么显著，则往往置之不理。不管是构建模型还是开展经验研究，经济学家一般聚焦于因果关系。他们少有压力去自讨苦吃，也不用深究因果关系之下宛如冰山般庞杂的详尽机理和实际过程。相反，科斯坚持真实世界才是经济学家唯一真正的实验室，只有在这个实验室才能观察到真实经济中的是与非。他这样批评经济学家习以为常的做法："当经济学家发现自己不能分析真实世界发生了什么时，他们发明了一个想象的世界，这个世界是他们可以处理的。"（Coase，1988c）虽然如此，但科斯这种直面真实世界的进路和案例研究的方法，的确耗时耗力，不可能予以标准化，而且很难模仿。我们希望本书能够有助于降低学习和从事科斯主义法律经济学研究的成本，从而扩大其影响。

[1] 有关此问题的一份更早期的告诫性评价，可参阅 Deaton and Cartwright (2017)。这两位学者告诫我们："哪种方法最可能取得良好的因果推断结果，取决于我们试图发现什么以及我们已经知道什么。如果有关于它的先验知识我们所知甚少，没有什么方法有可能取得非常可靠的结论。"

广播和电视行业中的商业贿赂*

◎ 李井奎　译

一、引言

广播和电视行业中的商业贿赂（payola）[1] 可以定义为未公开的报酬或其他引诱性收入，支付这些报酬的目的是在电台节目中插播某些内容。[2] 根据 1960 年的《通讯法案》（修正），收取这样的报酬现今已被认定为一项罪名[3]，而且也被联邦通讯委员会（FCC）的管制条例禁止。[4] 本文的目的在于：（1）找出这些报酬产生的原因；（2）审视允许这些报酬存在所导致的结果是有益的还是有害的；（3）评估 1960 年《通讯法案》（修正）和 FCC 管制条例的价值。

为了理解商业贿赂何以在广播业中变得如此普遍，我们应该认识到，商业贿赂并不是在 20 世纪 50 年代末才成为广播业的一个特征的——当时这些惯例

---

* *Journal of Law and Economics*, 1979, 22(2), 269-328. 我非常感激克拉拉·安·伯乐尔（Clara Ann Bowler）夫人，她作为一名研究助理，在广泛利用各种渠道收集有关商业贿赂的资料方面投入了极大的热忱。我还要感谢芝加哥大学法学院法律经济学研究项目以及经济学与教育研究基金会的资金支持。感谢联邦通讯委员会和联邦贸易委员会的工作人员为我的研究提供的资料，当然，他们对于我如何使用这些资料无须负任何责任。1977 年，我作为斯坦福大学胡佛研究所的高级研究员开始撰写此文，那段时光，至今想来仍令我感到非常愉悦。在修改这篇论文时，我从加州大学洛杉矶分校以及胡佛研究所的讨论会上与会成员对本文的评论中获益良多；此外，芝加哥大学法学院的埃德蒙·W. 基奇（Edmund W. Kitch）、约翰·H. 郎贝恩（John H. Langbein）、H. 道格拉斯·莱考克（H. Douglas Laycock）、伯纳德·D. 梅尔泽（Bernard D. Meltzer）和杰弗里·R. 斯通（Geoffrey R. Stone），以及加州大学洛杉矶分校的厄尔·A. 汤普森（Earl A. Thompson）等学者的书面意见，对此文也大有裨益。

在媒体界已然是公开的秘密并受到国会委员会的调查，而是在20世纪30年代就作为流行音乐行业商业惯例的延续进入广播业。本文的第二部分回顾了流行音乐行业中商业贿赂（或者与之对应的其他类似惯例）的历史。这一历史不仅表明了这类报酬何以会产生，还告诉了我们这种商业贿赂最终出现在广播业中是可预料的。我们还应该认识到，1960年的《通讯法案》（修正）也不应被视为是对商业贿赂进行规制的第一次尝试。正如第三部分所揭示的那样，1960年之前的很长一个时期，为了对商业贿赂进行规制，已经进行了诸多的尝试。这类规制的拥护者主要是音乐发行商，支持其立场的论据表明这类规制所期望产生的效果。不过，1960年《通讯法案》（修正）的出台是20世纪50年代发生的几起事件综合导致的。第四部分对这些事件进行了描述。第五部分和第六部分分别给出了1960年《通讯法案》（修正）对法律的改变以及FCC对修正案的执行。第七部分基于前面的历史资料，我对1960年《通讯法案》（修正）可能产生的影响进行了分析，并尝试去评估法律的改变是否带来了境况的改善。

二、流行音乐行业中的商业贿赂

与电台节目相关联的商业贿赂最初在媒体界引起人们的关注是在20世纪30年代末。彼时有报道称，音乐发行商会给舞队的领舞者和演出者送些礼物，诱使他们在节目中收录某些曲子。[5]这是一个“大乐队”（big bands）时期，他们在旅馆和舞厅的表演定期由电台播放。正是如此，一首歌曲的流行、散页乐谱的销售以及版税收入（即企业发行歌曲的利润），取决于“大乐队”的展演情况。这就可以很好地理解为什么音乐发行商总是努力讨好他们，令其演奏自己的曲子了。由于物物交换缺乏效率，直接的货币报酬无疑经常被当作彼此交易的方式。据说，还有一种安排对舞队领舞者来说也很常见，那就是在发行公司或歌曲的版税上给予领舞者一定的经济利益。[6]

这类商业贿赂只不过是音乐行业中长期存在的惯例的一种延续罢了。在商业贿赂成为电台广播行业的一个特征之前大约一百年，伦敦音乐发行公司 Novello 就已经有这样的记录。Novello 家族成员过去常常演唱该公司发行的歌曲，目的是提高公司散页乐谱的销售：

> Novello 姐妹几个，Cecilia、Clara 和 Sabrina，要么是歌手，要么是乐师，这些乐曲为大众所喜闻乐见……直接或间接地推动了大众对这些音乐的喜爱……当然也就增加了公司的财富。这种极有价值的助益，受到了公司总裁阿尔弗雷德·诺佛罗（Alfred Novello）的高度赞扬，而他自己作为一名歌手也发挥了作用，为公司降低了广告成本。而广告成本在当时是一个沉重的负担，通过不断改变的成本估算模式，这一广告成本得到了压减。[7]

Novello 公司还举办合唱音乐会，其无疑是为了在某种程度上增加公众对 Novello 所发行音乐的需求，因为赞助公司发行的音乐被忽略是不可能的。据了解，1867 年，“艾拉贝拉·高戴得（Arabella Goddard）夫人在星期一大众音乐会（Monday Popular Concert）上首次公开演奏了门德尔松‘无言歌’（Lieder Ohne Worte）第八章，而这在公司发行该乐曲之前数天。”[8] 这里并没有提及音乐家因在不是由 Novello 公司组织的音乐会上演奏而获得报酬，虽然这种报酬支付偶尔也会发生。根据 Boosey 音乐发行公司总裁所述，这的确是英国音乐发行商在 19 世纪晚期的一项惯例：

> 过去，一线歌手……会凭借他们主打的新歌按年度获得版税……给这些一线歌手支付版税，还有一个特别的原因，即如果一线女高音、女低音、男高音或男中音歌手在民谣音乐会上演唱了一首新歌，那么所有其他二线歌手、三线歌手都会根据自己的嗓音特点继续传唱这些由明星捧红的民谣。然而，一段时间后，一个叫 W. H. 哈钦森（W. H. Hutchinson）的家

> 伙出现了，他很快意识到，作为发行商和作曲家的他绝不可能通过大型民谣音乐会体制下的音乐会为自己的歌曲打广告。因此，他就找到那些二线歌手和三线歌手，分别提供自己力推歌曲中的一首，让他们在众多的演唱会上演唱，一次支付给他们很多钱……我是主要发行商中第一个立即意识到这一新体制将会严重打击旧体制的人。因此，尽管我们仍然给大牌歌手支付版税，但是我立即开始着手像哈钦森那样给予二线歌手、三线歌手补贴。[9]

类似的惯例在美国也非常普及。在有关美国流行音乐史的书籍当中，充斥着对歌曲推手（song-pluggers）活动的描述，其取得的成就胜过演奏者或者演唱者。这类书籍一般不是学术出版物，并且缺乏详细的资料来源。的确，他们描述的所有细节上可能并不精确，但是所描述的一般性画面还是清晰的。伊萨克·金伯格（Isaac Goldberg）描述了他在19世纪80年代和90年代，为了将一名歌手的忠诚从对一个音乐发行商转移到另一个音乐发行商身上所做的努力。“为他的膳食埋单……给他买合身的衣服……承诺给他闪闪发光的钻石……赠送给他大箱子……每周补贴给他小费。这名歌手只是会不断听到这样一句话：唱我们的歌！”[10]爱德华·B.马尔克斯（Edward B. Marks）这位美国一流的音乐发行商，曾经如此描述这个时代：

> 最好的歌曲来自那个时代的贫民窟。的确，在1894年我开始发行音乐时，除尽可能地在城市的底层大声歌唱之外，没有更保险的方法可以使一首歌曲流行……当一些歌曲被引入某一个浮华的啤酒馆的舞台时，那就是一场宣传（plug）。所谓宣传，是指任何可以视作使歌曲流行的公开表演……19世纪90年代，年轻的音乐发行商对于这类夜场一定要深谙其道，在嗜酒的公众面前让自己的酒杯动起来是非常重要的。因此，为了宣传，更多地宣传，他不得不花费大部分时间来到每张桌子给人敬酒……我过去常常一

周要跑六十多个低档娱乐场所，我的合伙人乔·斯特恩（Joe Stern）一周要跑四十多个低档娱乐场所。而且，我们每周都是如此。[11]

后来，他评论道："通过一系列的动作使得 *Annie Rooney* 这首曲子终于通过小城镇银行家里的钢琴被弹奏出来，这令上等社区 / 社会感到震惊。"[12]

伊萨克·金伯格这样描述歌曲推手："歌曲推手……就是音乐发行商派驻在音乐演奏会或演唱地的说客。他极尽各种劝说的艺术，使用诡计、进行贿赂、蓄意破坏、违法乱纪、觍颜谄媚、苦苦哀求、威逼利诱、曲意逢迎、为达目的誓不罢休，真是无所不用其极，以确保雇主的音乐能够被人们听到。"[13] 上面提到的音乐发行商给歌手们提供的那些服务，还包括免费拷贝散页乐谱 [14]，安排管弦乐队 [15] 及排练房等。[16] 此外，为使歌手演唱一些特别的歌曲，还要给歌手赠送一些礼物和金钱作为诱惑。据报道，Shapiro-Bernstein 公司从一开始（19 世纪 90 年代）就"制定了通过私底下的贿赂——尽管不是很高额——使舞台明星们演唱他们歌曲的政策。例如，洛蒂·吉尔森（Lottie Gilson）曾得到一枚价值 500 美元的钻戒。"[17] 有人告诉我们（也是在 19 世纪 90 年代早期），一位作曲家兼发行商，查尔斯·K. 哈里斯（Charles K. Harris），"通过支付给歌星 J. 艾尔德里赫·利贝（J. Aldrich Libbey）500 美元现金的报酬，并拥有歌曲版税的百分之一这样简单的权宜之计，使他的歌曲《舞会之后》(*After the ball*) 在查尔斯·豪伊特（Charles Hoyt）的盛大表演场——唐人街之旅（*A Trip to Chinatown*）——中被采用"。[18]

伊萨克·金伯格告诉我们，19 世纪 90 年代中期，曾经有废止这类报酬的尝试。音乐发行商们"联合在一起达成协议，要大家都放弃向歌手支付报酬以推广自己作品的惯例"。然而，这样的协议并不成功。"音乐发行商开始和当红的歌星签订秘密协议；这种表里不一的行为被揭穿之后，原来的管制也就随之而去。"[19] 到 20 世纪初，这类歌曲推广制度似乎已经司空见惯。"让一个音乐喜剧明星或者轻歌舞剧红星演唱自己的歌曲……是推手们所知道的能让一首歌曲成功推出且经久不衰的最为保险的办法……不久之后，歌手们就开始固定地从发行商那里按周领取津贴了。”[20] 20 世纪头十年，同样是这位作者声称，艾尔·约尔森（Al Jolson）“是他那一代捧红歌曲最多的歌手。随着《叮砰巷》的家喻户晓，大家坚信只要让约尔森唱一首歌，这首歌一定会大红大紫。发行商们一个劲儿地向他献媚、奉承，让约尔森的密友说情，好让他演唱自己发行的歌曲。如果这些都不顶用，他们就会着手实施贿赂。有一位发行商曾赠给他一匹赛马作为礼物；其他人让他在歌曲版税里分一杯羹；还有一些人让他挂名一起创作歌词或作曲。”[21] 艾尔·约尔森是这一普遍惯例的一个突出案例。这种情况在 1912 年仍然存在的，故而《综艺》杂志曾这样描述：

> 几个季度之前，这位当红歌手挑选了一首自己要唱的歌曲，然后愉快地向发行商要求每周支付报酬自己才会唱。虽然不是全部发行商都会这样做，但大多数发行商都会按照他的要求给予报酬，发行商按照他的要价进行支付，而此时其他的竞争者会站在一旁随时准备再喊价……他们本周“上演”一些歌曲，下周就“撤掉”这些歌曲，然后用其他人的歌曲取而代之。为了拢住歌手们，发行商会稍稍增加“推歌规模”。于是，另一类使用货币进行支付的发行商出现了。他们表示愿意制作“产品”，大肆投机于“单身女性”礼服，供应一些“特别的玩意儿”，几乎是无所不用其极。采取这类办法的发行商会说，他们并没有付出金钱。但是，这类宣称很值得怀疑。[22]

1916 年 5 月，发行商向歌手支付报酬的这一惯例再次被《综艺》杂志提及。有报道称，有些音乐发行商诉诸法律途径来威胁一些收了钱要唱他们歌曲的歌手，因为这些歌手提前收到报酬之后，最后并没有演唱事先定下的歌曲（或者没有按照当初约定的那样去做）。这一报道清楚地表明，给歌手支付报酬是发行业务中可以接受的一部分，而对于其合法性，公众没有严重质疑。该报道还称，“存在很大的可能性，（发行商）是把对个人保护和集体保护的抱怨结合在一起了”。[23]

如果随后能做出安排来核实歌手们是否遵守协议，那么可以肯定为歌手支付报酬的惯例会继续延续下去。当然，它的特征已经有所改变。正如伊萨克·金伯格在1930年所述：“随着宣传的随机性代理人的转换，推歌方式随之变化。过去是利贝的面孔及形象在钢琴支架的乐谱上熠熠生辉，现在则换成鲁迪·瓦里（Rudy Vallee）的了。这并没有什么意外，只是因为利贝是一名歌手，而瓦里是乐队的队长。我们已经转变为乐队式思维。如今那些如雷贯耳的名字……已经不再单纯是歌手了……现在鼎鼎大名的是保罗·怀特曼（Paul Whiteman）、泰德·刘易斯（Ted Lewis）、本·伯尔尼（Ben Bernie）、文森特·洛佩兹（Vincent Lopez）、保罗·阿什（Paul Ash）这些人。这些乐队队长能干预推送歌曲的报酬及版税支付方面，这简直和1893年利贝那些人一模一样，比如在《叮砰巷》的推广上是没有慈善这回事的。如果你在我背后放冷箭，那么我必以眼还眼、以牙还牙。”[24]因此，当“大乐队”成为电台节目的一个重要组成部分时，商业贿赂就进入了广播业。这件事不足为奇，在美国的流行音乐行业，这已经是一项常规的商业惯例。[25]

三、规制商业贿赂的早期尝试

尽管音乐发行商以不同的形式向歌手支付报酬一直延续到20世纪30年代，但我们并不能得出这样的结论，即没有任何试图阻止这一惯例的尝试。在19世纪90年代，曾有那么一次不太成功的尝试，音乐发行商试图达成协议以禁止这类商业贿赂行为的发生，这一点在上一节已经谈及。[26]1916年又有一次更为认真的尝试。当年初，《综艺》杂志上的一篇报道似乎表明，音乐发行商正在试图拟定某一基本方案以核实歌手们是否根据协议来完成推歌的承诺。[27]但是，集体行动却具有非常不同的特征，它意在废除我们今天称之为商业贿赂的东西——不过，这个东西在那个时代被称为“报酬体制”（payment system）。

这一行动的第一步颇有些不同寻常。1916 年 10 月，据《综艺》杂志报道，廉价商店联盟（5-and-10-cent store syndicate）总店长试图将音乐发行商聚在一起，“废除这个行当里现有的陋习，主要的一个就是所谓的报酬体制”。在他的计划之下，音乐发行商们将承诺“不再给职业歌手们就‘推广’自己的歌曲支付报酬”。由“圈外人士构成的委员会将裁决音乐发行商是否存在违反规则之罪”。如果发现违规，“廉价商店就不再销售违规者的产品”。尽管“一些较大的公司初步同意在这样的约定之下彼此联合起来”，但许多公司显然不愿意这么干，对组织者的动机颇为质疑。“在音乐界人士中流传着各种流言蜚语，有人说这些联盟一贯提倡向职业歌手支付金钱报酬，意图确保取得更好的服务，从而使得歌曲以更快的速度得到推广并拉动乐谱的销售。为什么联盟会突然对组织音乐发行商有兴趣？对于这个行业的经验丰富的人来说，这似乎是一个值得一提的问题。因此，他们开始四下打听，试图找到友善的动机。”有些音乐发行商似乎认为，此方案可能使廉价商店联盟确保自己对“所有的流行音乐销售终端的完全控制”。“不管怎样，对于音乐发行商来说，独立地重组廉价商店联盟是非常简单的，而在形成一个联合体之后，便可寻求与商店联盟的合作。”

很显然，廉价商店店主的这一方案不会取得成功。但是，《综艺》杂志的这篇报道得出的结论是，由于“‘报酬体制’缓慢而稳步地把很大一块利益纳入（发行商）货币储备金”，某种类似的制度安排还是必要的。但是，“除非由一个非利益相关方发起行动”，否则是不会有任何进展的，因为“每一个人都会怀疑竞争对手”。不过，希望总是存在的。“据了解，一位圈外人士发起另外一次尝试，试图把音乐发行商联合起来。”[28]

这一说法颇有“猫哭耗子”的味道。这位圈外人不是别人，正是《综艺》杂志的业务经理约翰·J. 奥康纳（John J. O'Connor）。他曾积极地发起组织一个音乐发行商协会。他保护歌舞剧团经营者（或他们中的一些经营者）的合作，说服音乐发行商加入进来。他是音乐发行商协会的首任主席，而我们关注的以歌曲推手著称的爱德华·B. 马尔克斯[29] 担任首任理事长。协会的全称为音乐发行商保护协会（Music Publishers' Protective Association，MPPA）。[30] 有关协会建立的事宜在1916年晚些时候的《综艺》杂志上进行了报道。[31] 1917年5月，MPPA成立了，《综艺》杂志在头条予以报道，新闻标题如下："本周起推歌陋规宣告终结。"同期《综艺》杂志还刊登了关于MPPA宗旨的一则公告：

> 本协会初步成立，基本宗旨和主要目标是在音乐发行行业内促进与培养公正、自由的竞争环境，根除通过向在剧院、歌舞表演舞台和其他地方表演的歌手或音乐家赠送礼物或赠予赏金的方式来推广音乐作品的陋规。此一陋规经由对音乐表演的操控，已经损害剧院管理工作和公众的利益。这些音乐作品之所以被表演，不是因为本身的良好品质，而是因为表演者获得恩惠。这类行为导致音乐创作者缺乏一个自由竞争的环境，而这将打击创作者的积极性，阻碍其进行音乐创作。[32]

1917年这一年，《综艺》杂志一直怀着极大的热情，对MPPA的成立进行报道。协会成立后不久，《综艺》杂志就报道称："当音乐发行商向客户发出通告，称将来所有的业务将断然不再会有现金往来，给歌手的'报酬体制'便自然而然地在本周成为过往。只要大多数人认识到取消报酬支付能在未来获得好处，像歌手不同意尽全力与音乐发行商合作这样的个例就不会再出现了。"[33] 1917年年底，《综艺》杂志上的一篇文章对协会所取得的成绩进行了总结：MPPA已经"将最为险恶的祸害逐出行业……这一祸害就是那'报酬体制'……（MPPA）不但生存了下来，还得到了发展，这远远超出了组织者当初的设想。"[34]

关于MPPA的成功，《综艺》杂志上这些文章所言并不准确。伊萨克·金伯格在表示MPPA"表面上终止了（报酬体制）"之后，又说："认为这种惯例已经消失的看法过于乐观了。”[35]哈泽尔·梅耶对于MPPA的成立这样说道：“二十四小时之内，给歌舞剧歌手们的公开商业贿赂是停止了。但是，再过二十四个小时，这种商业贿赂行径又会潜滋暗长。”[36]大卫·伊文这样说道：“思谋出各种迂回的方法来影响歌手演唱自己的歌曲，对每个音乐发行商来说都花不了很长时间。最难界定为违反规定的，同时也是最有效的办法，就是把歌曲版税中的一定份额分享给歌星……因此，歌手可以从一首歌曲未来的成功中获取利润，这一事实让他们更加偏向于将歌曲在一幕戏剧或演出中推送出去。”[37]甚至爱德华·B.马尔克斯，这位MPPA的理事长，无疑会倾向于放大音乐发行商协会取得成就的人，也说：“我们摆脱了明目张胆的贿赂罪行，但是私底下这样的陋规从未完全绝迹。”[38]不仅从这些言论，而且从其他的证据当中，我们也可以清楚地看到，“报酬体制”或者我们现在称之为“商业贿赂”的东西，在MPPA成立之后一直持续存在。

这样的结果并没有使音乐发行商感到惊奇，因为在成立协会的念头首次被提起之时，大家就对消除“报酬体制”的可能性存在相当程度的怀疑。[39]不过，既然当初大家真的有所怀疑，为什么所有重要的音乐发行商都加入MPPA呢？其中一些发行商（肯定不是全部）显然认为，如果对竞争的这一管制（即废除商业贿赂）能够制度化，他们的处境就会更好一些。对于不擅长或没有使用“报酬体制”来推广音乐作品的少数流行音乐发行商来说，这也许是真的。爱德华·B.马尔克斯可能原本就是他们中的一员。他曾这样评论这个“报酬体制”：“斯特恩和我一直坚持反对这样的东西，因为我们感到它会毁掉花了最多钱财的那些公司。置身于这些人的行列之外需要一定的意志力，而我的意志力显得薄弱了些。有一天，我委托职业经理人……也开始这样做，确保我们的歌曲能够得到一些推广的突破。两天后，他失望而回。‘老板，’他这样说，‘我不能把你的钱这样花出去，因为身居高位的乐队都与其他的音乐发行商签约，为之演唱了。’”[40]很显然，有了这次经历之后不久，马尔克斯就同意担任MPPA的首任理事长了。

但是，即便是那些将会从废除“报酬体制”中受益的发行商，如果他们曾想到对手会背弃这些规约——无疑很多人这样想过，那么这些发行商在考虑是否加入协会时，也一定会好生犹豫。奥康纳与一些杂技剧场经营者的固定合作所取得的成功，似乎导致其对加入协会变得犹豫（或充满敌意）。据说，奥康纳通过取得 Keith-Albee-Orpheum 巡回演出的经营管理权获得好处，在整个系列剧目中使用的是同一首歌曲《我不会把我的儿子培养成一名战士》（*I Didn't Raise My Boy to Be a Soldier*，这是那个时代的一首反战歌曲）：这首歌曲首先作为开场动物表演的背景音乐，然后伴随着戏剧演出的发展，先后用二重唱和四重唱的形式演唱，以欢快的曲风配合喜剧的表演；最后这首歌曲再次响起，伴随着华尔兹（即终场曲）杂技表演将整场演出推入尾声。这真是歌曲推送的成功典范。[41] 无论这种事情是否真的发生过，很显然，即使歌舞剧院的经营者（他们的人数显然少于要支付报酬的艺术家的人数）对“报酬体制”可能并不存在敌意，他们也会担心如果利用歌舞剧院进行歌曲推送可能会影响所上演的戏剧的流行。[42] Keith-Albee-Orpheum 巡回演出的经理公然在做的事情就是不允许在其上演的戏剧中推送歌曲，除非音乐发行商是 MPPA 的成员。[43] 起先，三家非常杰出的公司，Feist（《我不会把我的儿子培养成一名战士》的发行商）、Remick 和 Harms 拒绝加入 MPPA，但在非 MPPA 成员不准音乐发行商推送自己的音乐作品的禁令宣布之后，他们选择加入 MPPA。[44]

音乐发行商为什么会加入 MPPA？原因似乎也相当的显明。但是，为什么奥康纳要承担起组织 MPPA 的任务呢？这难道是流行音乐行业中罕见的乐善好施的典范吗？根据哈泽尔·梅耶的说法，这显然不是。她曾这样叙述，奥康纳让《综艺》杂志的管理层关注到商业贿赂与《综艺》杂志广告收入之间的负向关系，然后，他就被授权作为“利益无关方”，根据《综艺》杂志的说法，这个“利益无关方”负责把音乐发行商召集到一起。[45] “报酬体制”可能减少了《综艺》杂志广告收入的观点并不是不符合逻辑的。给一名歌手支付报酬来推广一首歌曲，这是推广支出的一种形式，并且会与其他推广活动形成竞争，包括在一家商业期刊上为歌曲打广告而支付的广告费。但是，不管奥康纳的动机是什么，MPPA 所取得的结果必然是令人失望的。实际发生的情况似乎是这样的，一开始“报酬体制”只是简单地转入“地下”（sub rosa）——用爱德华 · B. 马尔克斯的话来说，之后随着时间的推移，人们感到不再需要遮遮掩掩了。根据规约，MPPA 有权处罚使用“报酬体制”的成员，但是据我们所知，这些规约是“非强制的和无效的”。[46]

随着 1933 年 6 月国家复兴（工业）总署（National Recovery Administration，NRA）的成立，改变困境的机会来了。[47] 设立 NRA 的法案授予每个行业的成员起草行业准则的权利，一旦 NRA 立法管理局批准了该项准则并经总统签署之后，就能约束整个行业。音乐发行行业准则的第一稿在 1933 年 9 月 1 日提交给了 NRA。[48] 出台这一准则的倡议是由 MPPA 及其主席约翰 · G. 潘恩（John G. Paine）提出的，这一倡议对于谈判起到了推动作用。[49] 一批流行音乐发行商（即 MPPA 的成员们）明确表示，该准则第八条款由“商业惯例规则”构成，而设计这一规则主要是用来禁止“商业贿赂”。对于音乐发行商来说，这一条款是该准则最为重要的部分。在音乐发行行业准则的官方判例历史中，曾有这样的记录：“（流行音乐发行商）的代表们……不时地说，只要授予他们制定‘商业惯例规则’，他们就乐意赞成政府所期望的准则中的任何其他条款。”[50] 传统的音乐发行商（一般指发行古典音乐的发行商）表示对商业惯例规则无丝毫兴趣，由此证明这些条款皆为必要的任务就由流行音乐发行商来承担了。

1934 年 7 月，在针对音乐发行行业准则提案的听证会上，潘恩先生解释道：

> MPPA 是在 17 年前组织起来的，意在努力废除……不公平的商业惯例，这些商业惯例是指支付报酬（实质为贿赂）给乐队队长、电台歌手以及其他在公开场合抛头露面的艺术家，让他们演唱或演奏相互竞争的某个发行商的音乐作品，或者让他们不要去选择其他发行商的音乐作品……这些惯例每年都会耗费大量钱财，对于这个行业来说真是花费不菲。作为一

家协会，我们努力制止这样的行为。但是，由于我们无法控制整个行业，而只能控制本协会的成员，因此我们并不能轻而易举地达成目标。这也是我们认为有必要通过此项行业准则的原因之一。因为一旦有了这项准则，我们就可以管理与整个行业相关的活动和惯例……（这项准则）对于那些没有多少金钱、没有多少资本用来打点这类贿赂性支出的小发行商是有保护作用的……我们认为，对音乐作品的选择应当只看音乐作品本身的品质。如果我带着自己的音乐作品来找鲁迪·瓦里先生，我想他应该只凭借作品的品质来决定是否将之收录到他的节目表中，而不是因为我凑巧是一个富有的发行商并能给他一笔不菲的金钱酬劳才收录我的作品，从而将其他可能比我更好的作品拒之门外。我们认为，竞争只应建立在作品优劣的唯一基础上，而不是其他任何诱因。[51]

对于音乐发行行业准则的其他条款，潘恩先生认为最基本的是要防止发行商们的规避行为。举个例子来说，针对作品专门改编的禁令也是必要的，因为在实践中这些改编只会成为规避商业贿赂禁令的一种手段：

我们走到一位管弦乐团团长跟前，说道："……您若能使用我们的音乐作品，我们将非常感激。"他略加一瞥，就会说他对我们的作品不是非常感兴趣，因为我们的音乐作品不是非常适合他的乐队……然后我们再对他说："……你可以做专门的改编……不管费用多少，都由我们来出。"这一类的所谓改编，只不过是向管弦乐团团长直接支付报酬的一种遁词而已，因为实际情况是，管弦乐团有自己的改编者，这个改编者会对音乐作品进行改编，以适应乐队中特殊或稀有的乐器，而他是有薪水可拿的。[52]

根据潘恩先生所言，音乐发行行业准则的作用是：可以防止公开演出"完全地、绝对地被那些资金雄厚的音乐发行商主导，而将那些可能只有优良作品、优秀作者但没有钱用来贿赂的音乐发行商排除在外。”[53] NRA 条例所做的，就是对音乐发行行业施以管制措施，而这些管制措施在 1917 年由 MPPA 试图引进时并没有取得成功。音乐发行行业准则的第八部分的条款见附录 A。在电台广播行业准则中也有一项条款是关于禁止商业贿赂的，同样见附录 A。据美国国家广播协会的一名代表说，这一条款在音乐发行商的要求下被添加到广播电台行业准则中。[54] 时任音乐发行行业立法管理署署长的潘恩先生，同时也是 MPPA 的主席。尽管音乐发行行业准则的初始草案在 1933 年 9 月 1 日已经被提交上去，但是由于官僚系统的延误，直到 1935 年 3 月 4 日才被批准，1935 年 3 月 18 日开始生效。然而，最高法院在 1935 年 5 月 27 日宣布设立 NRA 的行为是违反宪法的，结果导致 NRA 批准的音乐发行行业准则仅仅施行了两个月。[55]

在 1935 年 6 月 18 日潘恩先生寄给一位 NRA 官员的信中，他这样描述，最高法院取消了“有史以来对音乐发行行业来说最有价值的援助……应设计出能够再一次给我们行业带来有效约束力准则的方法，以废除准则第八条款所涉及的那些商业惯例……我们觉得这样的挽救措施将对我们的行业大有裨益，这无疑将解决摆在我们面前的大部分商业问题。”[56]

潘恩先生很快就想到了确保行业能够继续执行 NRA 条例中商业惯例规则的方法。大约在 NRA 的设立被宣告违宪的四个月后，MPPA 于 1935 年 9 月 20 日向联邦贸易委员会（Federal Trade Commission, FTC）提交了音乐发行行业商业惯例规则。在一份由一名工作人员送到 FTC 贸易惯例局（Trade Practices Board）的备忘录中这样记录，所提议的规则“实际上是从（NRA）音乐发行行业公平竞争准则中逐字摘录的”。MPPA 提交 FTC 的这一途径是非常恰当的。FTC 可以批准与一个行业的公平交易惯例有关的条款，一旦它批准行业的请求，那么这一条款将不会允许与法律相悖或在某种程度上不利于公众利益的商业惯例存在。这一规则分为两个部分，FTC 主张：第一部分的条款是有法律效力的，并由其采取适当的手段来强制执行；第二部分的条款则是劝告式的。音乐发行商遵守条例是值得赞赏的；若其违反，虽然本身并不构成违法，然而一旦被确认因违反第二部分条款将导致不公平的竞争或者显失公平的欺诈行为或做法，FTC 将采取与第一部分关于违反条款情况下的相同做法。[57]

MPPA 的申请是一段曲折的过程。[58] 虽然 MPPA 提议的惯例规则在 FTC 内部得到了一定的支持，但他们对条款的合法性和意图表示疑义。紧接着，潘恩先生和他的法律顾问——约瑟夫 · V. 麦克伊（Joseph V. McKee）（前纽约市市长）进行了长时间的磋商。阻碍 FTC 批准的绊脚石，可从一份由贸易惯例局于 1937 年 6 月呈交给公平贸易委员会的备忘录中推断出来。该备忘录首先对流行音乐行业进行了这样的描述："该行业的产品包括流行歌曲、管弦乐编曲和音乐乐曲。为了吸引公众购买这些产品，为他们提供能够听到这些音乐作品的途径就显得尤为必要；因为唯有被这些曲调吸引，公众才会去购买这些产品。所以，为了提升产品销量，音乐发行商中的一些人常常力图使歌曲和音乐乐曲被这样的人接受，包括为公众提供娱乐的人，通过电台、在剧院表演的人，以及在酒店、餐馆或者其他公共娱乐场所驻唱的歌手或者管弦乐队。"备忘录接着解释："这一惯例随着发行商向表演或演唱他们歌曲的乐队队长、歌手和其他艺术家进行所谓的贿赂，或者给予钱财、物品或小恩惠的行为而不断滋长……提议召开贸易惯例研讨会的目的就是制定规则以阻止这一行为的发生。"备忘录还有这样的记录："这些音乐家、歌手或者艺术家们的雇主，至少大部分对于专业雇员收取报酬或礼物的行为是无异议的。因此建议，不管有没有得到雇主的同意，都要禁止这一惯例。除了这一点，该商业惯例与商业贿赂有诸多相似之处。一般性商业贿赂条款仅限于这样的案件，即贿赂是在雇主不知情或不同意的情况下发生的。"[59]

正如贸易惯例局的工作人员所见，草案中的问题接着被这样描述，而且被认为很难得到解决：

> MPPA 的愿望是该条款能够在"存在或者不存在"雇主知情或同意的情况下都禁止商业贿赂惯例，而且条款应该纳入准则的第一部分被强制

> 执行；否则的话，我们认为该条款的意义不大，而且将是无效的、没有价值的。在这样的情况下，为了取缔那些与法律相抵触的惯例，需要重新安排这些规则的措辞，除此之外别无他法。我们对所提议条款的研究表明，到目前为止，我们并不相信它们只会禁止不合法的行为。然而，我们同样不能完全确定，该条款没有取得纳入准则第一部分资格的可能。尽管到目前为止，根据我们的判断，我们还未能想到合适的语言以使该条款完全落在法律的范畴内，同时能满足申请人期望的结果，并且能彻底地强制禁止“推歌”惯例。据此情况来看，该条款严谨的法律解释（由 MPPA 提交）似乎将使得条款进入准则第一部分近乎不可能。[60]

备忘录接着顺带提到针对美国作曲家、作家与发行商协会（American Society of Composers, Authors, and Publishers, ASCAP）的反垄断诉讼，ASCAP 的会员自然包括流行音乐发行商。这起诉讼的存在，在某种程度上似乎足够阻碍该条款获得 FTC 批准，即使司法部已经在一份信函中表示：“所提议的条款……不影响反垄断诉讼中的事务。”[61]

备忘录还提到一个独立音乐发行商的控诉。该发行商不隶属于电影公司，他认为所提议的条款将会对独立音乐发行商造成巨大的伤害。他说道，很多独立音乐发行商“不是心甘情愿地签署这项提议的，因为强势的音乐发行商控制了乐队队长和艺术家们，并威胁独立音乐发行商，如果不签署这项提议，他们的歌曲就会遭到抵制。”这些发行商认为的伤害在备忘录中是这样描述的：

> 以独立发行商为竞争者的这样一些附属发行商，他们利用自己所属发行公司的歌曲和电影中的管弦乐编曲，立足于遍布全国的大型连锁剧院，有办法在公开表演中推广歌曲和管弦乐编曲，而不需要诉诸“推歌”……独立发行商声称，他们没有这样的电影播放渠道，于他们而言，诱使酒店、餐馆以及其他未被控制的娱乐场所中的乐队和歌手来表演自己的音乐

作品，使得大众能够欣赏到这些旋律，从而有兴趣购买散页乐谱。这一做法显得尤为必要。应当记住的是，只有当公众被旋律吸引，他们才有可能去购买。显然，旋律只能通过声音传播出去。因此，反对者声称，如果这些条款剥夺了独立音乐发行商向乐队队长或者其他艺术家支付报酬，即剥夺其演唱或者表演自己作品的权利，那么他们将难以获得公众对其旋律的关注。于是，音乐发行将被电影公司及其附属公司（这些附属公司对在电影和遍布全国的电影院中使用歌曲和音乐拥有控制权）垄断。

FTC 首席审核官在一份报告中说道："从目前为止所做的记录来看，至少一部分音乐发行受到威胁或胁迫的独立音乐发行商，是赞成由行业提交给委员会的贸易惯例规则的提议。"并且，他的调查律师认为，这份提议的条款"可能意味着将独立音乐发行商淘汰出局"。[62]

事实是 MPPA 向媒体界宣布贸易惯例规则已经生效，在谈判中给人以该条例已经被 FTC 批准的印象，使得目前的局势变得更加复杂。"申请人委员会表示担心，除非委员会迅速允许召开研讨会，否则违反条例的人数将会增加。因为音乐发行行业的人士逐渐意识到，尽管行业协会已经将条例付诸实施，但是还没有被委员会批准或同意，因此将不会被强制执行。"[63]

贸易惯例局的总结如下："……我们不相信贸易惯例研讨会将会被推迟，以等待进一步的调查结果……如果委员会觉得贸易惯例研讨会在任何情况下都是行不通的或令人失望的，提议就应被立即否决……此外，我们不认为举办一个贸易惯例研讨会，召集所有相关方参加，大家畅所欲言，会有什么实质性的危害。"[64]鉴于 FTC 内部的意见分歧，1937 年 7 月 13 日，委员会拒绝了举办研讨会的申请。这不足为奇。然而，随着行业的抗议及其对所提议条款的修改，FTC 在 1937 年 7 月 30 日撤销了这一决定，并且同意举办贸易惯例研讨会。[65]

在这次研讨会（1937 年 10 月 4 日举办）之后，FTC 收到一封来自南方音乐发行公司（Southern Music Publishing Company）（纽约市）的信件，信中这样说，研讨会议程“仅体现了电影公司的附属发行商和一些历史悠久的独立发行公司的愿望与诉求”。但不管怎样，这些条款还是暂时被FTC批准，听证会定于1938年1月4日举行。[66]与此同时，委员会收到一封来自阿尔伯特·贝德尔（Albert Bader）先生（美国独立音乐发行商，总裁）的信件，信中声称，所提议的条款“是在ASCAP和MPPA的影响下拟制的，而这些机构是垄断音乐发行商的代表。”[67]

贸易惯例局建议批准这些条款。然后，FTC首席顾问特别指出尚未判决的反垄断诉讼案以及MPPA成员遭到的垄断指控。他总结道：“我相信，商业惯例规则的批准应该被视为一种特权的授予，而且它绝不能再被扩展和延伸，除非赞助商在来委员会之前，带着绝对干净的双手以及毋庸置疑的正直目的和意图。”因此，他认为应该拒绝这些条款，“待所有针对行业成员的尚未判决的控诉处理完毕”，[68]再由MPPA提出新的申请。1938年5月25日，FTC否决了所提议的音乐发行行业的商业惯例规则。[69]

20世纪30年代，还有一次为消除商业贿赂而做出的尝试。1939年，歌曲推手们成立了一个附属于美国劳工联合会的联盟，即音乐发行商联络人联盟。从1939年11月的一些关于联盟和音乐发行商签订合同的报道中，我们了解到，这些合同的主要规定之一就是防止商业贿赂。《公告牌》（*Billboard*）杂志是这样说的：“合同（即联盟最初的形成）的基本点在于，要清除为推歌而进行的贿赂行为，这些联络人觉得事态已经发展到发行商的支票簿最终将使得供养一个推广人丧失其必要性的地步。”合同针对任何一个由仲裁部门判定犯了商业贿赂罪的发行商都规定了处罚措施，发行商再次犯罪，将另外再被联盟处以1 000美元的惩罚。[70]对于发行商遭受的惩罚，《综艺》杂志给出了更多的细节：“这些不公正的惯例规则……禁止发行商为推歌给予或提供任何形式的酬金或奖励，推歌形式包括插播（cut-ins），或者对作品进行一些特别的改编，以阻止他们的雇员参加乐队队长的‘专场演出’或者类似‘特殊之夜’的活动，除非已经获得联盟的同意。”[71]

在音乐发行商和联盟之间达成规制商业贿赂的协议，这一点都不难。发行商想要把这些规制强加给整个行业；歌曲推手们（发行商的雇员）认为商业贿赂的废除将会增加推歌服务的需求。美国音乐家协会（American Federation of Musicians, AFM）的一些会员收到过商业贿赂，他们不欢迎事态的这一发展。尽管他们表示将会合作，事实上，他们并不是心甘情愿地支持这个新的联盟。据报道，纽约市当地的 AFM 主席这样说道，如果商业贿赂被废除，那么“音乐人一定是为了自己才这样做的”。《公告牌》杂志补充道：“众所周知，AFM 的行政官员……认为从行贿受贿的角度看这不属于他们的管辖范围，他们对阻止乐队队长用自己的方式获得额外钱财毫不关心。”[72]

没有理由认为音乐发行商联络人联盟能够终止商业贿赂。据《综艺》杂志 1944 年的报道，联络人的工资已经涨到如此之高，以至于他们可以自掏腰包给播音员和演员支付报酬。[73] 而在 1945 年，商业贿赂显然是非常普遍的，以至于一些发行商扬言，为了利用广播推广歌曲，他们要公开支付报酬。[74] 很显然，联盟还是不能够终止商业贿赂。直到第二次世界大战结束之时，所有终止商业贿赂的尝试似乎都失败了。

四、20 世纪 50 年代的境况

直到第二次世界大战结束，虽然商业贿赂影响了广播节目的播出，但是它一般既不直接牵涉电台，也不直接牵涉电台雇员，而只体现为音乐发行商给予表演者的报酬支付。到了 20 世纪 50 年代，商业贿赂特征发生了根本性改变。商业贿赂的主要形式变成了由唱片公司（往往也是音乐发行商）给予电台音乐节目主持人报酬支付。无论是因为音乐品位发生了变化，还是因为随着电视的出现，电台潜在听众的构成发生了变化，抑或是因为唱片质量有了提高，更可能是以上所有（以及其他的）因素的综合，“大乐队”（Big Bands）电台节目不复存在了，而电台的音乐节目主持人播放唱片、插播评论和广告则成为一种重要的节目形式。起初，唱片公司（或其中的一部分）抵制过这样的节目，他们无疑相信，听电台播放唱片将会减少在家播放唱片的需求。[75]但是，很快他们就发现电台音乐节目主持人播放唱片会增加该唱片的销量，而唱片公司期望唱片在电台音乐节目主持人的节目中播出的渴求自然导致商业贿赂的发生。在20世纪50年代的商业新闻中，反复提到唱片公司为电台音乐主持人制作礼物或给予现金报酬支付，以使唱片得到播放。[76]然而，直到1959年年末，商业贿赂才被纳入国会监督的范畴。

与此同时，广播业是国会调查的几个对象之一。起初，FCC内部的腐败使其备受关注。国会专员麦克（Mack）被指控曾收受一笔钱，将一个电视频道授予某个特定申请人（他实际上是成功的）。这导致他被免职，之后，这位国会专员遭到起诉。[77]也正是对FCC和行业之间不正当关系的持续关注，导致FCC主席道尔法（Doerfer）（国会专员）在接受了广播电台运营商的热情款待后于1960年被免职。[78]然而，注意力很快从FCC内部的腐败转移到广播业内部的腐败，人们开始思考是否有必要额外赋予FCC监察该行业的权力。

1958年，斯麦特斯（Smathers）参议员引入一项法案，该法案规定，从事音乐发行或创作以及音乐唱片分销的人员，均不得持有广播电台的营业执照。这项法案似乎是两个机构为控制音乐版权而竞争的结果，这两个机构分别是美国作曲家、作家与发行商协会和广播音乐有限责任公司（Broadcast Music Inc., BMI）。广播电台和广播网（同时也拥有唱片公司）是BMI的股东。据称，广播机构非常乐意电台的音乐节目主持人播放与其有利益关系的唱片。显而易见，这样的做法与商业贿赂非常相似。然而，在调查过程中，不少人提到商业贿赂，其中一位证人陈述道，商业贿赂就是支付给电台音乐节目主持人一定的报酬以诱使其播放BMI的歌曲。[79]但是，这些给电台音乐节目主持人的报酬在当时似乎并没有引起关注。帕斯道尔（Pastore）参议员把商业惯例比作“支付给服务员领班5美元以获得一个理想的就餐桌位”。[80]因此，该法案没有获得通过。

一些反对BMI的案件指出，电台音乐节目主持人使节目整晚都充斥着“悲鸣的吉他手，弹簧刀击打的节拍，满是缠绵、喧嚣和摇滚格调的靡靡之音”，取代诸如科尔·波特（Cole Porter）、理查德·罗得杰斯（Richard Rodgers）和欧文·柏林（Irving Berlin）（他们都是ASCAP的会员）这些作曲家的音乐。凡斯·帕卡德（Vance Packard）先生却是主要的支持者。对于帕卡德先生来说，很显然，“不能只是由艺术家的判断或者民意调查的结果来决定是以摇滚乐还是节奏布鲁斯为主角”。为了支持这种观点，他引用一篇在1951年的《公告牌》杂志上刊登的文章，该文章指出：“‘商业贿赂’的情况在节奏布鲁斯好手中表现得最差。”根据帕卡德先生所言，当RCA-Victor与一个“面色苍白、神情阴郁，名叫埃尔维斯·普莱斯利（Elvis Presley）的年轻人”签下合同时，“摇滚潮”才真正兴起。[81]尽管这些听证会没能产生什么立法性的措施，但是通过电台音乐节目主持人在节目中播放摇滚乐唱片，使得摇滚乐需求被创造出来，以及这种现象是以某种方式与商业贿赂相联系的认识。至今，这一现象仍然成为影响国会态度的一个因素。

接下来的国会调查起因于1958年流行的电视问答节目。问答节目过去一直被视为真实的比赛，但实际上被做了手脚，即参赛者在节目开始之前就做好了准备，他们知道将要被提问的问题以及该如何回答，甚至连谁将会获胜都提前安排好了。这个比赛是纽约大陪审团的调查对象。此次调查完成后，提交给大陪审团的证词也提供给了众议院立法监督委员会下设的委员会小组，之后，该小组举行了自己的听证会。委员会小组无可置疑地认为该指控成立。但是，直到诉讼临近结束，商业贿赂也一直未被揭露真容。

据有关披露，一个来自宾夕法尼亚州艾伦镇的百货商店老板——赫斯（Hess）先生——支付了10 000美元，让他的雇员霍佛（Hoffer）先生成为最受欢迎的竞猜节目《64 000美元之问》的参赛者。在介绍参赛者的过程中，主持人会问他在哪里就职，赫斯先生预料到这一点，事实上也的确如此。这笔交易触犯了一些国会议员的道德感，以下对话摘录自听证会的记录：

罗杰先生：赫斯先生，你是否认为你的行为是错误的？

赫斯先生：我觉得对商店来说，这是一次了不起的推广。

……

弗林特先生：所以，你认为让霍佛先生参加竞猜节目的整个想法是为了推广你的商店。但我们认为，这至少是在骗人。

赫斯先生：我认为这是一个很棒的推广。

弗林特先生：是的，但是你没有努力推动一个真实的问答节目，而是在试图推广你的商店。

赫斯先生：我不知道他能不能回答那些问题。[82]

在赫斯先生承认他为了让凯特·史密斯（Kate Smith）先生参加一档电视节目而支付给其报酬之后，在利史曼（Lishman）先生（委员会小组的法律顾问）的质疑下，他进一步解释这样的支付是非常普遍的：

利史曼先生：你认为，为了进行此类推广而不得不进行支付是过去的一个惯例？

赫斯先生：不是“过去”，这是现在的一个惯例。

利史曼先生：确实是。赞助商购买了电视节目时间，但赞助商并不知道哪些人因私下给制片人一些钱而搭了便车，这难道不是一个事实？是这样的吗？

赫斯先生：如今，这已经被认为是一种生意。很多人这样做。

利史曼先生：这已经被认为是一种生意？

赫斯先生：是的。

利史曼先生：在你看来，这与商业贿赂有何差别？

赫斯先生：商业什么？

利史曼先生：商业贿赂。

赫斯先生：不，先生。这被视为一种生意。在纽约市，就有这样一群人什么也不做，就做消息的推广。

……

利史曼先生：这些人通常就是你所指的“Schlukmeisters”？“Schlukmeisters”，一个能灵活地讨价还价的兼职大师？这难道就是在交易中他们为人所知的形象？你说这是一种生意。我想知道这种业务的名称。

赫斯先生：这些人像其他人一样在从事生意，他们都是这么认为的。

利史曼先生：难道你不认为这对赞助商来说是一种欺诈吗？他们支付大笔钱来确定节目的播出形式，并购买电视台的播放时间；然后，有些人却用较少的钱来搭这些赞助商节目的便车。

赫斯先生：我认为小企业能够参加这些大型的节目秀，是一件了不起的事。[83]

赫斯先生还指出，他的商店也向报纸专栏作家支付报酬。他提到了杰克·奥布莱恩（Jack O'Brien）、鲍勃·康斯汀恩（Bob Considine）这些人，并且约翰·霍尔·列文（John Hall Levine）先生（赫斯商店的公关经理）给出了有关这些交易的更多细节。他向委员会小组提供了一份20世纪50年代的电视节目名单，其中显示了通过支付金钱使商店的名称或活动在这些节目中得到曝光机会。这些节目包括史蒂夫·艾伦（Steve Allen）的《今夜》（*Tonight*）和《命名那支旋律》（*Name That Tune*）等。[84]在证词里，他补充了戴夫·加洛维（Dave Garroway）的《当下》（*Today*）和《加里·摩尔秀》（*Garry Moore Show*）等节目。[85]他还提到，在纽约市当地的一部电视剧中，商店名称在一辆卡车中出镜。[86]列文先生还将哈尔·包伊利（Hal Boyle）和厄尔·威尔森（Earl Wilson）这两个姓名补充到赫斯先生提到的报纸专栏作家名单中。当国会议员贝内特（Bennett）先生开始质问列文先生关于报纸专栏作家的事时，委员会小组主席奥仁·哈里斯（Oren Harris）先生打断道：“那是报纸业的事。”然后，贝内特先生说：“我收回关于报业的问题，因为我觉得这超出了我们的管辖范围。”[87] 在证人陈述之后，厄尔·威尔森否认曾收受赫斯先生的钱，而杰克·奥布莱恩否认曾提到赫斯的商店。其他在专栏中提到赫斯商店的报纸专栏作家［鲍勃·康斯汀恩、斯坦利·德拉普兰（Stanley Delaplane）和哈尔·包伊利］解释道，他们收受的报酬是“个人出场费”（personal appearances）或“差旅费”（travel expenses）。但是，向报纸专栏作者支付报酬的问题，相比于向电台音乐节目主持人支付报酬而言，只引起很小的关注。[88]

委员会小组成员对赫斯先生支付报酬的方式表现出极大的兴趣。[89] 然而，关于实际上是谁收了10 000美元（现金）以确保霍佛先生参加《64 000美元之问》节目，却并没有得到披露。据说，钱是通过赫斯商店的一名雇员转入施瓦茨（Schwartz）先生之手的，施瓦茨声称其证词有可能“诋毁、贬低或者牵连一些人”。因此，证词是在听证会上做出的，并没有公开。[90] 赫斯先生对于出席纽约地区检察官代表听证会之事宜，毫无疑问是很警惕的，他对这个问题的回答表现得相当谨慎。显而易见的是，这种特殊的交易很不寻常。通常情况下，报酬的支付以支票的形式进行，并且是支付给公关公司的。公关公司怎样使赫斯商店“出镜”（mentions），是通过报酬支付还是其他的方式，这并没有得到披露。

两个广播公司的老板就与赫斯先生的交易接受质询。国家广播公司（National Broadcasting Company, NBC）主席金特纳（Kintner）先生表示，《当下》节目上对于来自赫斯商店的一些流行时装的展示，可能是节目需要一些有趣的人来参加，而“很显然，一些公关公司提到赫斯百货商店，他们可以让一些有趣的人参加《当下》节目”。[91] 他认为这没有什么需要质疑的。当金特纳先生被问到NBC雇员收受报酬而在节目中插播制造商的商业宣传这一惯例时，他认为这并不普遍并应受到谴责，而且这类人员一经发现将会被解雇。然而，他补充了一个条件：“你了解这类节目的运作，举个例子——这只是一个理论上的例子——如果为了繁荣旅游业，迈阿密市希望《当下》节目来佛罗里达州录制，节目组的交通费可以报销一部分——个人或员工得不到，这只是节目预算的一部分。我认为，我举的这个例子不应被谴责。”[92]哥伦比亚广播公司（Columbia Broadcasting System, CBS）主席斯坦顿（Stanton）先生说道，赫斯先生的证词所揭露的惯例“应被谴责”。但是，斯坦顿先生“并不反对这样的想法，即个人或机构付酬金聘请代理人、公关人员以尽可能地获得更多公众的关注。我划界的地方在于，演员或者个人支付金钱给这些专栏作家，或者节目制片人，或者展示窗设计者，或者任何类似的人士，这种手段应该被禁止。”[93]

在关于电视问答节目的听证会进入尾声之时，引入了一份来自伯顿·蓝恩(Burton Lane) 先生（《菲尼安的彩虹》以及一大批脍炙人口的歌曲的作曲者）的记录，包括他作为美国作曲家、作家与发行商协会主席时的一封信和一份备忘录。信中部分内容提到：“委员会小组援引的证词所披露的听众在广播节目中受到愚弄的那些惯例，绝不限于问答节目。在音乐以及音乐作品的推广上，也有类似的节目。毫无疑问，商业贿赂已经变成决定许多广播节目播放什么歌曲，以及间接地引诱公众购买什么音乐唱片的主要因素。”[94]备忘录给出了商业贿赂的例子，这些例子主要来自商业界和新闻业界。据《综艺》杂志所说，正是伯顿·蓝恩的信引起了针对商业贿赂的调查。[95]不管这是不是真的，重大的商业贿赂调查确实随之而来。

关于“商业贿赂和其他带有欺骗性质的惯例”[96]的听证会，由委员会小组代理主席奥仁·哈里斯先生的一份陈词拉开了帷幕，他在陈词中提到赫斯先生的证词和伯顿·蓝恩先生的信件。他接着说道：“从那时起，人们对委员会小组的抱怨纷至沓来，他们抱怨广播电台与电视台对播放内容的选择受到潜藏的经济诱惑的影响。在这种事件中，公众利益将在很多方面受到损害。当对节目内容的选择不符合公众利益，而是符合愿意为自己的唱片获得曝光而进行支付的人的利益时，广播节目的质量就下降了。公众为播放唱片的流行度所误导。此外，这些惯例使得拒绝同流合污的诚信商人面临不公平竞争，缺乏不公平竞争生存手段的小企业被排除在生意之外。”[97]哈里斯先生说道，委员会小组并没有“对这些事情做出预先的判断”[98]，尽管从后来进行的问询来看，这一点并不是显而易见的。

第一个证人是诺曼·普利斯科特（Norman Prescott）先生，他曾经是波士顿市 WBZ 电台的音乐节目主持人。在大约三年的时间里，他从唱片分销商那里获得约 10 000 美元的报酬。据委员会小组的法律顾问说，他一直不大愿意来作证（显然是因为他不想牵连他人），但是在委员会小组“时时”以调查者收集到的“文件证据”质问他之后，他同意与委员会小组合作。普利斯科特先生解释，他已于 1959 年 7 月离开 WBZ 电台，姑且不论其他事情，他已经“厌倦了行业里的商业贿赂环境。出于这个原因，我离开了。”（该证词里有诸多自相矛盾的地方——WBZ 电台的经理说，普利斯科特先生是被解雇的。）普利斯科特先生作证，认为商业贿赂是一种行贿行为。他还解释道：“它不可能占制造商产出很大比重，所有才会出现这种行为。这就是为什么商业贿赂如今还在发挥作用，而且如果某些事情不解决，那么它还将继续发挥作用。”因为商业贿赂带来了“摇滚乐”唱片的播放热潮：

> *贝内特先生*：你认为如果没有商业贿赂，所谓的垃圾音乐、摇滚乐，这些对青少年有吸引力的东西都不会被播放，还是你认为不管商业贿赂存在与否，这些东西都会被播放？
>
> *普利斯科特先生*：不会被播放。
>
> *贝内特先生*：你认为商业贿赂是造成这一现象的主要原因？
>
> *普利斯科特先生*：是的，商业贿赂使它们得到了播放，因为贿赂装满了相关利益者的口袋。[99]

普利斯科特证词的作用在于：它表明了商业贿赂是广泛存在的，而且是不道德的，它使那些“优秀的音乐”（good music）无法得到播放，它应当被新的法令叫停。哈里斯先生对普利斯科特先生“光明磊落”的证词大加揄扬。“尽管你起初并不情愿向调查者或者我们的工作人员提供关于商业贿赂的信息或者谈论它，这一点我们是理解的；但是，当你进入调查组并了解情况之后，还是帮了我们大忙，从一个有切身体验的专业人士的角度，解释了播放唱片这一生意是如何运作的。”[100]

后来的证人，包括支付过报酬的唱片制造商和分销商，以及收受过这些人的报酬的电台音乐节目主持人，当他们被委员会小组成员质问报酬支付是否不对或者不合适的时候，他们都予以否认。事实上，他们向来否认这些报酬支付是“商业贿赂”，就这个意义而言，电台音乐节目主持人是赞成以报酬支付作为回报来播放唱片的。支付报酬是为了组织唱片舞会（指跳舞时播放唱片），为了咨询，为了建议，为了听歌曲，或者那不过是一份心意。正如有经验的人所预期的那样，国会议员表示怀疑，甚至非常怀疑这些解释。我们不必怀疑这些报酬支付表面上的理由，它们的目的都是增大供应者的唱片被播放的可能性。但事实上，在交易经常发生的纽约州，这些都可能被认定为构成商业贿赂。毫无疑问，这使得许多证人很不情愿坦承这些贿赂行为。

听证会的其余部分，大都集中在迪克·克拉克（Dick Clark）事件上。他负责一档 ABC 网络电视节目，节目播出过程中，他在青少年跳舞时播放唱片；在另一档节目中，表演者演唱他们录制的歌曲。直到 1959 年年末，在来自 ABC 的压力下，克拉克先生处理了大部分外面的收入（指非 ABC 支付的酬金——译者注）。当时，他已经拥有或部分拥有几个音乐发行和唱片制作公司，以及一个唱片传媒公司。这表明克拉克先生曾经以间接的方式收受商业贿赂，那些发行、录制或者出版音乐作品的公司如果恰好与克拉克先生有利益关系，这些音乐作品在他的节目上被播放的可能性就会更大。克拉克先生否认他曾经以公司利益为交换条件来播放唱片或者挑选歌曲，也否认收受过商业贿赂。克拉克先生的说法最贴近听证会意图的一次，他承认外部利益也许影响了他对唱片的选择。他是这样说的：“各位先生，事实上我并不是有意识地偏爱这些唱片。我可能没有意识就这样做了。”委员会小组成员和律师顾问的质问，并不能动摇克拉克先生的观点，即他没有以任何方式收受商业贿赂。[101]

即便如此，这份证词已经清楚地表明，电台音乐节目主持人收受商业贿赂是很普遍的，这是由FTC所揭露的资料予以确认的结论。FTC在收到一封投诉信之后，于1959年年末展开了调查，这是“一封来自一个唱片制造商的投诉信……日期大概是1959年11月2日，信上提供了一些姓名、日期和地点。”[102] 国会委员会公开商业贿赂的资料也带来一些“来自公众的抱怨，数量是……前所未有的”。[103] FTC的调查揭露了商业贿赂普遍存在的事实，以及商业贿赂的许多伪装形式。在FTC董事长厄尔·W.金特纳（Earl W. Kintner）先生向委员会小组所作的证词中，他说“调查已经揭露了255个电台音乐节目主持人或者其他拥有执照的广播公司雇员，以及7个广播执照拥有者，收受过商业贿赂”。商业贿赂以如下形式发生：现金支付（定期，每周或者每月），唱片销售的音乐版税，唱片公司的股份，电台音乐节目宣传单中的广告，唱片明星在电台音乐节目或者他们组织的唱片舞会中的出场费，昂贵的礼物，电台音乐节目主持人的房屋按揭贷款。FTC还调查了赫斯先生曾参与的被称为“（为了在广播中提到自己的产品而给播音员）贿赂”（plugola）的那类活动，并且发现一些公司经常对广播节目进行这类“贿赂”（plugs）。这类“贿赂”是非常普遍的，公开的报道显示，表演者收受报酬或者礼物后在节目中提到特定产品。[104] FTC似乎并没有对“商业贿赂”采取法律行动，这无疑是因为1960年的法律变革，使FCC成为管制此类活动的主要负责机构。FTC发起了对很多唱片制造商和分销商的诉讼，大多数情况下，这些公司会达成和解协议。在协议中，他们同意“未经充分公开披露”，不会考虑给任何人金钱或者其他的物质报酬，让其选择和播放与他们有“任何性质的经济利益”关系的唱片，或者影响广播电台的雇员及其他任何人这么做。[105] FTC采取这一行动的依据似乎是这样的：“根据《联邦贸易委员会法案》第五条的含义，这种隐蔽的报酬支付是一种欺骗行为，因为听众会被误导，认为被播放的唱片是严格按照品质优劣或者公众流行度严格选出的。”[106] 这些报酬支付也被比喻成“钱推”（push money，支付给零售店的雇员以“推销”特定产品），并且因为这些收受了商业贿赂的唱片相比“那些没有支付贿赂或者拒绝支付贿赂的唱片”[107] 被播放得更加频繁，这就构成了不公平竞争。

委员会小组的国会议员始终对商业贿赂怀有敌意。它是“贿赂”“不道德的”“错误的”“应被谴责的”，诸如此类的措辞。唱片是因为未予披露的经济诱惑而不是因为它符合公众利益才被播放。这种认知无疑被一场新闻报道深化了。该报道是关于 1959 年 6 月在佛罗里达州迈阿密海滩举办的电台音乐节目主持人大会的，唱片制造商和分销商在当时缺乏约束的情况下，似乎一直致力于满足电台音乐节目主持人的每一个需要，这使人们想起了皇帝统治下的罗马。[108] 同时，在一种怀着敌意去质疑“摇滚乐”（许多电台节目主持人播放的音乐）的背景下，这种音乐被国会议员摩斯（Moss）先生定义为“刺耳且嘈杂”的声音，他认为“好音乐不需要商业贿赂”。[109] 如前所述，这些听证会有“一个假设，摇滚乐是‘坏’音乐……它只能通过不合法的生意活动来强推给公众。”[110] 这一观点带来的结果是，委员会小组建议，除其他事项外，《通讯法案》（修正）应当将广播业的商业贿赂定为一种犯罪。修正案于 1960 年 9 月 13 日被定为法律。

五、1960 年对《通讯法案》的修订

直到 1960 年 9 月，FCC 对商业贿赂仅有的管制权来自 1934 年《通讯法案》的第 317 条，内容如下：“广播电台播放的所有内容是一种服务，因而从任何人、企业处收受金钱，或者以任何直接或间接方式支付报酬，或者做出支付的承诺，或者索要或接受这类报酬，应当在节目播出的同时，根据需要公布这类赞助的情况。”这一条是原封不动地从《1927 年电台法案》中援引过来的，并且显然是基于 1912 年《邮政拨款法案》（Postal Appropriations Act）中的一条规定。在这一法案下，获得二等投递权的报纸，如果有人给发行机构支付金钱或者其他等价物作为回报，在其出版物上做任何公开发表，就必须清晰地标示“广告”字样。[111]

直到 1959 年，第 317 条的实施似乎并没有给 FCC 带来多大的困难。[112] 然而，国会调查的发现，给 FCC 提出了一个新的问题。第 317 条提到要披露支付给广播电台的报酬或者等价物。但是在 20 世纪 50 年代，商业贿赂还没有过多地涉及对广播电台的报酬支付，而只是针对电台的音乐节目主持人。大概是因为这个事实，导致 FTC 而非 FCC 成为采取行动来废除商业贿赂的管理机构。然而，1959 年 11 月，作为商业贿赂昭然于世人的结果，FCC 向所有的广播执业者发送了一份调查问卷，回收的问卷让 FCC 得出了广播业不符合第 317 条规定的要求的结论。1960 年 3 月，FCC 发布了一个公告，解释了其认为的符合第 317 条规定的做法。播放免费的唱片时应附有一个公告，表明电台收受了报酬来播放这些作品，以及是从谁那里收受了这些报酬。在诸如“唱片舞会”之类的户外活动栏目中提到或播放唱片并收取报酬，或者为在电台播放而给予表演者小费或赠送唱片、提供奖金或场地，都应该公示并标明情况。这样就能从中辨别出从这些活动中获得经济利益的人，“以及给广播电台提供任何形式的报酬以换取节目曝光的其他各方”。当交通、住宿和其他费用以一种“微不足道”的方式支付给电台以诱导其播放关于“某个地方、产品、服务或者事件”的内容时，发布这类公告（指报酬支付情况——译者注）也在必需之列。否则，“公众有理由认为，执照所有者认为这些地方、事件等有足够的新闻或娱乐价值，从而为了对它们进行报道而付出额外的花销是有道理的。而事实上，执照所有者或者节目的商业赞助商之外的当事一方或多方所提供的报酬，某种程度上才是决定播放特定的节目内容的主要原因。”[113] 委员会拒绝了这样的主张，既因为这些都是正常的商业行为而不需要公告，也因为已经对广播电台限定了特殊的条件，所以新闻界定期得到这样的赞助并没有什么不可。委员会也给出说明，认为“（为了在广播中提到自己的产品而给播音员的）贿赂”以及“欺骗性的广告”违反第 317 条规定。[114]

FCC 对于第 317 条的解释激起了广播业的抗议，随后，这些抗议成为国会正在酝酿的《通讯法案》（修正）讨论内容的一部分。人们普遍认为，需要改变法律以处理商业贿赂问题。1959 年年末，总检察长向总统递交了一份关于“广播媒体的欺诈性惯例”的报告。总检察长认为，当广播许可证被授予广播公司时，意味着公司“与政府达成协议，即为公众利益服务以换取这一宝贵特权”。[115] 节目尤其不应当被“赤裸裸的商业自利主义”[116] 操纵。电台音乐节目主持人收受商业贿赂，“不向大家披露，他是因为有人给予商业贿赂而播放唱片，却给人以唱片之所以被播放乃是因为自身的品质这种印象。”[117] 他认为，政府应当实行广泛的监管，以确保发放执照的初衷能够实现。这位总检察长得出了这样的结论：FCC 和 FTC“根据现行法律，有权取缔大部分（即便不是全部）广播业中被揭露的有关欺诈和腐败的惯例，特别是在这些机构与广播媒体展开充分合作之时。”[118] 这番结论，并不让人感到奇怪。

然而，由于 FCC 的权威仅限于广播电台的行为，并没有扩大到其雇员，“应制定法律，认定——广播电台雇员收受商业贿赂以播放某内容，却未与广播公司达成协议并将其视作适当的赞助行为予以披露——这种行为是一种犯罪行为。”[119]

问题在于，要对该项新法规的措辞（和解释）字斟句酌，以保证实现“广播业的全面合作”。在给委员会小组的证词中，行业代表认为 FCC 关于第 317 条的解释太过严苛。在这次作证之后，委员会小组成员将《通讯法案》（修正）草案分发给行业代表，包括全国广播协会和 ABC、CBS 及 NBC 等广播公司。接下来和委员会小组成员一起召开的几次会议上，FCC 的代表们也都出席了。后来，关于广播业的《通讯法案》应该如何修订的决议，被送到奥仁 · 哈里斯（Oren Harris）那里，他既是委员会小组的主席，同时也是州际和对外贸易委员会的主席。这些结论不仅阐明了《通讯法案》应该是怎样的，还对应该如何解释《通讯法案》给出了一系列的说明。[120]

修正案中有关商业贿赂的条款基本上采纳了广播业界的建议。针对原来的第 317 条增加了一个条件：“规定‘所提供的服务或者其他有价值的报酬’，不包括免费提供的服务或者财产，或者只是象征性地收费用于广播推广，除非为了提高个人、产品、服务、品牌、商标的知名度而支付的报酬超出广播电台合理使用这些服务或者财产的范围。”[121]这个条款的制定，允许广播电台在广播中无偿使用产品或者服务，而不需要公示使用是否与节目合理相关。该说明曾在委员会建议修正案获得通过的报告中被转述，并且成为立法史的一部分。这说明第317条的目的达到了。[122]比如，如果可口可乐分销商在药店这种场所提供可乐饮料售卖机，那么这是不需要公告的。当然，播放免费的唱片也不再需要公告（除非供给远远超出节目的需要）。不管怎样，FCC相信，这已然扭转了此前法律的地位。完整的说明可参阅附录B。

还有一些内容也被补充进第317条。对于“任何政治性节目或者任何涉及争议话题讨论的节目”，(a）部分第2条提出，如果有人免费或者通过象征性的收费来提供电影、唱片、其他素材或者服务，以此“诱导相关机构播放这类节目”，FCC可以要求其发布一个公告。然而，应该注意的是，由政府、企业、工会或类似机构及个人提供给广播电台的“新闻发布”(news releases)，即便“由此引发的编辑评论用在节目当中”（第11条解释），也不要求出具任何公告。根据（d）部分，FCC获得准许，可以“出于公众利益、方便或必要的目的”而放弃任何要求。

新增的一条，即第508条，用于处理那些支付给广播电台雇员或者节目制作商而非广播电台的报酬问题。根据第508条的规定，收受报酬后将有关内容纳入节目的电台雇员和节目制作人必须知会电台，而且若节目制作商的雇员收受了报酬，则必须向雇主，或者节目制作对象，或者电台执照所有者披露。节目供应商必须披露的是，为了使得节目获得播放而给什么人提供了这类支付。第317条规定广播电台应尽的义务是，当出现此类支付时，必须发布适当的公告，还要“付出适当的努力”来获取这一信息。适用于第317条的条件也同样适用于第508条。违反第508条可能导致10 000美元的罚款，或1年有期徒刑，或两者并举。

六、1960 年《通讯法案》（修正）的实施

随着《通讯法案》（修正）的通过，实施修正案以禁止商业贿赂就成了 FCC 的职责所在。FTC 停止发布针对唱片制造商和分销商的投诉，撤销了几个现在依然很受人关注的投诉（似乎在这些案例中，FTC 的投诉存在争议）。撤销这些投诉，是因为公众利益现在已经受到《通讯法案》（修正）的充分保护，如果继续由 FTC 进行投诉将会造成“时间、精力和资金的不必要浪费”。[123] 一些早先曾签署同意法令之协议的企业，也希望搁置这些投诉。然而，虽然爱尔曼（Elman）委员认同这一做法——主要是因为如果不这样做就意味着只有那些与 FTC 合作过的企业才会受到所签署的协议的约束，但是委员会的其余成员最终还是决定让他们早先拟定的条款继续生效。[124]

在 FCC 实施新法的过程中，州际和对外贸易委员会的内务委员会给出了一些解释，这些解释是与行业代表一起合作的结果，它告诉人们该如何解读修正案。简而言之，其目的是防止“极端类型”的商业贿赂，同时也避免 FCC 在解释 1960 年 3 月 16 日发布的公告中针对老赞助商品牌识别条款时产生“一些困难”。[125] 委员会给出的这些解释明确要求：如果以现金形式或类似的报酬支付使得在节目中播放某些内容，就必须就此发布公告；但是，如果节目中播放的素材是免费提供的，而且没有就超出节目使用范围的过度曝光达成协议，那么修正案所做的解释其实是放宽了的；尤其是关于免费唱片在节目中被播放，其不再受到任何规定的限制，不需要再发布公告（解释 1）。我们已经看到，在药店这类场景中，提供可乐饮料售卖机是不需要进行公告的（解释 11）。类似地，向侦探提供一辆可识别的、用于追捕罪犯的汽车，也不需要进行公告（解释 17）。同样，在厨房的场景中，提供冰箱也是不需要进行公告的（解释 15）；但是，若女演员提到某一品牌，则需要进行公告（解释 22）。如果冰箱是有奖节目的奖品，那么在节目中提及冰箱的品牌、容积以及其他具体内容，也不需要进行公告，这是因为“奖品的价值和特殊属性是该类节目的重要特征”（解释

23a）。再如，一个飞机制造商为剧组人员提供免费交通服务，并且剧组行程在节目中有所呈现（飞机制造商的名称在机身上即可识别），也不需要进行公告，但在出现过多的特写镜头时需要进行公告（解释 24）。有关这些解释的完整内容参阅附录 B。

FCC 很快增加了两个解释。1960 年 12 月，全国广播协会和广播网公司提交给 FCC 一份关于汽车行业和旅馆业的新解释。这些解释被 FCC 接受了，但是在措辞上有一些细微的变化，这就是解释 28 和解释 29，其作用在于扩大原来的豁免条款。FCC 的解释 28 对解释 17 进行了修改，允许“与节目制作有关的用于其他商业目的的汽车供应，比如从一个地方到另一个地方运送演员、工作人员、装备和补给，或者运送与节目制作有关的高管人员去参加商务会议。”同样，委员会给出的解释 14 允许旅馆在没有公告的情况下，在其经营场所制作节目。FCC 的解释 29 允许旅馆为“演员、制作人员和技术人员”提供房间和膳食以及其他的服务，比如电器电缆的连接，这些也不需要公告。

FCC 的其他解释（解释 30—36）并没有显著改变 FCC 自成立到 1960 年《通讯法案》（修正）之前的地位。解释 33 说得很清楚，对于商业贿赂的管制适用于政治性广播，并且要求披露“是由谁或者代表谁进行报酬支付的”。[126] 在解释 35 中，FCC 重申了之前的观点［在由全国制造商协会举办的、与一部电影的供应商有关联的科勒（Kohler）参议员听证会中所做的］，即电影供应商的名称需要公告。有关 FCC 这些解释的完整内容参阅附录 C。

FCC 授权那些为影院放映而制作的故事片，可以不受商业贿赂监管法令的约束。这一点也应当引起注意。关于 1960 年《通讯法案》（修正）解释的早期谈判，参与者主要是广播行业代表。电影行业还没有意识到修正案一旦实施可能带来的影响，直到在参议院的最后辩论中，这些修订条款对电影行业的运作可能产生的影响才被提了出来。有人认为，可以将修正案理解为它使电影行业很多正常的商业安排不合法了。[127] 新法生效后不久，FCC 与电影行业代表进行了一次会晤。[128] 此后，1960 年 10 月，电视电影制片人联盟提交了一份请愿书给 FCC，要求给出裁决，即旧法适用于新法生效日期之前制作的所有电影，而不适用于新法生效日期之后制作的电影。FCC 对此做出了让步，因此修正案不适用于 1960 年 9 月 13 日（新法生效之日）之前制作的电影，目前仍存在的问题是关于此日期之后制作的电影。FCC 提议颁布一项管制措施，声明“在缺乏充分证据证明这类电影是相反的情况时，可假定它们是以在电视上播出为目的”，[129] 因此这类电影同样要受新商业贿赂法的管制。FCC 收集电影行业的事实来支持这一观点，即“今日制作的所有‘故事’片，其背后的目的之一就是最终要在电视上播出”。[130]

电影行业代表认为，FCC 关于商业贿赂的管制不应适用于为剧院发行而制作的电影，尽管电视台在未来几年内可能会播出它们。他们认为，通常提供给电影行业的那些“道具”（props），比如免费提供的在电影中使用或其他用途的汽车，如果都要求加上“来源附注”（credit lines），就会大大降低电影出售给非联网电视台的价值，因为通过在“来源”中提到自己名称来提高产品竞争力的赞助商并不会使用这些电影。这会使得以播出为目的的电影数量减少，并且（或者）使得电影的制作质量下降。[131]

尽管 FCC 一直自认为有权管制故事片，但并不认为所有的电影都可被推定为“以在电视播出为目的”，也决定放弃新法第 317 条对故事片的要求，因为这原本是为戏剧表演而量身定制的。为了对这一行为做出解释，FCC 表示“现有的关于管理和实施第 317 条的经验，当然，并不表明戏剧电影行业从事的一些与广播有关的活动是违背公众利益的”。这一点可以理解，因为以前的法律并没有要求 FCC 调查电影行业的惯例。FCC 继续表示：“我们缺乏相关的经验，接下来我们将审查摆在众议院立法监督委员会小组面前的这一诉讼，对诉讼进行全面的概览……同样找不到有关电影行业存在与广播行业相同的惯例的表述。”这同样不足为奇，因为委员会小组主要关注广播行业，特别是与电台音乐节目主持人有关的活动。FCC 的做法就像是给尼尔森瞎掉的眼睛放上一副望远镜，竟然就可以得出这样的结论：“我们认识到，在采用一种可能对经济有一定的破坏性和扰乱性并且可能会抑制节目制作的规则之前，我们没有考量公众利益，就决定立即通过类似于之前提议的规则……我们相信，我们本应拥有证明这一规则必要性的证据。”[132]

为了规避新法的约束，电影行业付出了相当大的努力，与 FCC 认为电影行业的做法并不能证明执行反贿赂规定的合理性这一观点所形成的反差，存在矛盾之处。毋庸置疑的是，如果制作出的故事影片首先在电视上播出，那么对于在制作过程所涉及的商业安排的确需要给出具体的公告。也许 FCC 认为，电影行业并没有发生如 1959 年国会调查所揭露的那些低级形式的商业贿赂。但是，正如柏格尔曼（Begelman）事件所表明的那样，电影行业并非没有具备参与这类商业贿赂的能力的员工。[133] 很难相信，制作故事影片的商业安排在本质上与我们在电视行业（这个行业需要接受管制）中制作电影的商业安排有什么不同。

州际和对外贸易委员会的解释是，1960 年《通讯法案》（修正）处理的仅仅是现金或者等同于现金的报酬支付，并不涵盖执照所有者及其雇员取得的间接利益，这些利益可能影响节目内容的选择，比如说股权以及在节目制作或内容上的其他利益等。然而，委员会补充道，“在一般性规则的制定权下，委员会要求披露这类利益。”[134] 1961 年，FCC 将其提议的涵盖间接利益的规则予以公告（并附有例子）。[135] 在委员会登记在册的所有评论，都反对所提议的规则。有人认为，FCC 没有权力做出这样的规定。FCC 发布了一项新的通告，决定于 1970 年制定新的提议规则。FCC 坚持认为，节目内容的选择（比如广播节目中唱片的播放）应该取决于“它的品质，即不以那些将增进执照所有者或者其他参与选择过程的人的非广播收入利益为基础”。[136] 为了使之成为可能，涉及这类经济利益的人不应该参与节目内容的选择，如果做不到这一点，那就必须采取措施以确保这样的经济利益不是影响节目内容选择的因素之一。如果能保证这一点，就不需要再发布公告。然而，如果无法保证隔离这种经济利益，这样的经济利益就会成为影响节目内容选择的因素之一，此时必须就具体情况进行公告，除非经济利益是“显为众知”的。在所给出的一系列例子中，FCC 处理了现实中存在的各类问题，执照所有者和其他人士在遵守这些规则时可能会遇到这些问题。时至今日，FCC 一直没有发布有关间接利益的条款。

州际和对外贸易委员会关于 1960 年《通讯法案》（修正）的报告声称，修正案的主要目的是消除“极端类型”的商业贿赂，尤其是那些由唱片制造商和分销商支付给电台音乐节目主持人的现金或其他好处。[137] 法律变革所带来的影响又是怎样的呢？处理这些问题的唱片行业的创作人员声称，商业贿赂仍在持续。[138] 媒体报道也印证了这一点。[139] FCC 自己的调查也证实了这些描述基本上是准确的。1964 年，FCC 宣称已经收到“来自多个渠道的对‘商业贿赂’——（为在广播中提到自己的产品而给播音员的）贿赂以及其他广播执照所有者的类似做法——所提出的指控”。[140] 因此，FCC 从 1966 年开始针对商业贿赂举行非公开的听证会。毫无疑问，这些听证会认为法律变革未能终止这类商业贿赂。[141]

从 1973 年开始，司法部门（由国税局和 FCC 协助）以及四大陪审团，对唱片行业进行了为期两年的调查，得出了有十六个城市的电台雇员存在收受商业贿赂的行为的结论。十六个人和六个公司因“违反了联邦关于不得就播放唱片进行商业贿赂的禁令，以及存在州际差旅受贿、邮件和电报欺诈、提交虚假所得税申报表和伪证”等行为，受到纽瓦克、费城和洛杉矶大陪审团的起诉。此外，纽约市第四大陪审团指控哥伦比亚唱片集团（CBS）前总裁和唱片公司前艺人关系部主任逃交所得税，两个人在受到涉嫌参与商业贿赂的指控之后，均被 CBS 解雇。[142] 1976 年 4 月，在对电台音乐总监进行审讯（曾被授予豁免权）之后，他们给出的证词证明从唱片公司代表那里收受过现金贿赂，随即 Brunswick 唱片公司的四大高管被处以罚款和监禁等惩罚。高管们的律师争辩道，“现金支付是唱片行业的一种生存方式，同时也是公司业务推广活动的一部分”。而法官回答：“如果这是真的，那么唱片业真是一个肮脏的行业。”[143] 值得注意的是，尽管这些事件通常作为“商业贿赂”案例在媒体中被提及，例如《纽约时报》曾在头条报道，Brunswick 的高管“因商业贿赂”被判刑，但是对于这类案件中的指控，最后通常是因为认罪求情协议或某些其他原因，以所得税逃税、作伪证罪或一些类似的犯罪行为入刑，而不是因为他们违反《通讯法案》。在Brunswick高管的案例中，他们被指控犯有密谋付现销售唱片、隐匿收入、欺骗唱片艺术家和歌曲作家的版税等罪行。1976年12月，FCC宣称收到“新的信息和新的公众投诉”，要重新就商业贿赂行为提起诉讼。[144]截至本文发稿日，该诉讼尚未结案。

据我所知，到目前FCC还没有基于1960年《通讯法案》（修正）采取过行动，比如起诉执照所有者或电台雇员。即使在1973—1975年司法部的调查中，FCC似乎也仅仅扮演了一个小角色。FCC的投诉和调度部门的主要负责人表示，他缺乏全面调查商业贿赂所要求的资源条件。[145]不过，在针对执照所有者的管制条例中，FCC确实把它发现的所有关于商业贿赂的信息纳入考虑，一旦执照所有者没有就阻止商业贿赂做出“合理努力”，就会对其实施行政处罚。[146]这给了执照所有者以激励，去建立一套程序使得商业贿赂变得更为困难。有一种常见的方式——电台节目主管早已开始使用，即由他来准备一份播放列表，电台音乐节目主持人从播放列表中选择节目要播放的唱片。[147]尽管确定播放列表的那个人有时无疑也会收受商业贿赂，但是这套程序必然还是会对阻止这类支付起到一定作用，而且几乎可以肯定，它可以减少商业贿赂的交易次数，并且很可能会减少总的支付金额。

其他证据指向了同样的方向。据说，为了使其唱片充分“曝光”，目前唱片公司更为依赖推广人（等同于唱片行业的歌曲推手）。“随着直接商业贿赂的减少，行业代表或者推广人重新取得了重要地位……在某种程度上，这使得专业公司回到具有竞争优势的位置，因为很多规模较小的公司严重地依赖商业贿赂，它们没有任何推广机构。”[148]推广包括在商业报纸上做广告、寄送邮件、请唱片明星个人出场、电台访问、供应唱片，以及举办其他体现“善意”（goodwill）的活动，这些活动虽然算不上商业贿赂，但也有些擦边球的味道。

尽管商业贿赂并未绝迹，但自1960年以来，商业贿赂的发生概率不断下降，这一点毋庸置疑。事实上，即使FCC没有起诉，也不意味着1960年《通讯法案》（修正）没有影响力。

七、1960 年《通讯法案》（修正）的基本原理

众议院委员会小组的商业贿赂调查，发生在 1960 年《通讯法案》（修正）之前，在开始调查之际，好像一切真正重要的事项均已被揭露出来。这项调查的潜在目的，似乎不过是要从证人口中获得认罪口供，并向天下人表明国会议员们的道德标准是何等之高。调查并未尝试去理解正在审议中的提议，以及修正案立法通过之后将会发生什么；或者思考一下，如果商业贿赂产生不利后果，那么是否有更好的方法来加以处理。在这样的情况下，这项调查使得人们对商业贿赂所持有的错误认识更加地根深蒂固，这样的结果丝毫不令人感到惊讶。

尽管事实是，（唱片公司对电台的）贿赂（payola）通常指在商业方面行使的贿赂（commercial bribery）[149]——对这个术语的一般性理解，但是关于（唱片公司对电台的）贿赂，绝大多数案例并不涉及在商业方面行使的贿赂。根据纽约当地的刑法，“当一个人在没有得到雇主或者委托人的同意的情况下，授予或者同意授予任何利益给任何雇员、代理人或信托人，意在影响与雇主或者委托人之事务有关的行为”，[150] 此人就犯了商业贿赂罪。商业贿赂行为的受害者是雇主，他们的雇员被诱导做出不利于雇主利益的行为。很显然，如果雇主知道（雇员）在收受贿赂，不但不表示反对，甚至还鼓励，那么（唱片公司对电台的）贿赂就不构成商业贿赂。纽约州的一位法官说：“如果委托人或雇主知道，并且要么批准、要么纵容自己的雇员或代理人实施这样的行为，那么这似乎并不构成违反（商业贿赂）法律。”[151]

从贿赂的历史来看，显而易见，从来都不是雇主反对雇员收受贿赂。在大多数案例中，雇主对发生的一切都是了解的，这一点大家基本上没有异议。希望停止对舞队领舞者和歌手进行报酬支付的人，不是其表演的酒店或舞厅，也不是播放节目的广播电台，而正是音乐发行商。广播业的 NRA 规则禁止贿赂行为这一条款的引入，不是电台而是音乐发行商的授意。后来，当音乐发行商希

望 FTC 批准一项使贿赂非法化的行业公平规范时，FTC 的行业公平规范委员会提到："这些音乐家、歌手或者艺术家的雇主，至少就其大部分而言，并不反对这种专业雇员收受报酬或者礼物的行为。"[152] 再后来，20 世纪 50 年代，当贿赂直接针对电台音乐节目主持人时，很明显是因为一封来自伯顿·蓝恩（Burton Lane）的信件才导致对商业贿赂的调查，此人代表的是美国作曲家、作家与发行商协会。正是一家唱片公司的指控，才启动了 FTC 关于唱片公司向电台音乐节目主持人支付报酬的调查。

对于这一切的发生，广播电台运营商的表现依然消极。我从这一表现中得出的推断是，他们中的大部分人并不认为，电台音乐节目主持人收受贿赂对他们的利益构成损害。如果考虑到自 1960 年《通讯法案》（修正）之后，FCC 采取罚款和其他行政处罚的手段，以确保广播执照持有者在打击贿赂上显示出"合理的努力"（reasonable diligence），那么这一推断就更有说服力了。如果贿赂真的伤害到他们，那么即便没有 FCC 的敦促，我们可以肯定他们也会这样做。

20 世纪 50 年代，广播业就阻止贿赂方面没有做出任何重要的尝试。这一现象表明，在广播电台运营商和电台音乐节目主持人之间存在广泛的共同利益。毫无疑问，这也是实情。如果我们将不允许贿赂的制度带来的结果和电台音乐节目主持人收受贿赂带来的结果进行比较，对于为什么会出现这种局面，其原因就一目了然了。假设由广播电台运营商（无疑是音乐总监，或者类似的管理者中的一员）选择播放哪些唱片，那就不会存在贿赂（虽然唱片是免费提供的）。电台运营商一定会选择那些可以吸引最大规模听众的唱片，这将使其能够最大限度地从商业化时段的销售中获得收入。电台运营商或许也会考虑听众的构成，不过在这里我们暂且忽略这一更为复杂的情况。现在假设，对于所要播放唱片的选择是由电台音乐节目主持人做出的，而他们收受贿赂。这样的报酬支付并不一定意味着，与在没有贿赂时本应该被播放的唱片相比，他所播放的唱片一定有所不同。假如说，电台音乐节目主持人希望播放的与电台运营商本来选择的是相同的唱片，那么电台音乐节目主持人将不会拒绝贿赂所带来的收入。而唱片公司也非常乐意支付给电台音乐节目主持人报酬，让他们播放这些唱片。因为如果不这么做，该唱片公司就可能被其他唱片公司取代。在这种情况下，听众并没有蒙受什么损失，同时音乐节目主持人又可以从贿赂中获得收入。因为电台音乐节目主持人具有获得商业贿赂的能力，所以这将会降低他们的薪水，而这些薪水是他们为电台工作所能得到的收入，薪水降低，电台的利润自然增加。但是，电台音乐节目主持人可以因在收受贿赂的过程中的额外付出而获得“奖赏”，他们的收入也会得到提高。由此贿赂既可以使广播电台运营商受益，也可以提高音乐节目主持人的收入，真可谓一举两得。

尽管在新的情况下总是能够保持对唱片完全相同的选择不太可能，但是一些电台音乐节目主持人仍然宣称，他们收受贿赂的行为并没有影响他们对唱片的选择。这也许与我们前面假设的第一种情况下的真相相去不远。为了诱使电台音乐节目主持人播放特定的唱片，唱片公司愿意支付的最大金额，乃是来自播放特定唱片而带来的利润增加部分。可是，电台音乐节目主持人不只是播放那些提供了最多贿赂的唱片公司的唱片，与广播电台运营商一样，他们也想拥有更大规模的听众群。因为，节目收听率的下降将会导致工作薪水的减少，以及唱片公司为播放特定唱片而提供的贿赂的减少。在评价所播放唱片的收益方面，电台音乐节目主持人将会从获得的贿赂中，扣除他可能因播放一张不那么受欢迎的唱片而导致的薪水下降，以及因无法播放其他唱片将会带来的贿赂损失。这样的计算方法使得电台音乐节目主持人不愿意播放不那么受欢迎的唱片。但是，即便经营收入有所减少，电台运营商却并不一定因此而遭受损失，因为这可以由电台音乐节目主持人薪水的下降来抵补，电台的利润甚至还可能会上升，或者至少保持不变。

广播执照所有者和电台音乐节目主持人二者利益的和谐程度，可能比上文分析所呈现的还要大一些。人们已经认识到，电台运营商（没有收受贿赂）可能希望其听众规模最大化，而把挑选唱片之责委托给电台音乐节目主持人（他收受贿赂）不但不能扩大反而会缩小电台的听众规模。不过，这种情况不一定会发生。那些不参与管理的音乐节目主持人，似乎更可能见到更多的唱片公司代表，与听众更为接近，也更能认识到流行音乐的发展趋势，相比而言也就更加知道什么唱片适合自己的节目。因此，把唱片的选择权转交给电台音乐节目主持人，不一定会导致听众的减少，反而的确可能会带来听众的增加。

贿赂也可能对节目的特征有一定的影响。因为使用唱片的节目凭借贿赂而变得更加有利可图，所以可能会出现替代非唱片节目的趋势。使用唱片节目本身的特征也会有一定的改变。直到现在，人们还认为，广告收入仅仅取决于听众规模。但显然，听众的构成可能也很重要，因为广告商更加看重潜在消费者所构成的听众群体。此外，贿赂作为电台音乐节目主持人的一项收入来源——对电台来说也是一项间接的收入来源，这几乎肯定地意味着，与那些只是为了聚拢更多听众，给他们提供有关服装、化妆品、相机或者其他可以在广告中宣传的商业节目相比，唱片的播放更能吸引听众，从而招来更多的唱片购买者。听众的这一改变，当然只有在额外的贿赂收益能够抵消出售广告时段的收益时才会发生。一言以蔽之，这就是为什么广播电台运营商没有站在反对贿赂的前列，也就很容易理解为什么很难把（唱片公司对电台的）贿赂认定为构成商业贿赂了。

但是，认为（唱片公司对电台的）贿赂是商业性质的贿赂行为（commercial bribery）这一观点，不是反对它的唯一依据。也有人认为，它还催生了欺诈。正如总检察长在给总统的报告中所述："收受这类报酬的电台音乐节目主持人，并没有披露他是因为这些报酬才播放了那些唱片，而是营造了一种之所以选中这个唱片乃是因为其自身品质的印象。"[153] FTC 也有类似的看法，但它采用的是"优质或者公众流行度"这样的言语。[154] 根据总检察长和 FTC 的看法，这种欺诈的产生是因为听众认为（未对电台音乐节目主持人收受唱片公司的财物进行任何的披露），电台音乐节目主持人选择了他认为目前最好的唱片，因此听众受到引导去购买这些唱片，而没有去查验或者听取别人的意见。结果，对于播放这类唱片，购买者比他们（尽管并不一定是家人）所期望的更早对唱片感到失望。或者，他们发现，自己受到引导，相信某张唱片非常受欢迎，但其实并不是这样，这可能反过来也会影响到他们从播放唱片中获得的享受。这种欺诈确实存在，关于此应当不会有什么异议。但是，如果说这类欺诈普遍存在，似乎也不太可能。购买者不但会听到电台音乐节目主持人的推荐，而且在购买之前也听过这张唱片。而一个收受了贿赂的电台音乐节目主持人并不希望听众经常感到失望，要是那样的话，听众们就不会再把他的推荐当回事，他的薪水将会降低。

有人提醒我，即便收受贿赂的电台音乐节目主持人倾向于播放对他的听众有吸引力的唱片，欺诈也依然存在。这是因为，如果对电台音乐节目主持人收了唱片公司所支付的报酬这件事予以披露，他的听众的态度就会受到不利影响，这将导致他们不愿意购买节目中播放的唱片。人们普遍认为，在购买前听过某张唱片，是促成购买行为的最有力的影响因素，而对贿赂的这种披露将会导致唱片销量下降（也说明节目受欢迎程度在下降）。听众对这样的披露是否感到更加高兴则是另一回事。人世间随处可见的自欺行为告诉我们，“许多真相，我们宁愿不知道”。遗憾的是，那些执行国会调查任务的人认为，听众如何看待电台音乐节目主持人的动机，或者他们对于这些动机做何感想，又或者他们购买唱片真正的习惯到底是什么，全无必要。所以，对于这些问题，我们也就很难得出任何结论了。不过，有人也许质疑，既然电台音乐节目主持人在处理商业广告方面非常娴熟，那么披露贿赂是否存在还会有多少差别。因为，在主持人的那种处理艺术当中，真诚（或者真诚的表现）普遍被大家认可才是重要的因素。

要解释的难题是为什么广播电台不直接对唱片播放进行收费，至少，这可以在很大程度上消除贿赂产生的机会。电台的市场营销人员在给广告时段进行定价和销售方面是专家，如果他们不能比大多数电台音乐节目主持人更加有效率地完成自己的职责，就会让人大跌眼镜。直接收费之所以无法取得成功，似乎有三种可能的解释。第一，商业贿赂更难以循迹，因此把它从所得税申报中剔除，要比从工资中剔除风险更小。结果是，电台可以减少的音乐节目主持人的薪资总额，要大于商业贿赂总额（因为所得税是对工资征收的）。第二，只有电台对唱片播放收取费用的总额减少到一定的程度，才能使得虽然对这些收入进行披露会降低唱片销量，但还不足以影响到音乐节目主持人收受的贿赂。不过，我比较倾向于强调第三种解释，那就是，给直接收费造成障碍的是 FCC 要求电台发布的公告形式。我之所以这样认为，是根据 FCC 1960 年要求广播业在使用“免费唱片”时对公告所做的要求，以及电台对此所做的回应——电台认为 FCC 的要求完全不能接受。他们抱怨道，伴随着对每张唱片的播放而必须发布的公告，让节目中的很大一部分变成了商业广告，这给听众带来了很大的困扰。[155] 很容易看出，FCC 的这一政策，阻碍了电台打算引入对播放唱片进行收费的尝试。FCC 似乎从未想过，对播放唱片进行收费是可取的，因此也从未引导人们去探索这样一种公告形式——电台原本是可以接受它的，同时也能让听众知晓这是唱片公司支付的报酬。

总检察长和 FTC 对于贿赂的反对意见，应当是与国会议员在贿赂调查中所言大为不同的。在对音乐发行商有关如何选择第二次世界大战前的那些歌曲的观点进行回应时，国会议员主张在选择唱片时应该依据它们的“优质”做出，或者是以为“公众利益”服务为标准。而总检察长和 FTC 认为，因为电台音乐节目主持人不披露他收受了贿赂，从而给了人们播放唱片乃是因为唱片自身的优秀品质而被选中的错误印象。如果对报酬支付进行了披露，他们就不会再反对了。然而，无论报酬支付是否被披露国会议员都会反对，尽管这种反对并没有实际意义。在美国，可以取代（隐含）允许贿赂的体制并不是节目内容的选择完全取决于自身品质的制度，而是这样一种制度：在这里，节目内容取决于能否成功聚集商业广告的目标受众。消除了贿赂的节目的主要影响可能是，用对其他商品和服务的购买者有吸引力的唱片节目，取代对唱片消费者更有吸引力的唱片节目。恐怕也很难说这样的节目会更“优质”（作为唱片节目加以考虑）。毫无疑问，国会议员（和其他人）之所以这样想，是因为他们认为实际播放的唱片（主要是摇滚乐和类似的音乐）全无优点可言，堕落腐化，如果没有贿赂这样的手段，它们是不会被播放的。这类音乐也许是堕落腐化的，但是国会议员似乎认为，选择“不道德”的音乐乃是出于“不道德”的商业惯例之手，而贿赂一直是流行音乐行业的一个特征。在过去的年代里，彼时的公众喜欢的音乐（和歌词）与今天的大不相同，正是通过给予表演者以报酬，才使得这些音乐得到推广。贿赂推广音乐的效果，取决于公众在听到音乐之后可能会购买的东西——早期的散页乐谱和近期的唱片。而且，这些都取决于那个时代人们的品位。不过，国会议员也不是全然错误。如果某种类型的音乐得到成功推广，那么对于该类型的音乐，市场一定具有某种接受能力。正是这种接受能力，使得即使没有推广活动（包括贿赂），人们最终也会接受这种新的音乐类型，只不过这个过程会更加漫长。因此，废除贿赂不一定会终止或者逆转摇滚乐的发展趋势，这样做只是使它的发展变慢而已，而且至少在一定时期内，还将有更多的“好音乐”得到播放。另一个因素会在同一方向起作用。贿赂通过播放唱片吸引潜在的唱片购买者，而不是在商业广告中向消费者宣传商品，使得听众当中青少年的比例较高，因为他们比其他年龄段的人群更有可能喜欢摇滚乐。

FCC 在对“赞助商品牌识别”条例（该条例中贿赂是被禁止的）做出的解释中，采取了与 FTC 相似的观点：“……公众有权知道他们是被谁说服的。”[156] 在关于直接利益的公告中，FCC 补充道：“公众有权知道这样的利益的存在，以及在另一种情况下，由报酬支付作为诱因或者提供不收费节目的动机所在。”[157] 对于所播放的节目内容是由于支付钱财或者其他报酬而做出的这类事实之隐瞒，即可视为构成“欺诈”（deception）。[158] 当然，通常情况下是没有问题的。对于肥皂、汽车、药物或者化妆品之类的商品，厂商向节目支付了费用，一般总是希望人们知道它赞助了节目。但是，即使有隐瞒，到底是什么促使供应商为节目提供物质对电台和电视受众而言也许并不重要。消费者在提供给他的东西中做出明智选择的能力，并不取决于对厂商促销行为的“利益和动机”的了解。当然，FCC 认为，了解电台音乐节目主持人是否收受来自唱片公司的报酬，可以帮助听众评价该音乐节目主持人的观点的价值——这可能是对的。但是，还有一些节目，如果知道了谁向节目主持人付费或者供应商的动机，甚至会影响受众对该节目的评价。比如，在新闻和新闻评论类节目中，知道赞助来源以及讲话者的政治和宗教派系很有可能会影响一个人对新闻的准确性和评论的负责任程度的评价。然而，在这些案例中，并不要求对信息进行完全披露。“政府、企业、劳工和民间组织以及其他个人，就其有关活动提供新闻稿件，并在节目中播报社论”，这些都不需要公告（众议院委员会解释 11）。一旦 FCC 坚持要求为反对贿赂之目标必须予以披露，或者一定要求电台音乐节目主持人就其对收受贿赂的态度进行披露，在这样的情况下，要想免于披露条款的限制就不大容易了。

在选择节目或者观看喜欢的表演时，知道这些表演者的薪资是如何决定的——这似乎并不重要。众议院委员会对于不适用反商业贿赂条款的情形举了一个例子：“一个知名的表演者作为艺术嘉宾参加一个节目，尽管表演者常常要求更高的出场费，但他因为喜欢此节目，所以在节目中以最低工资出席。”（众议院委员会解释 20）娱乐行业难得有这种慈善活动，很容易想象这种因表演者喜欢一个节目而愿意以低于正常出场费出席的情况。这些情况包括增加该表演艺术家的唱片销量，提高其获得参与音乐会活动或者电影角色的可能性，等等。在正常收费不比最低工资高的表演者身上，也有类似的问题。FCC 认为，只给表演者支付合同规定的最低工资，并同时达成唱片公司或者其他企业补偿部分或者全部费用的协议，是违反反商业贿赂条例的行为，即便在节目的最后对收受来自唱片公司或者其他企业“推广赞助”的情况进行了公告也仍然如此。同样，一个团体与制作商达成类似的协议也构成了违反反商业贿赂条例。在这样的协议中，制作商会对单个表演者的最低工资和团体的最低工资之间的差额进行补偿。此外，表演者偿还制作商在其表演中牵涉的特殊费用，也违反了反商业贿赂条例。比如，一个表演者“偿还制作商支付给（并不总是在节目中提供的）为表演者伴奏的音乐家的费用”[159]，也是一种违反反商业贿赂条例的行为。事实上，只要试图规避对报酬支付方式所做的限制，就存在商业贿赂。这一结果允许知名的表演者考虑在广播节目中现身的其他好处，从而限制或者拒绝不那么知名的表演者获得这些利益的可能性。如果我们真的相信 FCC，就会认为这一管制的目的在于防止公众受到欺骗。

如果我们把国会议员和政府机构声称的反商业贿赂条例的目的搁置一旁，关注这些年来通过遏制商业贿赂来谋求的商业利益，我们就很容易辨别出这些条例预期将会达到什么样的目的。直到第二次世界大战，诸多企业都希望废除商业贿赂，这一点毋庸置疑。音乐发行商试图在许多场合实现这一目的，一直到 1960 年他们中的一些人还非常活跃，《通讯法案》（修正）代表 NRA 规则中的反商业贿赂条例进入立法程序的最后阶段。第二次世界大战之后，商业贿赂由唱片公司支付给电台音乐节目主持人之时，正是“好音乐”（比如奥斯卡·哈默尔斯坦因、理查德·罗得杰斯、欧文·柏林和伯顿·蓝恩这些作曲家的曲子）的发行商在反对商业贿赂。这种针对商业贿赂的敌意，在 1958 年和 1959 年表现了出来，很明显，这在很大程度上是针对 20 世纪 50 年代人们在购买不同类型的音乐上发生的变化所做出的反应。

20 世纪 50 年代，尤其是从 1955 年开始，摇滚乐变得非常受欢迎。许多新的唱片公司成立了，主要专注于“新音乐”。这给现存公司的市场份额带来非常巨大的影响。从 1948 年到 1955 年，其中四家公司（Capitol、Columbia，Decca 和 RCA-Victor）平均有 78% 的唱片曾经进入《公告牌》杂志的流行歌曲榜单前十位，而且这一数字在 1953 年前从未低于 71%。而在 1956 年，这四家公司的歌曲在流行歌曲榜单中所占的份额是 66%，1957 年是 40%，1958 年是 36%，1959 年是 34%。[160] 不同类型音乐的流行程度的变化，也影响到 ASCAP 和 BMI 这两家版税征收机构的地位。BMI 对乡村音乐、西部音乐和节奏布鲁斯较为倚重，而 ASCAP 的关注则更均匀地分布在所有类型的音乐上。在 1948—1955 年间，《公告牌》杂志流行歌曲榜单的冠军歌曲，68% 被 ASCAP 控制，而且 ASCAP 的份额在 1951 年前从未低于 50%，而在 1956 年是 23%，1957 年和 1958 年是 25%，1959 年是 31%。[161]

在这种情况下，“好音乐”发行商得出流行音乐产业的经济组织出了问题这样的推论，也就不足为奇了。在1958年的听证会上，有人认为广播网和广播电台鼓励在电台音乐节目主持人的节目中播放BMI旗下的唱片是受BMI的所有权所控制，而且认为这是“好音乐”被“坏音乐”取代的主要原因。还有人认为，有公司通过贿赂的方式诱导电台音乐节目主持人播放BMI的唱片。1959年的听证会没有提及BMI，也没有把摇滚乐受欢迎程度的加深全然归因于贿赂。

20世纪50年代末的贿赂，主要是用来促进摇滚乐和类似音乐的播放，这是不争的事实。而实际上，早在1951年，《公告牌》杂志就报道称：“根据音乐行业的通行协议，贿赂的情况在节奏布鲁斯好手当中最为严重。”[162] 毋庸置疑，在20世纪50年代，新的公司进入音乐发行行业，它们依靠贿赂使其唱片获得曝光，并成功地在唱片市场上占有重要的份额。1958年1月《综艺》杂志的一篇文章，谈到“独立经营的电影院”（indies，independents）侵蚀了主要唱片公司的市场，其中就不加掩饰地提到贿赂在独立经营电影院的运作中起到的作用：

独立经营的电影院所带来的突破中的另一个方面，就是其随心所欲的运作方式。没有固定费用问题以及“松散”记账系统的困扰，独立经营的电影院已然可以把几个主要的公司从若干关键领域淘汰出局。通过强力推进设立特约分销商，独立经营的电影院在有些领域为其产品打开了局面，这些领域成为其获取全国声誉的跳板。尤其是在所处的地区层面，独立经营的电影院通过赠品一类的活动，以及给付音乐节目主持人的“特殊”报酬，其市场份额已经超过那些大公司。但是，这只是电影院所提诉求的开端。过去一年中的扫尾工作业已表明，这就是它们想要的。

由于唱片业务全年开放，比起以往，更多的小唱片公司（一些小唱片公司甚至年前都还不存在）能够登上全国流行音乐榜单。市场对于这些不同寻常的唱片制作商敞开大门，如Keen、Phillips International、Cameo，Imperial、Chess、Aladdin、Roulette Sun、Speciality、Gone、Ember、Checker、Ebb、Lance、Paris、Class、Vee-Jay和Argo。[163]

为了大规模销售音乐作品，让人们听到它们显得尤为必要。贿赂是诱导人们播放音乐作品以便它们能被听到的一种方法。从商业的角度看，禁止贿赂是对一种推广方法或者广告支出的简单限制。第二次世界大战之前，音乐发行商希望废除贿赂，目的是消除竞争，从而增加总利润。他们想要的，类似于各种专业协会针对广告做出的更加一般化的禁令。第二次世界大战之后，对贿赂的反对则来自流行音乐行业的这部分人，“新音乐”的崛起和新唱片公司的发展损害到流行音乐，音乐发行商为了商业利益而一度试图遏制贿赂，但现在看起来已经没有必要为了行业的一般利益而诘难其竞争对手了。[164]

潘恩先生在为 NRA 规则的反贿赂条例做解释时说道，这将会保护小音乐发行商。[165] 国会议员奥仁·哈里斯在他针对贿赂调查所写的引言中也说，“有人告诉我们”，贿赂会把“那些在这种不公平的竞争环境下缺乏生存之道的小音乐发行商淘汰出局”。[166]这样的表述，传递给我们的是一种全然错误的印象。尽管音乐发行商协会管制贿赂的企图，看起来似乎并非有心要伤害小音乐发行商，但实际上，正是小音乐发行商在 20 世纪 30 年代向 FTC 坚决表示如果贿赂被禁止，他们将会受到伤害。[167]第二次世界大战之后的一段时间，所有的唱片公司似乎都给电台音乐节目主持人支付贿赂报酬，但就我们看到的情况而言，小公司更热衷于此。这些公司缺少明星阵容和大公司才拥有的强大的营销组织，唯有贿赂才能使其新唱片在当地的市场上得到推广，还可以通过类似的方式在其他市场上成功地扩大销量。我们没有理由认定，禁止贿赂一般总会帮助到小音乐发行商或者小唱片公司。

由于 1960 年《通讯法案》（修正）对于特定类型的广告支出施加了限制，这将导致公司增加了其他形式的推广活动，如行业媒体广告、邮件广告、销售人员的走访、表演者个人演出，还包括一般意义上的所有其他“推广”(plugging)形式。这也是在预料之中的，情况似乎也的确如此。我们看到，当宣布贿赂为非法之后不久，唱片公司营销部门的活动明显增加。[168]在 1979 年 4 月发行的《财富》杂志中，彼得·W. 伯恩斯坦（Peter W. Bernstein）先生的一篇文章表明，这类活动还在不断地增多，唱片公司“大大增加了推广费用，而最强大的广告形式——广播剧——则是免费的。”与此同时，规模较小的公司失去了阵地：“……小唱片公司和规模较大公司的小型部门已经在与它们的大竞争对手做交易，或者直接将自己出售——主要是因为规模较大公司建立了太过强大的分销体系，以至于依靠大型中间人的小公司在零售业市场上失去了竞争优势……六个主要的公司——CBS、Capitol、MCA、Polygram、RCA 和 Warner Communication——现在控制了超过 85% 的美国市场。”[169] 这一市场集中度的提高很可能是大公司对音乐的新品位做了相应调适的结果，但 1960 年《通讯法案》（修正）宣布贿赂为非法，无疑加速了这一进程。

这样的情况，与禁止贿赂将导致其他推广活动增加这一观点相符。在过去，支持遏制贿赂的是那些可能从广告支出的转移中获利的人：20 世纪早期的《综艺》杂志和联盟成立之时的歌曲推手，就是这样的人。歌曲推手后来曾说，他们害怕“发行商的支票簿最终会使供养一个推广人丧失必要性”。[170] 姑且不论反竞争的一面，这已经向我们清楚地表明了禁令存在的不足，它使得广告从不需要花费资源的形式（除进行贿赂的花销之外）转变为需要耗费资源的形式。禁止贿赂反而导致推广活动使用了更多的资源，从而带来了其他领域的国民产值减少。

当然，公司花费在额外推广活动上的费用是有上限的，即公司能够从这些活动中获取足够的额外净收入来支付成本，而且在这些推广活动上增加的花费很可能会少于之前作为贿赂所支付的金额。在这种情形下，行业利润将会增加，增加额是之前作为贿赂支付的金额超过在其他推广活动中花费增加额的部分。这大概是音乐发行商在第二次世界大战之前持有的认识。但在这种情形下，内在利益的增加还会带来其他影响。就唱片公司而言，这一利益的增加会导致新唱片供给的增加。之前，唱片公司一直不敢扩大新唱片的产量，因为它们认为可能获得的收入增加额并不足以支付额外增加的成本。但是在新形势下，制作一张唱片而获得的净收入有可能提高，这使得新唱片的生产规模将会得到扩大。而这又会导致从任何一张新唱片中可能获得的收入趋于减少。当这些可能获得的收入下降到承受增加唱片的生产成本不再划算时，产出的扩张就会停止。平均而言，如果禁止贿赂所带来的额外供给的唱片和那些已经面世的唱片带给听众的愉悦感在本质上并无差异，那么很显然，扩大唱片生产将会带来资源的浪费。

前文所描述的禁止贿赂之后发生的情况，就是在获取有价值的服务却无须支付费用时的正常结果。[171]事实上，在早期，我们现在所称的贿赂是被称为“报酬体制”的，或者用经济学家的语言来说是“价格机制”。当价格机制未被运用而又要求免费提供一些有价值的东西时，人们愿意付出的成本最高会达到自身的价值，从而确保提供服务所应获得的利益。为一项服务进行定价的其中一个理由是，它可以避免不必要地使用这类资源。我们通常认为这种定价是很自然的，而没有考虑其带来的好处。如果一家商店在某一街道或市镇的某个地方选址可获得更大的销量，我们自然就会认为所付的租金反映了这一点。同理，如果唱片因被电台播放而使唱片的销量增加了，那么对它进行收费自然也是可取的。如果电台没有这样做，而且不允许贿赂的存在，更多的资源就会不可避免地被用于唱片的生产和分销，而消费者并没有从中得到任何收益，结果将是社会实际收入下降。此外，禁止贿赂可能会导致播放唱片类节目境况更糟，它会减少竞争，还会增加监管支出。一般认为禁令能带来的好处是，通过减少“欺诈”而使唱片购买者的购买决策更有效。如果说这方面的好处将会抵消禁止贿赂所带来的不确定的损失，我认为这是不可能的。在 1960 年《通讯法案》（修正）被采纳之前，没有人试图去评价法律变化所带来的收益和损失，而且即便有这样的效果评价，也必然是极不准确的。此外，人们也没有试图去探索能否设计一种公告形式——向听众公告是唱片公司付了钱才播出这张唱片的（从而可以避免“欺诈”），而不是像现在这样，当 FCC 要求电台对免费播放唱片进行公告时，这种混乱的公告形式引发了广播公司的一片反对之声。如果可以设计出这样的公告形式，既能够防止欺诈又不会出现目前 FCC 管制所带来的不利局面，这当然就是可取的了。

仅仅因为可以被描述为“不适当”，是不足以认定这种报酬支付是非法的。我们应该试图去问问这类报酬支付为什么会存在。如果认定报酬支付为非法，那么在那样的情形下，又将会出现什么样的情况呢？

注释

[1] 除非特别指明，本文中“贿赂”和“商业贿赂”均对应“payola”这个英文单词。——译者注

[2] “商业贿赂”（payola）这个术语一般被认为是《综艺》（*Variety*）杂志最先引入的，其流行也是缘于在此类报刊中的使用。在《韦氏新英语辞典（第三版）》（*Webster's Third New International Dictionary*）中，“payola”被定义为“出于商业上的偏爱（例如电台音乐节目主持人插播一首歌）而取得的私下或间接的报酬”。

[3] 参阅：P.L. 86-752，74 Stat. 895-897。

[4] 参阅：Applicability of Sponsorship Identification Rules（公告），40 Fed.Reg. 41936（1975）。

[5] 参阅：《综艺》（*Variety*），1938 年 2 月 9 日，第 1 页；以及 1938 年 2 月 23 日，第 1 页。

[6] 参阅：《综艺》，1938 年 2 月 23 日，第 1、48 页。

[7] 参阅：约瑟夫 · 贝内特（Joseph Benet），《低俗音乐简史》（*A Short History of Cheap Music*）（1887）（芝加哥大学图书馆），第 31 页。

[8] 同上，第 111 页。

[9] 参阅：威廉 · 布赛（William Boosey），《音乐五十年》（*Fifty Years of Music*）（1931），第 26、27 页。

[10] 伊萨克 · 金伯格（Isaac Goldberg），《叮砰巷》（*Tin Pan Alley*）（1930），第 112 页。

[11] 爱德华 · B. 马尔克斯（Edward B. Marks），《他们同声歌唱》（*They All Sang*）（1934），第 3、4 页。

[12] 同上，第 18 页。

[13] 伊萨克 · 金伯格，同注 [10]，第 203 页。

[14] 爱德华 · B. 马尔克斯，同注 [11]，第 209 页。

[15] 大卫 · 伊文（David Ewen），《叮砰巷的生与死》（*The Life and Death of Tin Pan Alley*）（1964），第 59 页。

[16] 同上，第 xii 页。

[17] 同上，第 66 页。

[18] 同上，第 17 页。

[19] 伊萨克 · 金伯格，同注 [10]，第 206 页。

[20] 大卫 · 伊文，同注 [15]，第 133 页。

[21] 同上，第 117 页。

[22] 《综艺》，1912 年 12 月 20 日，第 32 页。

[23] 《综艺》，1916 年 5 月 26 日，第 5 页。

[24] 伊萨克·金伯格，同注 [10]，第 210 页。

[25] 与此同时，出于同样的原因，商业贿赂进入英国的广播业。“早在广播业出现很久之前，在音乐市场上推歌的行径就已经存在，音乐发行商和制作人为歌手和音乐导演支付的特殊报酬，已经成为大家熟知的确保新作品为公众所接受的方式。面对广播业的垄断局面，对于音乐发行商或作曲者来说，直接影响音乐节目内容的唯一方式，就是为舞曲乐队指挥支付报酬，让他们演奏自己想要的乐曲。未能这样支付报酬，乐曲就会干脆被踢出市场。为了安抚对推歌行径的大量抱怨之声，BBC 公司禁止舞曲乐队指挥使用扩音麦克风。”艾伦·皮考克和罗纳德·威尔（Alan Peacock & Ronald Weir），《市场中的作曲家》（*The Composer in the Market Place*）（1975），第 65—66 页。他们还补充道：“虽然推歌行径总是会牵涉特殊的报酬，但直到 1930 年，它还是被认可为音乐交易中一种合法的做广告的形式……”同上，第 2 页。

[26] 同注 [25]，第 273 页。

[27] 同注 [25]，第 273—274 页。

[28] 《综艺》，1916 年 10 月 6 日，第 3 页。

[29] 同上，第 272 页。

[30] 对 MPPA 成立的描述，可以参阅：爱德华·B. 马尔克斯，《他们同声歌唱》（*They All Sang*）（1934），第 134—135 页；大卫·伊文，《叮砰巷的生与死》（*The Life and Death of Tin Pan Alley*）（1964），第 135 页；哈泽尔·梅耶（Hazel Meyer），《叮砰巷里的黄金》（*The Gold in Tin Pan Alley*）（1958），第 158—162 页。

[31] 《综艺》，1916 年 11 月 3 日，第 5 页；1916 年 11 月 24 日，第 5 页。

[32] 《综艺》，1917 年 5 月 4 日，第 4 页。

[33] 《综艺》，1917 年 5 月 11 日，第 11 页。

[34] 《综艺》，1917 年 12 月 18 日，第 8 页。

[35] 伊萨克·金伯格，《叮砰巷》（*Tin Pan Alley*）（1930），第 206—207 页。

[36] 哈泽尔·梅耶，《叮砰巷里的黄金》（*The Gold in Tin Pan Alley*）（1958），第 162 页。

[37] 大卫·伊文，《叮砰巷的生与死》（*The Life and Death of Tin Pan Alley*）（1964），第 135—136 页。

[38] 爱德华·B. 马尔克斯，《他们同声歌唱》（*They All Sang*）（1934），第 135 页。

[39] 爱德华·B. 马尔克斯首先接洽此事，他曾言：“起先，我是表示异议的。”爱德华·B. 马尔克斯，同注 [11]，第 134 页。也可参阅：《综艺》杂志，1917 年 12 月 28 日，第 8 页的报道。

[40] 爱德华·B. 马尔克斯，同注 [11]，第 134 页。

[41] 参阅：哈泽尔·梅耶，《叮砰巷里的黄金》（*The Gold in Tin Pan Alley*）（1958），第 160—161 页。这个故事在大卫·伊文的《叮砰巷的生与死》（*The Life and Death of Tin Pan Alley*）（1964），第 135 页中也有介绍。

[42] 与哈泽尔·梅耶相比，《叮砰巷里的黄金》（*The Gold in Tin Pan Alley*）（1958），第 158 页。在 1915 年 12 月 3 日的《综艺》杂志第 5 页，有报道称 Loew 巡回剧团的一位演出项目经理反对正在引导

他应该演唱哪些歌曲的经纪人的干预。此报道所牵涉的那位音乐发行商正是列奥·菲斯特（Leo Feist）。这位经纪人否认了他曾经要求这家剧团演唱 Feist 的歌曲一事，但是他说："我感到好像对 Feist 公司有什么义务一样，需要在很短的时间里推出大量的新乐曲。"

[43] 哈泽尔·梅耶，《叮砰巷里的黄金》（*The Gold in Tin Pan Alley*）（1958），第 161 页。

[44] 同上，第 162 页。

[45] 同上，第 155、158 页。

[46] 悉尼·舍摩尔和威廉·克拉希洛佛斯基（Sidney Shemel & William Krasilovsky），《音乐行业》（*This Business of Music*）（1971），第 97 页。

[47] 48 Stat. 195（1933）。

[48] 参阅：P. A. 马克兰（P. A. Markland），《音乐发行行业公平竞争法的判例历史》（Case History of the Code of Fair Competition for the Music Publishing Industry），1935 年 10 月 12 日，准则第 552 号第五段，收录于获准推行的行业准则历史，国家复兴（工业）总署的档案记录，复审司（9 号类记录，国家档案馆，华盛顿特区）。

[49] 参见助理副署长，H. 布鲁斯特·霍布森（H. Brewster Hobson）1935 年 6 月 22 日的报告，在《音乐发行行业公平竞争法的判例历史》附录第 2 页中对此有所论述。

[50] 同上，第 11 页。

[51] 音乐发行行业中音乐发行商保护协会委员会前任主席约翰·C. 潘恩（原文如此，疑为约翰·G. 潘恩，或者两者是同一人。——译者注）的证词：国家工业复兴管理局（1934 年 7 月 26 日）关于公平商业惯例和竞争准则的听证会，在《音乐发行行业公平竞争法》听证会副本第三卷，第 1933—1935 页，国家复兴（工业）总署的档案记录（9 号类记录，国家档案馆，华盛顿特区）。

[52] 同上，第 162 页。

[53] 同上，第 164 页。

[54] 奥斯瓦尔德·F. 舒伊特（Oswald F. Schuette）（Nat'l Ass'n 广播公司广播员）寄给林德赛·罗杰斯（Lindsay Rogers）[国家复兴（工业）总署审计署副审计长，1933 年 12 月 15 日] 的信件，收录于《第 552 号音乐发行行业准则》（经核准的综合性行业准则文件），国家复兴（工业）总署的档案记录（9 号类记录，国家档案馆，华盛顿地区）。

[55] H. 布鲁斯特·霍布森 1935 年 6 月 22 日的报告，第 2 页。

[56] 约翰·C. 潘恩寄给 H. 布鲁斯特·霍布森的信件，1935 年 6 月 18 日，收录于经核准的综合性行业准则文件，国家复兴（工业）总署的档案记录（9 号类记录，国家档案馆，华盛顿地区）。

[57] 参见联邦贸易委员会《通过联邦贸易委员会的贸易实务研讨会进程控制不公平商业惯例》（Control of Unfair Practices through Trade Practice Conference Procedure of the Federal Trade Commission）（TNEC 第 34 号专论，1941 年）。

[58] 关于试图获得 FTC 对于音乐发行行业公平竞争准则的批准的记述，是基于联邦贸易委员会提供给我的各种记录和其他材料得到的。作为罗纳德·哈里·科斯的《广播和电视行业中的商业贿赂》一文关于流行音乐行业的材料（查阅于芝加哥大学法学院图书馆），是由美国联邦贸易委员会收集

的。以下注释的页码一概指芝加哥大学法学院图书馆的资料合订本。

[59] 同上，第 242—244 页。

[60] 同上，第 244 页。

[61] 同上。

[62] 同上，第 245—246 页。

[63] 同上，第 245—248 页。

[64] 同上，第 248 页。

[65] 同上，第 254、262 页。

[66] 同上，第 289、276 页。

[67] 同上，第 312 页。

[68] 同上，第 332 页。

[69] 同上，第 325 页。

[70] 《公告牌》(*Bill Board*)，1939 年 11 月 25 日，第 15 页。

[71] 《综艺》，1939 年 11 月 22 日，第 39 页。“Cut-ins”是指让乐队队长或者表演者成为歌曲的创作者之一，从而向其支付一定比例的歌曲版税。

[72] 《公告牌》，1939 年 11 月 25 日，第 15 页。

[73] 《综艺》，1944 年 8 月 2 日，第 31 页。

[74] 《综艺》，1945 年 11 月 21 日，第 49 页。

[75] 在广播业公平惯例和竞争准则的听证会上（第一卷，第 149 页，1933 年 9 月 27 日），RCA-Victor 提出了一项申请，希望在准则中加入一个条款，即“未经唱片制造商事前的书面许可而播放其唱片视为违法”。该申请得到来自美国的 H. A. 胡博纳（H. A. Huebner）先生和布伦瑞克唱片公司的支持，之后，胡博纳先生表示，他将支持“禁止在所有电台广播中使用唱片”（同上，第 157 页）。该听证会的资料收录于 1933—1935 年的听证会笔录，国家复兴（工业）总署的档案记录（9 号类记录，国家档案馆，华盛顿特区）。

[76] 可参见电视问答节目的调查中提到的文章：众议院委员会小组关于州际和对外贸易的听证会，第 1 卷第 86 宗，第 1142—1147 页（1959 年）（以下引自电视问答节目的调查）；哈泽尔·梅耶，《叮砰巷里的黄金》(*The Gold in Tin Pan Alley*)（1958），第 154—185 页。

[77] 参见对国会及其部门的监督调查：众议院委员会小组关于州际和对外贸易的听证会，第 2 卷第 85 宗，第 4 页（1958 年 2—3 月）。麦克（Mack）遭到起诉，但是刑事指控在 1961 年 8 月被撤销。《纽约时报》，1961 年 8 月 31 日，专栏 1，第 41 页。

[78] 关于道尔法(Doerfer)被免职事件，请参阅《广播业》(*Broadcasting*)，1960 年 3 月 14 日，第 31—40 页。

[79] 1934 年的《通讯法案》(修正)：众议院委员会小组关于州际和对外贸易的听证会，第 2 卷第 85 宗，第 208 页。

[80] 同上，第 209 页。

[81] 同上，第 138 页。凡斯·帕卡德（Vance Packard）先生的证词在第 106—141 页。

[82] 电视问答节目的调查，众议院委员会小组关于州际和对外贸易的听证会，第1卷第86宗，第964—970页。

[83] 同上，第959页。

[84] 同上，第1008页。

[85] 同上，第1007、1009页。

[86] 同上，第1010页。

[87] 同上，第1012页。

[88] 参阅：《纽约时报》，1959年11月5日，第28页；1959年11月6日，第16页；1959年11月13日，第12页；《时代》，1959年11月16日，第65页。

[89] 电视问答节目调查，众议院委员会小组关于州际和对外贸易的听证会，第1卷第86宗，第967页。

[90] 同上，第1024页。

[91] 同上，第1045页。

[92] 同上，第1046页。

[93] 同上，第1106页。

[94] 同上，第1142页。

[95] 《综艺》，1959年11月11日，第1页。

[96] 广播执照所有者及广播电台工作人员的责任：众议院委员会小组关于广播业商业贿赂和其他带有欺骗性质惯例的州际和对外贸易的听证会，1960年，第2卷第86宗。

[97] 广播执照所有者及广播电台工作人员的责任：众议院委员会小组关于广播业商业贿赂和其他带有欺骗性质惯例的州际和对外贸易的听证会，第1页。

[98] 同上，第2页。

[99] 同上，第39页。

[100] 同上，第42页。诺曼·普利斯科特先生的证词，同上，第3—45页。保罗·奥弗里尔（Paul O'Friel）先生（WBZ总经理）的证词“否认普利斯科特先生是自愿离开WBZ电台的”，同上，第1548—1549页。

[101] 同上，第1182页。克拉克先生的证词；同上，第1168—1233页。

[102] 同上，第658页。

[103] 1960年FTC年报，第52页。

[104] 金特纳的证词见于《广播执照所有者的责任》，广播执照所有者及广播电台工作人员的责任：众议院委员会小组关于广播业商业贿赂和其他带有欺骗性质惯例的州际和对外贸易的听证会，第640—666页。关于“贿赂”盛行的公开报道，参见《时代》，1959年11月23日，第63—66页。

[105] 1960年FTC年报，第52—53。

[106] 广播执照所有者及广播电台工作人员的责任：众议院委员会小组关于广播业商业贿赂和其他带有欺骗性质惯例的州际和对外贸易的听证会，第641页。

[107] 1960年FTC年报，第52页。

[108] 参见《时代》，1959 年 6 月 9 日，第 50 页。

[109] 《广播执照所有者的责任》，广播执照所有者及广播电台工作人员的责任：众议院委员会小组关于广播业商业贿赂和其他带有欺骗性质惯例的州际和对外贸易的听证会，第 869 页。

[110] 查尔斯·贝尔兹（Charles Belz），《摇滚的故事》（*The Story of Rock*），1969 年，第 109 页。

[111] 参见第 67 宗的讨论，拍摄编号 5488.

[112] 1960 年之前，FCC 只发布了两个政策声明：一个是关于如何识别赞助商的，另一个是关于“强求者”（teaser）的。40 FCC 2，1950 年；40 FCC 60，1959 年。只有一件事似乎在强烈呼吁 FCC 采取行动。当美国制造商协会将一部关于 Kohler 劳动争议的参议院听证会拍成电影提供给电视台时，FCC 介入，要求就电影是否为协会提供而发布公告。KSTP 有限责任公司，17 广播区（P.&F.）553（1958）；仓储广播公司，同上，第 556a 页；西屋广播公司，同上，第 556d 页。

[113] 40 FCC，1960 年，第 73 页。

[114] 同上，第 69—75 页。

[115] 美国司法部，由总检察长递交给总统关于“广播媒体中的欺诈性惯例”的报告，1959 年，第 iii 页。

[116] 同上，第 iv 页。

[117] 同上，第 9 页。

[118] 同上，第 v 页。

[119] 同上，第 52 页。

[120] 《通讯法案》(修正)：众议院委员会小组关于州际和对外贸易的听证会，1960 年，第 2 卷第 86 宗，第 157—163 页。

[121] 《人力资源报告》，1960 年，第 1800 号，第 2 卷第 86 宗，第 20 页。

[122] 同上，第 1—26 页。

[123] 比如可参见，Chess 唱片有限责任公司，59 FTC，1961 年，第 361 页。其他案例可参见 58 FTC，1961 年，第 1016 页以及 59 FTC，1961 年，第 166、209、230、302 页。

[124] 参阅：伯纳德·洛韦公司等（Bernard Lowe Enterprises *et al.*），59 FTC，1961 年，第 1485 页。不过，至少在一种情况下（包括美国无线电公司），之前的条款是被搁置起来的，62 FTC，1963 年，第 1291 页。

[125] 同上，第 296—297 页。

[126] 这个要求给 FCC 带来了一些困难。参阅：52 FCC 2d，1975 年，第 701 页。

[127] 106 会议记录 176，1960 年 8 月 25 日，第 25—26 页。

[128] 参阅：34 FCC，1963 年，第 829、832 页。

[129] 同上，第 833、834 页。

[130] 同上，第 838—839 页。

[131] 同上，第 833 页。

[132] 同上，第 841—842 页。

[133] 1978 年 2 月，大卫·柏格尔曼（David Begelman）因涉嫌掩盖公司内部涉及伪造文书的事宜，辞

去了哥伦比亚电影公司总裁的职位。柏格尔曼事件引发了对整个电影行业的商业惯例进行调查。参阅:《纽约时报》, 1978年2月7日第2版, 第1页; 以及《1978年纽约时报合辑》, 第19—20页。

[134] 参阅:《人力资源报告》, 第1800号, 1960年, 第2卷, 第86宗, 第19—20页。

[135] 40 FCC, 1961年, 第119页。

[136] 《关于财务利益的35号广播公告》, 2月, 编号7983 (1970年5月18日发布)。

[137] 《人力资源报告》, 第1800号, 第2卷第86宗, 第19页。

[138] 参阅: 阿诺德·帕斯曼 (Arnold Passman) 的《节目主持人》(*The Dee Jays*), 1971年, 第242—243、258—259页; R. 瑟吉·德尼索夫 (R. Serge Denisoff) 的《金曲: 流行唱片产业》(*Solid Gold: The Popular Record Industry*), 1975年, 第232、260、273—279页; 保罗·赫西 (Paul Hirsch) 的《流行音乐的产业结构》(*The Structure of the Popular Music Industry*), 1967年, 第54页 (北达科他州密歇根大学社会研究所调查研究中心); 史蒂夫·查波尔和利比·加罗法洛 (Steve Chapple & Reebee Garofalo) 的《摇滚乐在这里》(*Rock 'n' Roll Is Here to Pay*), 1977年, 第183页。

[139] 参阅: 杰克·安德森 (Jack Anderson) 的《发现电台音乐节目主持人新的商业贿赂》,《华盛顿邮报》, 1972年3月31日;《那些为毒品而效力的DJ大观》,《华盛顿邮报》, 1972年4月21日;《商业贿赂的73个阴影》,《新闻周刊》, 1973年6月11日, 第74、79页。

[140] 参阅:《商业贿赂, (为要在广播中提到自己的产品给播音员的) 贿赂以及其他广播业执照所有人的类似做法》(FCC 64-1101), 2月29日, 编号162220 (1964年11月27日发布)。

[141] 我得到FCC授权, 在FCC的华盛顿办公室阅读了大部分非公开听证会笔录, 编号16648 (1964年11月27日发布)。

[142] 参阅:《广播业》, 1975年6月30日, 第27—29页。

[143] 参阅:《纽约时报》, 1976年4月13日, 第66页;《广播业》, 1976年2月23日, 第53—54页; 1976年4月19日, 第47页。

[144] FCC公告 (1976年12月30日发布)。

[145] 参阅:《广播业》, 1975年6月30日, 第27页。

[146] 同上。

[147] 参阅: R. 瑟吉·德尼索夫, 同注[138], 第234页; 保罗·赫西, 同注[138], 第63页; 查尔斯·贝尔兹, 同注[110], 第116页。

[148] R. 瑟吉·德尼索夫, 同注[138], 第233。

[149] 比如可参阅:《首席检察官给总统的报告》, 同注[115], 第39—40页。

[150] 《纽约刑法》, 第180条, 第326页 (麦金尼)。

[151] "君恩·法布里克斯诉特瑞·苏流行时尚公司案" (June Fabrics v. Teri Sue Fashions), 1948年, 194 Misc. 第267、270页; 81 N.Y. S, 第877页。

[152] 同上, 第282页。

[153] 同注[115], 第9页。

[154] FTC公告 (1959年12月6日发布)。

[155] 参阅：FCC 文件 13454 号，原卷 3（国家档案馆，华盛顿特区）。

[156] 40 FCC，1961 年，第 105 页。

[157] 同上，第 119 页。

[158] 1960 年 2 月 25 日，编号 2406。

[159] 23 FCC 2d，1970 年，第 588—589 页。

[160] 参阅：理查德 · A. 彼得森和大卫 · G. 伯格（Richard A. Peterson & David G. Berger），《象征产量的周期：流行音乐的情况》，40《美国社会评论》(*American Sociological Review*)，1975 年，第 158、160 页。

[161] 非常感谢范德堡大学的理查德 · A. 彼得森教授，他给我提供了这些数据。

[162] 《公告牌》，1951 年 1 月 13 日，第 4 版，第 1 页。

[163] 《综艺》，1958 年 1 月 8 日，第 215 页。

[164] 同上，第 314 页。理查德 · A. 彼得森和大卫 · G. 伯格称，“通过努力遏制新的独立经营的电影院所带来的影响，并且保护运营商促成歌手成为明星的投资，1958 年行业前辈建立了流行音乐导向的公司，‘曝光’这些新的企业家的商业贿赂行为。”理查德 · A. 彼得森和大卫 · G. 伯格，《社会变革中流行音乐歌词写作的三个年代》，1972 年，第 295—296 页。这些内容部分来自机密材料，因而无法核实，但是与从公开来源中得知的内容并无冲突。

[165] 同上，第 280 页。

[166] 同上，第 292 页。

[167] 同上，第 283、284、285 页。

[168] 同上，第 306 页。

[169] 彼得 · W. 伯恩斯坦（Peter W. Bernstein），《唱片商业：摇摆到大资金节奏》，《财富》，1979 年 4 月 23 日，第 59、61 页。

[170] 同上，第 285 页。

[171] 苏珊 · 罗斯–阿克尔曼(Susan Rose-Ackerman)在《腐败：一项政治经济学研究》中给出类似的观点，1978 年，第 204—205 页。

附录 A
关于音乐发行行业公平竞争的 NRA 条例第 552 号

第八部分 商业惯例规则

1. 行业中的所有成员不得直接或间接地，或者以任何其他方式，向任何受雇于他人或基于第三方合同进行演出的演员、歌手、音乐家或管弦乐队队长支付报酬或赠送礼物，或者向他们的经纪人、代理人提供任何金钱、礼品、回扣、提成、恩惠或任何有价值的东西或行动，当目的在于诱导这些人去演唱、演奏、表演由行业成员发行、拥有版权、所有且（或）掌控的任何作品时，均在此列。

2. 行业中的所有成员不得将音乐作品的副本无偿提供给任何演员、歌手、音乐家、管弦乐队队长或其他专业人士，除非是由这些成员定期发行的音乐作品的专业副本或管弦乐改编曲。其意思是说，行业中的所有成员不得将这些音乐作品的专业副本或管弦乐改编曲提供给任何演员、歌手、音乐家、管弦乐队队长或其他专业人士，或者任何由这些人指派、代表或是与这些人有关的人，也不能向他们支付改编费。不过，如果行业中的任一成员允许这些人进行专门的改编，那么行业中的任何成员不得对这些改编作品（部分或整体）进行节选或复制，当然也不能对这种节选和复制作品的行为支付报酬；但是，此条不应视为对音乐作品进行变调演奏的限制。

3. 行业中的任何成员不得：(a) 在义演、表演、舞蹈或者类似的重大聚会场合，购买机票或为节目中的任何广告进行支付，如果购买之物事实上是送给演员的礼物或施与的恩惠的话；(b) 为家庭邮购产品目录中的广告进行支付；(c) 为经销商以及（或者）分销商的产品目录或内部刊物的广告进行支付；(d) 在任何商业报纸或其他类似期刊中插入广告，如果广告的目的是“吹嘘”、奉承、赞美或利用任何演员、歌手或管弦乐队队长为自己谋利的话。

4. 行业中的任何成员不得向留声机公司、广播公司或电台、电子录音公司、电影公司或任何公共娱乐场所的所有者、承租人、经理、雇员，或其他负责人，或持有股权的人——支付报酬、赠送礼物或给予任何现金、服务、恩惠，或提供有价值的东西或行动，以获得表演、录音或再版的特权，或者在这些地方表演、录音或再版由行业成员发行、拥有版权或所有权和（或）掌控的任何作品。行业中的任何成员，租用广播工作室的设施，或租用任何剧院或其他公共娱乐场所，以在那里播放任何由行业成员发行、拥有版权或所有权和(或)

掌控的任何音乐作品为目的，其具有合法性的前提是制作公告并在演出中公布，公告须表明节目由某成员出资赞助，目的是利用所提及的音乐作品为自己谋利。

5. 无论是作为版税还是其他性质的补偿，行业中的任何成员均不得以直接或间接的方式，向与某些歌曲或其他音乐作品的发行有关的个体进行支付，如表演者、歌手、演员、音乐家或管弦乐队队长、任何代理机构或代表，除非这个人是歌曲或改编作品的词曲作家或编曲家。

6. 在雇主、委托人或所代表的对象不知情的情况下，行业中的任何成员不得给予、允许接受或提供任何有价值之物，以影响或者奖励任何雇员、经纪人或代理人的行为。本规定不应被理解为禁止普遍用于广告的免费的、一般的物品分发，除非它实际上属于已经在前文明示为用于商业贿赂（commercial bribery）的物品。

7. 行业中的任何成员不得直接或间接，或通过任何子公司或相关公司，或通过被该成员雇用的任何人，赠送音乐作品的副本或其他音乐素材给艺人或专业表演者，除非是出于“体验”（sampling）的目的。所有根据本条款的规定所赠送的音乐作品副本或其他音乐素材，必须以某种适当的方式做标记，表明它们不得用于转售。行业中的每一位成员应当以某种适当的方式准确地标记产品再予赠送。

8. 行业中的任何成员不得发布这类广告（不论是以印刷品、广播、展览还是其他形式）——在任何重要的细节方面存在误导或不够准确的广告；行业中的任何成员也不得以任何方式，对任何服务、政策、价值、信贷条件、产品或开展的业务，就其特性或形式做不准确的表述。

9. 行业中的任何成员，在没有得到版权所有者书面授权的情况下，不得发行或出售任何歌曲书籍、小册子、（印有歌曲的）歌本，或歌曲汇编，或歌曲的歌词。

10. 行业中的任何成员不得支付、提供、给予或以任何其他方式直接或间接地给任何客户、教员，或任何个人、企业，或任何公司及其代理人，或任何代表人，以任何金钱、礼物、奖金、退款、回扣、版税、服务，或任何超出公开税率和折扣的有价值的物品或行动作为贿赂、秘密回扣或其他激励，目的是从这些个人、企业或公司那里拉业务或客户。

11. 行业中的任何成员不得以任何形式，在音乐作品出售、交付代售或以其他方式运送到购买者或潜在购买者的过程中支付运输费，除非是以下情况：音乐作品可以以现金形式售卖，或者经这些成员所在城市认可的本地城区范围内进行递送。

12. 行业中的任何成员不得故意诱导或试图诱导来破坏无论是国外还是国内的竞争对手与其客户之间现存的合同或供货来源，或是以其他方式干扰、阻碍这些合同义务或服务的履行，目的都是给竞争对手的业务造成阻碍、伤害或制造困难。

关于广播业公平竞争的NRA条例

第七部分　商业惯例

4. 一般性条款：(d) 任何广播运营商或广播网都不得接受，或明知而准许常被这类广播运营商或广播网雇用的演员、歌手、音乐家、管弦乐队队长，从音乐发行商、作曲家、作词家、版权所有人、代理人或此类人的受让人那里，接受任何金钱、礼品、奖金、退款、回扣、版税、恩惠，或者任何其他有价值的物品或行动，以诱导这类人演唱、播放或表演这些作品为目的，为广播运营商或广播网表演或播出任何音乐或其他作品。

附录 B
众议院州际和对外贸易委员会的解释性说明

（第 1800 号，第 86 宗，卷 2，第 20—26 页，1960 年）

A. 免费唱片

1. 唱片分销商提供以播放为目的的唱片副本给广播电台或者电台音乐节目主持人。除非分销商提供了比播放所需更多的唱片副本，否则不要求进行公告。如果唱片分销商与电台达成协议，提供 50 张或 100 张相同版本的唱片副本，协议明示或暗示唱片将被用于播放，此时要求进行公告，因为用于播放所需的唱片超过规定。

2. 给电台或电台音乐节目主持人的支付是以现金或者包括股票之类的其他财产形式，基于同样的理由，要求进行公告。

3. 一些分销商给新电台或者已改变节目形式的电台（例如从“摇滚乐”到“流行音乐”）提供相当数量的不同唱片。根据第 317 条，如果所提供的唱片仅以播放为目的，那么不要求进行公告；如果是以服务公众利益为目的，那么也不要求进行公告。如果电台之前播出过或采用过这种节目形式，那么在一段时间内，它本来就会收到同样的音乐素材。

4. 在考虑对唱片发行商或有才华的表演进行推广时，提供给电台或音乐节目主持人的唱片，超过用于节目的唱片数量的合理范围。如果电台音乐节目主持人声称：“这是我最喜欢的新唱片，并且肯定会火，所以不要忽略它。”这段话应该这样理解，这种表述是对免费提供唱片的一种回报，而且这种表述只能这么理解，之所以要求对此进行公告，是因为所提供的唱片数量超过了可以用于节目的唱片数量的合理范围。如果一名电台音乐节目主持人在播放唱片时声称“听表演者‘X’最新发布的唱片，给人一种新的歌唱感受”，这样的东西常被习惯性地插入电台音乐节目主持人的节目单中，而且这类表述也会涉及某一特定的唱片是否已为电台所购买，或免费提供给电台，这似乎在音乐节目主持人可以用于节目唱片的合理范围，故无须再进行公告。

B. 凡报酬是以用于与广播相关事务之外的任何形式，支付给电台或者任何参与节目素材挑选的人

5. 商店所有者对节目制作方的雇员进行支付，使商店名在节目中被提及。这种情况须公告。

6. 一家航空公司对电台进行支付，要求在节目中提及该航空公司。这种情况须公告。

7. 一家香水制造商给一个赠送礼品的节目提供五打香水，其中一些产品在节目中用于展示并奖励给获胜者，剩下的被节目制作方留下。此种情况须公告，因为被节目制作方留下的香水也属于因节目曝光产品而支付报酬的赞助之列。

8. 一家汽车经销商给电台提供了一辆新车，这辆车不是用于广播节目，而是要求在广播节目中提到该经销商，以此作为报酬。这种情况须公告；这辆车属于为在广播节目中提到（经销商）而支付的报酬。

9. 赠送一辆凯迪拉克给播音员供其自用，并要求播音员在广播中提到捐赠者的产品。这种情况须公告，因为这是对在广播中提到捐赠者产品所支付的报酬。

C. 凡服务或财产是以免费的形式用于节目制作或者与节目制作相关，但是既不对服务或财产在节目中曝光付费，也没有对超出节目需要的曝光拟定协议

10. 为电台的某位书评家或戏剧评论家提供免费书籍或剧院门票，使得这些书或戏剧在广播中得到评论。这种情况不要求进行公告。如果以明确或含蓄的方式，比如赠送 40 张门票给电台，以在广播中讨论某台戏剧为条件。这种情况须公告。因为这一报酬支付，超出用于与广播节目有关的财产或服务所提供的范围。

11. 政府、商人、劳动者、公众组织以及其他的个人将有关活动的新闻和对比评论提供给电台。这种情况无须公告。

12. 一个政府部门给电台新闻播音员提供航空服务，使其能够陪同某位外国政要完成在本国的行程。这种情况无须公告。

13. 市政府提供路牌和废弃的集装箱作为节目中的道具。这种情况无须公告。

14. 某酒店准许节目在其经营场所进行录制。这种情况无须公告。不过，以经营场所的使用作为报酬，要求节目制作方同意在具体节目中以一种超出一般性使用酒店场地的方式提及酒店名的。这种情况须公告。

15. 作为戏剧节目中厨房场景中的一部分而提供冰箱。这种情况无须公告。

16. 可口可乐的分销商提供可乐饮料售卖机，作为药店场景中的道具。这种情况无须公告。

17. 某家汽车制造商提供可识别其品牌的最新样车给一档侦探节目，并且一名侦探驾驶该样车追捕坏人。这种情况无须公告。然而，如果节目制作人保留汽车自己使用，则须公告。同样，因租用汽车而要求节目中提到汽车制造商，这超出对汽车的合理使用范围，比如节目中的坏人说："如果你没有那辆速度惊人的克莱斯勒，那么你永远都不可能抓住我，"这种情况须公告。

18. 一家私人动物园给一档儿童节目提供动物供其使用。这种情况无须公告。

19. 一所大学邀请大学教授在一档教育系列的节目中开讲座。这种情况无须公告。

20. 一名知名演员以最低工资作为艺术嘉宾出席一档节目，尽管这名演员平时要求的出场费很高，但是非常喜欢该节目才出席。这种情况无须公告。

21. 一名体育赛事发起人准许电台进行直播报道。若发起人没有进行其他报酬支付，或者没有就赛事的直播签订超出合理范围的曝光协议。这种情况无须公告。

D. 凡服务或财产是以免费的形式用于节目制作或者与节目制作相关并附有协议，或明确或含蓄地提出在节目中对这些服务或财产的曝光超出合理范围

22. X提供一台冰箱并附有协议，冰箱将在一个戏剧节目的厨房场景中被使用，冰箱品牌会被提到。在节目中，女演员说："唐纳德，从我的新X冰箱里取一些肉来。"这种情况须公告，因为品牌名被提及，而且对冰箱的使用超出合理范围。

23.（a）X提供一台冰箱，作为一档赠送礼品节目的奖品并附有协议，在颁奖环节，品牌名能被识别。在节目中，主持人简单地提到冰箱品牌的名称、容积以及其他特征，以表明奖项的分量。这种情况无须公告，因为这样的品牌曝光是与冰箱在赠送礼品节目中的合理使用相关的，而且奖品的贵重和特殊性是该类节目的一个重要特征。

（b）对于上述（a）中的品牌曝光做一个补充。如果节目主持人称："家庭主妇们都应当在厨房安放一台这样的冰箱。"或者，"女士们，你们应该出门，去买一台这样的冰箱。"这种情况须公告，因为任何这样的表述都是一种"推销"（pitch），这与冰箱在该类赠送礼品节目中的合理使用无关。

（a）和（b）中品牌曝光的显著区别在于：在（a）中，如果广播公司自己购买了这台冰箱，且未与制造商签订有关品牌曝光的任何协议，这种品牌曝光就仅仅是广播公司把冰箱作为奖品使用的一种自然的曝光。一方面，在（a）中，只有购买了那台冰箱，广播公司才会觉得有必要充分描述颁给获胜者的奖品的特征；另一方面，广播公司购买了该冰箱，它将不会在情况（b）中做出类似的品牌曝光，因此这是给制造商的一个免费"推销"。

24.（a）一个飞机制造商用新型喷气式飞机为剧组人员提供免费运输服务，将他们运送到较远的站点，而且节目播出了剧组乘飞机到达目的地的镜头。在拍摄中，制造商的名称在机身上能够被识别出来。这种情况无须公告，因为这种对其品牌的曝光与服务的合理使用相关。

（b）与（a）中情况相同，在前面提到的拍摄镜头之后，摄影师又给了飞机制造商标识一个额外的特写镜头。这种情况须公告，因为后者不属于合理使用范围。

25. (a) 一家电台制作了一套关于灌溉项目发展的公共服务纪录节目。X品牌拖拉机厂商提供其制造的拖拉机供使用。在使用该厂商拖拉机的过程中，除了通过拖拉机的造型或外观可识别出为厂商所制造，并未展示其品牌。这种情况无须公告，因为这种对产品的曝光在节目的合理使用范围之内。

(b) 与 (a) 中的情况相同，只是厂商拖拉机的品牌名称正常地出现在拖拉机机身上。同样的道理，这种情况无须公告。

(c) 与 (b) 中的情况相同，但节目中出现了本不需要对品牌所加的特写，或者演员在节目中表示："这是市场上最好的拖拉机。"这种情况须公告，因为这种曝光超出了节目的合理使用范围。

26. (a) 一家汽车公司制作了一部风景旅游影片，并免费提供给广播电台或电视台播放。影片中没有提到公司或它的汽车。这种情况无须公告，因为节目中除使用所提供的节目素材之外，并未提及汽车公司，也未发生报酬支付。

(b) 与 (a) 中的情况相同，但是能够清楚地识别出汽车为提供影片的公司所生产，不过汽车是在高速公路的场景中迅速闪过，而且这种曝光的方式与影片内容合理相关。这种情况无须公告。

(c) 与 (a) 中的情况相同，但是能够清楚地识别出汽车为提供影片的公司所生产，且汽车在影片中的出现与电影主题并不相符。这种情况须公告，因为此时广播公司使用该影片即表示默许对汽车品牌的曝光超出与电影主题合理相关的范围。

27. (a) 一家制造商为一档音乐节目提供一台三角钢琴。制造商坚持将品牌商标放大贴在钢琴正常位置上。如果被放大的商标得到了展示，那么这种情况须公告。

(b) 相反，如果所提供的是带有正常商标的钢琴，在电视台播出音乐会的过程中，对钢琴家的手偶尔进行特写，即便在这些镜头中，商标部分或全部出现也无须公告。在节目中这类对品牌名的曝光与钢琴家使用钢琴合理相关。不过，如果特写较多地关注商标而不是钢琴家的手，那么这种情况须公告。

附录 C
联邦通讯委员会的解释性说明

（摘自 40 FCC 第 141、149—151 页）

28.（a）一家汽车制造商或经销商给电视节目制作方提供一些汽车并附有协议，节目制作方在需要用车时将会在节目中使用这些汽车或其中的几辆车；这些汽车也可能被用于与节目制作有关的其他商业目的，比如从一个地方到另一个地方运送演员、工作人员、装备和补给，或者运送与节目制作有关的高管人员参加商务会议。但是没有附加协议，要求对该汽车品牌进行超出在节目中合理使用范围的曝光，其中也不涉及报酬支付。这种情况无须公告。

29.（a）一家酒店允许在经营场所进行节目录制并提供酒店服务。例如，为演员、制作人员和技术人员提供客房与膳食；还包括其他与节目播出有关的服务，例如免费连接电器、网线且不需要付费；也没有附加的协议，要求对酒店品牌进行超出在节目中合理使用范围的曝光。这种情况无须公告。

（b）如果酒店支付了金钱，或者免费提供与节目不相关或节目中没有使用的服务或其他东西。例如，在酒店所在地的任意时间免费或者只是名义上收取些许费用，为制作方提供与节目制作不相关的客房和膳食。这种情况须公告。

E. 有效期

30. 1960 年 9 月 13 日修订的第 317 条适用于 1960 年 9 月 13 日之前制作或录制的节目吗?

不适用，除非为了节目或者在节目中加入其他内容，向广播电台（而不是制作人或其他人）支付高昂的费用，而且广播电台在上述日期之后才播放之前制作的节目。

F. 公告的性质

31. 电台播放向听众征求邮购的现场公告，赞助商仅仅在公告中被提及，并且在邮件订购中只出现诸如“花的种子”或“不动产”或“唱片发行人”这类字样。

公告中这样提及赞助商，不违反委员会的赞助商识别条款，因为它仅限于对所要进行广告的产品或服务做出描述。公告要求对制造商或产品分销商名称，或被销售产品的商标或品牌名称进行明确识别……

32. 电台利用流行语、口号、象征符号等来播放“预热”（teaser）的公告，在公告中说“即将呈现”某某东西，以此引起公众的好奇心。公告赞助商是不具名的，也不是大家熟知的商标或品牌，但在日后预热活动的尾声会有一系列常规的现场活动，这是电台和广告商的意图所在。这种类型的公告不符合委员会的赞助商识别条款。所有的商业广告必须涵盖对广告商名称或者大家熟知的广告产品的商标和品牌的明确识别……

33. 电台代表公职候选人或债券发行（或任何其他公众争议问题）的支持者或反对者进行公告（或录制节目）。最后，电台播放一条“免责声明”或者说“前面是一条付费的政治声明”。这样的声明本身不符合赞助商识别条款。条款中没有提供上述几种类型的公告，但确实给出相应的情况下在广播中被识别的标准，即充分、公平地披露赞助商或为之付款的代表人的真实身份。如果报酬由代理人支付且电台对此知情，公告应当披露代理人是代表谁做出这样的行为的。若赞助商是公司、委员会、协会或其他团体，则要求公告应当包含这些团体的名称；电台在代表这些团体播放任何内容时，应当要求其列出首席行政人员、执行委员会成员或直接发起组织成立该团体的成员姓名，可在电台工作室或日常办公室获取这些信息供公众查阅。

34. 根据要求对赞助商进行的电视公告，一定要通过可视化的方式，令其符合委员会条款中关于“恰当公告”的要求吗？

不一定。委员会条例中并没有对可听或可视或二者兼有的公告做出具体要求的条款。条款的目的是要求对赞助事宜进行充分且公正的披露，采取可听或可视的方式取决于执照所有者的方便……

G. 争议事项

35.（a）一个商业协会提供有关参议院的劳动关系听证会录像给电视台。录像的主题是工会组织的一场罢工。电视台“持续”播放录像，但是没有公布录像的提供者是谁。电视台未能对录像的提供者做出适当的公告，这违反了委员会关于重要的公众争议事件必须公告赞助者的条款。而且，委员会要求执照所有者尽可能在节目中明确给出资料提供者的身份。执照所有者应当提醒大家注意，正是由于收取了报酬才对处理争议性问题的录像进行播放的；而且，执照所有者有义务调查录像的来源，并对此进行公告……电视台在确定了录像的来源后，也有义务将信息提供给其他准备播放该录像的电视台。

(b) 与上述情况相同，但是电视台把节目时段卖给了赞助商（而非录像提供者)，同时要求对购买节目时段的广告商予以确认。这种情况下，仍须公告录像提供者身份，理由如前述。

(c) 与 (a) 或 (b) 中的情况相同，但是来自录像的片段在电视台的新闻节目中也被采用。这种情况下，仍须公告录像来源。

36. 一个教会团体计划拍摄全国性的集会活动，并且发布“涉及教会团体成员信仰的众多有深刻意义的事项”的录像片段，以“把相关的目标和计划传播给美国人民”。该团体的要求适用《通讯法案》第 317 条 (d) 节中的一般性豁免条款，使其不必因赞助商识别条款的公告要求而“浪费”捐助给它的节目时段。在之后援引此次集会活动的案例中，因为无法表明录像主题不具争议性，同时几秒的公告损失与国会和委员会有关公共政策问题决定的重要性相比微不足道，委员会对于这类豁免申请不予批准。

敲 诈 *

◎ 胡伟强 译

一名经济学家在冒险谈论一个法律问题时必须小心：他会发现自己对正在研究的制度的运行方式几乎一无所知，对所处理的文献资料中的原则、概念甚至词汇也完全不熟悉。正如绝大多数的经济学家一样，一名想要理解法律体系如何运行的经济学家不可避免地要面对这些难以克服的障碍，尤其是他没有接受过法律训练。话虽如此，任何一名对理解真实的经济世界而不是对想象的世界感兴趣的经济学家，都不能忽略法律体系对经济系统运行的影响。这里我主要指的并不是那些与行政规制、反垄断和税收相关的法律，虽然这些法律确切的效果也许不容易发现，但它们的重要影响也是不可忽视的。在我头脑中想到的是法律和经济体系更一般性的关系，如同我在《社会成本问题》这篇文章中讨论的问题。[1] 经济学家一般认为在市场上交换的是一个实体，比如一盎司黄金、一吨煤等。但如同律师们所知晓的，在市场上交换的其实是一项权利——施行特定行为的权利。交易是经济体系中占有支配性地位的活动，交易的数量及特性取决于个人和组织被认为应具有的权利与义务，而这些权利与义务是由法律体系所确立的。在我看来，一名经济学家把法律体系纳入考虑是不可避免的，这是我们必须承受的负担。不能期待经济学家对法律体系的详细安排予以

* *Virginia Law Review,* 1988, 74(4), 656-676.

解答，但我们或许能够对理解法律体系如何影响经济系统，并进而对支配权利界定的一般性原则的发展有所贡献。

在《社会成本问题》这篇文章中，我认为我已经为妨害法律的分析做出了一些贡献。今天我要转向对敲诈问题的探讨。我之所以有胆量做这件事情，是因为律师们对于敲诈的性质或者敲诈问题应如何处理还缺乏共识。A. H. 坎贝尔（A.H. Campbell）教授1939年在《法律评论季刊》（*Law Quarterly Review*）上发表的《敲诈的不寻常之处》一文开篇就指出："有关敲诈的法律与敲诈者有相似之处，它让学生片刻不得安宁。"[2] 詹姆士·林德格伦（James Lindgren）教授1984年发表在《哥伦比亚法律评论》（*Columbia Law Review*）的一篇文章《解开敲诈之谜》，一开始也指出："绝大多数的犯罪行为不需要理论来解释为什么该行为是有罪的，其罪行不证自明。但在严重犯罪行为中，敲诈行为是独特的——至今还没有人搞清楚为什么敲诈行为应该被定罪。"[3]

一名经济学家能否对一个明显很困难的法律问题有所贡献是有疑问的，但是我将尽力而为。我更加愿意对此问题加以探讨，是因为早先我在构思《社会成本问题》这篇文章中的主要观点时，敲诈问题就已经进入我的视野。那一年我在斯坦福大学行为科学高级研究中心，来自哈佛大学法学院的戴维德·卡弗斯（Dawid Cavers）恰好也在那里。当我与他讨论我的想法时，他正确地指出：如果有人有权制造伤害，他或许就会仅仅为了敲诈钱财而威胁受害者将要制造伤害，目的当然是换取不去实施这一致害行为。卡弗斯认为我所倡导的观点在效果上将会导致敲诈或者类似的行为。当我在《联邦通讯委员会》这篇论文中使用这一方法之后，一些经济学家也指出同样的问题。[4] 这促使我在《社会成本问题》这篇文章中加入一些段落，对这些反对意见予以回应。通过使用养牛者与农夫的例子，我解释道："如果养牛者要对牛群造成的损害担责，农夫或许就会种植那些本来不会获利的农作物，因为由养牛者所导致的农作物损毁的金额等于养牛者为了避免对此损害承担责任而不让农夫种植农作物所愿意支付的金额。然而，如果情况反转，养牛者不再对牛群造成的损害担责，他或许就会扩大原来的牛群规模，进而带来更大的农作物损失，目的是诱使农夫同意支付对价以换取减小牛群的规模。”我在那篇文章中指出这点，是为了说明上述行为的唯一目的是换取对价而不是去实际实施这些措施，无论是在何种责任规则之下（或者说在何种权利体系之内），这些被称作“敲诈”的行径都会发生。我做这些研究不是为了引发针对敲诈问题的讨论；恰恰相反，是为了避免讨论这一问题。无论如何，如果我真的想要讨论敲诈问题，零交易成本的安排也不是讨论该问题的合适背景。

当然，在施害方同意不采取行动之前，实际去种植农作物或者增加养殖牲畜数目是不必要的，要做的只是去威胁会采取这样的行动。对绝大多数人来说，为了不受威胁而支付报酬是敲诈行为的本质。当然也可以合理地预期，某个想要通过同意不采取某一行为来获得报酬的人，在协商之前一般不会实施该行为，但会借此加以威胁——因为威胁行为本身所费不高。那么不揭露关于某人某些令人不快的信息（绝大多数人谈及敲诈时都会想到这一情形），以此换取金钱或者其他利益时，使之得以进行的唯一方式就是借此加以威胁，因为一旦信息被披露，敲诈就变得不再可能。尽管在《社会成本问题》一文中，我并没有对敲诈问题加以考察，但对于卡弗斯和其他人提出的问题，我的态度很明显是不太在意的。我指出这样的行为或者威胁只是达成协议的前期准备，并不会影响长期均衡结果。我接受这样的事实，即吓唬和威胁是商业谈判的正常部分。我也谈及合同所达成的条款取决于双方当事人的精明程度。稍后，哈罗德·德姆塞茨（Harold Demsetz）指出：如果有很多养牛者和农夫，并且在他们当中存在竞争，由于避免采取敲诈行为不产生成本，因而为了获得一个不如此行事的协议而支付的报酬数额将趋近于零。[5] 附着于商业关系的敲诈行为一般不构成严重的问题。无论如何，由于谈判是交换经济利益不可避免的途径之一，对此我们也只能接受。对一名经济学家来说，这种不太在意的态度会倾向于加强这种信念：在一个交易中没有失败者，也就是交易会使双方受益。但这对于目的是禁止信息披露的交易——正如许多敲诈交易的情形——也同样正确吗？

毫无疑问，许多经济学家认为如此。关于这点的例证可以在一部由两位经济学家所写的小说中得到体现。这两位经济学家曾是弗吉尼亚大学的教授，其中之一至今仍是。我这里提到的小说就是由布赖特(Breit)和埃尔津加(Elzinga)用笔名马歇尔·杰文斯（Marshall Jevons）所写的《致命的均衡》一书。[6] 在这部小说中，哈佛大学一名年轻的经济学家进入终身教职的候选名单。他发现“晋升和任期委员会”的一名成员是一个骗子。这名年轻的经济学家，丹尼斯·戈森（Dennis Gossen），对他的未婚妻说：“那名嫌犯已经向我坦白了一切，尽管没有使用过多的言辞，但承诺如果我什么都不说，他就会支持我的晋升。”[7] 他的未婚妻答复道：“丹尼斯，这听上去像敲诈啊！”[8] 然而丹尼斯对此并不认同。他回答道：“我不会称之为敲诈。它就像通过某种方式从交易中获得利益——支持我的晋升就会保留你的名誉。我什么都不说，你帮助我获得终身教职。”[9] 但他的未婚妻并没有消除疑虑，绝大多数人也会和她有一样的感觉。与商业谈判后达成的协议不同，为了不披露关于某人令人不快的信息而获得金钱或者其他利益的企图为绝大多数人所厌恶。为什么会如此呢？

普通人对于何为敲诈都有一个相当清晰的看法，并且不喜欢这种行径。为了选取一个适合普通人对敲诈所持观点的例子，这里选择一宗案例，其在伦敦中央刑事法庭审判汇编中有着完整的记录。作为这个汇编的主编，贝克霍弗·罗伯茨（Bechholer Roberts）先生在序言中写道：

> 敲诈被许多人视为最邪恶的一种犯罪，远比绝大多数的谋杀更为残酷，因为它是出于冷血的预谋和对受害人反复的折磨。与法律试图惩罚的其他绝大多数犯罪行为相比，敲诈对公众良知的冒犯要严重得多。但在记录中有一宗敲诈的案子，也许是唯一的一宗，因为案子产生的具体情形、参与者的性格特征和伴随其发展的一些喜剧元素，在某种程度上可以为敲诈行为挽回一些名声。[10]

这就是所谓的“A 先生案件”。我记得我读到这个案例时还是一名学生，这起案件当时吸引了英国媒体的广泛关注。

1919 年圣诞夜的清晨，位于巴黎的 St. James and Albany 旅馆里，一扇卧房的门被打开，一名英国人闯进来，他发现罗宾逊太太正和 A 先生躺在一张床上，不用我说，A 先生的名字自然不是罗宾逊。那毕竟是一个邂逅的好时节。关于接下来所发生事情的证词有所冲突。根据那名英国人所供述的，罗宾逊太太跳下床一边攻击他，一边叫嚷：“我丈夫，这个畜生。”而根据罗宾逊太太的陈述，她当时对 A 先生叫道：“在这个畜生见到我丈夫之前，今晚我必须赶回去。”A 先生没有出庭，因此无法澄清矛盾之处。考虑到进入房间的那名英国人不是罗宾逊先生而是牛顿先生，而牛顿先生的职业被贝克霍弗·罗伯茨先生称为“骗子、敲诈者、诈赌者和伪造者”[11]——令人印象深刻的职业履历表，那么罗宾逊太太给出如此证词就是可以理解的。不管在巴黎那家旅馆里究竟说了些什么，A 先生似乎已经相信进来的牛顿先生正是罗宾逊太太的丈夫。

到了此时，我应该披露所谓的“A 先生”其实就是哈里·辛格王子（Prince Sir Hari Singh），他是他的叔叔——克什米尔君主（the Maharajah of kashmir）——的法定王位继承人。所谓的“A 先生”是按印度办公室的请求在法庭上使用的化名。在那名出乎意料的访客闯入之后，哈里·辛格王子显然从他的私人助手凯普顿·亚瑟（Captain Arthur）处征求了意见。据贝克霍弗·罗伯茨先生所言，私人助手是由印度办公室推荐的，因而他的建议受到格外的重视。凯普顿·亚瑟似乎警告了哈里·辛格王子：罗宾逊先生将会在英国提起离婚诉讼，并会把他作为共同被告，而且还会要求数额巨大的赔偿金。这些原本对王子不会造成什么麻烦——生活在克什米尔地区的绝大多数居民实行多配偶制，因而他们大概不会对王子的行为感到震惊，并且王子的财富足以支付英国法院可能判决的任何数目的赔偿金。但是凯普顿·亚瑟显然已经告诉王子，与离婚诉讼相伴的丑闻将会导致印度办公室做出剥夺他继承权的决定。王子随即开出两张共计 30 万英镑（价值相当于今天的五六百万美元）的支票。凯普顿·亚瑟带着支票赶赴伦敦，他的使命是花钱让罗宾逊先生放弃提起离婚诉讼。然而在到达伦敦之后，凯普顿·亚瑟拜访了霍布斯（Hobbs）——一位擅长游走于法律边缘之人。霍布斯用罗宾逊的姓名开立了一个银行账户，用一张支票支付，然后提供给银行签名样本，并随即用一张签名为“C. Robinson”的支票取出全部 15 万英镑。第二张支票没有兑现，因为王子在伦敦的律师听说这件事情之后，坚决停止支付。到现在为止，你可能已经猜到我所描述的事件是一起由凯普顿·亚瑟精心策划的敲诈方案。王子不是第一个也不会是最后一个为他如此信任的政府部门的推荐而感到后悔之人。霍布斯给牛顿和凯普顿·亚瑟各支付了大约 4 万英镑，但罗宾逊先生和太太获得了多少呢？霍布斯告诉罗宾逊先生，A 先生愿意为终止离婚诉讼而支付 2 万英镑。一开始罗宾逊先生犹豫不决，但最后同意接受 2.5 万英镑以了结此事。而霍布斯知晓律师如何行事，还从中扣除 4 000 英镑作为佣金。他给了罗宾逊先生 2.1 万英镑（约值今天的 40 万美元）的钞票。罗宾逊先生作证他把这些钞票交给了妻子。据他的法律顾问所言，罗宾逊先生这么做是为了保护妻子不再受到诱惑，导致将来过上不道德的生活[12]，尽管人们也许会想到正好相反的效果。牛顿先生带着第二张支票继续前往印度（王子的代理律师之前被不实地告知此支票已被销毁），想要获得更多的钱。但王子的印度妻子刚刚去世，出于宗教原因，王子有义务暂时隐居，牛顿先生只能空手而返，但王子也没有采取任何进一步的行动。

敲诈计划浮出水面是源于在凯普顿·亚瑟和霍布斯之间发生的争执，因为亚瑟想要从霍布斯那里获得更多的钱，但没有成功。然后亚瑟就鲁莽地告诉罗宾逊先生，为了不让法官（达林法官以其巧舌如簧而著称于世）说出罗宾逊太太生活“污秽”的话，A 先生原本支付给他的是 15 万英镑而不是他实际得到的 2.5 万英镑。罗宾逊先生一听到他是如何上当受骗的，当然为这种欺诈之举所震惊。他咨询了律师的意见，最后决定向给霍布斯开出支票的那家银行索赔 15 万英镑，理由是其过失地向霍布斯支付了本应支付给他的钱款。尽管陪审团认定罗宾逊先生和罗宾逊太太不是这起敲诈案的当事人，但这起诉讼仍然失败了，原因主要在于法官认为罗宾逊先生在对偷窃所得主张权利。然而，在审理过程中暴露出来的敲诈之事致使霍布斯受到了审判并获判有期徒刑。凯普顿·亚瑟身在法国不能被引渡到英国，就在法国当地（其在此实施了敲诈行为）接受审判，也被认定罪名成立。已经接受银行付款 3 000 英镑（价值相当于今天的五六万美元）的牛顿在第一次审判中作为证人出庭，因为提供了对霍布斯不利的证据，被免于起诉，从而从这起事件中获利。他真是一个有天分的骗子。罗宾逊先生被他的律师描述为一名“间歇式丈夫”，毫无疑问又恢复了和妻子之前的关系。尽管陪审团做出了决定，但看上去罗宾逊一家是和霍布斯、牛顿和亚瑟一道参与了这起敲诈案，尽管事实果真如此，但很明显他们完败于其他参与人之手。在那时，A 先生已经结束了隐居生活并成功继承了他叔叔的王位，并没有遭受到来自印度办公室的任何反对。我还没有讲述完这个离奇故事的所有细枝末节，但这起案件包含了普通人对敲诈认知的主要元素：某人身陷某种自认为如果相关信息被披露就会损害声誉的情状之中，因此他支付报酬以避免信息被披露；受害人不会采取行动将敲诈者绳之以法，因为这样做会导致信息被披露，而这正是他竭力要避免的。

如上文所述，敲诈在商业关系中不太可能出现，而最有可能出现在那些想要隐瞒不为人知的有损名誉的个人行为（或者可以被视作如此）的情形中。有些出乎意料的是，在英国敲诈法系中被认为的典型案例恰恰与商业关系有关。我首先讨论“国王诉珀西·英格拉姆·德尼尔案”(The King v. Percy Ingram Denyer)。[13] 这起案件一般被称为“国王诉德尼尔案”(Rex v. Denyer)，本文简称为德尼尔案。

汽车贸易协会是由汽车制造商、批发商、零售商和“汽车商品”使用者组成的一个组织，根据协会章程，以高于或低于指定的制造商产品目录价格销售汽车或者相关产品的人将会被列入“停止交易清单”。对于一个被列入“停止交易清单”的人，这意味着该协会成员将不会与之开展任何贸易往来。里德先生在德文郡经营一家汽车修理铺。1925 年年底，协会的一名代表拜访了他，但这名代表假装说自己来自海外，正准备在当地购置一处房产和一辆汽车。里德先生在其诱使下以低于产品目录价格的价格出售了一个轮胎，并试图推销一辆汽车。1926 年 1 月，里德先生收到一封署名为德尼尔先生的信件，这位德尼尔先生是汽车贸易协会负责“停止交易清单”的主管，他在信里说道：除非里德先生支付给协会 257 英镑，否则他将会被列入“停止交易清单”。如果真到了这一步的话，根据里德先生的证言，他的生意将无法经营下去。里德先生带着这封信去了警局，德尼尔先生的行为被认定为敲诈。根据 1916 年《盗窃法案》，这种犯罪行为被描述为：“每个知晓内容但仍然发出信件或者以其他书面形式带来威胁，同时没有任何合理的依据，要求某人提供任何财产或者有价值之物的人，将会被视为严重的犯罪行为，一旦定罪会被处以终身劳役。”[14] 德尼尔先生在埃克塞特受审，被判处六天监禁，考虑到他有可能受到终身劳役的判决，这里一定存在轻判的可能。需要注意的是：这里的犯罪行为指的不是协会诱使里德先生以低于产品目录价格的价格进行销售，也不是威胁把里德先生列入“停止交易清单”。该组织作为一个贸易协会已经登记成立，上述行为对它来说完全合法。犯罪行为是指德尼尔先生的威胁行为，即如果里德先生不给钱就将其列入“停止交易清单”。该案件被提交给刑事上诉法庭，在那里一审法院的判决得到支持。首席大法官对此说道：

> 这样的理由已经讲了无数遍，因为汽车贸易协会有权将里德先生列入“停止交易清单”，所以它也就拥有如不把他列入“停止交易清单”就可以向其索取钱财的权利。就本院的观点，这个主张不仅仅是不真实的，而恰恰是真理的反面，它会成为敲诈者进行无休止的敲诈的借口。在有权将里德先生列入“停止交易清单”和向其索取 257 英镑作为不把他列入“停止交易清单”的代价之间，连最遥远的关联或者关系都不存在。[15]

另外，还需要注意的是：这起案件和“A 先生案件”有相似之处，A 先生和里德先生都是被诱使做出某种可据此为理由被索要钱财的行为。但 A 先生一案不可能使用首席大法官的标准。基于罗宾逊太太与A先生有染的事实，罗宾逊先生当然有权提起离婚诉讼；对于A先生来说，通过支付一定金额给罗宾逊先生来协商解决纠纷也确实是合法的。然而，没有人会不认为“A先生案件”涉嫌敲诈。英国法院很快就获得重新审视这个问题的机会。

一家汽车交易商——哈迪和雷恩——如同里德先生一样的方式被诱使用低于产品目录价格的售价销售一辆汽车。哈迪和雷恩也面临同样的选择：或者上“停止交易清单”或者交罚款。他们选择了交罚款。一份协议就此达成，罚款共分两笔缴纳。然而在支付第二笔款项之前，德尼尔案的判决出来了，由此哈迪和雷恩拒绝支付第二笔罚款，并且提起诉讼要求返还已经支付的钱款。依据德尼尔案的判决意见，他们在一审法院获得了胜诉，但在1928年，这起案件被提起上诉。在上诉法院，哈迪和雷恩败诉，德尼尔案的判决意见也被法院拒绝接受。[16]

这里我将为你们引用来自斯克拉顿法官（Lord Justice Scrutton）发表的观点，以下内容呈现了他不同意德尼尔案判决意见的理由。

> 我完全不能理解为什么这样说不合法：“我能够合法地把你列入‘停止交易清单’，但是如果你愿意做一些并非不合法，同时对你来说比列入‘停止交易清单’负担更轻的事情，我就不使用这一权利。”一位俱乐部成员在晚饭后鱼贯而出之时，损坏了俱乐部的财产。他被告知他对此负有责任并面临被除名的处罚，但如果他修复受损之物，那么委员会将不再执行处罚。问题是：已经通过威胁获得赔款或者同样价值之财物的委员是一个阴谋家吗？同意做一个合法的行为以避免另一方可能会采取的合法举动——这没有什么违法之处……比如，A有一处正对B新居的地块。A打算在那块地皮上修建一栋房屋，但房屋会破坏B新居的视线或者采光，降低B新居的价值。B恳求A不要修建。A说：“如果你付给我1 000英镑，我就不再修建；但如果你不支付，我就修建。”B同意支付，A随即停止修建房屋。

> 那么，我们真的可以主张B收回这笔钱款（因为这是用胁迫的手段获得）吗？再比如，一位老板很看重的厨师来到老板面前说道："请给我一年增加20英镑的薪水，否则我就走人。"那位老板预见到失去厨师后问题的严重性，便支付了这笔金额。那么，老板能够收回这笔迫于威胁而付出的钱款吗？[17]

接下来，斯克拉顿法官直接处理首席法官对以下主张的反对意见。该主张认为：因为协会有权将里德先生列入"停止交易清单"，所以它也有权为了避免这么做而索要钱款。斯克拉顿法官说道：

> 首席法官认为这会无限制地成为敲诈者的借口。对此我不能理解。敲诈者是通过承诺避免让某种罪行公之于众的方式来索要财物，协议本身就是违法的……虽然没有人有权刻意隐瞒自己对于一项罪行所了解的情况，但这怎么可以与以下情形相比呢？承诺不去做一件你本来有权去做的事情，并由此获取钱财，而且这项协议对公众没有任何损害。[18]

需要指出的是：尽管斯克拉顿法官给出了一些有用的建议，但他的回应并不符合"A先生案件"的情形，因为看上去他认为敲诈涉及的是一般刻意隐瞒关于一项罪行的信息。至少在英格兰，通奸本身不是罪行。

当我还在伦敦经济学院攻读商科学士学位时，在1929年或1930年，我选修了一门法律课程。在修习课程的过程中，我们讨论一些刚刚判决不久的案件，目的是让我们熟悉与贸易协会相关的法律法规，但授课教师却成功地让我们注意到这样一个由法院系统内部刑事和民事方面的冲突所引起的有意思的情形，特别是在哈迪和雷恩的案件判决之后，首席法官签发了一份声明。在这份声明中，他说除非并且直到德尼尔案的判决被上议院推翻，鉴于刑事法律施行的目的，该判决仍将具有法律约束力。尽管这两起案件是通过与贸易组织法律关联的方式呈现给我们的，但我感兴趣的是其中的经济学问题：为某人不去做某事而支付报酬在什么时候是正确的，在什么时候是错误的？我一直保留着对这些案件的记忆，并且经常对这两个判决之间的冲突如何得以解决保持怀疑。直到我1964年进入芝加哥大学法学院工作，也就是在学习这些判例大约35年之后，我才知晓到底发生了什么。以下就是我所发现的：

1937年，一个善意的行动——“索恩诉汽车贸易协会案”（据说是汽车贸易协会安排的）被移交到上议院，所要决定的问题是刑事上诉法庭或上诉法院的判决意见正确与否。[19] 我不再吊你胃口了，德尼尔案的判决未获赞成。上议院的法官特别反对的是审理法官的陈述：“根据国会的法律，没有人有权通过避免给某人施加难以接受结果的方式来索取钱财。”[20] 正如怀特法官（Lord Wright）所言：

> 存在许多可能的情形，比如某人或许对另一人说道，只要给他一笔钱，他将避免做出对另一人不利的举动。他可能承诺如果得到补偿，就不会在自己的地皮上建造房屋……或者某人可以提出如果对他予以赔偿，他就会放弃对普通的人身侵犯行为或者侵犯商标权的行为提起上诉……[21]

上议院虽然没有批准支持德尼尔案的基本主张，但也表达了对斯克拉顿法官观点的否定，即如果一个人有权去做某事，那么他也有权从避免做该事中索取钱款。阿特金法官（Lord Atkin）对此说道：

> 斯克拉顿法官似乎指出，如果一个人仅仅威胁要去做他有权去做之事，那么这种威胁不再是法规所指的威胁行为……在我看来，这毫无疑问是错误的，我也完全同意首席法官在德尼尔案中对此主张给出的批评意见。一般的敲诈者通常是威胁要做其有权去做的某种行为，也就是传达某些消息给某人，而此人对相关消息的了解会影响到被威胁之人的利益。敲诈者不仅有权、更有义务将犯罪的相关信息披露给有关机构。他需要给出

理由的不是其威胁行为，而是索要钱财的行径……剩下的问题就是这种索要钱财的行径有没有合理的理由。在这里，我不能同意德尼尔案的判决。对我来说，一个人出于巩固商业利益的考虑，可以合法地从事某种将会严重损害他人商业利益的行为；同样还是出于巩固商业利益的考虑，他也可以合法地提出建议、要求另一人提供一笔钱款以换取他不实施致害行为。毫无疑问，他的动机不仅仅是把钱装在自己口袋里，更是为了其他合法的目标。再次强调，他并不是只为了获得钱财！[22]

怀特法官继续补充道：

许多案例中，一个人拥有一种“权利”——从事某种并非不合法行为的自由或能力，但这种行为是经过精心策划用来伤害另一人的，一旦他通过避免采取相关行为的方式索要钱财，就会受到敲诈的指控。这样的案例实际上是非常典型的敲诈案件……一个人或许掌握有损受害人妻子名声的信息，并威胁如果不能获得钱款，就将相关信息披露给其丈夫或者雇主，尽管这样的披露行为不是诽谤……此外，一项法律的自由权（一个人所做之事在法律上的正当性）也可以构成敲诈的基础。例如，一个丈夫掌握了妻子通奸的证据，他或许会威胁妻子的情夫，若不给钱他就提起离婚诉讼。尽管这样的事实可能仅仅显示出索要赔偿金的请求是对伤害进行上诉的合法妥协，但这样的事实也可能构成严重的勒索和敲诈行为。[23]

其他法官也表达了同样的观点。

所有这些将我们带到被林德格伦教授称作“敲诈之谜”的论述：尽管做某件事是合法的，但为了避免如此行事而索要钱财的行为是违法的。[24] 但具体什么是违法的呢？法官们并没有解决这个疑问。怀特法官说：“事实可以说明。”但这是什么样的事实？它们怎么说明的呢？汽车贸易协会只给法官们提供了一个相对容易处理的案件。一旦大家同意国会已经授权给汽车贸易协会，可以把某人列入“停止交易清单”，这种做法就会摧毁一家企业（我收集的资料表明，当时该清单在英格兰是有效的），那么对一个仅仅使企业利润有所减少的做法表示反对就变得困难。正如罗素法官所言：

> 拥有把原告列入“停止交易清单”的权力，却想要采取一种更为宽容的措施，即给予原告支付罚款的选择权。对于如此行事不是特别合乎情理的说法我完全不能理解。[25]

正如小说《致命的均衡》里的男主人公丹尼斯·戈森所解释的，问题是双方均可从交易中获益，而敲诈就涉及一笔交易。这也正是敲诈者的利益所在，即让支付钱款变得比其他选择更有吸引力。就有限的意义而言，敲诈者也想要表现得更为宽容。我猜想丹尼斯·戈森会把“你的钱或者你的生命”这样的请求视作交易的出价。当然，谋杀是一项犯罪，把这一特别的出价视作敲诈没有问题。但假设此时的出价是：“你的钱或者我将告诉你的妻子。”那么情愿被谋杀或许倒是一个更好的选择，而告诉他的妻子确定不是一项犯罪行为。但为了避免告诉他的妻子而索要钱财将非常可能构成敲诈，这是一种犯罪。为什么？上议院的法官们对这个问题几乎没有给出什么线索。阿特金法官承认汽车贸易协会的规则很容易被滥用。[26] 怀特法官认为索要的钱财必须是“合乎情理且不过高”。[27] 罗素法官说：

> 我认为索要数额过高钱财的请求很明显是一个证据，适合留给陪审团在民事案件中确定其意图是制造伤害还是保护商业利益，在刑事案件中判断索要这样数额的钱财是否有合乎情理的理由……在我看来，宣扬这样的观点不但错误而且有害。也就是说，因为协会索要钱财的行为不必然是违法或者犯罪，那么在任何情况下，它都不构成违法或犯罪。[28]

这样的表述于事无补。正如你所知道的，勒索经常作为敲诈的同义词被使用，除非索要钱财的金额过高否则就不存在勒索的说法并不能帮助我们识别敲诈。人们也许会觉得上议院的法官们对这个问题束手无策。

因此，当你获悉刑法修订委员会在1966年着手审查英国与敲诈有关的法律，发现相关法律的处境非常令人不满时，就不会那么吃惊了。[29] 在他们的报告中，委员会指出尽管没有“敲诈”的罪名，但这个罪名适用于“通过威胁来索要钱财或者类似勾当的犯罪行为”。[30] 然而据他们所言，相关的法律规定是“模糊不清”且“非常复杂的”。[31] 无论如何，在实践中，整体状况还不算太坏，这要归功于公诉人的约束和常识，他们基于一般性的常识将起诉限制于那些很明显可以被识别为敲诈的行为，而不是基于法律本身的情况来判断。[32] 这看上去似乎是说敲诈如同淫秽物品一样难以准确界定，只有亲眼看到，你才知道是否构成犯罪。

面对界定敲诈行为的难题，委员会认为必须回到所谓的“第一原则”上。他们说：

> 一般来说，比较明确的是，这样的犯罪行为应当至少包括使用威胁方式提出不合适的财物索求。更进一步地说，还可以适用于这样的威胁情形——除非被威胁之人提供给提出要求之人并不拥有所有权的财物，否则敲诈者就要伤害此人或者损害其财物。同样，这样的情形也是敲诈——某人索要财物作为不泄露其碰巧知晓的令人不快行为的信息的补偿。[33]

话虽如此，但委员会也注意到，在具体适用哪些一般性主张时会遭遇十分严重的困难。例如，什么时候这样的要求是不合适的？什么时候可以允许发出威胁以强化相关的要求？委员会最后决定，相关要求的合法性问题应该“由提出要求之人是否真诚地相信他有权如此行事来认定”。[34] 类似地，当处理威胁这一问题时，他们主张：“唯一令人满意的方式是采用一个主观测试——让发出威胁之人承担刑事责任取决于其是否相信如此作为是适当的。”[35]

委员会深思熟虑之后，英格兰 1968 年通过的《反盗窃法案》是如此界定敲诈行为的：

> 满足以下条件即判定某人犯有敲诈罪：意图为自己或者他人牟利，或者意图使他人遭受损失，并且通过威胁提出没有依据的要求；为此目的用威胁的方式提出要求是没有依据的，除非提出要求之人如此行事是基于以下信念：（a）有合理的理由提出此项要求；（b）使用威胁的手段是强化其要求的合适方式。[36]

这样的规定虽然比旧的法律规定更加明确，但仍需要大量的解释工作。尽管如此，没有理由认为这将对《反盗窃法案》的执行产生多么严重的困难。旧的法律比这还要模糊不清，然而正如我们已经看到的那样，在实际执行时也很少出现问题。实际上，存在在书面法律规定中难以发现的关于敲诈行为的未言明的法规，它是根据公诉人、陪审团和法官的常识而形成的，可以从对案件的详细研究中推断出来。一些经济学家，也许还包括一些律师，他们期待这样的研究会表明，对这些案件所做出的判决可以带来生产价值的最大化（就最宽泛的意义来说）。我并不确定研究是否实现了这一期待，但是我现在要做的就是去考虑，如果事实上这些判决有此特点，那么这些判决将会是什么样的？

现在让我们回到《社会成本问题》的分析，并对一个例子展开研究。不是这篇文章提到的养牛者与农夫的例子，而是汽车贸易协会案件中法官使用的例子。A 威胁将要修建会破坏 B 房屋的环境和阻挡其采光的房屋。以我对英格兰相关法律的了解，正常来说 A 有权建造房屋，即使这么做将带来这样的后果。假设，如同斯克拉顿法官使用的例子，A 索要 1 000 英镑作为同意不修建房屋的补偿，并且 B 支付了这笔钱款，那么这是一起敲诈吗？假设无论 B 是否支付钱款，A 都不会修建，因为在这块地皮上修建房屋的成本超出它在市场上的可能售价。在这种情况下，索要 1 000 英镑也许能被当作一种敲诈或者类似的一种行径。这时 B 对 A 支付钱款是为了让其同意不去做他本来就不会去做的事情。也就是说，1 000 英镑并不代表如果 A 不修建房屋将要损失的价值，而威胁要修建房屋只是为了从 B 处索要钱财。当然，如果 A 原本通过修建房屋可以获利 600 英镑，那么 1 000 英镑中仅有 400 英镑是敲诈所得。但如果 B 支付了被敲诈的金额，那是因为对 B 来说保持房屋舒适性的价值要大于修建房屋带来的增值。敲诈金额的支付并不会影响资源的配置，生产价值仍然得以最大化，敲诈的唯一效果是把钱从 B 转移到 A。因为我们不能认定 B 要比 A 更令人尊敬，那么这种转移支付错在哪里?

当我在《社会成本问题》一文中提到敲诈问题时，只是为了说明无论权利如何界定，总是存在敲诈机会。我是在假定零交易成本的对应内容中提出这一问题的，并指出交易本身不会吸收资源投入。在这样一个世界里，对这样的敲诈行径能提出什么反对意见是不清楚的。然而，如果我们做出更切合实际的假设——交易成本为正值，那么情况将非常不同。把资源投向那些产生的结果并不比之前更好的交易，对社会来说明显是不可取的。

经济学家讨论交易，但直到最近，他们对交易过程仍没有什么兴趣，对敲诈问题也确实没有投入多少关注。一般来说，当注意到在经济体系运行过程中某个事物存在问题时，他们遵从庇古的处置方法，倡导政府采取行动，通常是某种形式的征税，但有时会利用规制的手段。庇古本人并没有讨论这样的敲诈问题，但是他对此的态度可以从他的有关讨论中推论出来。正如他在《福利经济学》中所述，“买家和卖家的关系不是由周边市场所严格固定的”。[37] 当然，这是一个极为常见的假设。接着庇古谈道：“为了操纵交易而投入的活动和资源或许可以产生一个正的私人净产出，但不能产生一个正的社会净产出，这是显然的……”[38] 这些活动被庇古描述为“讨价还价”和“欺诈”。以下就是他关于讨价还价的讨论：

> 关于讨价还价的特性，几乎不必说什么。很明显，为此投入的智力和资源对社会整体来讲并不带来什么产出……这些活动是一种浪费。它们只是对私人净产出而不是对社会净产出有贡献……只要能压榨客户——无论是顾客还是工人，雇主就会倾向于投入更多的精力来完成此事，而不是用来改进工厂的组织结构。当他们如此行事时，平衡讨价还价所投入的资源之后，社会净产出或许不仅仅为零，甚至可能是负的。当这种情形（即无税能带来一定的收入）发生时，尽管能够产生一定的改进作用，但它不能提供一个完全的解决方案。因此，完全禁止这种讨价还价的行为是必要的。但是对讨价还价的完全禁止几乎不具有可行性，除了这种情形，即销售的价格和条件是由政府的某个部门施加于私人企业之上。[39]

很明显，庇古认为关于这个问题的讨论已经足够了。他接下来转向“欺诈行为”，并且得出一个类似的结论：“对于欺诈行为所投入的任何资源的社会净产出都是负的。结果正如讨价还价一样，尽管无税条件（能带来一定的收入）能产生一定的改进作用，但不能提供一个完全的解决方案，对此行为的完全禁止是社会所需的。”[40]

我撰写《社会成本问题》一文意图在于影响经济学家而非律师的思考方式，阐明庇古式方法的不恰当性，并提出本人所期望的一种更好的思考方法。正如前文所述，庇古式方法是先构建一个理想的世界，然后由政府采取行动，通常是某种形式的征税或者不那么普遍使用的政府规制手段，致力于在真实的世界里重现那种理想的状态。可以看到，在我们正在讨论的案子中，这种方法将会导致什么结果。讨价还价，不可避免地涉及吓唬、威胁，并且在某种程度上还包含欺诈，很明显应该施加一种禁止性的税种加以消除。我猜测是那种根据“每单位的讨价还价”或者“每单位的欺诈”征税，但这样的操作只存在于黑板上，别无他处可寻。但既然预期目标是消除这样的行为，正确的税种将会是不再带来岁入的那种税赋，而庇古所下的结论很显然不具备可行性。之后，他陈述道："完全的禁止是必要的……但这个也不具备可行性，除了这种情形——销售的价格和条件是由政府的某个部门施加于私人企业之上。"[41] 因为庇古并没有进一步讨论这个话题，这个表述就没有显著的意义。在我看来，它表明了庇古式方法的破产，但这几乎不可能是庇古的意图所在。庇古的解决方案是要求政府去确定每一种交易的条款，这是一个将会使整个经济体系瘫痪的举动。在《社会成本问题》一文中，我主张在制定经济政策时，不应该关注理想世界（无论它会是什么样），而应该考虑可利用的替代性方案，致力于发现哪一个方案可能带来最好的整体结果。

我主张可利用的替代性方案不限于征税或者直接的政府规制手段——就像绝大多数经济学家所想到的那样，还应包括规定个人和组织的权利与义务关系的法律的变革。界定个人和组织的权利十分重要，因为通过设置起始点，它决定了什么样的交易可以用于实现任何其他的一组权利，因而也就决定了相关行动的成本。只要改变能够增加产出价值——当然是在减去必要的交易成本之后，人们就会想要通过协商来改变初始的权利群，而交易成本也由初始的法律状况所决定。可以很容易看出，最终结果受到法律的影响。在《社会成本问题》一文中，我给出的结论是：如果权利由那些对之出价最高者所拥有，生产价值就会最大化，因为这样会消除进行任何交易的需要。

在一个敲诈计划中，为阻止威胁行动的权利而出价最高的人一般是被敲诈之人。如果阻止某项行动的权利不可以授予他人，即敲诈是非法的，交易成本就会减少，生产要素就会得以释放到其他领域，并且生产价值也会增加。这个方法对于经济学家来说是十分自然的，而且正是我一开始分析敲诈问题所使用的。

敲诈涉及收集信息所投入资源的成本，而相关信息在敲诈的要求得到满足之后就会被隐瞒起来。这样的信息如果一开始就不予收集，而将相关资源用于生产其他有价值的事物，那样就会更好。林德格伦（Lindgren）教授对这个视敲诈为非法的观点表示反对，他的理由是，它不能解释为什么那些为了不泄露偶然获得的信息而索要钱款的行为是非法的。[42] 他给出这样一个例子加以说明：一个正在梯子上干活的工人敲诈一名公司雇员，因为他发现那名雇员正在偷窥另一名员工，而这超出那名雇员正常的职责范围。[43] 尽管在这样一个例子中，收集信息没有投入什么资源，但在敲诈交易中资源被确切地占用了。而且对我来说难以相信的是，假如敲诈合法，那么这类偶然偷窥事件也不会更频繁地发生。

不管怎样，我认为林德格伦教授是正确的。他发现即使反对敲诈的行为或许是对的，但这种反对并没有解释为什么存在不仅仅把敲诈行为归为非法更是犯罪的普遍支持。毕竟，在公共生活中，我们经常可以观察到对那些浪费大量资源的政策的极大容忍，甚至是鼓励。这不是因为敲诈行为涉及资源的不合理分配，以至于刑法修订委员会认为“现在这种对敲诈行径的普遍厌恶”是“完全合理的”。[44] 我引用贝克霍弗·罗伯茨先生的一段话，他说道：“敲诈被许多人视为最邪恶的一种犯罪，远比绝大多数的谋杀更为残酷，因为它是出于冷血的预谋和对受害人反复的折磨。”[45] 刑法修订委员会这样评论：“敲诈可构成一种极端残酷的罪行，会带来无尽的痛苦。”[46]

理解人们为什么如此感觉并不困难。一名敲诈者通过强调如果不满足其要求（有时甚至是自己虚构的，如“A 先生案件”）就会以带给受害者不愉快后果的方式威胁做伤害受害者之事，除非他得到钱财或者别的利益。他实际上正企图从受害者处得到尽可能多的好处。也许会有人对此表示反对，因为这正是商业交易中发生的事情。这一反对是正确的，但二者的情形是不同的：商人提出的要求会受到来自其他商人的竞争的限制，或者受到被威胁方可能更清楚是否应严肃对待这一威胁的事实的限制，或者受到未来谈判难度增大这一负面影响的限制。而这些限制因素在普通敲诈案件中难觅踪迹。在普通敲诈案件中，不存在竞争，受害人只能和敲诈者打交道，而且受害人很可能对敲诈者的真实意图不是很确定；并且，对未来业务的关切也不会使敲诈者的要求有所节制。如果这个因素确实有影响，它就会让敲诈者变得更不可理喻，甚至去实施威胁，因为这将会使未来的受害人对他的威胁更加当真。还有一些更重要的区别。敲诈者的行动会引致害怕和不安——敲诈使用了更多的资源但不会改变生产价值，它带来了真实的损害，而这种损害会减少生产价值。这就如同庇古所举的铁路的例子，即迸溅的火星会点燃邻近的树丛。然而，对于敲诈行为的受害人来说，情况要比林木所有人更为糟糕。他无法求助于法律，因为这将导致他极力避免被披露的事实公之于众。但我相信，还有一点要比其他结果更为重要。商业谈判（也会产生焦虑）或者会产生谈判破裂的结果，或者会达成协议并签订合同。但无论如何，这事到此就了结了。但普通敲诈案件，看不到尽头。一旦受害人屈服于敲诈者，他就会被无休止地牢牢套住，这是一种精神谋杀。正如刑法修订委员会所言："这是确凿无疑的，大量的敲诈正在进行，从未曝光。"[47]

问题在于所有的交易都包含着除非满足某种要求否则就会去做某事的威胁，而且关于交易条款的协商也很可能涉及威胁的使用。当然，如果没有这些威胁，世界就会变得更好（在这一点上，庇古是正确的）。但在某些情形下，威胁不仅总体来说会造成损害，而且损害后果是如此严重以至于将威胁者绳之以法是值得的。我认为到这里为止，敲诈的弊病所在已经很清楚了，问题是如何处理它。英国的解决方案看上去是通过一部法律来界定敲诈行为，但不明晰地区分这些案件，而是交由公诉人、陪审团和法官加以裁决。这种做法是明智的。这是否为目前最好的方法，仍是一个需要律师们来确定的问题。如果所有的答案都由经济学家提供，那将多么的糟糕！

注释

[1] Coase, The Problem of Social Cost, 3 *Journal of Law and Economics*. 1 （1960）.

[2] Campbell, The Anomalies of Blackmail, 55 *Law Quarterly Review*. 382, 382 （1939）.

[3] Lindgren, Unraveling the Paradox of Blackmail, 84 *Columbia Law Review*. 670, 670 （1984）.

[4] Coase, The Federal Communications Commission, 2 *Journal of Law and Economics*. 1 （1959）.

[5] Demsetz, When Does the Rule of Liability Matter?, 1 *Journal of Legal Studies*. 13, 23-24 （1972）.

[6] M. Jevons, The Fatal Equilibrium （1985）.

[7] Id. at 102.

[8] Id.

[9] Id. at 102-103.

[10] The Mr. A Case 9 （C. E. Bechhofer Roberts ed., The Old Bailey Trial Series, No. 7, 1950）.

[11] Id. at 27.

[12] Id. at 20.

[13] The King v. Denyer [1926] 2 K.B. 258.

[14] Id. at 261 n.1.

[15] Id. at 268.

[16] Hardie & Lane, Ltd. v. Chilton, [1928] 2 K.B. 306.

[17] Id. at 315-317.

[18] Id. at 322.

[19] Thorne v. Motor Trade Ass'n, 1937 App. Cas. 797.

[20] Id. at 812.

[21] Id. at 820.

[22] Id. at 806-807 （citations omitted）.

[23] Id. at 822.

[24] Lindgren, supra note 3, at 670-671.

[25] Thorne v. Motor Trade Ass'n, 1937 App. Cas. 797, 812.

[26] Id. at 808.

[27] Id. at 818.

[28] Id. at 824-825.

[29] Criminal Law Revision Committee, Eighth Report, Theft and Related Offences, 1966, Cmnd. No. 2977, at 54-61.

[30] Id. at 54.

[31] Id.

[32] Id.

[33] Id. at 56-57.

[34] Id. at 57.

[35] Id. at 59.

[36] Theft Act, 1968, ch. 60, § 21; See E. Griew, The Theft Acts 1968 & 1978, § 12-01 to -34（1986）.

[37] A.C. Pigou, *The Economics of Welfare* 200（4th ed. 1932）.

[38] Id.

[39] Id. at 201（footnotes omitted）.

[40] Id. at 203.

[41] Id. at 201（footnote omitted）.

[42] Lindgren, supra note 3, at 690, 695.

[43] Id. at 690.

[44] Criminal Law Revision Committee, supra note 29, at 61.

[45] The Mr. A Case, supra note 10, at 9.

[46] Criminal Law Revision Committee, supra note 29, at 61.

[47] Id.

系列 Ⅳ

法律经济学史

王　宁

本系列讨论的是法律经济学史。《芝加哥的法律经济学》是科斯在 1992 年于芝加哥大学法学院亨利 · C. 西蒙斯（Henry C. Simmons）纪念讲座上的演讲内容。科斯讲述了经济学如何侵入法学院的早期历史，以及法律经济学逐渐兴起的历程，包括芝加哥大学创办的新刊物所发挥的重要作用。《法律经济学和 A. W. 布莱恩 · 辛普森》是对 A. W. 布莱恩 · 辛普森（A. W. Brian Simpson）1996 年发表的《重新审视科斯与庇古》（Coase vs. Pigou Reexamined）一文的反驳。于此，科斯看到，法律经济学包含两条研究进路，一条是理查德 · 波斯纳（Richard Posner）引领的法律的经济分析，另一条是科斯自己指向的法律的经济影响。《法律经济学：个人历程》是一篇自传性文章，其内容是基于科斯 2003 年在芝加哥大学法学院百年纪念活动中所做的第十七次年度科斯讲座。在这篇文章里，科斯回忆了自己与法律经济学的兴起密不可分的漫长学术生涯。

法律经济学和 A. W. 布莱恩·辛普森*

◎ 陈春良　译

要了解一个人……我们必须熟悉他所著述的学科主题：经济学家由此了解其他经济学家。

——乔治·斯蒂格勒[1]

20 世纪 60 年代，法律经济学研究刚起步的时候，那些对法律经济学感兴趣的律师和经济学家尚不明了法律经济学的相关研究主题。绝大多数律师对经济学家的套路及其运用的概念没有多少了解；绝大多数经济学家对法律体系运行的细节也知之甚少，并且由于对法律术语和法条的不熟悉，他们老觉得法律文献很难懂。出现这种情况，实际上还是比较好理解的——对绝大多数人而言，精通超过一个学科知识实际上还真有些困难。当然，过去有列奥纳多·达·芬奇那样的人物，现在也有理查德·波斯纳（Richard Posner）这样的人物，但要是只能依赖或很大程度地依靠这些罕见的天赋异禀之人，一门学科就无法发展繁荣起来。

法律经济学由两个较为独立的部分组成，尽管两者有不少交叉。法律经济学的第一部分包括运用经济学家的方法和概念分析法律体系的运行，通常被称为法律的经济分析。法律经济学发端之时，也正是经济学家进军诸如社会学、

* *Journal of Legal Studies*, 1996, 25(1), 103-119.

政治学等社会科学领域之时。然而，我曾经表达过的看法是（1975 年），我们不应该期待经济学家在法学和其他社会科学中“继续高歌猛进”。[2] 我的论点是，一旦其他社会科学家“掌握了经济学已有的简单但有用的真理”——这在我看来正是自然竞争的反应，“经济学家……将失去主要的竞争优势，而且面对的是比他们更熟悉本学科问题的竞争者”。[3] 我不清楚其他社会科学领域的状况，但这正是我写下这些文字的前二十年里法律经济学研究领域所发生的情形。我在前一段落提及的法律经济学起步时的困境已经被克服了。在法律的经济分析领域，律师们现在已占据主导地位，他们可能还是会与经济学家合作，但大体上他们已经掌握足够的经济学知识，已经能够进行非常专业的分析（事实上，现在在法律的经济分析领域开展研究的许多律师本身就拥有经济学博士学位）。

法律经济学的第二部分是研究法律体系对经济体系运行的影响，这是我本人最感兴趣的。最初，经济学家通过努力分析法律案例来开展研究，一方面是了解真实的商业实践细节（这些信息在经济学文献中基本没有提及），另一方面是试图评估法律对商业实践的影响。我（当然还有其他人）曾利用法律案例来诠释经济问题。案例研究通过将问题具体化，让我们的注意力得以聚焦。当然，由于对律师们所使用的术语不熟悉，经济学家们常常感到束手束脚；令他们更束手无策的是，法律诉讼中的提问方式。现在，这个问题对经济学研究的掣肘已没有原来那么严重了。经济学家也开始对合约安排、合约外的公司关系、公司内部活动以及所有这些活动如何受法律影响，开展直接又细致的调研。如今，法律案例研究在这部分法律经济学研究中所起的作用，已经较为微弱了。对法律案例信息的依赖不大可能完全消失，但它已经不再是主要来源。

我接下来转到《社会成本问题》这篇文章。在 1992 年的西蒙斯演讲中，我曾提及我的写作目的是：

> 普遍认同的是，这篇文章对法律学者的影响极为深远，但这可不是我的初衷。于我自身而言，《社会成本问题》是一篇经济学习作，面向经济学

> 家，意欲提升我们对经济体系运行情况的分析。法律之所以被引入这篇文章，是因为在一个交易成本为正值的世界里，法律特征成为经济绩效的主要决定因素之一……我并无意于为法律学科做出贡献，我之所以援引法律案例，那是因为这些案例提供了真实的情况，而不是经济学家在分析中通常使用的假想例子……我还做了另外一些事情。我指出，从法官们所表达的观点来看，虽然观点表达并非特别清晰，但相比于许多经济学家，他们对经济问题通常似乎有更加深入的理解。我说这个并不是为了表扬法官，而是要让经济学家感到难为情。[4]

尽管在过去 35 年里，法律的经济分析领域的文献大量引用了我的研究成果，但我从未想过对之会有所贡献。理查德·波斯纳也曾提及我对法律的经济分析不大在意。我不愿意加入这个主题的讨论，原因是本文第一段落提及的主要因素，我对法律体系运行的细节没有深入了解，对法律文献的阅读也非常粗浅。我承认，我在这方面的知识欠缺是一个缺陷。然而，不围绕自己不太了解的领域写作，显然是一种良好的操守。我希望布莱恩·辛普森教授也能保持同样的谨慎。他从一个历史学家和律师的视角出发，书写有关经济学和经济学家的事物。因而，他的文章对我本人以及我工作的立场和表述存有诸多误解，也是毫不奇怪了。

辛普森教授似乎并没有阅读过我的许多关于《社会成本问题》一文写作目的的陈述；于是，他时不时展现出的对我写作动机的困惑不解，这也可以理解了。要是他明白我心里的所思所想，我才不相信他会认为下面的表述会令人生厌："似乎……看来法院得了解判决的经济后果，并在判决时将这些后果纳入考虑，只要这不会给法律立场本身带来过多的不确定性即可。即使有可能通过市场交易改变权利的法律界定，减少这种交易的需求显然也更为可取，从而也可以减少进行此类交易的资源耗费。"[5] 法律体系能够在多大程度上如此运行且产生可取的结果，这是另外一个问题了。但是，在普通法系国家（经济学当然是一门国际性学科，我认为我的分析也适用于奉行其他法律体系的国家)，我对一些法律学者论述的阐释，比如普罗瑟（Prosser），意在说明至少在侵害案例中，经济后果被考虑在内，而我引用案例中的观点似乎也能佐证这一点。正如法律学者，如波斯纳大法官以及其他研究法律的经济分析问题的人士，也都接受类似的观点。这意味着我对普罗瑟和法官们的诠释虽然失之偏颇，但可能是对的。这个问题只能有待律师们，尤其是在法律的经济分析领域工作的人士去讨论了。

接下来我要讨论一件更重要的事情。辛普森说："贯穿科斯所有作品始终的……首要观念，是对政府管制必要性的深深质疑。"[6]我很怀疑辛普森是否通读了我所有的著作，可能正是由于他仅仅看过我的部分作品，才解释了他为何对我的观点给出如此误导性的表述。我描述一下这些观点的演变过程。我年轻时是一名社会主义者。对这一信仰的第一个挑战出现在1931年，在商业学士学位考试前的五个月，我参加了阿诺德·普兰特（Arnold Plant）在伦敦经济学院的讲座。他给我介绍了亚当·斯密的"看不见的手"，并讲述了竞争体制的优势；他还指出经济问题方面的政府政策通常是欠缺考虑的，并且通常是为了迎合特殊群体的利益。普兰特的许多立场我接受，但还是继续认为自己是一名社会主义者。这也意味着我持有矛盾的不一致看法，这在那时并不少见。我的同学阿巴·勒纳（Abba Lerner）也是一名优秀的理论家，和我关系极佳，同样坚信竞争性市场的优势，但甚至比我更偏向社会主义。卡拉布雷西（Calabresi）则把我在拙作《企业的性质》(1937) 中将价格机制的使用成本（即交易成本）引入经济分析，归因于我彼时的社会主义信仰。[7]弄清楚一个人的想法到底源于何处，那是相当困难的，但就我所知，他也许是对的。我的想法当然不是来自阿诺德·普兰特，他和里昂内尔·罗宾斯（Lionel Robbins）也从未显示出对《企业的性质》有丝毫兴趣。我对社会主义的认同慢慢淡化，并且由于1935年在伦敦经济学院负责讲授公用事业经济学课程，这个淡化过程被进一步强化。此后不久，我发现自己对英国的公用事业知之甚少，于是开始对自来水、天然气、电力供应行业以及邮电和广播行业进行了一系列的史料考察。

通过这些研究，我对公用事业领域有了更多的了解，同时也对政府在运营公用事业中的弊端有了许多认识，不论公用事业是市有还是国有。第二次世界大战打断了这项研究，在此期间我加入了公务员体系，最开始在林业委员会（Forestry Commission）待了很短的时间，接着负责木材生产；而在战争后期，我在中央统计办公室（Central Statistical Office）工作，这是战时内阁的一个办公室。这段战争期间的经历对我的观点没有显著的影响，但是我注意到，即便国家已经到了生死存亡的时刻，即便是在温斯顿 · 丘吉尔的领导下，政府部门似乎通常还是更关心自身的利益而非国家利益。

1951 年，我移居美国，拙著《英国的广播业》出版于 1950 年。我下定决心延续广播业方面的研究，总结加拿大、美国及英国的经验。1959 年，拙文《联邦通讯委员会》发表了，我在文中论证：在建立电台频率或频段产权时，虽然事前的权利界定对市场交易而言至关重要，但权利如何使用与初始决策无关。在芝加哥大学的许多经济学家看来，我的说法与庇古的分析相悖，因而在他们看来是错误的。在芝加哥大学的一个聚会上，我说服了这些经济学家——我是对的而庇古的分析有误。结果，他们请我把想法写出来，从而形成《社会成本问题》一文，我在其中讨论了政府规制的作用以及其他问题。以下引用大致能说清我的立场：

> 唯有耐心研究现实中市场、企业和政府如何处置不良影响问题，才可能得出令人满意的政策观点……我确信，经济学家及决策者一般倾向于高估政府规制的好处。即使以上认识得到确证，它也仅仅建议放松政府管制，并没有告诉我们应在何处划出边界。在我看来，这似乎得通过详细比较不同处置方式的实际结果才能得出结论。[8]

1964 年，我成为《法律经济学期刊》的主编。利用这个职位，我鼓励律师和经济学家开展相关主题的细致的调查研究。在撰写 1960 年论文的时候，我原想基于英国的经验——我对国有化的影响应当较为清楚，但后来发现我对美国的规制几乎一无所知。我寄希望于通过研究，弄清楚在哪些情形下政府规制改善了状况，而在哪些情况下政府规制于事无补。正如我在1974年的论文中所解释的，这些期许令人失望："这些研究得出的主要经验非常清楚：它们都倾向于表明规制无效，或者即使有少许看得见的影响，但权衡来看整体效果更差；于是，作为规制的后果，消费者得到质量更差的产品或价格更高的产品，或者两者兼而有之。实际上，这个发现的结果是如此统一，于是产生如下困惑：人们期待发现，在所有这些研究中，至少有些政府规制带来的好处胜于其带来的损失。"[9]这个困惑何解？我曾说过，一个可能的解释是：这些研究碰巧"都只包括政府规制失败的案例，未来的研究应当发掘成功的例子"。[10]我认为，即使这个解释有些道理，但是主要结论多半也不会改变。另一个可能的解释是：达成相同的结果，政府的成本始终会高于市场交易的成本。[11]我反对这种解释。我推测，"出现这些结果最可能的原因是政府总是试图做得过多"，并且"许多活动已到达经济学家所说的边际产出为负的阶段"。[12]这意味着，当前我们要给出的建议是"所有政府活动应当有所削减"；然而，"当政府活动被削减至更加合宜的规模时，有关现今过度扩张的政府机器的经验认识，不足以帮助我们判断政府应当承担哪些任务"。[13]

我这一生中，对于经济体系中政府干预的观点曾有过改变，但这些改变都是受实际研究驱动的结果。在英国的研究，让我对国有化的益处充满疑虑。到美国以后，对于政府干预（除了课本上的知识，我知之甚少）我通常抱着支持态度；但是，自此以后的研究改变（或形成）了我的观点，这些研究很多都发表在《法律经济学期刊》上。我现在的观点是在1974年提出的，也是实际情况驱动的结果。但是，某类事情频繁发生并不意味着一点都没有可取之处，我们的问题是要找出政府行为何时确实能够改善局面。因而，说我对"政府行为持普遍否定态度"，这并不准确。

我也无须多谈辛普森对"斯特奇斯诉布莱德曼案"（Sturges v. Bridgman）的

讨论，因为他在我叙述基础上增添的信息，可能除了威格莫尔大街（Wigmore Street）是一条商业街而温普尔大街（Wimpole Street）是住宅街区，经济学家对其他内容基本没什么兴趣。我只说一点，辛普森认为由于双方都不愿意将各自的权利交予市场，因而我描述的市场交易并不可能达成。这一说法有些唐突，我并不如此认为。我坚信，要是布莱德曼先生不能像过去那样使用研钵而使收入减少 100 万英镑，一定会达成一项交易允许他继续那样行事。无论如何，正如《社会成本问题》开篇就阐明的，这篇文章谈论的是商业企业的行为。正常情况下，企业都试图最大化利润，协调睦邻关系的礼数与企业的行为基本无关联。

辛普森对我文章的批评主要还是针对我对待庇古的态度。我讨论庇古观点的部分题为"《福利经济学》中庇古的处理方法"，我主要关心的是他在《福利经济学》中（许多我这个时代的经济学家都从该书中习得处理问题的方法）阐述的观点。辛普森把考察范围扩大到庇古的其他著作，还将一些传记材料囊括在内。我不想和他专门争论他对庇古这个人的看法。庇古是一个很奇怪的人，我记得我只听过一次庇古的演讲，印象里他在演讲中的表现平淡无奇。有关庇古的传闻多不胜数，我认为有些是捏造的，而由于庇古出了名的行为怪异，这些轶事似乎又不完全是空穴来风。有次他在伦敦演讲，我听到人们在讨论他会不会穿一件女式长袍出席，因为他的裤子在尴尬之处有需要遮盖的几个洞。我不知道这是不是真的——在庇古那里，很难有确切消息。辛普森提到庇古不喜欢女性，却对年轻男性充满兴趣。这是对的。他很高兴是奥斯丁·罗宾逊（Austin Robinson）而不是他夫人琼·罗宾逊（Joan Robinson）成为剑桥大学的教授；尽管琼·罗宾逊毫无疑问是一位更伟大的经济学家。他之所以喜欢这个决定，是因为这维护了男性的优越性。庇古似乎从不遮掩自己对年轻男性的爱慕之情，这惹恼了他在剑桥大学的不少同事。[14]

上述所提均没有要质疑庇古的经济学，只是提供一些其他的世俗轶事，而这些不足以评判一位经济学家。休斯·道尔顿（Hugh Dalton）说得更中肯一些。

道尔顿是庇古的学生，之后担任伦敦经济学院的教师，再后来成为一名工党政治人物，在第二次世界大战后的工党政府中曾任财政大臣。他是这样形容庇古的："庇古是一位屹立在剑桥大学真理殿堂（Temple of Truth）上的大人物。他的理论体系从来没有大的变动。他给人的印象是，利用一部建造得最完美、最有力的机器解决一系列问题。在他中年之后，这些解决方案都变得非常相似，就像一家人一样。"[15] 庇古对实践问题似乎没有感觉。奥斯丁·罗宾逊告诉我们，庇古"作为一位经济学家，从来没能明白经济力量的相对大小和潜在危险，在经济政策制定这个领域，他也从来不是同事们第一时间想到的人物。"[16] 在本人拙著《企业、市场与法律》的引言部分，我言及庇古的例子"都是用来说明他的立场，而不是作为其观点的依据"；我进一步援引奥斯丁·罗宾逊的说法，"庇古一直在自己的著作里，为他的援引寻求真实的例证"。[17] 我补充道："这正体现了他的工作方式。"[18] 在本文注释里，我提及手头上有一本庇古著作的副本，庇古在《福利经济学》中引用过此书。[19] 庇古的标记和注释则体现了他的工作方式，这是对原文本的引用，而这些标记等意味着庇古在为"自己著作的引用"寻找例子。这些均印证了奥斯丁·罗宾逊的说法。辛普森评论道："这些说法表明，这些标记和注释并非出自一位睿智的知识分子之手，同时也不是一个良好工作方式的佐证。"[20] 辛普森这段话是捏造的。我从没有这样说过，也没有这样想过，行文中也没有这样暗示过，我认为庇古是一个聪明人。我发现其在经济学领域有关政府行为观点的不足，但不是要质疑他的才智。我同意乔治·斯蒂格勒的观点："庇古有关政府能力的看法与前人的观点类同，基本上就是之前观点的随机选择，寄托于希望……在对政府处置经济问题能力粗浅的判断方面，庇古和他那些名声不那么显赫的同事们并没有太大差别……差别只在于，相比于几乎任何一个 20 世纪的经济学家，庇古凭借其专业素养撰写了很多经济分析方面的文章。"[21]

我接下来谈谈辛普森有关铁路火星例子的讨论。以下是他所说的："科斯说庇古用这个例子意在说明，政府行为在改善'自然趋势'方面何以可能。这段话援引自庇古的著作，但不是出自他谈论铁路火星那一节。科斯的说法似乎会产生误导。”[22] 确实，引用庇古的这段论述出自其著作的另一节——第二部分有关目标的一节，而铁路火星例子正好出现在第二部分。这是庇古对第二部分第一章的概述：“这部分的一般性问题是弄清楚，在现行法律体系内，出于自利的自由行事将在多大程度上使得国家的资源配置最有利于国民所得的产出，而政府行为又在多大程度上有可能改进‘自然趋势’。”[23] 第二部分第二章可以找到铁路火星例子：“举例来说，可能出现这样的情况（正如后面章节会详细阐述的），比如火车机车迸溅的火星给周围林木造成了未予补偿的损害，给不直接相关的人们增加了成本。”[24]。这就是一个私人产出和社会产出不一致的例子，因为在做出决策时，铁路运营商未将给周围林木造成的损害考虑在内，也没有给予林木主人赔偿。庇古把我们的注意力带到了后面的章节（第九章），即当出现不一致时，自利“将无法趋于实现国民所得的最大化；因而可以预期，这时对正常的经济过程采取某些特定的干预行动不会降低国民所得，反而将提升国民所得”。[25] 辛普森指出，“对火车机车引致的未加补偿的损害，庇古从没有说过政府应当采取相应措施。”[26] 从字面上看，这没错。庇古说的是，当机车迸溅的火星给周围林木带来未加赔偿的损害时，私人产出和社会产出就会出现不一致；而如果存在不一致（第二部分第九章讨论了铁路火星例子，庇古也用了同样的表述），那么可以预期一些特定的干预措施将有利于提升国民所得。我的理解是，庇古希望给予一些赔偿，因为不一致正是赔偿没有到位引起的。我进一步考察发现，在庇古写作的年代，没有支付补偿的情形。

我发现《霍尔斯伯利英格兰法律》提及，在普通法下，如果铁路有法律授权，通常就不用支付赔偿金。辛普森说：“虽然从学说的意义上，这个说法是对的，但它误导了科斯。”[27] 读了科斯有关铁路火星损害责任法律规定的演变过程的描述（过去我对此没有了解），我完全接受他的论述，即在 19 世纪，“从科斯使用这个概念的意义上看，没有政府做过这样的决定；相反，正如普通法自身，这项法律规定也是随着法官观念的改变而演变。”[28] 然而，我的文章关注的并不是 19

世纪的情况，而是庇古写作的时代。在《福利经济学》首版问世之时，1905年的铁路（纵火）法案正式生效，其后该法案在1923年重新修订了一次。在这些法案里，除了规定普通法法条中的一些例外情况，主体部分保持不变。更多例外情况有可能被纳入法案，或者普通法法条也可能被扬弃；但这并没有发生。这就是我所谓的庇古的例子只在《福利经济学》出版时存在，“是有选择地援引法律的结果”。[29]

辛普森认为庇古是否正确理解导致对铁路火星造成的损害未加赔偿的法律状况，对我而言非常重要。其实于我而言，这只不过是一个经济学家给出的一个例子，却未对这个例子中事件产生的原因做深入的研究。庇古对铁路火星相关法律状况的认识不足，并没有如辛普森声称的让我得出庇古是头脑有些混乱的思想者的结论。要是庇古正确描述了法律状况，我会更感兴趣、更开心、更觉惊喜。但是，这对我坚信庇古的经济分析有瑕疵并没有影响，而这才是我所关心的。辛普森未能理解我的核心观点，而这又交织着他所犯的一个错误，于是局面就更加一团糟。就问题“为何科斯认为在机车火星例子中庇古偏向于政府干预?”他给出了答案：“科斯的结论依赖于庇古《福利经济学》后面章节的一些内容，即第二部分第二十章。”[30]这可不对。我在《社会成本问题》中说的是：“联系庇古第二部分第九章的论述，我认为庇古的政策建议是：其一，必须有政府行为以纠正此种‘自然趋势’；其二，必须迫使铁路公司赔偿林木被烧的人。”[31]辛普森研读了第二十章，而我提及和引用的则是第九章。

要是读对了章节，辛普森是否会改变对我论述的看法。对此我很是怀疑。辛普森不同意我的论述，即“庇古的根本立场是，当经济体系的运行存在瑕疵时，通过某种形式的政府行为可以纠正这些事情”。[32]即便庇古在陈述《福利经济学》第二部分的目的时是这样写的：“为了让人们更清楚地看到其中的方法，现在或者最终可能会让政府控制经济力量发挥作用变得可行。这些智慧方略有利于通过增进经济福利，进而增进全体公民的总福利。”[33]辛普森用如下文字描述庇古的立场：

> 毫不夸张地说，庇古表明了通过市场交易的自利行为不大可能带来资源的优化配置。对此应该怎么做？他也没有提出较为成熟的观点……直到 1937 年，在出版《社会主义与资本主义》一书时，他甚至对在资本主义体系或共产主义体系中所使用的各种奖励和税收都抱有深深的怀疑……不考虑影响补救措施的事实……那么，庇古的观点和科斯的观点其实大体相似，虽然在政府行为的益处方面，他略微不那么质疑。[34]

我被这些说法彻底搞糊涂了，真不明白辛普森怎么弄出来这些东西的。不读完《社会主义与资本主义》余下的内容，怎么有可能找到庇古与我思想相同的内容（原文大概两页纸）？

庇古在《社会主义与资本主义》最后一章开篇告诉我们，他在先前那些章节的讨论，“不足以决定我们在资本主义和社会主义中央计划之间的现实选择”。[35] 然而，现在我们看一下庇古对此章的总结：

> 事实上，虽然我们缺乏确定性判断所必需的数据及思想工具，但这并不意味着我们坐在那里什么事情都干不了。这样坐着本身也是一种决定，虽然难以声明我们对任何变化的强烈反对，但都表示了明确的拒绝。在人类事务中，很难绝对证明——即便我们有关“好”的标准可以达成共识——某个行动比另一个行动“更佳”。数据从来都不完美。并且，我们在掌握了相关知识和技术后，必须尽自己所能地利用好这些不完美的数据，接着冒险尝试并判断。舍此再无他途。
>
> 在这个领域里，经济学家并没有什么特殊资历。事实上，作为一个或多或少离群索居的人，相比许多可能对相关事实不太了解的人，他甚至更不够格。对人类自身事务及社会事务的广泛经验，以及运用已有的人造工具判断何为有效、何为无效的强烈“直觉”，在这里是非常必需的。与绝大多数学院派人士一样，这些东西作者（指庇古——译者注）也未曾拥有；

但不像一些学院派人士，他们知晓自己没有这些东西。像这样总结一本书，而不对所涉及的问题坦白自己所持信念，可能会招致许多误解。虽然有些粗糙和不成熟，但我必须尝试去做。

要是能够指引国家命运，当下我应接受资本主义的基本架构，但会慢慢对之加以修缮。我会把渐进遗产税和渐进所得税当作武器，而不仅仅把它当作获取财政收入的工具，而且要有意地降低财富和机会的惊人不平等。这些令我们现今的文明蒙羞。我会学习苏联的样子，并且牢记最重要的投资是对人民健康、智力和品行的投资。政府在以下领域倡导“节俭”就是犯罪：所有影响到公众利益的行业，或者存在垄断势力的行业。我将让它们至少被置于公共监督或控制之下，对于其中的有些行业，军备制造业显然是，可能还有煤炭工业，或许也包括铁路，将会进行国有化——当然不是按照邮政业的模式，而是通过公共事务委员会。我会让英格兰银行——实际上已经在推行——成为一个名副其实的公共机构，而且将致力于运用其权力最大限度地缓解产业和就业的剧烈波动。如果所有这些都进展顺利，未来需要采取措施对重要产业进行不同程度的国有化。为了掌控并发展国有化产业，中央政府将不可避免地要对国家每年的大部分新资本进行恰当的“规划”配置。所有这些事情完成后，我觉得我的任期也告一段落了，也要交出政府的控制权了。作为政治遗嘱，我会建议继任者同样奉行渐进式道路——塑造和转型，而不是粗暴地连根拔起；但我也给大型资本加上最后一句，即渐进意味着行动，而不只是站在一边不动的漂亮说法。[36]

在《社会主义与资本主义》一书的前面章节，庇古对社会主义的同情无处不在，用几个例子就足以说明。他告诉我们：“就特定行业的技术效率而言，大体上不可能说，占主导地位的资本主义组织形式——股份合作公司——会比任何一种社会主义组织形式更优或更劣，会成为社会主义最可能的替代性方案。”[37]

在考察激励问题时，庇古总结道："社会主义应该要比它的对手做出更好成绩。"[38] 在说这些的时候，庇古心里可能是想着在同一章所写的："在苏联，毫无疑问，体力工薪阶层的工作热情在新体制下将被极大地激发出来。韦伯夫妇对人们所展现的高昂精神面貌做了形象的描绘，这些人感觉自己是国家的公仆，而不是私有营利机构的仆人。"[39] 就投资来说，庇古是这么说的："毫无疑问，相比于资本主义社会的私人投资行为，中央计划当局提供的投资会少一些。但苏联的实践表明，也有可能投资得更多。显然没有根据来断言，在先验领域中的社会主义中央计划，不如资本主义更有利于普遍福祉的提升。"[40] 我实在困惑也没法解释，读过《社会主义和资本主义》结论部分以及我转述的该书中其他论断之后，辛普森能说庇古只是比我对政府行为的益处略微少些怀疑，尤其是他认为我对政府行为的可取性有着深深的怀疑？当然，可能的解释是，辛普森并没有读过《社会主义与资本主义》。但如果是这样的话，他又怎么找到他引用的那一段话呢？

现在，我转到辛普森文章中题为"作为稻草人的庇古"一节，其开头是这么一句话："由于庇古并没有表达或者明确持有那些被归于他的观点，那么问题就来了，他在文章里究竟做了什么呢？"[41] 辛普森并没有告诉我们，哪些观点是我强加给庇古，而他自身并没有表达或持有的，我们只能猜了。我并不认为自己给庇古强加了他未持有的观点，因而对我来说，还是不容易猜透辛普森心里的想法。但是紧接着他的表述为，庇古只是相比我而言，对政府行动的可取性"略微没有那么怀疑"。我设想我有关庇古观点表述的假定错误，应该是和这个主题相关。我在《企业、市场和法律》一书中说的是："庇古的基本立场是，当发现经济体系的运行存在瑕疵时，纠正方法是引入某种形式的政府行为。这个观点已经通过无数的例证予以表达，但它确实代表其核心思想倾向。"[42] 在《福利经济学》第二部分第一章，庇古说自己是"为了让人们更清楚地看到，这其中有些方法，现在或者最终可能会让政府控制经济力量发挥作用变得可取……有利于增进全体公民的总福利"[43]。在第九章里，他说当出现私人产出与社会产出不一致时，“对正常的经济过程采取某些特定的干预行动，不会降低国民所得，反而会提升国民所得”[44]。在第二十章里，他说道，当“自利自由行为导致资源的投入数量与最佳国民所得要求的数量不一致时，乍看上去就应该有公共干预”。[45]我认为这些陈词足以佐证我所描述的庇古的基本立场，而且我认为庇古在《社会主义与资本主义》一书中的论述（辛普森让我们关注的）更显著地强化了我所举的例子。

我接着谈谈庇古的处理方法之所以出现在《社会成本问题》一文中的原因。这是无法绕开的问题。对我这个时代的经济学家来说，庇古看待社会成本问题的方法，就是分析该问题的方法。正如斯蒂格勒说过的，“外部经济和不经济所引致的私人利益与社会利益的不一致，这是经济学专业的根本信条。经济学家对这个信条的接受，正如他们接受供给和需求是价格的决定因素一样——本能且没有疑虑。”[46]举例来说，萨缪尔森也是不持异议地把庇古的立场形容如下：“他的学说秉持的观点是，除了存在技术性外部经济或不经济，封闭经济的竞争均衡都是对的。在这些情形下，每个个体的行为对其他个体有影响，但他自己在做决策时并没有把这个考虑在内，因而乍看上去肯定需要干预。”[47]斯蒂格勒在《价格理论》(1952) 一书中的表述甚至更加明晰：“一项资源对社会和一个行业或一家公司而言，确实会有不同的实际产出差异，或者用庇古的术语来说——在边际社会产出和边际私人产出之间……有些私人产出和社会产出的不一致很显著且很重要，可以通过诸如征税和补贴、信息扩散和监管（如规划）等一系列技术加以处理。”[48]斯蒂格勒这个表述是纯庇古式的。辛普森说庇古是我的靶子，这不对。我的目标（或众多目标）是采纳庇古式方法的现代经济学家们。事实上，我已经取得了某些成功，而且许多经济学家认为我给他们提供了一个优化的分析体系。我们只要把斯蒂格勒 1952 年版《价格理论》对这个问题的处理，和 1966 年版所说的做对比即可。我给约翰·希克斯 (John Hicks) 送去一份《社会成本问题》的复印件，希克斯是 20 世纪最伟大的经济学理论家之一，也是新福利经济学的主要贡献者之一。在回信中，希克斯说：“我确实认为你将法律决策和经济理论联系在一起是做了一项很有意义的工作，我希望有更多人来做这件事。当然，你的主要观点显然是对的。我想庇古的问题在于，正如在其他地方一样，他并不十分清楚最大化的对象。”

我的文章对经济分析的重要性以及为何文章中对庇古处理方法的讨论是正确的这些问题，很不幸都被辛普森遮蔽了，并且他针对我在文中对庇古的讨论给出了有些怪异的解释：“沿袭政治经济学家的传统，科斯采用了一种修饰手法，他首先把对政府干预益处的认同归于庇古，接着说庇古是一个彻头彻尾的混乱的思想者。这种形式的论述接着就变成这样：如果你相信 X，那你就跟错人了，因为你相信的那些东西和一个思想混乱的经济学家 Y 的想法尤为相关。Y 相信 X 这个事实，本身就变成了怀疑的原因。”[49] 辛普森在这个段落里认为我的写作“沿袭了政治经济学家的传统”。再回顾一下他在这篇文章前面部分对传统政治经济学家的表述：“他们都倾向于和其他人的说法大同小异，所依据的不是正统的证据或经验研究，而是诉诸常识和一些显而易见的论断……他们所做的工作就是用修饰手法声明……命题的有效性如此之广，以至于完全无法进行证伪或证实。这种做法的有效性毋庸置疑。早期政治经济学家最著名的受害者是死在大饥荒中的爱尔兰农民。”[50] 辛普森在此处（以及他文章中的其他地方）使用了一种很难回答的论述类型。因而，我也不再尝试应对。

所有这些都令人感到遗憾。我也无须重述我在《社会成本问题》一文中对庇古式方法的批评，以及我提出的处理方法。绝大多数经济学家似乎已经理解我的论述，对一个法律历史学者而言没有弄懂也不是什么丢脸的事情，虽然他那种高人一等的评价腔调令人颇感不适。然而，此处有关《社会成本问题》一文的得失，还是有一点小争议，即这篇文章在开创“法律经济学”这一研究主题上是否发挥了一定的作用。在评论一篇文章的价值时，正如我在评论斯蒂格勒的一些工作时所说的，“真正重要的是，这个贡献是否推动了学科进步，让我们得以明晰一些之前没有注意到的可能性，并且开辟了新的硕果累累的研究进路。”[51] 按照这个方法进行评价，《社会成本问题》可谓成功。自文章发表以来，由律师和经济学家开展的大量研究拓展了这个研究主题，尽管通常是受到《社会成本问题》一文的影响，但他们所做的工作超出这篇文章许多。现今，《社会成本问题》已经成为一种遗迹，供人解释，而我担心的是它被思想史家们误解。就法律经济学而言，尤其是被称为"法律的经济分析"部分，正如我在《社会成本问题》开头谈及的，现在有一大堆文献主要是由有足够经济学知识储备的律师们写就的，在涵盖范围、质量及旨趣上都取得了令人印象深刻的极大成就。如果辛普森思考一下，经济学方法是否对法律分析有所助益，那么这是他应该着眼的地方。他会明白，正如他在文章结尾处所说的，法庭应当"把他们的行动局限于强有力的权利保障"[52]是不够的。学者们的任务正是系统地研究权利应该如何界定，而哪些法律法规和法律程序可能让我们更加接近这个结果。

注释

[1] George J. Stigler, Does Economics Have a Useful Past? 1 *History of Political Economy.* 217, 219（1969）.

[2] R. H. Coase, Economics and Contiguous Disciplines, 载于 *Essays on Economics and Economists* 34, 44（1994）。本文原载于 *The Organization and Retrieval of Economic Knowledge*（Mark Perlman ed., 1977）。

[3] 同上，第 45 页。

[4] R.H. Coase, Law and Economics at Chicago, 36 *Journal of Law and Economics.* 239, 250-251（1993）.

[5] R. H. Coase, The Problem of Social Cost, 载于 The Firm，the Market and the Law 95, 119（1988）。本文原载于 3 *Journal of Law and Economics.* 1（1960）。

[6] A. W. Brian Simpson, Coase v. Pigou Reexamined, 载于本期，第 58 页。

[7] Guido Calabresi, The Pointlessness of Pareto: Carrying Coase Further, 100 *Yale Law Journal.* 1211, 1212（1991）.

[8] Coase，同注 [5]，第 118—119 页。

[9] R.H. Coase, Economists and Public Policy, 载于 *Essays on Economics and Economists*, 同注 [2]，第 47、61 页。本文原载于 *Large Corporations in a Changing Society*（J. Fred Weston ed., 1975）。

[10] 同上，第 62 页。

[11] 同上。

[12] 同上。

[13] 同上，第 63 页。

[14] 例如，大卫 · 纽森（David Newsome），On the Edge of Paradise: A. C. Benson, The Diarist 202（1980）："庇古是个傻子；尽管爱慕者和被爱慕者很享受这种浪漫的爱慕之情，但应当得体且注意场合。"约翰 · 克莱普罕（John Clapham），一位经济史学家，也受到这种事情的骚扰，"庇古对一个本科生的愚蠢爱慕。他们总是在一起，那个本科生在教堂诵读训诫，而从未参与教会活动的庇古出现在那里，使得那些本科生都咯咯笑了起来。"（第 359 页）

[15] Hugh Dalton, Call Back Yesterday, 1887-1931, at 60（1953）.

[16] Austin Robinson, Arthur Cecil Pigou, 载于 *International Encyclopedia of the Social Sciences* 90, 94（David L. Sills ed.，1968）。

[17] Ronald H. Coase, The Firm, the Market and the Law，载于 *The Firm, the Market and the Law*，同注 [5]，第 1、22 页。

[18] 同上。

[19] 同上，第 22—23 页。

[20] 辛普森，本期，第 65 页。

[21] George J. Stigler, The Economist and the State, 载于 *The Economist as Preacher and Other Essays*，第 119、128 页（1982）。本文原载于 65 *American Economic Review.* 1（1975）。

[22] 辛普森，本期，第 67 页。

[23] A. C. 庇古，《福利经济学》（*The Economics of Welfare*），第 xii 页（1948 年第 4 版）。

[24] 同上，第 134 页。

[25] 同上，第 172 页。

[26] 辛普森，本期，第 66—67 页。

[27] 同上，第 76 页。

[28] 同上，第 84 页。

[29] 科斯，同注 [5]，第 138 页。

[30] 辛普森，本期，第 68 页。

[31] 科斯，同注 [5]，第 135—136 页。

[32] 科斯，同注 [17]，第 20 页。

[33] 庇古，同注 [23]，第 129—130 页。

[34] 辛普森，本期，第 72—73 页。

[35] A. C. 庇古，《社会主义与资本主义》（*Socialism versus Capitalism*），第 135 页（1937）。

[36] A. C. 庇古，《社会主义与资本主义》，第 136—139 页。

[37] A. C. 庇古，《社会主义与资本主义》，第 93 页。

[38] 同上，第 101 页。

[39] 同上，第 99—100 页。

[40] 同上，第 133—134 页。

[41] 辛普森，本期，第 74 页。

[42] 科斯，同注 [17]，第 20 页。

[43] 庇古，同注 [23]，第 129—130 页。

[44] 同上，第 172 页。

[45] 同上，第 331 页。

[46] George J. Stigler, *Memoirs of an Unregulated Economist*, 75（1988).

[47] Paul A. Samuelson, *Foundations of Economic Analysis*, 208（1947).

[48] George J. Stigler, *The Theory of Price*, 104-105（1952).

[49] 辛普森，本期，第 75 页。

[50] 同上，第 74 页。

[51] R. H. Coase, George J. Stigler, 载于 *Essays on Economics and Economists*, 同注 [2]，第 199、207 页。

[52] 辛普森，本期，第 97 页。

芝加哥的法律经济学 *

◎ 陈春良　译

能够获邀在芝加哥大学百年庆典之际来到西蒙斯讲座进行演讲，实是荣幸备至。虽然，从我这个年纪看，一个世纪近乎转瞬即至，但我们都知道芝加哥大学超脱于这种正常的人类限制。芝加哥大学从诞生之日起就茁壮成长，既没有婴儿期也没有青葱岁月，一路走来一直在追求卓越，起点就在顶尖位置。芝加哥大学的经济系同样如此。经济系的首任系主任 J. L. 劳林（J. L. Laughlin）自身就是一位货币学领域的权威，又聚集了包括索尔斯坦·凡勃伦（Thorstein Veblen）在内的一支极具竞争力的教师队伍。1929 年，芝加哥大学成立 37 年之时，我正在伦敦经济学院求学，彼时芝加哥大学经济系已经被公认为世界上实力最强的经济系之一。当时我们主要受教于莱昂内尔·罗宾斯（Lionel Robbins），学的主要内容都是弗兰克·奈特（Frank Knight）的东西。在伦敦经济学院，奈特被视为最伟大的经济学家之一，经济系认真读书的学生都会仔细研读奈特那部著作《风险、不确定性和利润》[1]。接着是雅各布·维纳（Jacob Viner），一位能力极强、极为博学的经济学理论家，他的成果使其得以跻身顶级经济学家之列。教师队伍中还有亨利·舒尔茨（Henry Schultz），计量经济学的

* *Journal of Law and Economics*, 1993, 36(1), 239-254. 本演讲是 1992 年 4 月 7 日的亨利 · C. 西蒙斯（Henry C. Simons）纪念讲座，该讲座是 1992 年 4 月 7—9 日在芝加哥大学法学院召开的约翰 · M. 奥林（John M. Olin） 百年纪念活动的一部分。

先驱之一，他在需求的统计推导方面的实证研究为经济学做出了重要贡献。还有保罗·道格拉斯（Paul Douglas），一个有点奇怪的人，认为当美国议员比当芝加哥大学教授更有意思也更重要。然而，他在工资和劳动力市场方面的实证研究是如此重要，我们对此仰慕不已。他还作为柯布-道格拉斯生产函数的原创者之一被人们铭记缅怀。要是第二次世界大战之前有诺贝尔经济学奖，作为芝加哥大学经济系实力的代表人物，毫无疑问这四位学者都应该是获奖者。

然而，可能除了奈特，这几个人对我的演讲主题——法律经济学——并无多少贡献；法律经济学的发展和芝加哥大学，尤其是法学院的发展完全是捆在一起的。要理解这一切是如何发生的，我们得回到这个系列讲座的纪念对象——亨利·C. 西蒙斯（Henry C. Simons）。西蒙斯是奈特的门徒，在艾奥瓦大学时就是奈特的年轻同事，1927 年加盟芝加哥大学经济系。之前提到的四位芝加哥大学经济学家的著作我都研读过，并且除了道格拉斯，我与他们都熟识，但是我并没有特别仔细读过西蒙斯的著作，也没有见过他。我对西蒙斯的了解，很大程度上是来自阿伦·迪莱克托（Aaron Director）和乔治·斯蒂格勒（George Stigler）的叙述，以及我对西蒙斯文章的研究。和以上四位芝加哥大学经济学家——奈特、维纳、舒尔茨和道格拉斯不同，西蒙斯并不是一个国际名人。我知道他的名字是 1934 年他的小册子《一项积极的自由放任计划》（*A Positive Program for Laissez Faire*）出版时，我买了一本（美国价格是 25 美分）并通读了。这本书我至今仍保留着，但是书籍的保存完好也表明我并没有仔细研读。

西蒙斯的小册子对我没有多少吸引力的理由并不难理解。正如西蒙斯所说，这只是一个“宣传册子”。这本小册子大体上是情感叙事，而且透露着审判迫近的意味，即“人类文明的未来正在风雨中飘摇”[2]。显然，我们无法期盼总是用“不论怎样我们都会挺过去”来安慰自己的英国人有西蒙斯那样的担忧，我亦如此。不管怎样，这本小册子更多的是一部政治哲学著作，而不是一本经济学著作。小册子中涉及经济学的部分，或者引起我兴趣的经济学内容，西蒙斯的观点都有待商榷。他认为铁路和公用事业管制通常前途堪忧。对此，他的应对之策是什么呢？他辩称："不论是铁路还是公用事业，以及其他无法在竞争性条件下维持有效运行的行业，政府都要真切考虑直接接管、拥有和管理的必要性。"[3] 推行西蒙斯的建议将涉及美国很大部分或许可能是极大部分产业的国有化。这是一条奇怪的放任自由道路，让我们一下子想到奥斯卡·兰格（Oskar Lange）和阿巴·勒纳（Abba Lerner）的市场社会主义（market socialism）提议。对于无须国有化的行业，西蒙斯说"仍旧存在一个真切的社会化备择方案，也就是将竞争及其维续作为一种规制中介"[4]。这一切是如何实现的呢？他认为应当采用反托拉斯法，大规模重构美国的工业经济。"联邦贸易委员会或许应该成为最具权威的政府机构。"[5] 从西蒙斯对公司制提议的描述中，我们可以大略感受其主张的味道：

> 我们必须彻彻底底地分拆那些巨型公司……鲜有巨型公司的当前规模是为了充分、合理地获取生产经济性的需要，它们的存在更多得从始作俑者的逐利需求、个人之于工业和金融业的"拿破仑式"野心以及垄断优势中得到解释。我们应当冀望于如下情形：每个行业的所有权份额应当被限定为维持每个经营部门有效运营所必需的最小规模，但都是非常专业化的生产和更加严格的限制，如果维持企业自由还有一定必要的话。[6]

西蒙斯心里所思所想在一处脚注中再清楚不过了："有必要修改与有效竞争相容的公司最大规模的提法（对法庭而言尤为如此）。一般性原则和最终目标应当是，每个行业中公司最大规模应当定为，即便所有公司都达到其最大规模，完全竞争也基本能够实现。我们可以尝试性地建议，在主要行业，所有权单位生产或控制的产出不应超过行业总产出的5%。"[7]

西蒙斯的立场在他对广告和其他推销活动的态度中也有所体现。"我们那些大肆吹嘘的生产效率被泛滥的推销浪费殆尽，现在是再普遍不过了……假使目前这种趋势延续下去，我们即将陷入如下情形，即我们大部分的资源都被用于说服人们购买这件东西而不是那件东西，只有一小部分真正被用于创造人们购买的东西。”[8] 写下这些主要涉及产业组织的陈述时，西蒙斯对自己的主张并没有提供任何实证支撑，关于个人建言对经济效率将产生怎样的影响也缺乏严谨的调查，也未曾想过联邦贸易委员会是否愿意按他建议的那样行事；并且，即便联邦贸易委员会愿意如此行事，对于能否获得推行他建议所需的必要信息，西蒙斯同样缺乏考虑。西蒙斯这些理论，和即将出现的新兴研究主题——法律经济学的主流做法，极为相悖。斯蒂格勒对西蒙斯的形容也极为公允：西蒙斯就是个乌托邦主义者。[9]

说这些，我并无意于诋毁西蒙斯的智识。托马斯·摩尔（Thomas More）也不是尖酸刻薄之辈。阿伦·迪莱克托、米尔顿·弗里德曼（Milton Friedman）和乔治·斯蒂格勒都承认西蒙斯对他们的思想有所影响，显然只有强大的内心才能做到这一点。戈登·图洛克（Gordon Tullock）描述了修读西蒙斯的课程对他思考经济问题所产生的影响，他还告诉我们，华伦·纳特（Warren Nutter）也持有同样的看法。西蒙斯能够对这两位天赋异禀且极具独立思考能力的学者的想法产生如此根本性的影响，本身就是他智识上乘的一大证据。我们还得明白，虽然西蒙斯是一位优秀的价格理论家，他的主要研究兴趣并不在于产业组织的经济理论，而在于宏观经济学尤其是货币理论与政策；并且在这些领域，他对芝加哥大学这方面观点的形成和发展都有着极其重要的影响。因此，要不是法律经济学的研究主题和货币体系关系不大，却和产业组织的经济学密切相关，我们在这个演讲里强调西蒙斯在产业组织方面观点的不足就显得有些小家子气了。我想，可以确定的是，在货币体系方面，西蒙斯影响了弗里德曼，进而影响了世人，但他对构成现代法律经济学主题的观念和想法的发展则几乎没有什么影响。

尽管这么说，但毫无疑问的是，西蒙斯对于法学院举办的法律经济学项目也确实发挥了极其关键的作用。他是首位加入法学院教师队伍的经济学家，自那以后法学院的教师队伍就一直有经济学家（有时候还不止一位）。但是，西蒙斯加盟法学院，可不是法学院的教授们强烈觉得应当有个经济学家作为同事的结果，它一定程度上是为了应对经济系一系列问题过程中出现的意外事项。1934 年，续聘西蒙斯的问题摆在经济系面前，有人强烈反对继续聘任他，尤其是保罗 · 道格拉斯一方。西蒙斯没有发表多少论文，也不是一个受学生欢迎的教师。但是，西蒙斯有奈特的强烈支持，并且奈特对此从不藏着掖着。这件事情的结果是，西蒙斯得到了经济系的续聘，且此后不久他还获得了法学院的兼职聘用。他在法学院交了一些朋友，而这样的聘任在一定程度上也安抚了经济系反对续聘他的人。1927 年被聘为助理教授后，正如斯蒂格勒指出的，"在法学院的鼎力支持下"[10]，直到 1942 年西蒙斯才被提为副教授。 到了 1945 年，大概是被接纳为教员的十八年之后，西蒙斯获得终身教职，最先是在法学院，随后才是经济系。[11] 在法学院，西蒙斯讲授价格理论，他似乎比在经济系受欢迎得多。瓦尔特 · 布卢姆（Walter Blum）认为，虽然西蒙斯在法学院有一些朋友，但年长的教师对他的聘任要么反对，要么漠不关心。我不清楚西蒙斯在多大程度上和同事讨论，或者在课堂讲学中加入他在《一项积极的自由放任计划》中展现的观点；但如果他真这样做的话，他思考中那些漏洞百出的东西，倒是会让法学院教授们倍感亲切，而且显然也不会对他们的思维方式构成威胁，不像后来尖锐的法律的经济分析所做的那样。无论如何，西蒙斯开创了这个传统，即芝加哥大学法学院的教师队伍中必须有至少一名经济学家。西蒙斯走出的这一步，让后来法律经济学在芝加哥大学的大获成功成为可能。他在聘请阿伦 · 迪莱克托加入法学院这件事情上扮演了重要角色。然而，个中内情并不简单。出类拔萃的学者，也是我的老同事——弗里德里希 · 哈耶克（Friedrich Hayek），正如你们当中的有些人也熟知的，他最近刚刚在德国去世，享年 92 岁，在阿伦 · 迪莱克托加入芝加哥大学法学院这件事情上，他发挥了同样重要的作用，或者在某些方面相比西蒙斯扮演着更加重要的角色。

阿伦 · 迪莱克托 1924 年在耶鲁大学获得学士学位。接着，他成了俄勒冈州联邦劳工与波特兰劳工领导者学院（Oregon State Federation of Labor and Head of

Portland Labor College）工人教育的主任。1927年，他来到芝加哥大学攻读经济系的研究生，1930年迪莱克托被任命为经济系的指导教师；1929年，当他还在芝加哥大学就读时，已经是西北大学劳动经济学专业的指导教师。迪莱克托成为保罗·道格拉斯的研究助理，和他一起写作《失业问题》一书并于1931年出版。1935年，阿伦·迪莱克托供职于美国财政部，1937—1938年在伦敦经济学院访学。在迪莱克托于伦敦经济学院的访学即将结束时，弗兰克·奈特给莱昂内尔·罗宾斯写了一封信，咨询他对迪莱克托的看法；显然，奈特想利用罗宾斯的意见帮助迪莱克托争取到大学的教职。罗宾斯在回信[12]中形容迪莱克托“富有魅力、文质彬彬且见识极佳”，尽管总是沉湎于“个人判断、个人看法和个人分析能力”。在一封推荐信中[13]，罗宾斯把迪莱克托描述为“极为独特地在诸多优良品质之间保持了良好的平衡，是一个完美的有教养的男子汉”。结果，迪莱克托最终去了华盛顿特区，在那里他在不同政府岗位任职，一直到1946年。

接下来，我们回到西蒙斯那里，考察一下芝加哥大学法学院是如何垂青于罗宾斯恰当描绘的、迪莱克托的那种“极为独特地在诸多优良品质之间保持了良好的平衡”。1945年，或者可能更早时候，西蒙斯萌生了创建一所“政治经济学院”的想法，旨在将一群“传统自由主义者”或“自由主义”经济学家聚集在一起，安排其他机构的“自由主义”教授们来访交流，并给他们的工作提供支持。[14]西蒙斯似乎把成立这个学院视为让那些即将消逝的观念和想法保持活力的最后努力，因而他的评论往往带着一丝绝望。这个机构“不应当仅仅关心正儿八经的经济理论，也不应当过度涉足实证研究，而应当主要关注美国经济政策和政府结构中核心与现实的问题。它应当致力于成为每个地方的自由主义经济学家探寻智识引领和研究支持之所在。它应当致力于为未来的政治经济学家，进行完善、彻底的传统自由主义进路训练保留最后一块阵地，进而主要通过影响专业人士的观点而对公共事件产生影响。”[15]西蒙斯进一步解释了为何芝加哥应当成为那块阵地。他是这样说的：“芝加哥经济学派，仍旧保有一些显著的传统自由主义式蕴涵，并且享有盛誉。此处比其他地方更适合维持或让那些即将消逝或被吞没的思想保持活力，但如果没有采取一些特殊手段，这些东西即使在这里也即将消逝。”[16] 如上所述，西蒙斯认为即便是芝加哥大学情况也不容乐观：“芝加哥大学表面上比其他地方更好，但同样前途堪忧。经济系的系主任对经济自由主义缺乏深入认识，但也无特别明显的敌意；其他社会科学院系的绝大多数人大体也是如此。更高层的管理人员对政治经济学最多也只是漠不关心或者是有条件地容忍。一些法学院和商学院的教师对此表示关心或同情，而周遭的其他教师也表现出类似的态度。在经济系，我们正变成一个小众群体。”[17] 西蒙斯的这些不祥预感，事实上是毫无根据的。1946 年，阿伦·迪莱克托受聘于法学院，米尔顿·弗里德曼则加入经济系。当然，弗里德曼从来没有认为作为“小众群体”是一个不利因素。

现在，我必须把弗里德里希·哈耶克加入这个故事里。哈耶克在第二次世界大战期间写下了著名的《通往奴役之路》[18]，他在书中辩称，无论是哪种类型的社会主义，最终一定会对政治和经济自由构成极为严重的威胁。由于预计受众有限，没有一家美国的商业出版商愿意出版哈耶克的这部著作，这时在阿伦·迪莱克托的推荐下，芝加哥大学出版社同意出版。接下来发生的事情大家也都清楚：《通往奴役之路》成为畅销书，首版在美国卖出超过 20 万本；《读者文摘》（*Reader's Digest*）专门开辟了节略版本专栏；这本书还被翻译成至少 16 种语言版本。由于这个巨大成功引发的对他工作的关注，哈耶克被引荐给堪萨斯市沃尔克基金会的 H. W. 卢诺（H. W. Luhnow）。这里面的细节我没有更多了解，但是这次引荐会面的结果是，沃尔克基金会开始资助哈耶克的学术活动。第二次世界大战结束后，哈耶克开始对欧洲文明忧心忡忡，担心欧洲文明的观念和价值可能陷入迅速土崩瓦解的困局。为了抵御这种风险，哈耶克急切地认为，相信自由社会价值的各国学者，不管他们是来自交战国还是来自中立国，应当尽快建立起彼此之间的关系。哈耶克为了培育学者间合作所付出的努力催生了朝圣山学社（the Mont Pelerin Society）的成立。而且，在将法律经济学项目引入芝加哥法学院的过程中，哈耶克也扮演了极为关键的角色。

我对即将要讲的故事的细节知之甚少，但是我觉得，大体情况还是正确的。西蒙斯想必知道哈耶克的大致目标以及他和卢诺的关系，于是在1945年的时候，给哈耶克送去一份关于成立政治经济学院的倡议书。这份倡议书包括建议请阿伦·迪莱克托担任机构的领头人。选择把迪莱克托放到这个位置上，一定深受哈耶克的欢迎，因为哈耶克正觉得对迪莱克托帮他敲定出版《通往奴役之路》这件事情上还无以为报；同样，对迪莱克托在伦敦经济学院期间的表现，哈耶克理应也像罗宾斯那样有着极为正面的评价。或许是因为哈耶克的建议，一项名为"自由市场研究"的研究计划框架开始策划成型，接替了西蒙斯关于成立政治经济学院的倡议。似乎在哈耶克看来，这个研究项目很自然地应该由迪莱克托主导。从这一刻开始，哈耶克成为个中的中坚人物，他分别和当时芝加哥大学校长罗伯特·梅纳德·哈金斯（Robert Maynard Hutchins）、法学院院长威尔伯·卡茨（Wilber Katz）、沃尔克基金会及阿伦·迪莱克托商谈，商议如何在芝加哥大学开展这个项目，并且迪莱克托按照怎样的条件开展卡茨所谓的"哈耶克研究项目"。最终，各方同意以教授职级聘任迪莱克托作为研究助理五年，具体实施的项目在给沃尔克基金会的备忘录[19]中被称为"一项适宜有效市场竞争法律及制度框架的研究"。然而，在最终安排出来之前，西蒙斯去世了。于是，卡茨请求对沃尔克基金会的捐赠条款进行调整，允许迪莱克托承担一些教学任务。[20]

阿伦·迪莱克托曾说道，研究项目"从未构成多少负担"，而教学任务的负担则不小。[21]在课堂内外，迪莱克托都是一名极为高效的教师，并且他对许多学生甚至他在芝加哥大学法学院和经济系同事们观点的形成，都有着极大的影响。最初，迪莱克托讲授的课程是"经济分析与公共政策"，主要是有关价格理论的；接着，他就被爱德华·列维（Edward Levi）邀请合作开设反托拉斯课程。在尝试一次联合授课之后，授课方式就被确定为列维上四天、迪莱克托上一天。参加该课程的学生们是这样形容的。韦斯利·莱尔贝尔勒（Wesley Liebeler）如是说："每周的四天里面，爱德华·列维从法学入手，运用传统法律推理技巧，将不同案例串联在一起，进而得出一个律师们都很熟悉的综合推理……律师们对案例进行解释和据理分析，不乏建树……前四天里爱德华就做这些事情。而每周有一天，阿伦·迪莱克托则告诉我们，前四天里所有列维教授的内容都是在胡说八道，他利用经济分析工具，向我们表明法律分析着实站不住脚。”[22] 罗伯特·波克（Robert Bork）评论道：“这门课程的一大乐趣是，看着爱德华苦恼地发现他一直坚信不疑地努力研究的案例，彻头彻尾变成一堆支离破碎的声明陈述。爱德华努力抗争了许多年，最后他放弃了。”[23] 至那以后，法律的经济分析的优越性，至少在反托拉斯领域，在芝加哥大学法学院开始被坚定地树立起来。新成立的反托拉斯项目进一步强化了这个信念，也把约翰·麦吉（John McGee）、罗伯特·波克和瓦尔德·鲍曼（Ward Bowman）等人引入法学院，专门研究反托拉斯的相关问题。迪莱克托自己很少发表论文，但通过上述这些人及迪莱克托的学生们的工作，芝加哥大学以外的学术界注意到迪莱克托的思想和方法。然而，反托拉斯项目并不止于此，法律经济学研究计划的发展也正是源于此项目。

我于 1964 年加入芝加哥大学法学院（最初是和商学院的联合聘任），此后不久迪莱克托就退休了，我就开始负责法律经济学项目。我面对的局面和迪莱克托刚到法学院时面临的境况截然不同。迪莱克托创设了法律经济学项目，我承接了这项工作。那时，在迪莱克托教授的努力下，法律的经济分析已经不再只是停留在思想观念层面，而是实实在在的既存事实。《法律经济学期刊》也创办了起来，也有了法律经济学研究奖金，并由沃尔克基金会资助整个项目。进而极为重要的是，法学的教授们现在也积极参与该项目，最初有肯尼斯·旦姆（Kenneth Dam）和埃德蒙·基奇（Edmund Kitch），后来理查德·波斯纳（Richard Posner）也加入其中。然而，一个新元素的出现导致法律经济学项目的重心发生一些变化，那就是《法律经济学期刊》第 3 卷发表的《社会成本问题》[24]。我也借此机会谈谈我为何写这篇文章，以及该文对法律经济学研究主题的影响。谈及自己的文章通常很难保持客观立场，但我勉力为之。

在伦敦经济学院的时候，我曾负责公用事业经济学的课程，这促使我开始研究包括英国广播公司组织架构及金融支持在内的一些行业问题。这项工作的成果是1950年出版的《英国广播公司》一书。1951年，我移居到美国，抵美之后我立即开始着手一项题为“广播与电视行业的政治经济学”的一般性研究。1958年，我在斯坦福大学行为科学高级研究中心待了一年。利用在那儿的时间，我研究了联邦通讯委员会（FCC）的工作，尤其是其在分配电台频率（频段）方面的相关政策，研究成果发表在《法律经济学期刊》第2卷。[25]在那篇论文的其中一节，我建议电台频率（频段）的分配不应当由行政决策决定，而应当通过价格机制确定。有些时候，人们认为是我引进了运用价格机制分配频率资源的想法。然而，这个说法并不准确，至少首次在出版物中提到这个想法的是一个学生作者——列奥·赫泽尔（Leo Herzel），他那篇论文发表在1951年的《芝加哥大学法律评论》（*University of Chicago Law Review*）。[26]当我第一次研读这篇论文的时候，我想这是再自然不过的想法了，因为列奥·赫泽尔曾受到阿伦·迪莱克托和米尔顿·弗里德曼的影响。但是，这个说法还是不太准确。在读本科的时候，赫泽尔就已经对社会主义体制下理性且有效率的资源配置体系是否可取的争论异常感兴趣，于是他很快就研读了1944年出版的阿巴·勒纳的《控制经济学》一书[27]。这场争论，尤其是勒纳在《控制经济学》中对市场社会主义的具体提议，启发了赫泽尔的想法。正如赫泽尔在论文中提到的，勒纳框架和他构想的差异在于，不同于市场社会主义体系的情况，他提议广播公司的运营是“按照自己的经济利益行事……是为了提升利润率”，并不必遵循抽象的规则。[28]当然，我理解并赞同勒纳和赫泽尔的逻辑。阿巴·勒纳是我在伦敦经济学院的同学和同事，我们俩的关系非常要好。我对他的观点亦是相当熟知，也深知这些观点的力量。然而，在阅读赫泽尔的论文时，我倒是没有一下子就跳到结论，即市场定价优于联邦通讯委员会的规制，因为我们必须考虑存在交易成本的情形。然而，我在斯坦福大学行为科学高级研究中心的研究使我相信，构建一个作为交易对象的产权体系，并没有人们设想的那么困难；而且，这些研究也让我再清楚不过地认识到，联邦通讯委员会的行事做法极其不妥。然而，让我最终认定应当将价格机制应用于分配电台频率（频段）的使用的，则是达拉斯·斯迈思（Dallas Smythe）刊载在《芝加哥大学法律评论》上的一系列针对列奥·赫泽尔的回应文章。斯迈思当时是联邦通讯委员会的首席经济学家[29]，他的反驳是如此的无力（我在拙文中做了引用），以至于我得出的结论为：如果这就是对赫泽尔论点的最佳驳斥，那么赫泽尔显然是对的。

我相信对经济学而言重要的并不是我在《联邦通讯委员会》中引入价格机制的提议——尽管在将电台频率（频段）分配作为政策问题考虑时，这个建议很重要。我进一步讨论了成功竞拍者所获得或应当获得的权利，这些东西经济学家在鼓吹通过价格机制配置资源时是罕有提及的。有关产权基本逻辑的讨论对庇古提出了批评，却被芝加哥大学的经济学家认为是错误的。他们甚至建议我从《联邦通讯委员会》一文中删除这些内容。我拒绝了，并且争论道，即便我的论点有误，那也一定是一个有意思的错误。他们的反对集中在乔治·斯蒂格勒后来所谓的“科斯定理”上。他们邀请我到芝加哥大学做个讲座，我说如果有机会和他们讨论我的错误，那么我是愿意前往的。斯蒂格勒在自传中对所发生的事情做了非常生动的斯蒂格勒式的叙述。某天晚上，在阿伦·迪莱克托家里，我和米尔顿·弗里德曼、乔治·斯蒂格勒、阿诺德·哈博格（Arnold Harberger）、约翰·麦吉、鲁本·卡塞尔（Reuben Kessel）及其他人会面，历经一番冗长的讨论后，大家都同意我并没有犯下错误的说法。[30] 于是，他们邀请我把自己的论点写出来并发表于《法律经济学期刊》。我照做了，并把文章命名为《社会成本问题》，这个题目取自弗兰克·奈特的文章《社会成本阐释中的若干谬误》。[31] 奈特也对庇古提出了批评，但更为重要的是，我的论点可视为奈特洞见的自然延展，即产权制度能够确保庇古的论点，由于收益递减，私人工业企业投资过度现象将不会发生。在《社会成本问题》一文中，我再次展示了庇古所犯的一个类似错误，同样也是因为他没有注意到问题出在没有引入产权制度。我在《社会成本问题》一文中对自己的论点做了更加详尽、确切的阐述，并且把它应用到比《联邦通讯委员会》一文更加广泛的经济问题上。要不是芝加哥大学的经济学家们认为我在《联邦通讯委员会》中犯了一个错误，《社会成本问题》或许就不会问世了。

为了准备本次演讲，我又重读了那篇讨论《联邦通讯委员会》的文章。我必须说，那个招致反对意见的小节内容，在我看来如此清晰、如此简单，很难理解为什么没有被人们接受。我猜想，这种理解匮乏给我们提供了另一个例证，托马斯·库恩也曾提及，即科学家们很难改变自己的分析体系，正如他所说的，从一个范式过渡到另一个范式。[32] 人们普遍认同的是，这篇文章对法律学科的影响极为深远。但这可不是我的初衷，于我自己而言，《社会成本问题》是一篇经济学习作，面向的对象是经济学家。我想做的是旨在提升我们对经济体系运行情况的分析。法律之所以进入这篇文章，是因为在一个交易成本为正值的世界里，法律特征成为决定经济绩效的主要因素之一。假设交易成本为零（正如标准经济学理论假定的那样），我们可以想象，如果法律状况一变就会导致产出价值增加，人们就会不断围绕法律而缔约。然而，在一个交易成本为正值的世界里，只要重新分配权利的交易成本高于所得，这类缔约行为就不会出现。于是，个人所拥有的权利，就是法律通常所赋予的权利，也正是在这种情形下，可以说权利掌控着经济。正如我说过的，我无意于通过《社会成本问题》一文对法律学科做出增益贡献。我之所以援引法律案例，是因为这些案例提供了真实情境，而不是经济学家分析中通常使用的假想例子。毫无疑问，是经济学家们搅浑了水。但是，在《社会成本问题》一文，我还做了另外一些事情。我指出，虽然法官们的观点表达并不是特别清晰，但他们似乎通常比许多经济学家对经济问题有着更加深入的理解。我说这个并不是要表扬法官们，而是要让经济学家们感到难为情。得益于与先在斯坦福大学后到芝加哥大学的阿伦·迪莱克托的交流而走上正道的理查德·波斯纳，捡起了我有关法官的那些论述，往前越走越远了。我从未试图沿着波斯纳的道路往下走。一是，他比我跑得快太多了；二是，他走的是另外一个有些不大一样的方向。我个人的兴趣主要还是在经济体系，而他的主要兴趣则是在法律体系，即使这两个社会系统的关联使得我们的兴趣在许多时候有所交汇。在法律或法律体系的经济分析——我比较喜欢用这种提法——的发展过程中，波斯纳显然发挥了主要作用。

现在，我接着讨论《法律经济学期刊》的影响，这个在我看来对“法律经济学”得以发展为一个独立的研究领域厥功至伟。20 世纪 50 年代中期，芝加哥大学法学院掌权者，也就是爱德华·列维，决定创办这份杂志；杂志的第 1 期于 1958 年 10 月出版——不管怎样，这就是首期上印发的时间。《法律经济学期刊》旨在对律师和经济学家感兴趣的公共议题进行检视。阿伦·迪莱克托建议，这本杂志应该被命名为《法律“或”经济学期刊》，万幸的是“老实巴交的阿伦”并没有得逞。我对杂志早期的论文颇感兴趣。比如，这里面就有约翰·麦吉的论文《掠夺性降价：标准石油（新泽西）的例子》[33]，J. W. 密尔曼（J. W. Milliman）[34] 和爱德加·S. 巴哥雷（Edgar S. Bagley）[35] 的两篇关于水资源权的论文，莱斯特·特塞尔（Lester Telser）的论文《制造商为何要求公平贸易》[36]，马歇尔·柯尔伯格（Marshall Colberg）的论文《最低工资法对佛罗里达经济发展的影响》[37]，詹姆斯·克鲁奇菲尔德（James Crutchfield）有关渔业管制的论文[38]，当然还有乔治·斯蒂格勒和克莱尔·弗里兰德（Claire Friedland）的著名论文《管制者能管住什么？以电力业为例》[39]，以及其他类似的论文。这就是我想象的法律经济学。《法律经济学期刊》的早期卷册，收录了我个人四篇有关联邦通讯委员会、社会成本问题、英国邮政服务竞争以及美国政府部门如何分配电台频率（频段）使用权的论文，尤其是这些论文通过既有期刊发表出来，即便不是不可能，那也一定是非常艰难的，但这丝毫不减我对这份杂志的崇敬之情。于是，当阿伦·迪莱克托退休后推荐我来填补他的空缺时，于我来说到芝加哥大学最有吸引力的事情就是，有机会编辑《法律经济学期刊》。事实上，没有这份杂志，我可能都不会到芝加哥。我并不清楚这份杂志创刊之初设定的目标是什么，我要做的就是鼓励我在《社会成本问题》一文所倡导的那类研究。于是我就利用在《法律经济学期刊》编辑职位的机会，实践这个想法。

《社会成本问题》一文证明，在一个零交易成本的世界里（标准经济学的假定），谈判总是引向实现财富最大化的解决方案。因此，经济学家认为必需的那类政府行为，实际上在这种分析体系里完全没有存在的必要。当然，这里所说的就是为了显示庇古式分析体系的空洞性。一旦放弃零交易成本的假定，并把进行市场交易需要耗费不菲这一事实纳入经济理论，我们就会发现采用不同方法协调资源使用这一方式，虽然在许多时候需要耗费成本且不完美，但是我们都无法轻易地予以摒弃，认为它比不上完全依赖市场。哪个方案最佳，取决于备择方法在协调资源使用时的相对成本。对此，我们却是知之甚少。正如我在《社会成本问题》中所说的：

> 令人满意的政策观点只能产生于细致的分析——在实际当中，市场、企业和政府如何解决不良影响问题。经济学家需要研究的是：中间人如何让各方坐在一起探讨，限制性条款的有效性，大型公司的发展问题，以及政府规划和其他监管部门的运行情况。我相信，经济学家和政策制定者通常倾向于高估政府规制带来的好处。然而，即使这个信念是对的，也无非只是提议政府规制应当被削弱。它并没有告诉我们，边界应当划在哪里，这必须基于对采用不同方法处理事务实际上将产生怎样后果的细致研究。[40]

我在担任《法律经济学期刊》编辑时的主要目标是鼓励经济学家和律师开展这类研究。具体做法包括：资助教员们的研究，给愿意从事这类研究的人士提供奖学金，给予研究项目资助支持，最主要的是提供论文发表机会。与此同时，哈罗德·德姆塞茨、张五常、奥利弗·威廉姆森以及其他一些人则在理论研究方面做了进一步的推进。随着时间的推移，即使在没有我的鼓励的情况下，也有越来越多的论文被提交上来。在《美国经济评论》（*American Economic Review*）上，我甚至还看到一些我愿意在《法律经济学期刊》上发表的论文，这个现象令人悲喜交加。这个研究方向上的变化，是由乔治·斯蒂格勒在商学院成立的经济与政府研究中心推动下发生的，该研究中心推出了一系列有关政府规制效果的研究。在担任《法律经济学期刊》主编时，我和威廉·兰德斯一道工作，后来《法律经济学期刊》编辑部进一步扩容，加入队伍的包括丹尼斯·卡尔顿（Dennis Carlton）、弗兰克·伊斯特布鲁克（Frank Easterbrook）和山姆·皮尔兹曼（Sam Peltzman）。1972 年由理查德·波斯纳担任主编，后来由理查德·艾伯斯坦（Richard Epstein）担纲的《法学研究期刊》（*Journal of Legal Studies*）创立，进一步扩大了法律经济学研究成果的发表机会。与此同时，其他地方一些新创办的杂志也致力于法律经济学研究主题，如耶鲁大学的《法、经济学和组织期刊》（*Journal of Law, Economics and Organization*），这些也为相关研究提供了更广阔的发表机会。

现今芝加哥大学法律经济学项目的运作氛围，和 20 世纪 60 年代初的项目开展情况截然不同。现在法律经济学已经被专业地认定为一门独立的学科或子学科，大批优秀的研究者遍及美国的法学院。这种新局面的标志是美国法律经济学会的成立，这表明确立研究主题的任务已成功完成，法律学科也以崭新的面貌向前发展。恩内斯特·卢瑟福德（Ernest Rutherford）曾言及，科学要么是做物理要么是像集邮。他这个说法的意思或我理解的意思是，科学要么是在做分析，要么是开立一个分类体系。过去，大部分或许绝大部分的法律学科做的是集邮工作。然而，法律经济学有可能让这种局面彻底改变，事实上法律经济学确实已经开始做这些事情了。

我深知把这个演讲聚焦于芝加哥大学的法律经济学，会遗漏其他地方的一些人士为这个研究主题做出的重要贡献，比如耶鲁大学的奎多·卡拉布雷西（Guido Calabresi）、哈佛大学的唐纳德·特纳（Donald Turner）以及其他人士。但难以否认的是，在法律经济学学科的形成过程中，芝加哥大学发挥了极为重要的作用，并且法律经济学也是芝加哥大学可引以为豪的学科之一。下一个世纪里芝加哥大学法学院的法律经济学项目将会有怎样的发展，我只能留给 2092 年的西蒙斯讲座了。

注释

[1] 弗兰克·奈特：《风险、不确定性和利润》（1921 年首版；1957 年重印）。

[2] 亨利·C. 西蒙斯：《一项积极的自由放任计划：自由经济政策的若干建议 1》（1934）。

[3] 同上，第 11—12 页。

[4] 同上，第 12 页。

[5] 同上，第 19 页。

[6] 同上，第 19—21 页。

[7] 同上，第 38 页。

[8] 同上，第 31—32 页。

[9] 乔治·J. 斯蒂格勒，The Economist as Preacher and Other Essays，170（1982）。

[10] 同上，第 167 页。

[11] 乔治·J. 斯蒂格勒：《一个不受管束的经济学家：乔治·斯蒂格勒自传》，第 187—190 页（1988）。

[12] 莱昂内尔·罗宾斯（Lionel Robbins），回信收录于系办公室文件档案，芝加哥大学法学院。

[13] 同上。

[14] 亨利·C. 西蒙斯，备忘录 I 对成立政治经济学院的倡议 2（亨利·C. 西蒙斯的文件，芝加哥大学法学院文件集，修订版）。

[15] 同上，第 12 页。

[16] 同上，第 5 页。

[17] 同上，第 5—6 页。

[18] 弗里德里希·哈耶克，《通往奴役之路》（1944）。

[19] 备忘录收录于系办公室的文件档案，芝加哥大学法学院。

[20] 埃德蒙·W. 基奇（Edmund W. Kitch）主编，The Fire on Truth：A Remembrance of Law and Economics at Chicago，1932-1970，26 *Journal of Law and Economics*. 180-181（1983）。这篇论文是由基奇编辑的一个分组讨论记录。基奇是分组讨论的参与者之一，他为此增加了序言、后记和一些脚注。

[21] 同上，第 181 页。

[22] 同上，第 183 页。

[23] 同上，第 184 页。

[24] R. H. Coase, The Problem of Social Cost, 3 *Journal of Law and Economics*. 1（1960）.

[25] R. H. Coase, The Federal Communications Commission, 2 *Journal of Law and Economics*. 1（1959）.

[26] Leo Herzel, "Public Interest" and the Market in Color Television Regulation, 18 *University of Chicago Law Review*. 802-816（1951）.

[27] 阿巴·P. 勒纳，《控制经济学：福利经济学原理》（*The Economics of Control: Principles of Welfare Economics*）（1944）。

[28] 赫泽尔，同注 [26]，第 813 页。

[29] Dallas W. Smythe, Facing Facts about the Broadcast Business, 20 *University of Chicago Law Review.* 96(1952.)

[30] 斯蒂格勒，同注 [11]，第 75—80 页。

[31] 科斯，社会成本问题，同注 [24]；引自弗兰克 · H. 奈特，社会成本阐释中的若干谬误（Fallacies in the Interpretation of Social Cost），38 *Quarterly Journal of Economics.* 582（1924），重印于《价格理论读物》(*Readings in Price Theory*),美国经济学协会选编[乔治 · J. 斯蒂格勒和肯尼斯 · 鲍尔丁(Kenneth E. Boulding）主编，1952]，由 Richard D. Irwin, Inc. 出版。

[32] 托马斯 · S. 库恩，《科学革命的结构》(1970 年，第 2 版)。

[33] John McGee, Predatory Price Cutting: The Standard Oil（New Jersey）Case, 1 *Journal of Law and Economics.* 137（1958）.

[34] J. W. Milliman, Water Law and Private Decision-making: A Critique, 2 *Journal of Law and Economics.* 41（1959).

[35] Edgar S. Bagley, Water Rights Law and Public Policies Relating to Ground Water "Mining" in the Southwestern States, 4 *Journal of Law and Economics.* 144（1961).

[36] Lester Telser, Why Should Manufacturers Want Fair Trade? 3 *Journal of Law and Economics.* 86（1960).

[37] Marshall Colberg, Minimum Wage Effects on Florida's Economic Development, 3 *Journal of Law and Economics.* 106（1960).

[38] James A. Crutchfield, An Economic Evaluation of Alternative Methods of Fishery Regulation, 4 *Journal of Law and Economics.* 131（1961).

[39] George Stigler & Chaire Friedland, What Can Regulators Regulate? The Case of Electricity, 5 *Journal of Law and Economics.* 1（1962).

[40] 科斯，同注 [24]，第 18—19 页。

法律经济学：个人历程 *

◎ 李井奎　译

《人与经济》编者按：这篇演讲词是科斯教授2003年4月1日在芝加哥大学法学院首次发表的，在2003年8月15日做过少许改动。尽管这次演讲的录像曾一度在网络上流传，但是据我们所知，该演讲文本还从未公开发表。现在，我们得到拥有版权的科斯学会的同意，将其刊出，以飨读者。

有幸参加芝加哥大学法学院百年庆典，有不止一个原因让我感到由衷的高兴。不管怎样，对我来说，给大家做一场科斯讲座，仍然不失为一种新奇的经历。毕竟，我做的任何讲座，都可以称为“科斯讲座”。由于这个系列讲座声称其目的至少部分是纪念罗纳德·H. 科斯（Ronald H.Coase），整个情况就略显尴尬。我们都是被告知要纪念我们的母亲和父亲，可从来没有谁告诉我们要来纪念自己的。事实上，对于我们当中的大多数人来说，也没有这样的必要。但正如亚当·斯密所言，我们通常认为没有任何人在自我关爱（self-love）方面会存在缺失。对我来说，由于我打算演讲的主题是“法律经济学”，而且我几乎无可避免地会对自己在这一主题上的贡献以及我如何做出这些贡献予以较多的关注，这就使得整个情况更加让人感到尴尬了。所有这些，恐怕都会让我想起《柳林风声》（*Wind in the Willows*）[1] 中的陶德（Toad）

---

* *Man and Economy*, 2014, 1(1): 69–78.

先生。因此，当法学院院长请我做这场讲座时，关于陶德先生的联想，让我犹豫不决。但是当院长请求我总要做点什么时，最终除战战兢兢地谨遵台命之外，我也无可为之了。今天，我就来到了这里。

勒夫摩尔（Levmore）院长还告诉我，希望我能够让学生，尤其是一年级的学生，对法学院所讲授的某一学科中的问题有所了解。我自然选择了“法律经济学”这个学科。我为这场讲座进行了精心的准备，希望可以唤起法学院学生的兴趣。实际上，我要说的很多内容是关于我个人的人物传记，因为当我还是一名学生和一名年轻的大学讲师，甚至还要晚一些的时候，我之所为，说明了在一个学科的发展过程中学生所起的作用。这不是一场公共讲座，可能还是会有其他人来旁听，但我把听众设定为学生。我的讲座意在激发学生们的兴趣，引导并鼓励他们。我的讲座所具有的这种自传色彩，还有另外一个好处，它让我能够描述那一系列奇妙的事件。这些事件最终导致一门新学科——法律经济学的诞生，并且还影响到它的发展。

在给出我关于“法律经济学”的见解时，你应该记得，我不是一名律师，我是一名经济学教授，而且也不是一名法律经济学教授。我所掌握的法律知识，来自我 1929—1931 年在伦敦经济学院攻读商学学士学位时上的几门法律课程。我修读过的一部分课程，是关于商法和工业法的。我已经记不得我修读的全部课程的名称了，不过其中包含了契约法、雇主和雇员法（那时叫作主仆法）、与贸易协会相关的法律、工人的补偿法，还有其他一些法律课程，我如今实在记不得它们的名称了。我非常喜欢这些课程中对案例的讨论，我阅读法律报告，沿着先例的指引去找寻确立法律原则的最初判例，这些最初判例与之后对它加以应用的案例完全不同。法院地处斯特兰德街，离伦敦经济学院不过几百码之遥，我就去那里追踪案件的诉讼过程，对律师们表现出来的机智和才干深表钦佩。我们还学习了一些重要的美国案例。我记得我曾阅读古德哈特（Goodhart）撰写的一篇关于帕斯格拉芙（Palsgraf）判例的文章，这个判例讲的是一名铁路警卫帮一名乘客上火车，将这名乘客挎在手臂上的包袱给碰掉了——包袱里放的是烟花（警卫对此毫不知情）。结果发生了爆炸，所引起的震荡波及的范围很广，伤到了一名在场的妇女，随后这名妇女将铁路公司告上了法庭。在一个稍微有些类似的判例“史密斯诉伦敦与西南铁路公司案”（Smith v. London and Southwestern Railway）中，美国法院的裁定与英国法院截然相反。我非常喜欢这些讨论，觉得十分有趣。在准备本场讲座的过程中，我重新查找收录古德哈特这篇文章的那本书。当我翻开书页时，在一个脚注里，我注意到古德哈特提到“里兰兹诉弗莱彻案”（Rylands v. Fletche）。我就像见到了老友的名字一般，就好像你曾与他有过一段特殊的关系，但是它的特点你早已完全忘却。

实际情况是，我很喜欢法律方面的课程，而且对这些课程的喜爱超过我修过的其他任何课程。鉴于其他课程的性质，我有这种偏爱也是可以理解的。以会计学课程为例。我们被告知，资产折旧或存货的原材料费用可以用不同但适当的方法来计算，或者企业信誉的价值也可以用这样的方法来确定（这种情况是非常灵活的）。不同的计算方法总会带来不同的利润数值，似乎从未让会计师们感到过困惑。对于安然公司的会计师来说，这是一种完美无瑕的方法。我也修过心理学，包括工业心理学，这门课程讲述了在西方电气公司开展的霍桑（Hawthorne）实验研究[2]——这一工作研究了工人的动机，考虑了工人情感的必要性。我也修过统计学，这是一门非常有用的课程。当然，我还修过其他专业课程，比如企业行政管理之类，至于其中讲些什么，我现在已经不记得了。在这个阶段，最吸引我的还是法律课程，要不是有其他的事情横生枝节，我认为我最后极有可能成为一名律师。但是，偏偏发生了其他的事情。在这里，我的故事告诉大家，对于一名学生而言，求学于不但师资极好而且学生也非常优秀的学校是非常重要的。就我的情况来说，阿诺德·普兰特（Arnold Plant）在1930年被任命为伦敦经济学院商学教授这件事，对我的影响是极其深远的。普兰特之前曾担任南非开普敦大学商学教授。

我在伦敦经济学院的第二个学年末，参加了普兰特的研讨班，时间大概在我结束学士学位课程之前五个月。这简直是天意。他向我们讲述价格机制如何控制生产，财产权到底具有何等的重要性，竞争性市场体系如何运行；还告诉我们政府管制一般是为保护特殊利益集团而设计的。作为那个时代的一名社会主义分子，而且之前在伦敦经济学院我还从未修过经济学课程，这一切都让我深深地陶醉其中，令我耳目一新。普兰特不是理论家，他的见解尽管颇为适用且有力，但并不精密。我和我的朋友兼同学罗纳德·富勒（Ronald Fowler）一起探讨普兰特的观点，还与伦敦经济学院经济学专业的同学一起讨论。这些同学当中我记得有阿巴·勒纳（Abba Lerner）、维克多·埃德尔伯格（Victor Edelberg）和维拉·史密斯（Vera Smith）[她与普林斯顿的弗里德里希·卢兹（Friedrich Lutz）结婚之后改名为维拉·卢兹]。我那时尚未修过经济学方面的课程，正是 1932 年与同学们的这些讨论，再加上他们引导我阅读的相关文献等，使我成为一名经济学家。然而，即便是在那个时期，我将会成为一名律师的可能性还是要大过成为一名经济学家。也是机缘巧合，我之前曾通过伦敦大学一年级课程的考试，而我当时还在学校，也就是美国这边所说的高中。因此，我只需在伦敦大学修读三年，就可以满足授予学位的条件了，在取得学位之前我必须在伦敦经济学院再待上一年。我决定利用这一年时间学习工业法。然而，无疑是普兰特的影响发挥了作用，伦敦大学授予我次年的恩内斯特·卡塞尔（Ernest Cassel）旅行奖学金。我当时已经对为什么各产业是以不同的方式来组织产生了浓厚的兴趣，于是我决定去美国研究此问题。这一方面是因为普兰特的指导所致，另一方面也是拜伦敦经济学院相对宽松的修读条件所赐。

我原本可以选择去任何一个国家，最后之所以选择去美国，是因为我当时有这样一种确切的印象，那就是有关企业行政管理和工业组织的绝大多数文献都是关于美国的。我能够给大家清楚地讲述自己当年的经历，要归功于那个时期我和我的朋友兼同学罗纳德·富勒之间的通信——他保留着我写给他的大量信件以及他的回信草稿。当我到达美国的时候，我的研究目标是要回答这样的问题：为什么各种产业会以如此不同的方式来组织？这就是我提出来的所谓纵向和横向一体化问题，它还带给我另外一个问题。普兰特反对政府协调生产的方案，认为价格机制完全可以完成所有必要的协调。然而，在关于企业行政管理的讲座里，他谈到在企业中管理可以协调生产的不同要素。那么，我们如何将不同的方法统一起来呢？价格机制为什么不能使企业没有存在的必要？在我的调查当中，是我所修读的商学学位而非经济学学位使我受益匪浅。不管在这个过程中犯下多少错误，我们的确开始逐步认识到真实世界当中的企业到底是如何运转的。其结果是，当我到了美国之后，我并没有将大部分时间花在拜访美国大学的经济学家上。的确，在我给富勒的一封信里，我曾提及学院派的见解是“胡说八道”。我所做的主要事情是去拜访工厂和企业，与商人们就困扰我的问题进行讨论。我能够做到这一点，都是因为我在伦敦经济学院所接受的商学训练。到了1932年夏天，我找到了问题——为什么有些事务由管理者在企业内部进行协调，而有些事务是市场交易的结果——的答案。价格机制或者说对市场的使用并不是免费的。你必须找到合适的对象进行交换、与他协商、签署合约、监督合约实施的实际效果等，这些都是费用不菲的活动。正是这些成本——它们后来被称为交易成本——与在企业内完成同样事务所需的实施成本之间的比较，决定了我们的选择。这个答案非常简单，但之前闻所未闻，主要是因为人们视企业的存在为当然所致。明确引入交易成本这一概念，对分析经济体系的运行发挥着重要的作用，也对“法律经济学”的发展产生着重要影响。但是，这是多年以后的事情了。

我从美国返回英国之后，在邓迪经济与商业学院获得了助理讲师（assistant lecturer）的教职，无疑这也是得到了普兰特的推荐。我于1932年10月开始在邓迪的工作。在给富勒的一封信里，我描述了我在企业组织课程第一讲中讲授的内容，正是《企业的性质》一文给出的观点。在给富勒的信里，我这样评论：“对于这个领域，因为（我认为）它是一种新的方法，所以我对自己还是颇为自得的。我敢说，这种方法是我一力把它构建起来的。”正如我在斯德哥尔摩的演说里所讲的那样，“彼时我才21岁，前途一片光明”。

1934 年，我那个时候还在邓迪，已经完成了《企业的性质》初稿的写作；1936 年，我对它进行了修改，而这个时候我已经加入了伦敦经济学院经济系。1937 年这篇文章在《经济学刊》(*Economica*) 上发表。尊长们如何看待这篇文章？他们的态度在我看来非常有启发性。文章发表的当天，在去吃午饭的路上，两位商学教授遇到了我，其中一位就是普兰特，他祝贺我的这篇文章发表，但是没有再说其他什么。另外一位是银行学教授，名字就不说了，他略带讥讽地说："这篇文章真是你挑灯夜战、苦心构思出来的？"莱昂内尔·罗宾斯是当时我所在的经济系的系主任，他从未提及这篇文章；哈耶克也是如此，尽管我和他们两人的关系都颇为要好。那些尊长们只是没有看出《企业的性质》的意义所在，在更为广泛的学术圈子中，这篇文章也没有获得多少认同。有的文章在参考文献的脚注里提到《企业的性质》，但并未提及其中的思想。我得到的认同与支持来自我的同辈们，特别是罗纳德·富勒和邓肯·布莱克 (Duncan Black)，后者是和我在邓迪任助理讲师时的同事。如果这个经历有什么一般性的意义，那就是它告诉我们，新的思想更可能来自年轻人，年轻人也是最有可能认识到新思想的重要意义的群体。像普兰特教授这样的人，可能会带你入门，在早期阶段给你提供基本的支持，一旦你登堂入室，与同辈们交流思想就显得更加重要。正是在学生群体中的这种思想交流，才是思想上新发现的渊薮。

现在，我转过来谈谈《社会成本问题》，这篇文章的经历完全不同，从中值得汲取的教训却是一样的。1935 年我担任伦敦经济学院的助理讲师，教学任务包括一门公用事业经济学课程。不久之后我就发现，在英国，我们对这个领域所知极为有限。于是，我开始对水、天然气、电力、邮政及广播等行业进行一系列的史料研究，以期了解这些行业的真实状况。1950 年，我的著作《英国广播公司：关于垄断的一项研究》出版了。在这部书里，我解释了广播业如何在英国变成公共垄断行业，对于过去认为这样做有其正当性的理由，我提出了质疑。1948 年，我访问美国，查清了商业广播系统的运行状况。然后在 1951 年，我移民到了美国，开始了一项我称之为“广播业的政治经济学”的研究，其基础来自我在英国、美国和加拿大的研究经验。这项研究一直没有完成，但我还是撰写了一篇论文《联邦通讯委员会》。这篇文章竟然催生了法律经济学这门现代学科，真是匪夷所思！然而，我当时之所以会写出《联邦通讯委员会》一文，只是因为那个时候一个学生在《芝加哥大学法律评论》(*University of Chicago Law Review*) 上所写的一篇按语。可以说，这个学生的按语在催生“法律经济学”这门独立学科的整个事件中发挥着关键作用。

曾有传闻称，利用价格机制来决定电台频段使用权这一思想是我首创的。这是不正确的。首先提出这一思想的是列奥·赫泽尔，他是芝加哥大学法学院的一名学生，1950 年就是他在《芝加哥大学法律评论》上撰写了上述按语，涉及的正是关于美国联邦通讯委员会在彩色电视系统使用权上的选择问题。他说：“一种更富争议性的方案是，将政府的许可一概抛却，而代之以市场来解决……联邦通讯委员会可以释放一些频段，规定在固定的期限内出价最高者得。”我拜读了这篇文章，但起先我并不确定这是否正确。毕竟，在界定产权以及确保这些权利得到尊重方面，仍存在一些问题有待解决。紧接着，联邦通讯委员会的首席经济学家达拉斯·斯迈思回应了列奥·赫泽尔的文章。他的论证不值一驳，于是我断定列奥·赫泽尔是对的，我写《联邦通讯委员会》这篇文章时就采纳了赫泽尔的建议。列奥·赫泽尔又是从哪里得到这样的想法的呢？它来自阿巴·勒纳的《控制经济学》一书，列奥·赫泽尔在 1944 年或 1945 年读过这部书。阿巴·勒纳正是我在伦敦经济学院结识的同学中的一员，我从他们那里学习并理解了经济学。在《控制经济学》的前言，勒纳向阿诺德·普兰特还有其他人士对他的影响表示感谢。然而，勒纳是一名社会主义者，他认为社会主义体制可以按控制经济理论所描述的方式达成最佳的结果。这种方式基本上就是仿照市场机制，但也有不同之处，如果除了其他应予满足的条件，将价格设定在边际成本的水平上，我们所有人就会幸福地生活在一个共产主义世界当中。我还记得，勒纳曾到墨西哥劝说托洛茨基（Trotsky）。[3]

我在确信电台频段使用权可以像其他商品和服务一样由价格机制来决定之后，就于 1958—1959 年（这段时间我在斯坦福大学行为科学高级研究中心工作）写了一篇名为《联邦通讯委员会》的文章。在电台频段这个例子里，一个电台的信号会影响到其他电台，使得其他电台信号的接收情况不佳。这个问题真实存在，引导我就这一类问题对那个时代的经济学方法进行检验——这种方法是由英国经济学家庇古提出来的。庇古说，私人产品和社会产品之间有差异，而他希望对妨害他人的经济活动加以限制，庇古提议的做法就是征税。然而，同样的结果使用其他方式也可以得到，我反对庇古式方法。我们所要处理的是一个交互性问题。压制一个生产者产生的损害，必然会给这个生产者带来损害。真正的问题是如何阻止以避免产生更大的损害。我通过审视英国法中的“斯特奇斯诉布里奇曼案”(Sturges v. Bridgman)，对这一问题的性质予以说明。在这个案例中，一个糖果制造商的机器运行中妨害了隔壁房屋内医生的行医。法院判这名医生胜诉。我指出，尽管糖果制造商的机器无疑妨害了医生的行医，但是限制糖果制造商使用机器来生产却损害了糖果制造商的利益。我通过一些假想的数字说明了这种情形。我认为，如果糖果制造商愿意花费额外的成本补偿这位医生，医生就会愿意放弃他的权利。这一额外的成本就是支付给医生令其到别处行医所产生的费用。我假定这一成本为 200 美元。糖果制造商愿意支付给这位医生的费用，不会超过他改变生产方式所带来的额外成本（这个成本我假设为 100 美元）。根据这些数字，我们知道，医生不愿接受低于 200 美元的补偿，而糖果制造商不愿支付超过 100 美元的费用给医生而放弃自己的权利。我们再来考虑这种情形，糖果制造商赢了这场官司会怎样。糖果制造商只要得到比 100 美元多的收益就会愿意放弃自己的权利，医生愿意最高支付 200 美元让糖果制造商这样做。其结果是，糖果制造商将会放弃自己的权利。这说明，法律的判决并不会影响到资源的使用方式。就像我所说的，“权利界定是市场交易的前提，而最终的结果（这一结果使得生产价值最大化）无关于法律的判决。”

·

我写《联邦通讯委员会》这篇文章时，阿巴·勒纳曾到斯坦福大学行为科学高级研究中心访问。他问我在研究什么。我告诉他我的观点，即资源的使用方式无关于法律对产权的判定。他马上就领会了，而且立即表示同意。大卫·拉德勒（David Laidler）在关于阿巴·勒纳的文章——收录于《社会科学国际百科全书》（*International Encyclopedic of Social Sciences*）中称，勒纳对我观点的印象颇深，曾把它应用到他感兴趣的领域中。

勒纳和我如此轻易就达成一致，这一点是可以理解的，可以归因于詹姆斯·布坎南（James Buchanan）在《成本与选择》一书中称颂的“伦敦传统”。这是一种建立在威克斯蒂德（Wicksteed）的《政治经济学常识》提出的“机会成本”概念之上的立场，莱昂内尔·罗宾斯在伦敦经济学院曾向学生推荐此书。布坎南从我 1938 年的一篇文章中引用了一段，以此作为对伦敦经济学院立场的特别清楚的阐释。

> 做任何事情的成本，乃是由该决策未曾做出而本可获得的收益构成的。当某人说某项行为的具体做法“不值得花费成本”时，这只是表明他更偏向于其他做法——若他不这么做则收益会更大。这种收益可以是货币的，也可以是非货币的——这一点并没有什么关系。成本这一特定概念，似乎是在解决企业问题时唯一有用的，因为它集中关注的是一项事务的各种做法，而这些做法是企业家可以从中做出选择的方案。如果他从这些可供选择的诸多方案中做出了决定（只有这样，成本才会被收回），那么他的选择也最大化了自己的收益。收回成本和最大化收益，基本上是表达同一现象的两种方式而已。

很容易看出，秉持着这种观点，我为什么会按照当时那种方式来分析“斯特奇斯诉布里奇曼案”。这也表明，你在学校学到的有用思想的重要性。

尽管芝加哥大学经济系是世界上最好的经济系之一，其经济学家也还是没有采用我的方式来理解我在《联邦通讯委员会》一文所描述的情形。他们反对我对“斯特奇斯诉布里奇曼案”给出的分析，实际上他们希望我能够将这些内容从《联邦通讯委员会》一文中删除。但是，我坚持自己的立场，要求在发表时保留这些内容。

我一直没有真正地理解反对我观点的意见到底是什么。我想但我无法确定，这些芝加哥大学的经济学家或许认为如果你有权做某事，你的成本就会比你不拥有这种权利而不得不购买它时低。在这种情形下，你必须要有所付出，而这些付出在你拥有该权利时是不必要的。如果我的推测没错的话，他们忽略的是：如果你没有使用这些权利，那么你是可以将它们卖出去的，因此你使用权利的成本就是权利在市场上出售为你取得的收入。无论你是否拥有这项权利，成本都是相同的。这一结果当然取决于对交易成本的忽略，在价格理论中这是常识。

我的《联邦通讯委员会》这篇文章发表几个月之后，有人认为其中有错误，乔治·斯蒂格勒（George Stigler）邀请我为产业组织研讨会提交一篇论文。我同意了，条件是要对我的错误进行讨论。那次会面安排在阿伦·迪莱克托（Aaron Director）家中，到场的大概有 20 位芝加哥大学的经济学家：阿伦·迪莱克托、乔治·斯蒂格勒、米尔顿·弗里德曼，以及其他一些人。我对当时的情况只有一些模糊的印象了。这次讨论非常热烈，也非常激烈，持续了大约两个小时，米尔顿·弗里德曼是当中最活跃的。最终大家达成共识：我是对的。对于与会者，或者至少其中的大部分人，这次讨论的影响非常之大，对乔治·斯蒂格勒肯定是这样。张五常（Steven Cheung）在为《新帕尔格雷夫经济学大词典》编写的词条中称，根据当时在场的麦吉（McGee）的说法，“当离开迪莱克托家时，与会者都像是醍醐灌顶一般，他们彼此低语，自认为见证了经济学知识发展的历史性时刻。”我却没有这样的感觉。我无法理解，为什么如同 2+2=4 这样的表述，竟然可以取得与 $E=MC^2$ 同等的地位。我对这场讨论的记忆颇为漫漶，但我的确记得，当哈博格（Harberger）说“如果你不能表明边际成本发生了变化，他（指科斯）就可以证明自己是对的”时，这是一个转折点。斯蒂格勒在《斯蒂格勒回忆录》中描述过这次讨论，但是我不认为其中所言都是准确的。尽管我不怀疑，如果当时进行投票，在讨论之前和讨论之后会发生斯蒂格勒描述的那种情景，但是投票的故事纯属虚构。他对我是如何争辩的描述，也和我的表现不符——那的确不是我的风格。但是，斯蒂格勒说我当时使用牛群毁坏邻居农场主的庄稼（谷物）这个例子，无疑是正确的。我觉得，我在迪莱克托家的辩论与我在《社会成本问题》前几段中的表述比较相似。这次会议之后，我被要求再为《法律经济学期刊》写一篇文章以表达我的观点，这就是《社会成本问题》一文的由来。在《社会成本问题》里，我并没有把自己局限在那次研讨会上所谈的内容。我参考了英国的侵权案例，阐明了社会成本问题的性质。我表明，使芝加哥大学经济学家们感到困惑的结论取决于零交易成本假设，而实际上交易费用是非常之大的。我对财产权的界定进行了讨论，然后以对广为经济学界所接受的庇古式方法之讨论结束了全文，并且表明了他们所犯错误何在。《社会成本问题》取得了极大的成功，促成了“法律经济学”这门学科的诞生。在现代经济学文献中，对《社会成本问题》的引用数超过了其他文章。然而，这类关注大多与我在《社会成本问题》中谈论的内容关系不大，而倒是与所谓的“科斯定理”紧密关联。“科斯定理”是乔治·斯蒂格勒的发明，他这样说道：“在完全竞争条件下，私人成本和社会成本将会相等。”罗伯特·库特（Robert Cooter）的表述与人们脑海中在提及“科斯定理”时通常认为的更接近：“只要市场交换的交易成本为零，从效率的角度看，法律权利的初始配置就是无关紧要的。”

我对斯蒂格勒的“科斯定理”从来不感兴趣，我并不喜欢完全竞争这个概念，也不喜欢零交易成本这个说法。做出这样的假设，是要讨论一个并不存在的世界，可能实际上这也是不会存在的世界。当然，人们在进行论证时，这些假设是非常便利的简化，但是这种简化必须加以明智的处理才可取。在探讨从来福枪中射出子弹的弹道时，忽略重力的影响无疑是合理之举；但是，做出重力在任何地方都不起作用这样的假设，就意味着你根本就不会有子弹、来福枪或者实际存在的任何其他东西。

回头去看《联邦通讯委员会》一文，如果我没有受到在伦敦经济学院所学法律课程的影响，并且也不讨论“斯特奇斯诉布里奇曼案”，情况可能会好一些。我原本可以把自己局限在我对新发现山洞之所谈上面的：

> 新发现的山洞是属于山洞的发现者，还是属于山洞入口处土地的所有者，抑或属于山洞顶上土地的所有者，这无疑取决于财产法。但是法律只确定想获得山洞使用权的人必须与之签约的人。至于山洞是用于贮藏银行账簿，还是作为天然气贮存库，或者种植蘑菇，均与财产法没有关系，而与银行、天然气公司、蘑菇企业为使用山洞而付费多寡有关。

一方面，上述方法与我使用“斯特奇斯诉布里奇曼案”所给出的分析而得出的观点是一致的，但是它并未被纳入有关“斯特奇斯诉布里奇曼案”的讨论，因为这些讨论让芝加哥大学的经济学家们心烦意乱。另一方面，若然给出这种方法上的改变，也就没有了在迪莱克托家的讨论，没有了《社会成本问题》这篇文章，很可能也就不会有“法律经济学”这门新学科。进而言之，正如我所曾合理认为的那样，正是《社会成本问题》才引起了大家对《企业的性质》的重视，如果我改变了上述方法，我就可能得不到诺贝尔经济学奖，而没有那唯有的一次为之振奋的时刻，也就不会有“科斯讲座”了。

但是，“上主作为何等奥秘，行事伟大神奇”[4]，“法律经济学”作为一门学科确实不但产生了，而且取得了蓬勃的发展，这多归功于理查德·波斯纳《法律的经济分析》(*Economic Analysis of Law*)一书的推动。

很多律师已经研习足够多的经济学知识，可以为“法律经济学”这门学科做出重要的贡献。使用经济学概念（如机会成本、需求弹性等）的价值在于，它可以帮助我们更为清晰地表述法律问题。这一工作有着坚实的基础，将会不断持续和发扬光大。但是对于“法律经济学”另外一部分——法律体系对经济制度运行之影响，则不能如此来讲了，尽管一般情况下我们都同意，如果没有一个运行良好的法律体系，那么你将不可能拥有一个有效的经济体制。之所以缺乏这样的兴趣，其中一个原因是这样的，经济学业已成为一门理论驱动的学科，进行大量的经验研究的需要并不为经济学家所接受，而且他们也确实没有这样去做。这实在是一个很糟糕的缘由。但是也要看到，还是存在向好的一面的。对于一个非经济学家来说，学习经济学概念还是相对容易的。而对于一个非律师来说，学习关于法律体系如何运行之不同学说和术语，则非常之难。我认为，研究法律体系如何影响经济体系是法学教授们应该从事的一项工作，当然并不是所有的法学教授而是其中一部分法学教授应当从事这项工作。我不认为这与法学教授培养年轻律师的主要任务有什么分歧。商业方面的律师（而且他们人数众多）是交易能手，可以令某些交易顺利达成。虽然对客户来说可能并不总是这样，但他们降低了交易成本。我建议，在学生们的辅助下，我们有必要推进有关签约过程实际上是如何运作的研究项目。几年之前，当时也在我们的法学院，基奇（Kitch）教授在学生的辅助下开展了一项关于芝加哥出租车管制的研究。其结果表明，这是一项非常杰出的研究，成果被发表在《法律经济学期刊》上。事实证明，我们的学生是非常杰出的调查者。我认为，这项研究工作，正是利用了年轻人的创造力和活力才得以完成。对于他们中的很多人将来实际上要从事的工作而言，这也是很好的训练，而我们其他人则会从获得深远发展的“法律经济学”中受益良多。

注释

[1] 作者肯尼思·格雷厄姆（Kenneth Grahame，1859—1932）。这是一个父亲讲给儿子的童话故事，描述了一位父亲对儿子的拳拳情谊，对大自然的深沉之爱以及对美好生活的无限憧憬。——译者注

[2] 从 1924 年开始，美国西方电气公司在芝加哥附近的霍桑工厂进行了一系列实验，这就是著名的霍桑实验。实验最初的目的是根据科学管理原理，探讨工作环境对劳动生产率的影响。后来，梅奥参与了该项实验，研究了心理和社会因素对工人劳动过程的影响，并于 1933 年出版了《工业文明的人类问题》，提出了著名的人际关系学说，开辟了行为科学研究的道路。——译者注

[3] 列夫·达维多维奇·托洛茨基（1879—1940），俄国革命家，苏联早期领导人，斯大林模式的早期批判者。托洛茨基于 19 世纪末投身俄国革命，曾是列宁"火星派"的重要成员。1905 年革命后提出著名的"不断革命论"，主张用无产阶级专政解决俄国民主革命的任务，断定俄国有可能首先实现社会主义。俄国二月革命后，托洛茨基主张向无产阶级社会主义过渡，与列宁的主张不谋而合。他曾担任彼得格勒苏维埃主席，在苏维埃下成立了军事革命委员会，组织和实施了十月武装起义。在苏维埃政权初期，托洛茨基担任军事委员会主席和陆海军人民委员，组织和领导红军取得了国内战争的胜利，是与列宁齐名的革命领袖。列宁退出政坛后，斯大林的权力日益膨胀，托洛茨基发动"新方针"的争论，争取党内民主。后又组织"托（洛茨基）季（诺维也夫）联盟"，以"不断革命论"对抗斯大林的"一国社会主义理论"。托洛茨基 1929—1940 年流亡国外，1940 年在墨西哥居所被暗杀，后来解密的档案显示，斯大林应对该次暗杀负责。——译者注

[4] 这是 19 世纪英国诗人威廉·柯珀（William Cowper）所写的一首诗中的前两句。——译者注

人名索引

Christensen　克里斯滕森
Claire Friedland　克莱尔·弗里兰德
Clara Ann Bowler　克拉拉·安·伯乐尔
Clark Byse　克拉克·拜斯
Cole Porter　科尔·波特
Cooke v. Forbes　库奇诉福布斯案
Cotton　科顿

Dallas Smythe　达拉斯·斯迈思
Daniel Ellsberg　丹尼尔·埃尔斯伯格
Lord Darling　达林法官
Dave Garroway　戴夫·加洛维
David Begelman　大卫·柏格尔曼
David Cavers　戴维德·卡弗斯
David Ewen　大卫·伊文
David G. Berger　大卫·G. 伯格
David Laidler　大卫·拉德勒
David Newsome　大卫·纽森
Delta Air Corporation v. Kersey　三角洲航空公司诉克西案
Dennis Carlton　丹尼斯·卡尔顿
Dennis Gossen　丹尼斯·戈森
Dick Clark　迪克·克拉克
Donald H. Regan　唐纳德·H. 雷根
Donald Turner　唐纳德·特纳
Duncan Black　邓肯·布莱克

E. J. Mishan　E. J. 米禅
Earl A. Thompson　厄尔·A. 汤普森
Earl W. Kintner　厄尔·W. 金特纳
Earl Wilson　厄尔·威尔森
Edgar S. Barley　爱德格·S. 巴哥雷
Edgeworth　埃奇沃斯
Edmund W. Kitch　埃德蒙·W. 基奇
Edward B. Marks　爱德华·B. 马尔克斯
Edward Lamb　爱德华·拉姆
Edward Levi　爱德华·列维
Edwin Canan　埃德温·坎南
Elman　爱尔曼
Elvis Presley　埃尔维斯·普莱斯利
Elzinga　埃尔津加
Ernest Rutherford　恩内斯特·卢瑟福德

Felix Frankfurter　菲利克斯·法兰克福特
Force　福斯
Francesco Forte　弗朗西斯科·福特
Frank Easterbrook　弗兰克·伊斯特布鲁克
Frank Knight　弗兰克·奈特
Frank Stanton　弗兰克·斯坦顿
Friedrich Lutz　弗里德里希·卢兹（后改名为 Vera Lutz，维拉·卢兹）
Friedrich von Hayek　弗里德里希·冯·哈耶克

G. L. Williams　G. L. 威廉姆斯
Gale　盖尔

Jolly Anglers 乔利·安格勒斯

Jora Minasian 约拉·米纳西安

Joseph Bennett 约瑟夫·贝内特

Joseph V. McKee 约瑟夫·V. 麦克伊

Josephus Daniels 约瑟夫·丹尼尔斯

June Fabrics v. Teri Sue Fashions 君恩·法布里克斯诉特瑞·苏时尚公司案

June Fabrics 君恩·法布里克斯

Justin Miller 杰斯汀·米勒

Kate Smith 凯特·史密斯

Kenneth Dam 肯尼斯·旦姆

Kenneth E. Boulding 肯尼斯·E. 鲍尔丁

Kersey v. City of Atlanta 克西诉亚特兰大市政府案

Kohler 科勒

Lee Benham 李·贝纳姆

Leo Feist 列奥·菲斯特

Leo Herzel 列奥·赫泽尔

Lester Telser 莱斯特·特尔塞

Levmore 勒夫摩尔

Lindsay Rogers 林德赛·罗杰斯

Lionel Robbins 莱昂内尔·罗宾斯

Lishman 利史曼

Lottie Gilson 洛蒂·吉尔森

Louis G. Caldwell 路易斯·G. 考德威尔

Lord Russell 罗素法官

Lord Wright 怀特勋爵

M. B. Cairns M. B. 卡恩斯

M. William Krasilovsky M. 威廉·克拉希洛佛斯基

Mack 麦克

Maharajah of Kashmir 克什米尔君主

Marshall Colberg 马歇尔·柯尔伯格

Marshall Jevons 马歇尔·杰文斯

Milton Friedman 米尔顿·弗里德曼

Moss 摩斯

Mr. and Mrs. Webb 韦伯夫妇

Mr. Denyer 德尼尔先生

Mr. Read 里德先生

National Broadcasting Co. v. United States 国家广播公司诉美利坚合众国政府案

Newton 牛顿

Norman Prescott 诺曼·普利斯科特

Oren Harris 奥仁·哈里斯

Oscar Hammerstein 奥斯卡·哈默尔斯坦因

Oskar Lange 奥斯卡·兰格

Oswald F. Schuette 奥斯瓦尔德·F. 舒伊特

P. A. Markland P. A. 马克兰

Palsgraf 帕斯格拉芙

Pastore 帕斯道尔

译后记

本书的翻译工作由李井奎、陈春良、胡伟强、茹玉骢、罗君丽几位学者完成。全书由李井奎负责统稿，并编制人名索引。

李井奎负责翻译了两篇序言《科斯：斯人斯文》和《经济中的法律：科斯主义法律经济学》，以及《联邦通讯委员会和广播业》《致联邦通讯委员会的证词》《社会成本问题的注释》《对托马斯·黑兹利特的评论：将产权分配给电台频段使用者　FCC 执照拍卖何以要花上 67 年之久》《广播和电视行业中的商业贿赂》和《法律经济学：个人历程》；陈春良负责翻译了《社会成本问题》《法律经济学和 A. W. 布莱恩·辛普森》和《芝加哥的法律经济学》；胡伟强负责翻译了《广告行为与言论自由》和《敲诈》；茹玉骢负责翻译了《联邦通讯委员会》；罗君丽负责翻译了《商品市场和思想市场》。本书译者排名以各自完成的工作量为序。

王宁老师在本书翻译过程中经常与译者们沟通联络，并就部分译稿给出了自己的意见，回答了译者们提出的各类问题，还亲自审校了罗君丽翻译的《商品市场和思想市场》一文。李井奎在翻译《联邦通讯委员会和广播业》中的英文诗歌时，曾向澳门大学经济系的孙广振教授请教，译诗也吸收了他的宝贵意见。本书前任编辑刘京女士为此书做了许多工作，因工作调动，后续工作由黄炜婷女士接手，两位在编辑本书上都付出了许多的辛劳。此外，北京大学出版社经管部主任林君秀老师也一直关心本书的进展情况。在此，谨向所有关怀和支持本书出版的学者和朋友们表示衷心的感谢！

尽管译者们尽了自己最大的努力，但囿于学识与译文表达水平以及科斯先生思想的深邃和文笔的雅致，译文肯定还存在各种问题和不足。在此恳请海内外学人不吝指正，以期将来择时更正。

李井奎

谨识于丙申年初秋

重修于癸卯年仲秋